AF548556

Reinhard Leube

Ende und Anfang

Europa in den Jahren 1943 bis 1945

Anderwelt Verlag

Anderwelt Verlag

Reinhard Leube

Ende und Anfang

Europa in den Jahren 1943 bis 1945

Der Geschichte siebenter Teil

Titelbild von Daniel van Oz

Impressum

Ende und Anfang
Europa in den Jahren 1943 bis 1945

Titelbild: Daniel van Oz

1. Auflage 2022

Anderwelt Verlag, München
Druck: CPI Books GmbH Printed in Germany

ISBN: 978-3-940321-32-9

Was Sie hier erwartet

1943

1944

1945

Mit einem **Sternchen*** sind auch in diesem Band wieder Persönlichkeiten gekennzeichnet, die selbst nach dem Krieg in wichtigen Positionen für die Zerlegung Deutschlands in zwei Staaten gesorgt haben, oder deren Söhne und Töchter in diesem Sinne eine wichtige Rolle gespielt haben.

Die **Endnoten** mit den Quellenangaben und Anmerkungen bezüglich des Jahres **1943** finden Sie direkt danach ab Seite 191, für das Jahr **1944** ab Seite 275 und für **1945** ab Seite 364.

1943

Stimmen und Stimmungen in Deutschland I

Die Medien mögen die militärische Lage nach den Anweisungen aus der Zentrale in Berlin ja nach bestem Vermögen schönreden, das kann aber nüchterne Beobachter im Reich nicht mehr beeindrucken. Davon zeugt dieser Witz: Auf dem Berliner Viehhof wurde eine neue Viehwaage aufgestellt, damit geprüft werden kann, aus wie viel Fleisch, Knochen, Haut und so weiter ein geschlachtetes Tier besteht. Bei einer Besichtigung des Viehhofes tritt Goebbels auch auf die Plattform der Waage, und prompt liest der Waagemeister ab: „Zwölf Kilogramm Knochen, drei Kilogramm Fleisch, ein halbes Kilogramm Haut und Haare, alles andere ist einfach nur Schnauze."[1] Im Angesicht der teilweise ungeheuren Bombenschäden gärt es also in der Bevölkerung parallel dazu weiter. Man will von einer fast völligen Zerstörung der Stadt Essen und von hohen Verlusten unter der Bevölkerung und anschließenden Unruhen wissen, die angeblich sogar mit Waffengewalt hätten bekämpft werden müssen. In der näheren Umgebung, zum Beispiel in Düsseldorf, ist das Gerücht verbreitet, dass in Essen der Belagerungszustand verhängt sei.[2] Die Stimmung muss ja äußerst angespannt sein, wenn sich solche Gerüchte halten können und immer wieder weitergegeben werden. Sonst würde es niemand glauben. Propaganda alleine macht es einfach nicht. Sie funktioniert, solange sie sich nicht zu weit von der sichtbaren Realität entfernt. Wahr ist andererseits auch, dass viele Leute nicht glauben *können*, dass die Zeitung lügt.

Es ist kein Wunder, dass Witze umlaufen wie der: „Jeder Deutsche muss jetzt zwei Kaninchen halten." – „Warum?" – „Damit der Kohl gefressen wird, den Goebbels allwöchentlich in Puckfüßchens Märchenstunde verzapft." Gemeint ist die Rundfunkvorlesung des Artikels, den Dr. Joseph Goebbels in jeder Woche für die Zeitschrift *Das Reich* schreibt.[3] Dafür findet man immer wieder herzerfrischende Beispiele in unseren Medien. In einer Meldung im März 1943 hieß es, dass der Krieg bislang 542.000 Menschen das Leben gekostet hat. Selbst wenn man meint, Frauen und Kinder seien in dieser Angabe nicht inbegriffen, löst diese Nachricht im Volk lebhafte Erörterungen aus. Beim Sicherheitsdienst (SD) kommt an, dass oft zu hören sei, die Zahl der Opfer sei doch relativ gering, obwohl man eigentlich in vielen Fällen gleich innerhalb einzelner Ortschaften zu dem Ergebnis gekommen sei, dass der jetzige Weltkrieg bereits teilweise mehr Blutopfer gefordert habe, als der erste. Andererseits versucht man sich die Zahl damit zu erklären, dass nur die Zahl der Gefallenen seit Beginn des Ostfeldzuges gemeint sei oder dass die Verluste von Stalingrad und die Vermissten nicht eingerechnet wären.[4] Welchen Informationswert würde aber eine so angegebene Opferzahl dann haben? Gerade die eifrigen Zeitungsleser machen es den Herren der Wahrheit nicht leicht.

Zum Beispiel wird „über die wahrscheinlich von ausländischen Sendern kommende Angabe diskutiert, dass die Amerikaner täglich acht Schiffe fertigstellen sollen. Man rechnet sich aus, dass die Amerikaner nur fünf Schiffe täglich zu produzieren hätten, um unsere Versenkungszahl aufzuholen, und kommt zu dem Schluss, dass wir die doppelte Zahl feindlichen Schiffsraums versenken müssten, um einen wirklichen Erfolg verzeichnen zu können." Es wirft auch Fragen auf, warum nicht die Zahlen veröffentlicht werden, wie hoch die eigenen U-Boot-Verluste eigentlich seien. Es kann ja nicht gut gehen, wenn übertrieben aufmerksame Leser die Veröffentlichungen über den Verlauf des Krieges sammeln und dann akribisch auswerten. So wird festgestellt, dass die *Westfälische Landeszeitung* am 28. Oktober 1942 eine Erklärung des Reichspressechefs veröffentlicht hatte, nach der die Westmächte Ende Oktober '42 höchstens noch über 21,4 Millionen Bruttoregistertonnen verfügten. Dabei war er von einem Gesamtbestand von 42 Millionen BRT ausgegangen. Dieselbe Zeitung brachte letzten Endes am 11. März 1943 die Mitteilung, dass den Westmächten jetzt 33,66 Millionen BRT zur Verfügung stünden, wobei die Gesamttonnage von 55 Millionen BRT angenommen wurde. Am 12. März erschien ebenfalls in der *Westfälischen Landeszeitung* ein Artikel mit statistischen Abbildungen, wonach der Restbestand 28,5 Millionen BRT und der ursprüngliche Bestand 62,5 Millionen BRT betrug. An dem gleichen Tage veröffentlichte der *Bochumer Anzeiger* eine Statistik, die besagte, dass von 52 Millionen BRT 21 Millionen geblieben seien.[5] Auch Propaganda muss schon in sich schlüssig sein. Ist sie es hingegen nicht, wirkt sie einfach nur kontraproduktiv. Daraus folgen allgemeines Misstrauen und Witze wie dieser: „Er kommt nicht um zwei, er kommt nicht um drei! Um vier kommt er – vom Friseur. Wer ist das?“ – „Der Wehrmachtsbericht.“[6]

Folgerichtig erntet ein Artikel im *Oberschlesischen Beobachter* gar keine guten Kritiken, der unter dem Titel „Frisierte Flottenverlustbilanz“ veröffentlicht wurde – und sich selbstverständlich auf die gegnerischen Berichte bezogen hat. Dazu hält der SD fest: „Man teile den Hohn nicht, da wir selbst – und das zweifellos aus guten militärischen Gründen – nicht einmal frisierte Bilanzen abgeben.“ Ungnädige Aufnahme findet ebenso ein polemischer Aufsatz im *Völkischen Beobachter*, in dem der Marineminister der USA Frank Knox angegriffen wird. Er kam unter dem Titel „Knox lässt das Aufschneiden nicht“ heraus.[7] Das wirkt nicht so elegant, wenn man darin bereits selbst der Weltmeister ist. Na ja, wir leben hier letzten Endes im besten Deutschland aller Zeiten. Kritisiert werden im Reich auch die ständigen Superlative und diese Begriffsverkrampfung in den Medien. Hier wird interessanterweise deutlich, dass sich auch nach zehn Jahren das Volk nicht an den Duktus der Ideologen gewöhnen will. Liest man jedoch häufiger Texte ideologisch geprägter Menschen, dann wird auffallen, dass sie gern mit Superlativen, unmotivierten Partizipien und anderen verschwurbelten grammatischen Strukturen operieren und dass ein Begriff, so eine festgelegte Wendung oder eine Abkürzung, die sie erfunden haben, für sie einen sehr hohen Stellenwert besitzen. Daran wird sich so schnell bestimmt auch nichts ändern.[8]

Beim SD sammeln sie förmlich die Fragen, die sich den Leuten im Volke am Beginn des Frühjahrs stellen: Wird der Krieg im Osten entschieden? Tritt nach einem unter schwersten Opfern errungenen Sieg über Stalins Sowjetunion ein ungeschwächtes Amerika auf den Plan? Wann kommt die anglo-amerikanische Invasion auf dem Kontinent? Wird der U-Boot-Krieg uns retten? Gibt es noch einen dritten Kampfwinter im Osten? Die Frage nach dem nächsten Winter stelle sich heute schon wie ein drohendes Gespenst. Ähnlich sei der Grundton vieler Gespräche. Offenbar halte sich ein Teil der Volksgenossen nach wie vor mehr an Gerüchte, Parolen oder Kombinationen aus allen möglichen Quellen als an offizielle Nachrichten. Wie vom ersten Tag des Krieges an steht weiter die Frage, wann dieser Krieg ein Ende haben werde. Immer wieder ist die Rede von einer Vergeltung. Das hat seinen Grund wohl auch darin, dass das Wort oft in der Zeitung verwendet wird. Doch das wird auch daran liegen, dass man es in breiten Kreisen weiterhin für eine Verschwörungstheorie hält, dass der Überfall auf den Sender Gleiwitz am Vorabend des Krieges vielleicht vom eigenen Geheimdienst inszeniert gewesen sein könnte. Es gab doch seit den zwanziger Jahren und bis 1939 immer wieder Übergriffe gegen Deutsche – ob in Polen selbst oder an den Grenzen zum Reich. Das hat letztendlich den Vorfall am 31. August erst glaubhaft gemacht. Aus dem Blickwinkel kann man die dem deutschen Einmarsch in Polen folgenden Kriegserklärungen Englands und Frankreichs an das Reich nur als eine böswillige Fortsetzung der so vielfach beschworenen Einkreisungspolitik Londons betrachten. Leute aus allen Schichten im Volke klammern sich verzweifelt an die angekündigten neuen Waffen, die Deutschland in die Lage versetzen sollen, dem Terror der Westmächte gegen die Deutschen in großen und kleinen Städten effektvoll entgegentreten zu können. Man hört öfters: „Wir werden bald ein wirksames Mittel gegen den britischen Luftkrieg haben." Die Stimmen bewegen sich zwischen „wildem Rätselraten um Todesstrahlen" und der Besorgnis, dass die Prophezeiung von Vergeltung nicht im erwarteten Umfange Wirklichkeit werden würde.[9]

Auf den Straßen ist der Ausgang dieser Geschichte umstritten. Dort hört man seit geraumer Zeit einen recht treffsicheren Witz, für den man den gottlosen Hitler mit Jesus Christus konfrontiert: Adolf geht heimlich in die Kirche, um für den Endsieg zu beten. Er kniet vor dem Heiland und bittet ihn um ein Zeichen, dass er auf den Sieg rechnen kann. Aber der Heiland bleibt stumm. Da betet er verstärkt von neuem – und siehe da, ihm scheint, als ob der Heiland oben am Kreuz die Augen öffne. Er ruft inbrünstig: „Gib mir ein Zeichen, lieber Heiland, ein Zeichen!" Da hört er eine Stimme von oben: „Zieh mir den Nagel aus den Füßen und dreh dich herum, damit ich dir den Tritt versetzen kann, den du verdienst."[10]

Die Kirchen bleiben weiter am Ball

In diese allgemeine Verunsicherung stoßen die großen Kirchen hinein – es ist ihre Chance, gerade junge Leute der nationalsozialistischen Propaganda zu entfremden. Was sich in diesem gesellschaftlichen Feld in den vergangenen Monaten getan hatte, füllt in einem umfangreichen Bericht am 1. April mehrere Seiten in den Meldungen des Sicherheitsdiensts der SS. Das beginnt schon mit einem langen Klagelied über die „gesteigerte Jugendunterweisung durch den Klerus". Falls einer der Geistlichen einst vergisst, was da an Geschützen aufgefahren wurde, findet er hier seinen Kampf gegen die furchtbare antisemitische Pseudophilosophie der Nazis in einer ausführlichen Gedächtnisstütze wieder.[11] Da heißt es, die Erfolge der christlichen Jugenderziehung seien nicht allein auf die große Anzahl der verschieden gestalteten Unterweisungen zurückzuführen, der Grund sei hauptsächlich an der Stelle zu finden, dass die Veranstaltungen dem jugendlichen Sinn und Betätigungsdrang entgegenkommen. Dazu zählt zum Beispiel auch der karitative Einsatz für andere Menschen. Das darf der gemeine Nazi nicht auf die leichte Schulter nehmen, denn die jungen Leute besuchen jetzt verstärkt konfessionelle Einrichtungen und zeigen eine „Versteifung in der Haltung zur Hitlerjugend". Es sei der Nachteil des HJ-Dienstes, dass er vorwiegend militärischen Charakter trägt, und es ist der Vorteil des Jugendseelsorgers, dass er über eine „überragende geistige Überlegenheit" verfügt. In Verbindung mit einer entgegenkommenden und exakten Weise, mit der er auf Einwände einzugehen pflegt, wird den Seelsorgern eine Autorität gesichert, die ihnen die Führung der Gruppen auf rein geistiger Grundlage gestattet.[12] So notiert das der SD!

Unseren Kirchen geht es dabei „um die Heranbildung einer innerlich gefestigten, mit dem notwendigen weltanschaulichen Rüstzeug versehenen Elite", die in der Lage ist, den christlichen Standpunkt wirkungsvoll zu vertreten und die Masse der Bevölkerung zu tragen.[13] Als die sicherlich „bedenklichste Auswirkung der konfessionellen Jugenderziehung" wird die Entwicklung von Teilen der jungen Leute „zu fanatischen Anhängern des christlichen Glaubens" gebrandmarkt.[14] Nein, diese Tendenzen sind wohl kaum im Sinne der Verfasser. Können Sie sich noch erinnern, dass es zum Zeitpunkt der Machtüberhelfung auf Hitler den Katholiken verboten war, das wegweisende Buch *Mythus des 20. Jahrhunderts* überhaupt zu lesen, das der überzeugte Rassentheoretiker Alfred Rosenberg verfasst hatte? Der Autor selbst meint, er habe darin den Beweis für die Existenz der Herrenrasse geführt, zu der ohne jede Frage vor allem die Deutschen gehören. Im Jahre 1943 wird in den Kirchen der Spieß umgedreht: Die bischöflichen Ordinariate bringen nunmehr eine Zusammenstellung von solcher Nazi-Lektüre als Schulungsmaterial heraus, um es in den Unterweisungen für die Zöglinge gegen die geistigen Brandstifter des staatsoffiziellen Rassenwahns einzusetzen.[15]

Übereinstimmend wird aus allen Gauen des Reiches berichtet, dass die Einflussnahme der evangelischen Kirche auf die Jugend hauptsächlich im Konfirmandenunterricht vonstatten geht, an welchem die Kinder der betreffenden Jahrgänge „fast ohne Ausnahme teilnehmen", obwohl das Ganze inzwischen auf zwei Jahre ausgedehnt wurde, um einen Ausgleich für anderweitige Einschränkungen der Beeinflussung durch die Kirchen zu schaffen. Der Einfluss der katholischen Kirche erfolgt auf die gleiche Weise, das heißt vor allem über den Beicht- und Kommunionsunterricht für die neue Generation. Während die Schulung bei HJ und BDM immer verbissener wird, geht der Trend in den Kirchen in die Richtung, dass in zunehmendem Maße religiöse Feste eher Volksfestcharakter annehmen mit Zuckerständen und Messbuden – mit Speck fängt man Mäuse. Aber welche Einrichtung außer den Kirchen steht denn noch zur Verfügung, um die Leute von der Beeinflussung durch die Nazis fernzuhalten? Eben solche Raffinesse liegt auch der Idee zugrunde, preisgünstigen oder gar kostenlosen Privatunterricht durch Ordensangehörige und Geistliche zu erteilen wie Nachhilfestunden für die Schule, Musikunterricht, Kurse für Stenographie, Maschinenschreiben, Näh- und Zuschneidekurse und andere mehr. Der Erfolg gibt den Kirchen Recht: Er liegt oft in der Berufswahl. Die jungen Leute wählen das Studium der Theologie, sie treten in ein Kloster ein und so weiter und so fort. Damit sind diese Jugendlichen ein für allemal für die krude „Weltanschauung" der Nazis verloren. Das ist umso fataler, als Versuche scheitern, derartigen Privatunterricht ganz zu verbieten, und weil er selbst bei den konfessionell nicht gebundenen Kreisen der Bevölkerung „stärksten Anklang und Unterstützung" findet. Es kommt dazu, dass „durch die Kriegslage Staat und Partei in ihrer Erziehungsarbeit außerordentlich gehemmt" sind. Durch diesen Umstand sei es kaum möglich, für eine „neutralisierende positive Jugendausrichtung" über die staatlichen Schulen zu sorgen. Am Ende der Darlegungen steht die Hoffnung, dass es aber möglich sein müsse, den Dienst in der Hitlerjugend derart an die lockeren Runden in den Kirchen anzupassen, dass die jungen Menschen in ihren Interessen so angesprochen werden, dass sie sich wieder verstärkt der Führung durch die Partei zuwendeten. Die Methoden, die dabei von den Kirchen angewandt würden, müssten „sich auch von der Bewegung her fruchtbar machen lassen".[16]

Das recht intakte Erinnerungsvermögen im deutschen Volke macht dem regierenden Nazi zu schaffen. So bemerkt man beim SD, dass sich unter seinen Volksgenossen ein ungelöster Rest verschiedener Ereignisse aus den vergangenen Jahren wie Schlacken angesetzt hat, die nunmehr den Leuten draußen immer wieder zu schaffen machen. Dazu zählt unter anderem die mysteriöse Flucht des Führerstellvertreters Rudolf Heß nach Schottland, über die weiter gerätselt werde. Peinliche Erörterungen über die militärische Führung im Anschluss an Stalingrad wollen nicht enden und das Schicksal der Kriegsgefangenen bleibt ein Dauerbrenner so sehr wie „die viele Volksgenossen sehr stark bewegende Kirchenfrage".[17]

Die Kollision zweier grundlegender Prinzipien, einer rassereinen Innenpolitik und einer gefräßigen Außenpolitik, beide à la Adolf Hitler, war in den Aufzeichnungen des Sicherheitsdienstes der SS schon seit dem Einmarsch deutscher Wehrmachtstruppen in Böhmen und Mähren vor dem Beginn des zweiten großen Krieges in diesem Jahrhundert ein wichtiges Thema. Erst in jenem Moment, als Tschechinnen und Tschechen als Gefangene zur Arbeit ins Reich geholt wurden, begannen selbst in den entlegensten Gebirgsdörfern deutsche Männer und Frauen Bekanntschaft mit den hübschen *Fremdrassigen* zu schließen – und mit ihnen ins Bett zu steigen. Dass dieser Effekt nicht vorhergesehen wurde, zeigt lediglich, wie weit die Zielvorstellungen überzeugter Nazis immer schon entfernt waren von der Welt, in der wir leben. Über die Jahre wurden mehr und mehr Fremdarbeiter aus den Ländern rund um unser Reich in deutsche Städte und Dörfer gelotst, was folgerichtig diesen Effekt verstärkte. Mit einem den Deutschen eigenen bissigen Humor reagieren Pragmatiker in der Bevölkerung beispielsweise mit einem kessen Spruch, in den elegant ein Titel des bildschönen Stars Marlene Dietrich als Pointe eingearbeitet ist, die wegen ihres jüdischen Regisseurs Josef von Sternberg nicht nach Deutschland zurück will: Nun hängt die Hitler-Bilder von den Wänden, die letzten Hohenzollern-Bilder holt herbei – und lasst uns wieder Rasse schänden – wie einst im Mai![18] Das ist wahrlich eine eindeutige Ansage.

Vollkommen anders lautet naturgemäß die Vorgabe für stramme Nazis aus ihrer Zentrale, dem SS-Hauptamt in Berlin. Werfen wir doch einmal einen Blick in die geistig hochstehende Literatur, mit der dieses Haus in den Jahren lange vor dem Krieg die arischen Schützlinge versorgte: „So wie die Nacht aufsteht gegen den Tag, wie sich Licht und Schatten ewig feind sind – so ist der größte Feind des erdebeherrschenden Menschen der Mensch selbst. Der Untermensch – jene biologisch scheinbar völlig gleichgeartete Naturschöpfung mit Händen, Füßen und so einer Art von Gehirn, mit Augen und Mund, ist doch eine ganz andere, eine furchtbare Kreatur, ist nur ein Wurf zum Menschen hin – mit menschenähnlichen Gesichtszügen – geistig, seelisch jedoch tiefer stehend als jedes Tier. Im Inneren dieses Menschen ein grausames Chaos wilder, hemmungsloser Leidenschaften: namenloser Zerstörungswille, primitivste Begierde, unverhüllteste Gemeinheit. Untermensch – sonst nichts.“ Ziemlich genau ein Jahrzehnt lang sind Texte in diesem Duktus wie hier aus dem Jahre 1935 gang und gäbe in Zeitungen und Büchern im Deutschen Reich und sagen Sie nicht, die Parallele ginge an der Realität des laufenden Krieges vorbei. Erinnern Sie sich noch an die Schilderung der Rivalität zwischen Wehrmacht und Männern mit dubiosen NS-Bevollmächtigungen direkt aus Berlin, die vor zwei Jahren Hans Speidel aus Paris berichtet hat? Da war die Rede vom General der Artillerie Alfred von Vollard-Bockelberg, dem Militärbefehlshaber von Paris. Er hat Beschlagnahmungen und die Requirierung von Gegenständen ohne die schriftliche Genehmigung von seinem Tisch aus untersagt, genau wie auch die selbstständige Quartierbeschaffung. Die Truppe hielt sich an diese Befehle. Dagegen versuchten hohe Parteifunktionäre, teilweise mit Ausweisen von Hitler, sich Kunstgegenstände, Rennpferde und anderes widerrechtlich anzueignen. Mag sein, dass man ihn nochmal aus der Abstellkammer Führerreserve rausgeholt und ihn im Juni 1940 zum Militärbefehlshaber von Paris gemacht hat, aber seine neuerliche Kritik führte wenige Tage später am 1. August zu seiner neuerlichen Verbannung in die Abstellkammer und lediglich 4 Wochen später zur endgültigen Verabschiedung aus der Wehrmacht.[19]

Nun haben wir ja bereits gesehen, dass die Nüchternheit der Deutschen durch ein Jahrzehnt brauner Berieselung nicht gelitten hat – zumindest nicht bei jenen, die ihre besten Jahre vor dem Beginn der Tausend Jahre hatten. Wenn ein durchschnittlicher Deutscher einen solchen Text nach all den Jahren noch einmal zur Hand nimmt, wird er es sich wohl kaum verkneifen können bitter zu grinsen, besonders dann, wenn jemand das Tier im Nazi sogar einmal selbst erlebt hat: Ist das, was als Deskription eines Untermenschen geliefert wurde, nicht der Blick des Nazis in einen Spiegel? Geistig, seelisch jedoch tiefer stehend als jedes Tier. Im Inneren dieses Menschen ein grausames Chaos wilder, hemmungsloser Leidenschaften: namenloser Zerstörungswille, primitivste Begierde, unverhüllteste Gemeinheit. Untermensch – sonst nichts. Also jetzt mal echt. Und was soll das werden? „Was diese Erde an großen Werken, Gedanken und Künsten besitzt – der Mensch hat es erdacht, geschaffen und vollendet, er sann und erfand, für ihn gab es nur ein Ziel: sich hinaufzuarbeiten in ein höheres Dasein, das Unzulängliche zu gestalten, das Unzureichende durch Besseres zu ersetzen. So wuchs die Kultur."[20] Ja, gewiss hatte das der Mensch erdacht, aber welcher Nazi hatte einen Beitrag zum Kulturerbe geleistet? Die Kritik daran, dass sich in Institutionen wie beispielsweise in der Reichskammer der bildenden Künste Laien und Dilettanten in Scharen tummeln, seit die Künstler in die KZs gesteckt wurden oder aus dem Reich emigriert sind, hat sogar der SD selbst festgehalten. Wer in aller Welt sollte dies nicht als den Blick in den Spiegel erkennen? Wir können uns noch ein Stück von dem Text zu Gemüte führen: „Aber auch der Untermensch lebte. Er hasste das Werk des anderen. Er wütete dagegen, heimlich als Dieb, öffentlich als Lästerer – als Mörder. Er gesellte sich zu seinesgleichen. Die Bestie rief die Bestie. Nie wahrte der Untermensch Frieden; nie gab er Ruhe. Denn er brauchte das Halbdunkle, das Chaos. Er scheute das Licht des kulturellen Fortschritts. Er brauchte zur Selbsterhaltung den Sumpf, die Hölle, nicht aber die Sonne. Und diese Unterwelt der Untermenschen fand ihren Führer: den ewigen Juden!“[21] Dieser intellektuelle Erguss führt zur gegenteiligen Ableitung, wenn bloß die letzten drei Wörter weggelassen werden. Probieren Sie es einmal aus und beenden Sie diesen Psalm mit „fand ihren Führer“ – und wie dumm sollen Durchschnitts-Deutsche sein, das nicht zu sehen?

Im Laufe der Schneeschmelze während des Frühjahres 1943 zerfällt also nicht nur die deutsche Nation in die Stämme, aus denen sie vor zwei Generationen übertrieben hektisch zusammengefügt worden war. Auch die vor zehn Jahren ideologisch fest gefügten Reihen der Nazis zerfleddern wie alte Lumpen in ihre Einzelteile. Am 5. April wird beim Sicherheitsdienst aktenkundig festgehalten, dass vom Endsieg mächtig überzeugte Fronturlauber in der letzten Zeit erklären, dass ihnen die Stimmung zu Hause bedenklich vorkomme. Volksgenossen ließen in gar bedenklicher Weise die Köpfe hängen. Während an der Front aus einer durchaus zuversichtlichen Haltung heraus gesungen werde: „Es geht alles vorüber, es geht alles vorbei, im Dezember der Rückzug, Offensive im Mai“, wäre in der Heimat zu hören: „Erst geht der Führer und dann die Partei!“ Das ist dann der nächste Spruch, der nicht bloß in Kurt Hirches geheimsten Winkeln seiner Wohnung landet, sondern auch in Meldungen an unsere Partei- und Staatsführung, die allerdings genauso geheim sind und sich sehr glaubhaft lesen, eben weil sie bloß zur internen Information ausgefertigt werden und nicht der Propaganda zu dienen brauchen. Es wird ja auch niemand auf die Idee verfallen, sich stattdessen bei der Erkundung der Zustimmungswerte für eine Diktatur auf Zeitungsmeldungen, Wahlergebnisse oder auf Fotos mit jubelnden Fanatikern zu berufen, die von der Berliner Zensur freigegeben worden sind. Im *Völkischen Beobachter* wird nicht stehen: Erst geht der Führer und dann die Partei.[22]

Die Polarisierung und Verhärtung der politischen Fronten wird im April auch bei den diesjährigen Feiern zur Aufnahme des Jahrgangs '25 in die Partei sichtbar. In Berlin wird vermerkt, die Feiern seien zwar in diesem Jahr besser verlaufen als im Vorjahr, die Beteiligung daran sei hingegen schlechter gewesen. Das betrifft die Eltern der Neuzugänge wie auch die übrigen Volksgenossen „fast allerorts" im Reich. Wer letztlich anwesend gewesen war, war „größtenteils hierzu dienstlich aufgefordert bzw. eingeladen" worden. Es spricht ja auch Bände über Motive für die Anträge auf Aufnahme in die einzige zugelassene Partei im Reich, wenn man im SD dazu konstatiert: „In der Öffentlichkeit erregten die Aufnahmefeiern kein großes Interesse. Selbst die Eltern der Aufzunehmenden hatten oft keine Ahnung, dass sie an den Feiern hätten teilnehmen können, da die Jugendlichen häufig uninteressiert sind und den Eltern keinen Bescheid geben. Andererseits sehen Jugendliche z. T. diese Feiern als ihre Angelegenheit an, bei denen die Eltern und Angehörigen unerwünscht sind."[23]

Aus den weiteren Ausführungen der Spitzel geht hervor, dass die jungen Leute ahnen, dass Eltern und Großeltern nicht davon begeistert wären, wenn sie wüssten, dass einer der Sprösslinge in die Partei der Fanatiker eintritt. Es bestehen keine Zweifel, was die Gründe für das Desinteresse anbelangt: „In den meisten Berichten unserer Gegend wird die schlechte Beteiligung der Bevölkerung auf kirchliche Einflüsse zurückgeführt. Besonders in den Berggemeinden verschließt sich die Bevölkerung, die gerade hier noch stark kirchlich gebunden ist, immer mehr den nationalsozialistischen Feiern."[24]

In der Gerüchteküche brodelt es. Die überaus einfühlsamen Kollegen im Sicherheitsdienst halten „die Aufgeschlossenheit der Volksgenossen für Gerüchte" zwar für verständlich, doch bedenklich sei „die Tatsache, dass auch die unsinnigsten und bösartigsten Gerüchte über führende Männer der Partei oder des Staates eine so schnelle Verbreitung finden und sich Wochen und Monate halten“ können. Als gutes Beispiel wird Baldur von Schirach angeführt. Er habe versucht, mit seiner Familie in die Schweiz zu flüchten und sei dabei verhaftet oder sogar erschossen worden. Jenes Gerücht kam dieser Tage in den Donau- und Alpengauen auf und macht von dort aus die Runde durch das Reich. Nur wenig später wird es schon aus Danzig gemeldet. Dumm ist, dass „selbst einsichtige Volksgenossen“ zumindest für möglich halten, dass an dem Gerücht „etwas Wahres“ sei. Ähnlich verhält es sich mit der Einstellung der Bevölkerung des Reiches zu politischen Witzen. Dem Sicherheitsdienst fällt auf, dass das Weitererzählen „von staatsabträglichen und gemeinen Witzen“, selbst über die Person des Führers, seit Stalingrad erheblich zugenommen habe. Es sei inzwischen egal, ob es sich um Witze „einigermaßen harmlosen Inhalts“ handelt oder um eindeutig gegnerische. Die strammen Nazis haben also ihre liebe Not mit der Disziplin im Volk. Es würden Leute, die sich kaum kennen, politische Witze miteinander austauschen. Offenbar setze man gegenseitig voraus, dass einer „heute schon jeden Witz erzählen könne“, ohne mit energischer Abfuhr, geschweige denn mit einer Anzeige bei der Polizei, rechnen zu müssen. Beim Sicherheitsdienst merken sie an, dass Witze wie folgender sehr weit verbreitet seien: „Nächstens gibt es mehr Butter, weil die Führerbilder entrahmt werden.“[25] Und der ist gar nicht harmlos; der ist doppelt garstig. Wenn die Führerbilder schon entrahmt werden, dann wurden sie vorher abgenommen, und wenn man aus dem Rahm(en) dann Butter machen kann, dann ist das eine weitere Kritik an den Privilegien der oberen Parteikaste. Wer glaubt nach Indizien dieser Art immer noch, dass nach dieser hausgemachten Entnazifizierung noch nennenswerte amerikanische Schritte in diese Richtung nötig wären?

Hitler muss weg I

Diese Situation könnten jene Leute nutzen, die Hitler von der Bildfläche wegbomben wollen. Sie könnten es, wenn sich nicht an die missglückten Attentate zu allem Überfluss im April ein weiterer schwerer Rückschlag für die Verschwörer anschließen würde, die ohnedies schon seit Anfang März durch eine schwere Erkrankung Becks in Sorge sind. Nachdem ein Devisenschmuggel in Prag Mitte 1942 aufgeflogen war, in den einer der V-Männer der Abwehr, ein gewisser Schmidhuber, verwickelt war, führt dessen Aussage die Gestapo zu Hans von Dohnanyi, der bei seinen Hilfsaktionen für in die Schweiz in Sicherheit gebrachte Juden auch Devisentransaktionen durchgeführt hatte. Am 5. April 1943 wird nicht nur Hans von Dohnanyi in seinem Büro bei der Abwehr verhaftet. Am selben Tage ziehen die Strafverfolgungsbehörden weitere Schlüsselpersonen von der Abwehr aus dem Verkehr: Dietrich Bonhoeffer, dessen Schwester, Frau von Dohnanyi sowie Josef Müller*. Hans Oster aus der Führungsgruppe der Abwehr versucht noch, einige verräterische Zettel vom Schreibtisch Hans von Dohnanyis verschwinden zu lassen, doch er wird erwischt und unter Hausarrest gestellt. Anschließend wird gegen ihn dann ein Kriegsgerichtsverfahren eingeleitet.[26] Die Nazis können so dem Widerstand in Deutschland den Kopf in Berlin schwer beschädigen und neue Attentate vorerst verhindern, denn ohne einen anschließenden Staatsstreich bleibt ein Mord an Hitler zwecklos. Es besteht die Befürchtung, dass sich nach einer derartigen Aktion lediglich einer der alten Rivalen Hitlers selbst an die Spitze der Führung in Berlin setzt. Dann bleibt die offene Frage, wie das in der Breite der Bevölkerung aufgenommen würde. Allerdings kann man das nicht einfach ausprobieren und wenn es schief geht, dreht man die Zeit noch einmal zurück und ist vorsichtiger.

Wie man der Demokratie ein Schnippchen schlägt

Hürden und Hindernisse in anderer Hinsicht türmen sich jedoch ebenso in anderen Ländern auf. Zur Zeit hält sich nämlich gerade der Präsident der Bank für Internationalen Zahlungsausgleich Thomas McKittrick für wichtige Gespräche in *America* auf. Im April 1943 fordert der Kongressabgeordnete Horace Jeremiah Yoorhis eine Untersuchung zu dieser BIZ. Er will wissen, warum ein Amerikaner dieser in der Schweiz agierenden Bank als Präsident dient und ob sie womöglich ganz und gar dazu missbraucht wird, die Achsenmächte zu unterstützen. Daraufhin erteilen die US-Behörden McKittrick nicht mehr die Bewilligung zur Rückkehr nach Europa. Nach langen Debatten kommt McKittrick der zündende Einfall, mit welchem Argument er das Außenministerium doch noch überzeugen kann, ihn zurück in die Schweiz fahren zu lassen. Deutsche Nazigegner hatten sich offenbar sehr häufig unter anderem ausgerechnet an ihn gewandt, um für ein Ende des Krieges zu sorgen. McKittrick selbst sagt in Washington, dass da über die Jahre „zweimal im Monat Friedensfühler" ausgestreckt wurden. In seinen Aufzeichnungen findet sich zum Beispiel der Name Adam von Trott zu Solz. Da der Diplomat tatsächlich wiederholt vom Auswärtigen Amt in die Schweiz geschickt wird, liegt das sogar im Bereich des Denkbaren. Abgesehen davon, dass sich damit der Bock zum Gärtner erklärt, wird McKittrick letztlich die Ausreise aus den USA erlaubt. Ausschlaggebend für die Ausreisegenehmigung ist jedoch, dass McKittrick einen Draht zum Residenten des US-Geheimdienstes OSS in der Schweiz Allen Dulles hat, der sein Büro im Haus an der Herrengasse 23 in Bern hat. McKittrick wird dort unter dem Codenamen 644 geführt. Wer dort mit wem unter einer Decke steckt, wird augenfällig, wenn man sieht, dass sich der Präsident der BIZ nach der Rückkehr in die Schweiz neben Allen Dulles ebenso regelmäßig mit Amerikas Botschafter Leland Harrison trifft und dass er im heimatlichen Amerika sein Büro direkt in der Federal Reserve Bank hat. Interessant ist darüber hinaus auch, dass McKittricks Kontakt zu dem Vizepräsidenten der Reichsbank Emil Puhl nicht verpönt ist. Er wird umgekehrt von Allen Dulles und seinem OSS „besonders geschätzt".[27]

Vom Mythos Rommel und anderen Ungereimtheiten

Unterdessen treibt der totale Krieg hier besondere Blüten. Betrieben der Bekleidungsindustrie zum Beispiel werden ungelernte Arbeiterinnen zugewiesen, während auf der anderen Seite dem Wirtschaftszweig gelernte Arbeitskräfte entzogen werden, um sie in Gärtnereibetrieben oder auch als Nachrichtenhelferinnen unterzubringen. Selbstverständlich fällt den Leuten auf, dass ständig Arbeitskräfte ankommen, die in den jeweiligen Betrieben in fachlicher Hinsicht nicht die geringste Vorbildung haben.[28]

So ist das, wenn selbsternannte Experten das Ruder in der Hand haben. Die Bevölkerung beobachtet ebenso aufmerksam die Entwicklungen an den verschiedenen Fronten. Was den Süden angeht, ist interessant, wie es wahrgenommen wird, dass sich die Wehrmacht trotz der hinlänglich bekannten „Übermacht der Feinde" in Tunesien halten kann. Amtlichen Verlautbarungen entnimmt man auf der Straße, dass die Italiener nicht diejenigen sind, auf die man große Hoffnungen zu setzen hat. Es bleibt der Eindruck haften, dass Benito Mussolini der einzige Italiener sei, auf den man sich noch verlassen könne. Es sei jedoch zweifelhaft, ob er sich „bei zunehmender Verschärfung der militärischen und politischen Lage seines Landes behaupten könne". Nach einem viel verbreiteten Gerücht soll ganz Italien von deutschen Truppenverbänden durchsetzt sein, weil auf die italienischen Truppen kein Verlass mehr sei. Das Volk in Italien sei kriegsmüde und überdies auch zerrissen in Faschisten, Anhänger des Königshauses und der päpstlichen Richtung. Zumindest aus diesen Aufzeichnungen geht nicht hervor, ob sich jemand überlegt, warum eigentlich die anglo-amerikanischen Truppen ihre Übermacht nicht benutzen für einen entscheidenden Schlag gegen die Achsenmächte. Gedenken sie wirklich das große Schlachten von Russen, Polen, Juden, Deutschen und der anderen Nationalitäten in Europa noch weiter hinzuziehen? Welche alternative Deutung sollte es für die vornehme Zurückhaltung der westlichen „Alliierten" sonst geben, wenn Fronturlauber berichten, dass es in Afrika ganz besonders an Munition fehlt und dass auf hundert feindliche Granaten eine deutsche Granate komme?[29] Die Briten verkaufen clever, warum sie trotzdem gegen die Deutschen nicht ankommen. Sie sind es, die den Mythos Rommel in die Welt setzen und damit zu Hause erklären können, warum sie keinen Stich sehen. Der Generalfeldmarschall Erwin Rommel wird zum Übermenschen aufgebläht, bis er selbst glaubt, dass er Wunder tun kann. Goebbels in Berlin freut sich, dass er seinen neuen Helden für die Propaganda hat, und die Freunde eines Endsieges freuen sich mit. Wenn man hingegen Männer in Rommels Umfeld fragt, wissen sie nichts von seinen Zauberkräften. General Erwin Menny zum Beispiel betrachtet ihn sehr differenziert: „Rommel ist persönlich ein Mordskerl. Aber vom Strategen keine Spur. Er ist noch nicht einmal ein Taktiker. Er kann überhaupt nicht führen."[30]

Jugendlicher Übermut und Altersweisheit

Was den Osten angeht, so hat es sich nach Überzeugung der Kollegen im SD „bei vielen Volksgenossen" als „fixe Idee" festgesetzt, dass ein dritter Kampfwinter im Osten dem Verlust des Krieges gleichkomme. Wohl gibt es zur Zeit immer wieder beruhigende Nachrichten von der Ostfront, sie täuschen aber gerade betagte Leute nicht darüber hinweg, dass auch da noch längst nicht aller Tage Abend ist. Exemplarisch dafür soll ein Wort eines älteren Herrn stehen: „Mein Sohn schreibt sehr zuversichtlich vom Osten, dass der Russe in diesem Jahr erledigt wird. Ich wünsche dies ja von ganzem Herzen, aber ich bin alter Weltkriegsteilnehmer und kann es nicht glauben. Ich finde keine Erklärung, wie wir mit diesem Massenaufgebot an Menschen und Material fertig werden wollen. Wir haben zu wenig Leute und unsere Fronten sind zu lang, besonders, wenn womöglich durch eine Invasion im Westen außerdem noch starke Kräfte gebunden werden."[31] Eine Menge Leute meinen, selbst wenn die Sowjetunion noch in diesem Jahr entscheidend geschlagen und sogar England noch „erledigt werde, müsse mit einem jahrelangen Krieg gegen Amerika gerechnet werden." Das und genau das haben führende Militärs schon vor Jahr und Tag vorausgesagt. Hier wird nur erneut deutlich, dass breiten Bevölkerungskreisen der gesunde Menschenverstand auch nach diesen

Jahren von und mit Dr. Joseph Goebbels nicht abhanden gekommen ist. Mag sein, dass die Tagespropaganda irgendeines herrschenden Systems hier und da gerne Schwerpunkte zu setzen wünscht; dem steht aber im Rahmen konkreter Lebensumfelder einzelner Menschen stets die Erfahrung älterer Leute im Weg, die sich an frühere Jahre und andere Zeiten erinnern können. Nicht umsonst haben die Nazis gleich von Anfang an fanatisch gegen den Konservatismus gekämpft. Wer Geschichte beliebig interpretieren will, muss immer erst versuchen, ältere Generationen vor den jüngeren Generationen unglaubwürdig dastehen zu lassen. Danach kann man jungen Leuten auch erzählen, dass die Sonne früher blau war.

Spontane Demonstration gegen den Krieg

Bezogen auf das Dritte Reich wird man sich die 70 – 80 Millionen genau ansehen müssen und ihr Verhalten differenziert beurteilen, damit keine einseitigen und alleine schon von daher falschen Eindrücke vom Homo Germanicus hängenbleiben. In Dortmund-Hörde spielt sich am 12. April 1943 zum Beispiel die nachfolgende Szene ab. Gegen 12.20 Uhr hält ein Hauptmann der Wehrmacht einen Flaksoldaten wegen des „schlechten Grüßens" an. Selbst nach seiner Aufforderung, den Gruß in militärischer Weise auszuführen, ist der Soldat nicht dazu zu bewegen. Das renitente Verhalten des Soldaten veranlasst den Hauptmann, mit einem herbeigerufenen Soldaten die Personalien des Angehaltenen festzustellen. Dabei stellt sich heraus, dass der Soldat desertiert ist. Als die Szene später von den Leuten der Firma *Horch-und-Guck* aktenkundig festgehalten wird, heißt es in den Auswertungen: „Der Hauptmann veranlasste das Nötige, wobei er sich nach einwandfreien Feststellungen völlig korrekt verhielt." Nach einem Jahrzehnt lebenspraktischer, alltäglicher Erfahrungen rund um das Dritte Reich von innen wissen die Leute freilich nur zu gut, was einem Mann blüht, der einfach so von der Wehrmacht ausgebüchst war. Die wehrfähigen Männer aus Dortmund-Hörde sind wegen des Krieges an Einsatzorten irgendwo in anderen Ländern, so dass fast nur Frauen, Greise und Kinder überhaupt in der Stadt sind. Vor diesem Hintergrund wird verständlich, wie sich die Szene weiter entwickelt. Leute, die in der Nähe stehen, werden aufmerksam und es sammelt sich eine Menschenmenge an, die aus drei- bis vierhundert Leuten besteht. Vorwiegend sind es Frauen. Im Handumdrehen bilden sich unter ihnen unglaubliche Gerüchte, die sämtlich gegen den Offizier gerichtet sind, wie ein Kollege im Sicherheitsdienst später schreibt. Dieser soll den Soldaten u. a. mit dem Koppel geschlagen und mit Erschießen bedroht haben. Die Erregung der Menge wächst „ungeheuer schnell“. Aus der Masse kommen Rufe in der Art: „Pfui, es gibt Revolution! Gebt uns unsere Jungen, gebt uns unsere Männer wieder!“ Die Umstehenden nehmen „eine so drohende Haltung an, dass der Offizier regelrecht in die Straßenbahn flüchten“ muss. Um die Wogen zu glätten, wird eine Pressenotiz in Umlauf gebracht. Sie soll die Dinge klarstellen. Was man sich davon verspricht, bleibt schleierhaft im Angesicht des Bewusstseins in der Bevölkerung, dass hier nur glatte oder geglättete Meldungen den Weg in die Zeitungen und in die Radiosendungen finden werden. Wirbel löst dieser Vorfall sogar bei Frauen in der NS-Frauenschaft von Dortmund-Hörde aus, so dass es angemessen erscheint, den Sachverhalt auch dort ins rechte Licht zu rücken.[32] Allein der Umstand, dass das Ganze ein Vierteljahr lang für Wirbel in der Stadt sorgt, verdeutlicht eindrucksvoll, dass die Zustimmungswerte für unsere Staatsführung längst im unteren Bereich der Skala liegen.

Die Kirchen halten unvermindert dagegen

Seit dem letzten ausführlichen Rapport zur Wühltätigkeit der deutschen Kirchen gegen den Nationalsozialismus sind nur einige Tage vergangen, als sich die fleißigen Sammler von *Horch-und-Guck* erneut über einige Seiten in dieser Angelegenheit zu Wort melden. Sie stellen eindringlich „die Gefahr der kirchlichen Beeinflussung der Jugend" heraus, „auf die in allen Meldungen immer wieder hingewiesen wird". Dabei scheint die Devise der Kirche zu lauten: „Von Goebbels lernen heißt Siegen lernen!" Bis hin zum Einsatz von Farbfilmen, Bildbänden und Steh-Bildern mit christlichem Inhalt werden alle Register der Propaganda gezogen. Aus Bayreuth ist zu erfahren, warum die neuen kirchlichen Jugendfeiern so gut angenommen werden: „Der Grund, warum sehr oft diesen Feiern gegenüber Veranstaltungen der HJ. der Vorzug gegeben wird, dürfte wohl darin liegen, dass dem Einzelnen mehr geboten, ihm mehr Freiheit und freiwillige Unterordnung gelassen wird." Über die Auseinandersetzung mit den Kirchen heißt es in einer Notiz aus Darmstadt: „Die Erfolge der kirchlichen Jugendarbeit zeigen sich klar und eindeutig bei den im vergangenen Jahre abgehaltenen kirchlichen Feiern, bei denen die Jugend trotz aller Anstrengungen der HJ. meist gleich stark, teilweise noch stärker wie im Jahre vorher vertreten war." Wenig kurios finden es die Angestellten beim SD, dass zum Beispiel in Karlsruhe Veranstaltungen der Kirchen wie im Pfarrhaus oder im Gemeindehaus auch von Angehörigen der Hitler-Jugend besucht werden, „weil Interessantes geboten würde", und dies trotz der damit verbundenen religiösen Unterweisung. Gerade der Einsatz farbiger Märchenfilme führe dazu, dass „Kinder, ob mit oder ohne Wissen der Eltern, oft lieber zu diesen Veranstaltungen laufen, als dass sie die Dienststunden der HJ. besuchen." Das weist klar darauf hin, dass schon kleine Kinder intuitiv spüren, was Substanz hat und folglich Spaß macht, und wie langweilig ideologische Phrasendrescherei ist. Der nüchterne Vergleich von Systemen setzt sich logischerweise bei den Erwachsenen fort. Ideologie ist eben mehr was für Ideologen. Wer die Welt mit den politischen Ideologien zu erklären versucht und nach Statistiken geht, wie viele Mitglieder eine führende Partei hat, staunt im Anschluss an jede neue geschichtliche Wende, dass ein Schläger selten zum Engel wird und dass Mitläufer in jedem System auf den Füßen landen. Es geht bei derartigen Betrachtungen letztlich um eine menschliche Gesellschaft und nicht um eine Versammlung von Denkern und/oder Kämpfern. Das trifft in gleicher Weise auch auf die vielen unterschiedlichen Menschen und Völker zu, die in der Sowjetunion leben. Was viele der sowjetischen Gefangenen vom Sozialismus in ihrer Heimat und von dem in Deutschland halten, wird in der folgenden Äußerung eines sowjetischen Offiziers klar: „Von Hitler wollen sie nichts hören und über Stalin lassen sie sich nicht aus.“ Diese Worte bezeichnet man beim SD als „kennzeichnend für die meisten sowjetischen Kriegsgefangenen“.[33]

Deutsche erleben Ausländer *live* und in Farbe

Nachdem die Sowjets schon mit ihren militärischen Erfolgen Zweifel an der Richtigkeit der Aussagen der antibolschewistischen Propaganda im Bereich ihrer angeblich so mangelhaften Militärtechnik geweckt hatten, kommen in zunehmendem Maße auch hier die leibhaftigen Russen der Propaganda in die Quere. Auch in der Hinsicht war es einst besser: „Bis zum Ausbruch der offenen Feindseligkeiten gegen die Sowjet-Union am 22. Juni 1941 kannte das deutsche Volk bis auf ganz wenige Ausnahmen die Sowjet-Union, ihre soziale und wirtschaftliche Struktur und ihre kulturellen Verhältnisse nur aus der Presse, dem Rundfunk, dem Film, der Rednerpropaganda und einer gelenkten Literatur“, wie sie beim Sicherheitsdienst freimütig einräumen.[34] Was kommt ihnen sonst zu Ohren?

„Die überwiegende Mehrheit des deutschen Volkes“ habe seinerzeit die „Sowjet-Union als ein unmenschliches und seelenloses Unterdrückungssystem“ angesehen und von den dortigen Ureinwohnern die Vorstellung einer „verdummten, halb verhungerten, abgestumpften Masse“ gehabt. In den vergangenen zwei Jahren sind aber hunderttausende Ostarbeiter und Kriegsgefangene mehr oder minder freiwillig ins Reich gekommen, die nun „von den Volksgenossen als lebendige Zeugen des bolschewistischen Systems betrachtet" werden, an denen das bisherige Russlandbild und die von der Propaganda erzeugten Vorstellungen vom Sowjetrussen überprüft werden können. „Zahlreichen Meldungen zufolge hat sich dadurch der Zwiespalt der Auffassungen bei Volksgenossen aller Schichten weiter ausgedehnt und vertieft." Die Masse der Leute sieht zwar immer noch Unterschiede zwischen Deutschen und Russen, allerdings wird bei „den immer wiederkehrenden, z. T. erheblichen Diskussionen sehr oft" der Standpunkt eingenommen, dass die Menschen aus der Sowjetunion besser, jedenfalls nicht so schlimm seien, wie man es gemeint hatte, und „es ergeben sich dabei Rückschlüsse auf das Leben in der Sowjet-Union und auch gewisse Widersprüche zu dem bisher von der deutschen Propaganda dargebotenen Bild". Goebbels' antisowjetische Propaganda hat es im Reich immer schwerer, sich vor allem in den Kreisen der Arbeiter mit einwandfrei überzeugenden Argumenten durchzusetzen und darzulegen, dass der Bolschewismus wirklich die Gefahr ist, als die er immer wieder dargestellt wird. Oft ist zu hören, dass er doch nicht so schlimm sei und „etwas anders ausschaue", als er von der Propaganda geschildert werde. Vor allem macht sich die Ansicht breit, dass der Bolschewismus in Wirklichkeit von den einfachen Volksgenossen, die nichts zu verlieren hätten, gar nichts wolle und dass nur die Großen von ihm bedroht seien. Im Mittelpunkt der Gespräche stehen folgende Punkte, von denen man befindet, dass sie sich mit der deutschen Propaganda nicht deckten: Da ist zuerst die ungeheure Leistung der sowjetischen Industrie, wie sie seit dem Beginn des Ostfeldzuges offenbar wird. Da ist zweitens der erstaunliche Fanatismus, mit dem die Sowjets kämpfen. Gerade er lasse darauf schließen, dass das sowjetische System nicht so verhasst sei, wie man es angenommen habe. Drittens findet das Schulwesen Bewunderung. Das vierte Thema ist das wider Erwarten ausgeprägte religiöse Leben in der Sowjetunion. Fünftens fällt ein stark ausgeprägter Familiensinn bei den hier eingesetzten Ostarbeitern und Ostarbeiterinnen auf. Wenn die Zustände in der Sowjetunion wirklich überall so wären, wie sie hier in der Propaganda geschildert werden, sei es völlig unvorstellbar, wofür diese Leute kämpften. Hier ist der Eindruck entstanden, dass die Bevölkerung der Sowjetunion unter dem Bolschewismus oder auch trotz des Regimes zumindest in großen Teilen ganz gut und zufrieden gelebt habe. Spuren hinterlassen Berichte deutscher Soldaten auf Heimaturlaub, nach denen die schönsten Gebäude in den Orten des Ostens die Schulgebäude seien. Dies provoziert die Deutschen zu Vergleichen mit manch einer Schule in Deutschland.[35] Ein Dauerbrenner bei den tagtäglichen Diskussionen auf der Straße ist leider die Lebensmittelversorgung. Vielfach wundern sich Deutsche schon beim Eintreffen der Ostarbeiter-Transporte über deren „guten Ernährungszustand". Im Unterschied zu unseren Hungerhaken, die mangels fahrender Straßenbahnen zwischen den Ruinen zur Arbeit traben müssen, wird festgestellt, die Ankömmlinge aus dem Sowjetreich hätten „noch dicke Backen und müssen ganz gut gelebt haben". Wörtlich meint der Leiter eines Gesundheitsamtes in Dortmund: „Ich bin tatsächlich über das gute Aussehen der Ostarbeiterinnen erstaunt. Am meisten bewundere ich aber das Gebiss der Ostarbeiterinnen, da ich bisher noch keinen einzigen Fall festgestellt habe, dass eine russische Frauensperson ein schlechtes Gebiss hatte. Sie müssen im Gegensatz zu uns Deutschen viel Wert darauf gelegt haben, die Zähne in Ordnung zu halten. Wir sind wohl in vieler Hinsicht nicht ganz richtig informiert worden, oder man war höhererseits über die Verhältnisse nicht informiert."[36] Wie elegant er seinen bösen Verdacht doch am Ende entschärft...

Gute Kopfnoten erhalten neben den sowjetischen Kriegsgefangenen die französischen Zivilarbeiter, von denen momentan 300.000 im Reich beschäftigt sind. Ihre „Haltung und die Arbeitsleistung" wird laut SD wohl „nicht ungünstig, aber auch nicht einheitlich positiv aufgenommen." Für sie spricht „die allgemein befriedigende Arbeitsdisziplin. Aufsässigkeit, wie sie der deutsche Arbeiter von den slawischen Völkern kenne, könne wenig beobachtet werden." Dass die Franzosen freilich besser behandelt würden als die Russen, sei der „Wille des Führers" und „ein erheblicher Teil der französischen Zivilarbeiter erkenne dieses Entgegenkommen an und erwidere es auch. So schrieb z. B. ein französischer Arbeiter, der in einem Elbinger Krankenhaus operiert wurde, in höchst anerkennbarer Weise über die ihm zuteil gewordene Behandlung nach Hause." Möchte man da nicht auch in Ostpreußen krank sein? „In seinem Schreiben hebt er hervor, dass er seitens des operierenden Arztes sowie der Schwestern in einer zuvorkommenden Art und Weise behandelt werde. Außerdem betonte er, dass er kameradschaftlichste Unterstützung durch anwesende deutsche Kameraden erhalten hatte. Er erklärte, dass er nie geglaubt habe, in Deutschland so tadellos aufgenommen zu werden. Ferner geht aus dem Schreiben hervor, dass er in Frankreich eine derartig liebevolle Behandlung nie gehabt hätte."[37] So unterschiedlich kann man Deutsche in diesen Zeiten erleben, aber wie könnte es auch anders sein.

Sorgen bereitet es den Nazis, dass sich zwischen den deutschen und den französischen Arbeitern nicht nur eine brauchbare Zusammenarbeit auf kameradschaftlicher Basis ergeben hat. Darin liegt auch der Keim dafür, dass es „teilweise zu starken Annäherungen und den damit verbundenen volkstumsmäßigen Gefahren" kommt, logisch, wenn die Franzosen den deutschen Frauen Kinder machen. Während man eben noch schrieb, die Aufsässigkeit bei den Franzosen wäre nicht so wie die der Osteuropäer, birgt deren mehr oder minder freiwillige Tätigkeit im und für das Reich doch auch Risiken für das gute deutsche Mobiliar. Aus einem Lager bei Wörgl in der Ostmark ist zu berichten, dass die gerade angekommenen Franzosen „auf den ersten Blick erkennen lassen, dass sie gegen ihren Willen in das Reich zum Arbeitseinsatz gekommen sind." Sie haben gar verschiedentlich „offen zum Ausdruck gebracht, dass sie sich hier nicht wohl fühlen und lieber in Frankreich geblieben wären." Also, ist es denn die Möglichkeit? Aber die Feststellung spricht natürlich Bände darüber, dass es einen Unterschied gibt zwischen dem medizinischen Personal in Elbing und dem Begutachter der Kriegsgefangenen in Wörgl. Fakt ist in jedem Fall, dass die widerspenstigen Franzosen „in kurzer Zeit 15 Betten total demolierten ... Statt sich bei der Lagerführung Holz zum Einheizen zu holen, haben sie von der Umzäunung Bretter herausgerissen und verheizt." Vielleicht war ihnen die deutsche Beantragungsbürokratie viel zu umständlich und sie wünschten eine Lösung der kurzen Amtswege. Von anderer Seite erfährt der SD, dass die Franzosen schon in der Eisenbahn die Fensterriemen ganz einfach mit Taschenmessern zu kleinen Stücken zerschnitten hatten. Es überrascht auf jeden Fall, dass es bei Damen aus

Frankreich auch nicht besser ist als bei den Herren: „Die Französinnen haben für Ordnung überhaupt keinen Sinn. Ihre Zimmer werden in einem Zustand zurückgelassen, der jeder Beschreibung spottet. Vonseiten der Lagerführung will man, falls keine Änderung der Zustände eintritt, den saubermachenden Mädchen Anweisung geben, die herumliegenden Pudertütchen, Lippenstifte, Schminkkästchen usw. einfach auszufegen und rauszuwerfen."[38] Mehr Freude haben die Aufseher mit den Frauen aus der Sowjetunion. Sie erregen vielfach Verwunderung durch persönliche Sauberkeit und die Liebe, mit der sie ihre Unterkünfte schmücken, da man Derartiges nicht erwartet hat.[39]

So sachlich vergleichen viele Deutsche auch die Sprüche aus den letzten Jahren zur Religionsfeindlichkeit des Bolschewismus einerseits mit den Beobachtungen an leibhaftigen Russen und mit dem heftigen Kampf der deutschen Staats- und Parteiführung gegen die Religionen andererseits, ein weiterer Hinweis darauf, dass die NS-Ideologie in erster Linie diejenigen erreicht, die ihr eben nahe stehen, und formbare Kinder. Arbeiter aus der Sowjetunion sagen, es sei durchaus wahr, dass Popen, die gegen den Kommunismus hetzten, hingerichtet wurden; sonst aber hätten sie schon Religionsfreiheit gehabt. In Deutschland wissen sie freilich, dass der Nationalsozialismus von allem Anfang an gegen die Kirche gerichtet gewesen war und die Propaganda gar keinen Grund hat, sich mit sowjetischen Beispielen zu befassen. Inzwischen sind hier ja sogar die katholischen Feiertage Christi Himmelfahrt und Fronleichnam verboten.[40]

Es mag an den Übertreibungen in Bezug auf die Sowjetunion liegen oder an den persönlichen Erfahrungen mit der Religionsfeindlichkeit bei uns im Reich, dass bei diesen Vergleichen Stalins Reich im deutschen Urteil besser abschneidet. So fallen den Leuten „zahllose Menschen" ins Auge, die kleine Kruzifixe, Madonnenbilder oder Ikonen tragen. Besonders in den katholischen Gegenden Deutschlands wird diese Tatsache stark beachtet. Dazu kommt, dass die „Ostarbeiter, namentlich die Frauen, vielfach eine tiefe, wohl angeborene Religiosität an den Tag legen würden." Die deutsche Bevölkerung schließe daraus, heißt es beim SD, dass dieses

Sowjet-System die Religion bekämpft haben mag, die Menschen jedoch durchaus Möglichkeiten gehabt haben müssten, ihrem Glauben und Bekenntnis nachzugehen. Über die Wahrnehmung in Bauernkreisen rund um Liegnitz in Niederschlesien heißt es z. B.: „Die allgemeine Meinung hat sich gegenüber früher sehr verschoben. Man behauptet, das ist alles übertrieben, was man uns über Bolschewismus und Gottlosigkeit gesagt hat. Das sei alles nur Propaganda. Es gebe nach Aussage der hier befindlichen sowjetischen Zivilarbeiter noch viele Kirchen in Russland, wo sie ungehindert beten könnten." Eine Arbeiterin aus der gleichen Gegend in Schlesien meinte: „Ich dachte, die Russen hätten keine Religion, aber sie beten ja sogar!" In Breslau äußert ein Amtsvorsteher, die eingetroffenen Ostarbeiter müssten sich zur Karteiaufnahme bei ihm melden. Im Laufe der Befragungen „haben sie durchweg angegeben, dass sie der orthodoxen Kirche angehören." Der Beamte versäumt nicht die einzigartige Gelegenheit zum Abgleich seiner Vorurteile mit den echten Probanden. Bei dem Hinweis, dass doch in Sowjet-Russland Gottlosigkeit herrsche und propagiert werde, erklärten sie, das wäre in Moskau, Stalingrad, Rostow und in den großen Industriezentren so, weniger jedoch beispielsweise in Leningrad, der früheren Hauptstadt St. Petersburg. Auf dem Lande sind die Russen nach diesen Befragungen „sehr gläubig". Wohl würden junge Russen der Gottlosigkeitsbewegung angehören, ansonsten könne jedoch „von Gottlosigkeit in Sowjet-Russland nicht gesprochen werden". Alles andere sei „nur Propaganda". Aus Frankfurt an der Oder wird gemeldet, dass ältere Ostarbeiter die jüngeren darauf aufmerksam machen, dass es Sünde sei, wenn sie flüchten, ohne dass die älteren Arbeiter dafür jemals ausgelacht würden. Die religiösen Feste würden immer gefeiert und die Tannenbäume würden mit Heiligenbildern und Kreuzen geschmückt. Es wird angegeben, dass sie genau wie bei uns Weihnachtslieder singen. In Reichenberg wird einer der Volksgenossen mit der Äußerung zitiert: „An diesen Feiern ist alles daran. Die könnten deutsche Arbeiter auch nicht besser aufziehen." In Halle an der Saale fällt auf, dass Russen, die wegen des üblen Hungers im Deutschen Reich Kartoffeln geklaut haben, unter Berufung auf Gott versichern, solches nie wieder zu tun und diese hoch und heilig abgegebenen Versicherungen „wirklich beherzigten und nicht wieder straffällig wurden". Besonders fällt auf, dass Männer wie Frauen aus Stalins Herrschaftsbereich „weniger den Gaststätten zustreben, als vielmehr versuchen, in die Kirchen bzw. in deren Nähe zu gelangen."[41]

Eine ähnliche Erfahrung, die aus allen Teilen des Reiches bestätigt wird, macht man in einem Ostarbeiterlager im Kreis Verden. Am Abend beten die Russen dort unter Anleitung eines Vorbeters gemeinsam. In welcher Hinsicht hat die ganze Nazi-Propaganda der nüchternen Urteilsfähigkeit bei den Deutschen geschadet? In gar keiner? Dafür spricht ebenso, dass man den zur Besichtigung freigegebenen Russen neidlos zugesteht, dass sie „durch ihr technisches Verständnis geradezu verblüfft hätten". Diese Wahrnehmung wird in Breslau, Reichenberg, Stettin, Frankfurt an der Oder, Berlin, Halle an der Saale, Dortmund, Kiel, Bremen und Bayreuth bestätigt. Ein Arbeiter sagt dazu: „Unsere Propaganda stellt die Russen immer als so stur und dumm hin. Ich habe hier aber das Gegenteil festgestellt. Die Russen denken bei der Arbeit und stellen sich gar nicht so dumm an. Mir sind 2 Russen in der Arbeit lieber als 5 Italiener."[42]

Es erstaunt nicht, dass er gerade Italiener zum Vergleich heranzieht; auf die militärischen Qualitäten der Bundesgenossen im Süden ist man bei uns allgemein ja auch nicht besonders gut zu sprechen. Was Dummheit bei den Russen angeht, wird aufgezeichnet, der deutsche Arbeiter müsse sich täglich anhand der Leistungen und des Könnens oft vom Gegenteil überzeugen. „Übereinstimmend kommt in zahlreichen Meldungen zum Ausdruck, dass der Arbeiter aus ehemaligen sowjetischen Gebieten ein besonderes Verständnis für alle technischen Einrichtungen aufweise. So könne der deutsche Volksgenosse immer wieder erleben, dass der Ostarbeiter es häufig mit den primitivsten Mitteln fertig bringe, Schäden aller Art an Motoren usw. zu beheben." Da staunt man natürlich im Westen. Im Reich wird immer nur gemeldet, dass alles jammert, weil durch den Krieg dies und das nicht mehr wie früher zur Verfügung steht. Frankfurt an der Oder meldet eine einschlägige Beobachtung an die *Zentrale aller von sich Überzeugten*: „Auf einem Gut verstand es ein sowjetrussischer Kriegsgefangener, einen Motor, mit dem deutsche Fachkräfte nichts anzufangen wussten, in kurzer Zeit in Gang zu setzen, und zeigte an einem Trecker Fehler im Getriebe auf, die von der deutschen Bedienung noch nicht bemerkt worden waren." In Landsberg/Warthe gaben Vorarbeiter sowjetischen Kriegsgefangenen, die zur Mehrzahl vom Lande stammen, Anleitungen für das Entladen von Maschinenteilen. Diese wurden durch die Russen mit Kopfschütteln aufgenommen und nicht befolgt. Vielmehr haben sie „das Ausladen nach ihrem Kopf schneller und technisch praktischer ausgeführt, so dass die deutschen Arbeiter über die Auffassungsgabe sehr erstaunt" waren. Der Direktor einer Flachsspinnerei in Glogau in Schlesien äußert sich so über die Neuzugänge: „Die hier zugewiesenen Ostarbeiter zeigten sofort technisches Verständnis und bedurften keiner längeren Anlernzeit als die deutschen."[43]

Anerkennung erntet der Bildungsstand der Sowjets allerorten. Deutsche ziehen diese Folgerung wegen „der auffallend hohen Zahl von Studenten und Studentinnen" unter den Ostarbeitern. Augenscheinlich kommt hier keiner auf den Gedanken, dass die Sonderkommandos des Führers dem Sowjetland die intellektuelle Elite rauben und als Handarbeiter im Reich missbrauchen, wobei diese damit streng genommen noch Glück haben; die polnische geistige Elite wurde damals in Polen ermordet. Auf jeden Fall finden diesbezügliche Vermutungen keinen Eingang in die Notizen des SD. Es scheint, als würde der vermutete hohe Bildungsstand bei den Sowjets bei uns in Deutschland legendär, denn deutsche Arbeiter, die im Betrieb Gelegenheit hätten, das technische Können dieser Ostarbeiter zu begutachten, vermuteten, dass die hier in Deutschland eingesetzten Ostarbeiter vielleicht noch nicht einmal die Besten sein würden, da die Bolschewisten ihre qualifizierten Arbeiter in die Großbetriebe im bzw. hinter dem Ural mitgenommen hätten. Schon die Vielzahl guter und komplizierter Waffen zeuge von geschulten Ingenieuren und Facharbeitern." Weiter werde allgemein geschlussfolgert: „Die Männer, die die Sowjet-Union zu derartigen Kriegsleistungen gebracht hätten, müssten über ein beachtliches technisches Können verfügen." Verschiedentlich stellen die Deutschen Vergleiche an zwischen den Kenntnissen des russischen und deutschen Landarbeiters, „die häufig zugunsten der Sowjets ausfallen".

Erstaunen ruft „die verbreitete Kenntnis der deutschen Sprache" hervor, „die sogar in den gehobenen Kreisen der Landschulen gelehrt würde". In Bremen sagt ein deutscher Geselle: „Beinahe hätte ich mich schrecklich blamiert, als ich den Russen kleine Rechenaufgaben stellte. Ich musste meine gesamten Kenntnisse zusammensuchen, um mitzukommen." Es wird berichtet, dass die Russen um Hefte und Bücher bitten, aus denen sie die deutsche Sprache weiter erlernen können. Aus Frankfurt an der Oder hören die Spitzel vom Sicherheitsdienst, „dass die Russen in ihren Quartieren sich aus Pappe und anderem Material Spiele und andere Unterhaltungsmittel, ja sogar ein Schachspiel angefertigt haben."[44] Durch die Kollision von Ideologie und Realität bleibt Erstere auf der Strecke.

Die Massenmorde von Katyn sind Goebbels' neuer Hit

Wenn sich solche Auffassungen unter den Deutschen breitmachen, dann muss der wachsame Parteisoldat ohne Frage gegensteuern, und es muss nicht erstaunen, dass die Partei- und Staatsführung für einen derartigen Fall ein Extra-Bonbon vorrätig hält. Für die wirklich sensationelle Steilvorlage sorgte die sowjetische Staats-, Partei- und Geheimdienstführung freilich selbst. Im April und Mai des Jahres 1940 hatten Angehörige des Innenministeriums der UdSSR weit über 4000 polnische Militärs in der Nähe des russischen Dorfes Katyn unweit von Smolensk ermordet. Das Massaker war ein Teil einer ganzen Serie von Massenmorden an 24.000 Offizieren, Reserveoffizieren, Polizisten und anderen Staatsbürgern der ehemaligen Republik Polen, wobei es vermutlich eher noch mehr Opfer gab. Viele von ihnen waren – auch dort wieder – Intellektuelle. Die Orte der Hinrichtungen verteilen sich auf zumindest fünf Orte Russlands, der Ukraine und Weißrusslands. Nun wäre nichts leichter als der hämische Verweis auf die nicht lange zurückliegende Mordorgie Jossif Wissarjonowitsch Stalins und des Geheimdienstchefs Lawrenti Berija an Militärs und anderen Sowjetbürgern. Es ist sicher möglich, dass es der Führung in Moskau darum ging, jeden Widerstand in den im September 1939 besetzten Gebieten abzuwürgen, um eine dauerhafte Besetzung ursprünglich polnischer Gebiete zu sichern, wurden doch 1939 nicht nur Gebiete des alten Russlands eingenommen. Daneben gibt es aber auch die Möglichkeit, über anderweitige Motive für die Tötung jener Männer nachzudenken. Letztlich waren ja auch die Massenmorde der Jahre 1937/1938 angeordnet worden, weil sich der Staats- und Parteichef Stalin von einer deutsch-freundlichen Konspiration in seinem Machtbereich bedroht gesehen hatte. Somit ist Stalin nicht ganz einfach der Psychopath, der alles umbringt, was sich bewegt. Am anderen Ende ist die Sowjetunion auch nicht der feine Rechtsstaat. Kann es sein, dass Jossif W. Stalins Organe für Friedhofsruhe im Frühjahr 1940 wie gehabt kurzen Prozess gemacht haben und sich in den Wäldern Russlands an polnischen Militärs für die brutale Unterdrückung von Weißrussen und Ukrainern mit Folter, Mord und weiteren Schandtaten gerächt haben? Immerhin zählten polnische

Militärs sowie Lehrer zu den Opfern. Die Polonisierungskampagne, mit deren Hilfe alle Einwohner der Polnischen Republik auf Polnisch als die einzige und wahre Sprache getrimmt werden sollten, war ja auch bei den Deutschen gefürchtet und verhasst. Kann es vielleicht sein, dass sich ein Teil der polnischen Armee nach den Niederlagen gegen die Wehrmacht im September 1939 in Ostpolen *in Sicherheit* gebracht hat und dort von Stalins Roter Armee eingesammelt und interniert worden ist, als sie am 17. September dort einmarschiert ist? Dann werden sich vermutlich die Ukrainer und Weißrussen gerührt haben, mit denen Polens Militär Fußball gespielt hatte, und dann ging wohl alles seinen sozialistischen Gang. So war das vielleicht Stalins Vorstellung von Vergangenheitsbewältigung in den zeitweise polnisch besetzten Gebieten. Wie lange wird es dauern, bis polnische und sowjetische Historiker ihre Karten auf den Tisch legen und selbstkritische Auswertungen darüber vorlegen, welche Verbrechen konkrete Männer aus beiden Staaten Menschen des anderen Volkes aus diesen oder jenen Motiven angetan haben?

Bloß wenige Tage nach der Niederlage der Wehrmacht in Stalingrad im Februar 1943 wurden Wehrmachtssoldaten durch die ortsansässige Bevölkerung von Katyn auf jene Massengräber in der Nähe des Dörfchens aufmerksam gemacht. Ab diesem Moment lief die Zeit; das ließ sich gut ausschlachten, um vom eigenen Umgang mit den Menschen Osteuropas abzulenken und das Augenmerk der Deutschen wieder auf den Bolschewismus auszurichten. Als sich im Frühjahr 1943 die Berichte häufen, in denen es heißt, dass sich in Deutschland ein höchst ideologiefreies prosowjetisches Bild unter den Deutschen ausbreitet, ist der Zeitpunkt für die Proklamation des grauenvollen Fundes in den Wäldern der Sowjetunion gekommen. Die Kampagne wird am 13. April über *Radio Berlin* losgetreten, in dem es heißt: „Ein Bericht hat uns aus Smolensk erreicht, nach dem Ortsansässige den deutschen Behörden gegenüber einen Ort benannt haben, wo Massenhinrichtungen von den Bolschewisten ausgeführt worden waren und wo 10.000 polnische Offiziere von der sowjetischen Geheimpolizei ermordet wurden. Die deutschen Behörden gingen zu einem Ort, der Ziegenhügel genannt wird, ein russischer Luftkurort, der sich zwölf Kilometer westlich von Smolensk befindet, wo die furchtbare Entdeckung gemacht wurde.“[45]

Jeder Einzelne in Deutschland nimmt diese Nachricht auf seine Art auf. Was denkt ein Angehöriger eines deutschen Sonderkommandos, der an unzähligen Hinrichtungen von Juden und Polen selbst beteiligt gewesen war? Was fühlen Deutsche, die von den kriegsrechtswidrigen Vorgängen in Polen wissen oder davon etwas gehört haben? Was glauben deutsche Durchschnittsbürger, als sie das hören? Doch dieser Radiomeldung folgt eine großangelegte Pressekampagne, bei der immer wieder Fotos dieses Verbrechens gezeigt werden. Etwas muss an der Nachricht aus der Sowjetunion schon dran sein. Nichtsdestotrotz bezweifeln Deutsche, was der Reichspropagandaleiter das Volk glauben machen möchte, und bald ist der Spruch im Umlauf: „Wie heißt der neueste Spinnstoff?“ – „Katyn.“[46] Da hat sich unsere Staats- und Parteiführung so gefreut, dass sie einmal wieder von einem richtigen Verbrechen der Bolschewisten zu berichten hat, und dann wird ihr noch nicht einmal das einfach so geglaubt.

Weniger umstritten sind diese Nachrichten bei den Polen, die im Reich arbeiten. Insgesamt handelt es sich um etwa eine Million Menschen. Ihr Verhalten hatte zuletzt eine spürbare Veränderung erfahren, als bekannt wurde, dass den Deutschen an der Wolga eine empfindliche Niederlage beigebracht worden war. Im Duktus der Nazis vom SS-Sicherheitsdienst hört sich dies so an: „In letzter Zeit wird im vermehrten Umfange über deren dreistes Auftreten und Widerspenstigkeit geklagt.“ Moniert wird, dass sie sich „über alle kriegsbedingten Einschränkungen der deutschen Menschen“ hinwegsetzten. Die meisten von ihnen sind in der Landwirtschaft beschäftigt und so kommen von dort auch die meisten Klagen. In den Aufzeichnungen des SD wird dazu notiert: „Das Verhalten und Benehmen der polnischen Arbeitskräfte gibt in letzter Zeit immer mehr zu ernsten Klagen Anlass. Durch Einberufung der Männer zum Wehrdienst sind die Frauen auf dem Lande mit den ihnen zugeteilten Polen nahezu allein.“ Über die kritisierten Gefangenen schreibt der SD: „Sie sind sich bewusst, dass man sie auf dem Lande sehr benötigt und erblicken darin allmählich einen Freibrief für ihre Unverschämtheiten. Leider werden nicht immer alle Aufsässigkeiten bekannt. Die Bauersfrauen, die auf die Hilfe der Polen angewiesen sind, nehmen aus Angst, dass der Pole ihnen bei Meldung über schlechtes Verhalten weggenommen werden könnte, lieber diese Dinge in Kauf." Verschiedentlich kommt von den Bauern die deutliche Kritik, dass sie „ihre" Gefangenen „nur mit Samthandschuhen anfassen dürfen". Wenn sich aber einmal ein Gefangener beschwere, so habe es der Bauer gleich mit dem Stalag, also dem Stammlager, oder mit der Wachmannschaft zu tun. Wie zeigt sich denn nun das, was der gute Mann beim Sicherheitsdienst als Unverfrorenheit der gefangenen Polen qualifiziert, letztlich im Einzelnen? „Der Pole des H. in P. arbeitet prinzipiell nicht, wenn er keine Zigaretten hat. Als nun seine Punkte aufgebraucht waren, setzte er sich hin und erklärte seinem Arbeitgeber gegenüber: »Nichts arbeiten, erst Zigaretten.« Nun lief der Bauer umher und da er keine Punkte hatte, kaufte er Zigaretten, deren Schachtelpreis RM 0,60 betrug, für RM 2,- und gab sie dem Polen, damit dieser die Arbeit wieder aufnahm." Aus keiner Silbe wird deutlich, dass der SD-Mann das Gefühl hat, dass der Pole in diesem exemplarisch herausgegriffenen Beispiel so ziemlich das Letzte verteidigt, was ihm verblieben ist, nachdem er Freiheit, Heimat, Familie und Freunde verloren hatte. Genauso wenig kann man entnehmen, dass der Wunsch des Polen nach Zigaretten dem Bauern keine Probleme bereiten würde, wenn sein Führer keinen Krieg angefangen hätte und wenn sich unter den so entstandenen Umständen nicht die zu erwartenden Mangelerscheinungen der Planwirtschaft noch weiter verschärfen würden. Aber wenn kein Krieg wäre, müsste der Pole ja auch nicht für fremde Leute schuften.[47]

Noch eine Auffälligkeit findet Eingang in die Berliner Unterlagen. Polen, die im Reich zur Arbeit eingesetzt sind, haben sich an der Kleidung mit einem „P" zu kennzeichnen, wie sich seit Jahr und Tag Juden mit einem gelben Stern zu markieren haben. Es muss vielleicht nicht gesondert betont werden, dass diese rassistische Marotte bei den betroffenen Leuten nicht auf Zustimmung stößt, sondern eher auf das Gegenteil. Die Klagen über Verstöße gegen die Kennzeichnungspflicht der „P"-Polen haben auf jeden Fall in den letzten Monaten zugenommen, wobei es die genannte Personengruppe unseren strammen braunen Volksgenossen aber auch zu leicht macht. Wenn sie beispielsweise die öffentlichen Verkehrsmittel benutzen, „finden sie es zweckmäßig, sich möglichst laut Polnisch zu unterhalten." Dann hilft es nicht, dass sie „das polizeilich vorgeschriebene »P.« z. B. oft gar nicht oder nur mit einer Stecknadel angeheftet" tragen, sodass „es jederzeit nach Belieben entfernt werden" könne.[48] Daran ist zu erkennen, dass es ungeahnte Probleme mit sich bringt, wenn man in den Krieg zieht und Ausländer mit Gewalt zu sich ins Land holt. Und es darf dann auch nicht erstaunen, wenn Wunder über Wunder geschehen. So ist es diesen Ausländern – laut einer der vielen Vorschriften – nicht erlaubt, den Arbeitsort bzw. die Gemeinde zu verlassen. Überrascht hält ein Mitarbeiter beim SD fest: „An diese Vorschrift halten sich die Polen nicht, gehen fort, kommen betrunken nach Hause, obwohl ein deutscher Volksgenosse fast keinen Schnaps bekommen kann." Hast du Töne?[49]

Die Hiobsbotschaft von den Massakern bei Katyn und an anderen Orten bringt einen neuen Wendepunkt im Verhalten der Polen in Deutschland. Gleich vor Ort knüpfen sie sich die Russen vor. Während normalerweise eine gewisse Solidarität zwischen den Fremdarbeitern anderer Nationen zu verzeichnen ist, brechen nunmehr spontane Schlägereien von Polen und Russen aus, was darauf hindeutet, dass es zumindest den schlagenden Polen offenkundig nicht möglich ist, im blinden Nationalismus eine Differenzierung vorzunehmen zwischen Männern des Moskauer Sicherheitsdienstes, die ihre Landsleute ermordet haben, und den Russen, die dort drüben in irgendeinem Dorf unter den Umständen des Stalinismus zu überleben trachteten. Auch sie konnten Verbrechen nicht verhindern, die sich auf dem Territorium „ihres" Staates ereignet haben. Es handelte sich ja auch in der Sowjetunion um Geheimoperationen. Es muss unklar bleiben, ob die nun zuschlagenden Polen in den bösen Jahren nach 1920 vielleicht von den Greueltaten der polnischen Okkupanten in den weißrussischen und ukrainischen Gebieten gewusst und sie verurteilt haben oder ob ihnen die Praktiken der eigenen Leute gleichgültig waren. Mehr Bereitschaft zur Differenzierung beweisen sie den Deutschen gegenüber.

Illusionen braucht man sich ganz sicher nicht darüber hinzugeben, dass durch die Nachrichten über den vieltausendfachen Mord an polnischen Staatsbürgern die Fremdarbeiter aus diesem Land jetzt auf einmal ihre Sympathie für die Deutschen entdeckten. So ist dem selbstredend nicht. Sie finden aber ihren Weg, um zu versuchen, sich an den Russen – ganz pauschal – zu rächen. Er ist zugegebenermaßen ungewöhnlich, doch die Umstände sind ebenso außergewöhnliche. Aus allen Gegenden melden die Ämter: „Wie groß die Erbitterung bei vielen Polen gegen die Sowjet-Union ist, geht auch aus den zahlreichen Wünschen, im Heer gegen den Bolschewismus kämpfen zu dürfen, hervor." Als Beispiele werden Städte von Königsberg in Ostpreußen bis nach Saarbrücken genannt. Schwerin informiert Berlin: „In einer Kleinstadt sind bei der Polizei vier Polen erschienen, um sich freiwillig zur deutschen Wehrmacht zu melden." Aus Innsbruck in der Ostmark heißt es: „Viele Polen haben den Wunsch geäußert, sich nunmehr an dem russischen Volk zu rächen, indem sie versuchen wollen, zur deutschen Wehrmacht eingezogen zu werden."[50] Das ist aber jene Armee, die seit Jahren ihre Heimat in Beschlag nimmt. Hat auch von ihnen keiner davon gehört, dass deutsche Verbrechertypen bei ihnen in Polen noch sehr viel mehr Menschen hingerichtet haben? Was wird man aber auch anderes erwarten als ein Aufbrechen der alten antirussischen Pauschalurteile, wenn es vor dem jüngsten Wertewandel bei der Betrachtung der Deutschen noch zu einer Szene wie der nachfolgenden gekommen war: Eine Polin, die bei einem Metzger-Meister in Nürnberg beschäftigt ist, hat einen Brief an ihre Mutter begonnen. Während des Schreibens soll sie auf einmal einkaufen gehen und lässt ihren Brief einfach auf dem Tisch liegen. Neugierig, wie manche Frauen eben sind, kann es sich die Frau des Meisters nicht verkneifen, einen Blick auf den Brief zu werfen. Was darin steht, verschlägt ihr schon einigermaßen die Sprache: „Mir geht es hier gut, ich bekomme das gleiche Essen wie die Frau. Auch mit Kleidung und sonstigen Dingen bin ich gut versorgt. Mir ist aber jetzt schon Angst, wenn ich meiner Frau den Hals aufschneiden muss, wenn die polnischen Soldaten erst nach Deutschland kommen."[51] Der Bericht verliert kein Wort darüber, wie es der jungen Frau aus Polen ergeht, nachdem die Nürnbergerin sie angezeigt hat.

An den Erörterungen auf deutschen Straßen hat sich seit Wochen nichts geändert. Immer wieder ist zu hören: „Im Osten muss die Sommeroffensive die Entscheidung bringen." – „Im Luftkrieg sind wir zur Zeit so gut wie ohnmächtig" oder Worte wie: „In Tunesien steht ein deutsches Dünkirchen bevor." Die letztgenannte oft zu hörende Formulierung ist bloß ein weiterer Indikator dafür, dass auch hier ganz sachlich der britische Rückzug vom europäischen Kontinent am Anfang des Krieges sowie der vermutete eigene Rückzug vom afrikanischen Kontinent auf demselben Niveau abgehandelt werden. Die Kollegen vom SD nehmen es jetzt mit einer großen Genugtuung auf, dass „in dieser Situation ... die Nachricht von dem Massengräberfund im Wald von Katyn als sensationelle Neuigkeit einen großen Teil der Volksgenossen stark beschäftigt". Erleichtert stellen sie fest, dass Parolen wie „Die Sowjets sind nicht so schlimm, wie sie hingestellt werden", die sie „in letzter Zeit bei nicht wenigen Volksgenossen" hören mussten, neuerdings seltener auftreten. Stattdessen sind die „schwächer gewordenen Gefühle des Hasses und der Angst vor dem Bolschewismus ... wieder stark belebt" worden. Das Schicksal der Polen würde „als Beispiel dafür betrachtet, wie es großen Teilen des deutschen Volkes bei einem Sieg der Russen ergehen würde." So weit also die gute Nachricht. Weniger toll ist, dass „ein großer Teil der Bevölkerung die Liquidierung des polnischen Offizierskorps unter humanitären Gesichtspunkten" erörtere und zu der Schlussfolgerung gelange, es sei durchaus „merkwürdig" oder „heuchlerisch", dass die deutsche Propaganda jetzt plötzlich „ihr Herz für die Polen entdeckt habe". Dabei verweise man oft „auf die Tatsache, dass von den Polen 60.000 Volksgenossen in Bromberg und anderen Orten gemordet worden sind." Bei der Zahl der Opfer ist er auf Dr. Goebbels Propaganda hereingefallen. Höchst fatal ist, dass viele Leute sagen: „Wir haben kein Recht, uns über diese Maßnahme der Sowjets aufzuregen, weil deutscherseits in viel größerem Umfang Polen und Juden beseitigt worden sind." Mit der letzteren Argumentation wird besonders in intellektuellen und kirchlich orientierten Kreisen gegen die „propagandistische Ausschlachtung des Fundes im Walde von Katyn geeifert". Der Sicherheitsdienst reicht die Information nach Berlin weiter, „in gegnerisch eingestellten Kreisen" werde diese „ganze Geschichte als ein Ablenkungsmanöver für die nordafrikanische Schlappe" bezeichnet. Ein weiterer Beleg dafür, dass die Deutschen ihre Pappenheimer in der Reichshauptstadt realistisch einschätzen können, ist die Feststellung der Leute auf der Straße, die Leichenfunde seien „gewiss schon eine längere Zeit bekannt gewesen". Man habe sich ihre Auswertung dann jedoch auf einen geeigneteren Zeitpunkt aufgespart, wo man dem deutschen Volke „wieder einmal etwas vorsetzen muss, um eine ungünstige Entwicklung zu vertuschen."[52]

Mit Wucht fällt den Nazis auf die Füße, dass sie ein weiteres Mal mit der Moralkeule in der Luft herumgefuchtelt hatten. Was dem einen recht ist, ist dem anderen billig. So häuft sich Kritik am eigenen Umgang mit den Russen: „Den vorliegenden Berichten zufolge hat sich der Gedanke einer gerechten Behandlung der Ostarbeiter bei den zuständigen Stellen sowie bei der Bevölkerung in allen Teilen des Reiches durchgesetzt. Nachdem auch in der Praxis immer mehr danach gehandelt würde, mehrten sich die Stimmen, nach denen auch die Methoden der Anwerbung dieser Arbeiter im Osten einer Überprüfung bedürfen. Darüber seien zahlreiche mündliche und schriftliche Äußerungen von zurückgekehrten oder auch im Urlaub befindlichen Beamten, Betriebsführern und Wehrmachtsangehörigen aus dem Osten bekannt geworden." Couragiert wird kritisiert, was den Leuten so alles auffällt: „Anfänglich habe man von einer echten Werbung sprechen können, d. h. die ins Reich vermittelten Ostarbeiter seien Freiwillige gewesen. Diesen Grundsatz habe man im Laufe der Zeit verlassen, und man sei immer mehr zu Zwangsmaßnahmen bei der Anwerbung übergegangen, um die den einzelnen Bezirken auferlegten Sollziffern an Arbeitskräften für das Reich zu erreichen." War vor Monaten noch mit Mitgefühl festgestellt worden, dass frühere Sowjet-Untertanen vor Stalins Terror flüchteten und gemeinsam mit der Wehrmacht zurück gingen, als sie eroberte Gebiete nicht halten konnte, so fällt den Leuten jetzt auf, dass sich bei der Anwerbung etwas verändert hat: „Bei den Erfassungsaktionen handele man nur nach dem Gesichtspunkt, möglichst viele Kräfte zu erhalten. Dabei würden die Arbeiter mit List oder Gewalt zusammengeholt." Es mehren sich Gerüchte darüber, wie neue Arbeitskräfte jetzt gewonnen werden. So sickert durch, dass die Häuser in den russischen Dörfern abgebrannt werden, wenn ihre Einwohner geflüchtet sind, um abzuwarten, bis die Feuerwehr anrückt, und um letzten Endes die Löschmannschaften zu überfallen und einzukassieren.[53]

Die zunehmende Aufmüpfigkeit der Deutschen gegen das Regime bleibt ein Ärgernis für die Staats- und Parteiführung in Berlin. Über einen verstärkten Besuch des Gottesdienstes bewirkt die Wühltätigkeit der Kirche eine „auffallend zunehmende Beteiligung der Jugendlichen an allen anderen konfessionellen Veranstaltungen". Ganz dumm ist, dass insbesondere „auf dem Lande auch weite Kreise der Partei erfasst" werden. Hier ist der nächste Beleg dafür, dass die geschlossenen Reihen der Partei im Frühjahr 1943 ausfransen. In Bayreuth wird deutlich, dass Erwachsene das Bröseln der staatlichen Autorität benutzen, um ihre nazi-angefixten Kinder wieder fein in den Griff zu bekommen: „Wie weit diese Entwicklung (der kirchlichen Jugendarbeit) an einzelnen Orten bereits gediehen ist, ergibt sich aus den Meldungen über den Kirchenbesuch und die Teilnahme an kirchlichen Veranstaltungen von HJ. und BDM.-Angehörigen, wenn dabei auch viele nur auf Betreiben ihrer Eltern hingehen und eine innere Anteilnahme oft zweifelhaft ist." Das starke Anwachsen von konfessionellen Jugendgruppen wird als auffallend bezeichnet. Die Wirkung ist nicht erfreulich: „Die Maßnahmen der Kirche in der Jugendarbeit erreichen eine Zurückdrängung der Hitlerjugend, deren Dienst als Zwang hingestellt wird." Na ja, für die Nazis ist die Wirkung sehr ärgerlich, weil das Endziel der Bestrebungen darin besteht, konfessionelle Gruppen in den Klassen der höheren Schulen und in der Hitlerjugend zu bilden! Aus Innsbruck und Braunschweig wird nicht nur gemeldet, dass sich immer mehr junge Menschen „für die Ziele der Geistlichkeit gewinnen" ließen, sondern ebenfalls, dass sich „in den Schulen, sogar in der Hitlerjugend" Gruppen von Kindern bildeten, „die der Kirche unbedingt ergeben sind". Knaben fänden sich „mit einem auffallendem Eifer" bei Veranstaltungen der Hitlerjugend ein, machen Opposition und suchen dadurch Eindruck zu schinden, dass sie „offen mit ihren Anschauungen herausrücken". Sie würden geradezu darauf warten, dass sie wegen ihres Auftretens gemaßregelt würden, und fühlten sich dann „als junge Märtyrer". Gingen aber „Lehrer und Erzieher oder ihre Führer auf ihre Einwände ein, so fühlen sie sich als im Mittelpunkt des Interesses stehend." Manchmal treten sie sehr anmaßend auf, vor allem, wenn sie eine stärkere Gruppe hinter sich wissen. Illustriert wird das mit einem Brief aus Frankfurt am Main. Dort hatte sich ein Lehrer abfällig gegenüber dem Christentum geäußert und nannte es eine jüdische Religion, die dem indogermanischen Glaubensgeist artfremd sei und verschwinden müsse. Die angesprochenen Kinder einer achten Klasse suchen daraufhin Rückhalt bei ihrem Klassenlehrer, der übrigens früher Mitglied der Zentrumspartei und Stadtabgeordneter war, und erklären in einem Brief: „Wir protestieren hiermit gegen einen Unterricht, der die religiösen Gefühle der Schüler verletzt."[54]

Zum Zerfall des deutschen Volkes und seiner Radikalisierung gehört auf der anderen Seite auch das sture Beharren auf revolutionären Säulen bei den ganz harten Nazis. Sie äußern sich bei Diskussionen zu den Leichenfunden in Russland „mit Abscheu über diese Herrschaftsmethoden" im Reich der Sowjets, „durch die unser Kampf in überzeugender Weise seinen Sinn und seine Berechtigung" erhalte. Sie finden übrigens zugleich, dass „nicht alles haargenau zu stimmen" brauche, wenn es bloß der Propaganda gegen den Feind diene. Doch die Heranziehung ausländischer Presseorgane, die herbeigeführten Besichtigungen durch Polen und die angeforderte Beteiligung des Roten Kreuzes sprächen doch dafür, dass man „sehr handfeste" Unterlagen in der Hand hat. „Mit einem weiteren Augenblinzeln" stimmen diese *Hardcore*-Nazis zu, dass die Propaganda im Reich sich „keine Schwachheit anmerken" lasse und „die toten Polen gegen die Sowjets und die Juden benutze, obwohl wir selbst mit Polen, Juden und Bolschewisten nicht gerade wählerisch" umgingen.[55]

Stalin & Churchill über Katyn

Weniger schön sind die Enthüllungen über jene Leichen im Waldboden in der Nähe von Katyn für die Sowjetunion. Es macht sich einfach nicht so gut, dass das gerade jetzt auffliegt. Höchst indigniert gibt sich Staats- und Parteichef Jossif Wissarjonowitsch Stalin. In einem Telegramm an seine Exzellenz, den Premierminister des Vereinigten Königreiches von Großbritannien und Nordirland, den verehrten Winston Churchill, kann er sich kaum beruhigen über jenes Verhalten der polnischen Regierung, die sich nach dem Scheitern der Großmachtpolitik ins Londoner Exil abgesetzt hatte, das „völlig abnorm“ sei und „den Regeln und Standards in den Beziehungen zwischen zwei verbündeten Staaten entgegen“ stünde. „Diese antisowjetische Verleumdungskampagne, die von den deutschen Faschisten angezettelt wurde im Zusammenhang mit polnischen Offizieren, die sie selbst in der Gegend von Smolensk im deutsch besetzten Gebiet ermordet haben, wurde von der Sikorski-Regierung sogleich aufgegriffen und wird von der offiziellen polnischen Presse [in England] ausgeschlachtet.“ Der Kremlherrscher meint, „die Hitler-Behörden, die ein monströses Verbrechen an polnischen Offizieren verübt“ hätten, würden „eine absurde Untersuchung inszenieren, wobei sie sich bestimmter profaschistischer polnischer Elemente bedienten, die sie selbst in Polen gefunden“ hätten. In seiner Konklusion sieht sich der rote Zar gezwungen, die Beziehungen mit der polnischen Regierung zu unterbrechen. Er hält es für nötig, Mister Churchill davon in Kenntnis zu setzen, und hofft, die britische Regierung werde seine Motive wohl verstehen.[56]

Der verehrte Churchill braucht offenbar selbst auch einen Moment zum Luftholen, denn er beantwortet das Telegramm vom 21. April drei Tage später. Eine „Untersuchung“ durch das Internationale Rote Kreuz oder durch jedwede andere Institution, und er setzt *Untersuchung* im Ernst in Gänsefüßchen, käme auf keinen Fall in Frage, denn sie könne nur ein Schwindel werden in jeglichem Gelände, das unter deutscher Besatzung stehe. Das postuliert er wider besseres Wissen, denn wenn diese Untersuchung der Leichen ergibt, dass die Menschen vor dem deutschen Einmarsch ermordet wurden, dann waren die Täter zumindest nicht die von Stalin beschuldigten „deutschen Faschisten". Jedenfalls befindet Mister Churchill, so würden Schlussfolgerungen mit Terrorismus herbeigeführt. Er versichert seinem Freund und Kampfgenossen in Moskau, dass sein Außenminister Eden den polnischen Regierungschef Sikorski noch am selben Tage treffen und ihn „so energisch wie möglich drängen" werde, von seinen Beschuldigungen abzulassen. Churchill drückt die Hoffnung aus, dass der liebe Kollege am Ruder im Kreml seine Entscheidung zur Unterbrechung der Beziehungen mit der polnischen Exilregierung eher als letzte Warnung verstanden wissen will und nicht als Abbruch seiner Beziehungen mit ihr. Ferner hoffe er, dass auch die Unterbrechung der offiziellen Kontakte auf keinen Fall öffentlich gemacht werde. Der Mann im Kreml antwortet zügig und bedankt sich für Winston Churchills Mitgefühl in dieser Angelegenheit, konfrontiert ihn jedoch zugleich mit der Tatsache, dass sein Außenminister Molotov, ein Pseudonym, das so viel bedeutet wie *der Hammer*, der polnischen Regierung heute bereits eine entsprechende Note zustellen ließ. Der Alleinherrscher erläutert seinem lieben Partner in London, dass alle seine Kollegen auf diesem Vorgehen bestünden – und dass er auch die sowjetische öffentliche Meinung nicht unbeachtet lassen könne, „die höchst aufgebracht ist ob der Undankbarkeit und des niederträchtigen Verrats der polnischen Regierung".[57] Wer dem roten Alleinherrscher *die* Argumentation abkauft, wird selig. Da ist wieder einmal die Propagandamaschine gefordert, um die Vorgänge, die leider doch stattgefunden haben, ins rechte Licht zu rücken. In solchen vertrackten Situationen stehen Medienleute in Stalins Diktatur vor den gleichen Herausforderungen wie jene in Hitlers Kampfzone.

Ein Jude wird zum Vorbild für Journalisten ernannt

Zu den tragischen Figuren der neueren Zeit gehört der Schriftleiter, eine Person, die man früher als Chefredakteur bezeichnet hätte, die aber seit einem Jahrzehnt von Berufs wegen die Aufgabe hat, die Auffassung des Führers unter sein Volk zu bringen. Die Kiste explodiert, als einer dieser Schriftleiter, Friedrich Hussong, stirbt und in den Medien mit allem vorstellbaren Brimborium aus dieser Welt verabschiedet wird. Man nimmt noch nicht einmal mehr ein Blatt vor den Mund und diskutiert die Rolle solcher Männer aus: „In den Erörterungen kam zumeist zum Ausdruck, dass die Volksgenossen im Allgemeinen kaum eine positive Einstellung und keine besonders gute Meinung vom Schriftleiter haben.“ Wenn sich das eine Blatt aber auch nicht vom anderen unterscheidet, muss es nicht verwundern, dass *Schriftleiter* in der Einzahl verwendet wird, als sei das ein Singularetantum. Außerdem gibt es nach Erkenntnissen des Sicherheitsdienstes in der deutschen Öffentlichkeit „das Bild des »fliegenden Reporters« von Journalisten, die in der ganzen Welt herumgekommen sind und etwas »Interessantes« zu berichten wissen (z. B. Colin Ross).“ Es ist einfach nur faszinierend, wo man Anführungsstriche setzen kann. Es schadet nicht, darüber nachzudenken, warum etwas „Interessantes“ in der Art dasteht. Was in Goebbels' Zeitungen steht, ist somit ohne jede Einschränkung nichts Interessantes.[58] Vielen Dank für die Offenheit.

Soll man lachen oder weinen, wenn ausgerechnet dieser Colin Ross, der jüdischer Abstammung ist, als das positive Beispiel herangezogen wird? Deutsche sind es übrigens auch bei ihm, die ihn vor dem Rassismus der Verbrecher bewahren. Die Urteilsfähigkeit der Deutschen ist eben nicht durch die Ideologen beeinträchtigt worden. Dies zeigt sich auch an den Äußerungen zur gleichgeschalteten Presse: „Die recht farblose Ansicht vom politisch und moralisch gereinigten Schriftleiterstand unserer Tageszeitungen ist im Großen und Ganzen von der Gesamtmeinung über die Propaganda bestimmt und läuft darauf hinaus, dass der Schriftleiter »wenig Eigenes« biete, sondern dass ihm weitestgehend »vorgeschrieben« sei, »was er bringen dürfe und was nicht«." Verschämt konstatiert der aufmerksame Nazi: „Aus der Erinnerung an die Presse vor 1933 und aus der allgemeinen Einstellung zur Propaganda erkläre sich die etwas geringschätzige und uninteressierte Meinung vom Schriftleiter, der »aus Beruf schreibt« und Zeitungen macht."[59] Das sind natürlich unerhörte Erfolge auf der ganzen Linie.

Zu allem Überfluss entgeht den Schriftleitern nicht, dass „der größte Teil des zur Verfügung stehenden Raums (politischer und militärischer Teil, Anzeigenteil) ... durch zentrale Weisungen so festgelegt" ist, dass der „zu füllende Platz sehr eng" ist. Da bleibt nicht viel Gestaltungsspielraum im Blatt. Sie kritisieren wohl nicht zu Unrecht, dass viele der Informationen der Stellen, die sie versorgen, „für den Leser wenig anziehend und ohne Belang und Wert" sind. Sogar jene Männer bemerken, dass sich viele der Dienste überdecken und „mehr oder weniger dasselbe" bringen. Es wird auch bemängelt, dass es „oft erstaunlich" sei, „was den Schriftleitungen zum Abdruck angeboten" werde. Die zur Herstellung benötigte Arbeitskraft und das verbrauchte Papier seien in *diesen* Fällen erst recht unnütz angesetzt. Weiter sehen es Schriftleiter auch nicht als eine positive Entwicklung an, dass ihnen weniger Nachrichten und zur eigenen Verarbeitung geeignete Rohmaterialien zur Verfügung gestellt werden, sondern, wie ein Herausgeber befindet, druckfertige Artikel.[60]

Aus der Entfernung betrachtet, könnte man denken, nur wer Meinungsfreiheit kennt, weiß, was Meinungsfreiheit ist, und wer ewig Propaganda aufs Auge gedrückt bekommt, gewöhnt sich langsam daran. Schaut man sich die Sache aus der Nähe an, so gibt es einen Punkt, an dem es selbst den linientreuesten Leuten einmal zu viel wird. Man findet auch bei uns in Deutschland schon seit Jahren „fast nur Kriegsbücher und politisch-propagandistisches Schrifttum" und die Leute fühlen sich damit einfach „überfüttert". In den „verschiedentlich recht krassen Äußerungen" dazu heißt es, wenn man erreichen wolle, dass man dieser ganzen Kriegspropaganda überdrüssig werde, brauche man bloß in eine Buchhandlung zu gehen und die zahlreichen Schriften vom Frankreichfeldzug, vom Krieg in Norwegen, in Griechenland, in Afrika, im Osten, vom Heer sowie der Kriegsmarine und von der Luftwaffe, gegen England, den Kapitalismus, den Bolschewismus, das Judentum und so weiter nur anzusehen. Wenig Freude löst auch ein Buch aus mit einem Titel wie: *Iss dich schlank, iss Dich gesund*. Sehr witzig, denn unter den Bedingungen der Ausgabe von Lebensmitteln auf Karten nach dem Prinzip der Zwangsbewirtschaftung kann ein derartiger Titel nur als reiner Zynismus empfunden werden.[61]

Diese ewige Propaganda ist, wie wir sehen, auch für hartgesottene, überzeugte Nationalsozialisten zu viel des Guten, zumal es sich oft genug gezeigt hat, dass es nicht zwangsläufig stimmt, was so gedruckt wird. Kurt Hirche in Berlin legt in der geheimsten Schublade auch diesmal wieder ab, wie die Dauerberieselung durch Joseph Goebbels bei Durchschnitts-Deutschen ankommt. Irgendwann wird der Spuk ja doch zu Ende gehen, dann kann er das einmal zum Buch machen. Was für tausend Jahre angekündigt war, ist ohnehin längst brüchig. Unter Leuten, die das Ganze kritisch sehen, heißt es: Mussolini, Hitler, Göring und Goebbels sind tot. Der Teufel holt sie in die Hölle und verbannt sie zunächst in den Lügensumpf. Je mehr einer im Leben gelogen hatte, um so tiefer versinkt er in diesem Sumpfe. Mussolini sackt gleich tief ein und verschwindet bis zur Brust in der zähen, schlammigen Masse. Hermann Göring verschwindet bis zum Kopf; man sieht nur noch die Haartolle etwas hervorragen. Aber siehe da: Hitler versinkt nur bis an den Gürtel. „Nanu! Wie kommt denn das?“, will des Teufels Großmutter erfahren. „Ganz einfach“, kichert der Teufel – „Goebbels ist noch vor Mussolini eingesunken, und Hitler steht auf Goebbels’ Kopf!“[62]

Beeinflussung von allen Seiten

Das nicht enden wollende Lamento über die Massengräber in Goebbels' Medien geht sehr schnell auch den 108-prozentigen Nazis auf den Nerv, was allgemein zu der Bitte führt, ob man „die Katyn-Propaganda bei den nur örtlich wirkenden Blättern abbremsen könne". Allgemein führt die Art und Wiedergabe der Nachrichten verschiedentlich zu Erörterungen, „dass wir zu offensichtlich nur von Dingen in Kenntnis gesetzt würden, die für uns und gegen die Feinde sprechen, wobei solche Meldungen oft als belanglos und weit hergeholt und als wenig überzeugend und zuverlässig erschienen."[63] Auch das scheint ein Zeichen dafür zu sein, dass es selbst in diesen Kreisen eine Schmerzgrenze gibt. Das trifft jedoch auch nicht auf jeden Einzelnen der von sich selbst Überzeugten zu. So gibt es „Fanatiker des totalen Krieges", welche „peinlich darauf achteten, dass andere Volksgenossen sich nicht eine nach ihrer Meinung unnötige Entspannung und Erholung verschafften." Dieses wird als „missverstandene Auslegung der Parole *Totaler Krieg*" charakterisiert. Es komme deshalb zu Anpöbeleien unter Nachbarn, in denen über Frauen hergezogen wird, die mittags ein Stündchen auf dem Balkon oder im Hof verbrächten. Im Papier des SD heißt es dazu: „Die Psychose habe gewisse Volkskreise so stark erfasst, dass selbst das Lesen von Büchern als Zeitverschwendung angesehen werde und Volksgenossen entsprechend benörgelt würden, die ständig die Volksbüchereien benutzten. So äußerte sich eine Frau in einer Volksbücherei in Karlsruhe, dass es wohl nicht mehr ratsam wäre, laufend Bücher zu holen, nachdem sie immer wieder dem Vorwurf begegne, wer Bücher lese, habe offenbar noch zu viel Zeit. Wer heute richtig arbeite, sei zu müde, um noch lesen zu können."[64]

Wie viel Prozent der Deutschen hören im Frühjahr 1943 tatsächlich ausländische Radiosender ab, wenn sich die Steigerung seit dem Anfang des Jahres wie ein *running gag* durchzieht? Mitte März hieß es ja schon, in der Bevölkerung spreche man davon, dass „feindliche Rundfunksender in größerem Maße als je zuvor gehört werden", und Ende April heißt es erneut, dass das Abhören von Auslandssendern erheblich zugenommen hat – trotz aller Strafen.[65] Nach der Verordnung über außerordentliche Rundfunkmaßnahmen vom 1. September 1939 ist das verboten, weil der Gegner im modernen Krieg nicht nur mit militärischen Waffen kämpfe, sondern eben „auch mit Mitteln, die das Volk seelisch beeinflussen und zermürben sollen", wie es in der Präambel heißt. Hat eine Sendung gar das Potenzial, die Widerstandskraft des deutschen Volkes zu gefährden, kann nach Paragraph 2 dafür die Todesstrafe verhängt werden. Fragen wirft auch die umgekehrte Tendenz auf. Seit Jahren sinkt die Zahl derer, die den Kirchen angehören, und manchmal hörten sich Wendungen an, als wären die Kirchen bald leer. Im April 1943 gibt es endlich einmal die Möglichkeit, sich das vermeintliche Drama praktisch vorzustellen. Nach zehn Jahren des Kampfes der Herrenmenschen gegen die Religiosität in Deutschland liegt der Anteil der Kirchenchristen bei 95 Prozent.[66] Man muss jedoch auch wissen, dass unter dem Eindruck des großen Sterbens im Krieg eine ganze Reihe von Leuten wieder in die Kirchen eingetreten sind, weil die Pseudophilosophie der Nationalsozialisten nicht geeignet ist, Ersatz für das Gottvertrauen zu bieten. So scheitert der Kampf dieser kleinen Geister an ihrer eigenen Beschränktheit. Im Duktus des Sicherheitsdienstes heißt das, für den „starken Rückgang der Kirchenaustritte" im Kriege sei ein „wachsendes Verlangen nach einem religiös-sittlichen Halt und nach einer seelischen Ausfüllung entstanden". Das beträfe nun „selbst überzeugte Nationalsozialisten". Hier und da bekommt man auf der Straße zu hören: „Der Austritt aus der Kirche ist schnell getan, aber man hat halt nichts anderes." Da entwickelten sich die Probanden eben auch nicht nach dem Schema des Führers. Selbst in seiner Partei macht jeder, was er will. Ja, pro forma tritt man aus der Kirche aus, weil das so gewünscht wird, aber dann tritt man heimlich wieder ein. Hitlers Leute fürs Lauschen haben völlig recht: „Es ist zwecklos, wenn Behörden und Partei wissen, wie viele Personen aus der Kirche ausgetreten sind, wenn sie nicht imstande sind, den Wiedereintritt von gottgläubigen Personen kontrollieren zu können." Wie viel Zeit bleibt Hitler noch, um endgültig die totale Kontrolle über jede Maus am Wegesrand zu erringen?[67]

Wegen der aufgezeigten Mängel des Nationalsozialismus ist er nach den ersten zehn Jahren nicht aus den Kinderschuhen herausgewachsen. Die Bevölkerung Deutschlands, soweit sie nicht in den Konzentrationslagern oder in anderen Gefängnissen und Zuchthäusern ihre wertvolle Lebenszeit zubringt, verhält sich nach den Erkenntnissen des SD den laufenden militärischen und politischen Ereignissen gegenüber abwartend. In der Diskussion sind die Luftkriegsführung, der bisherige Kriegsverlauf, insbesondere *die angeblichen „Fehler“* bei der Kriegsführung im Osten und in Afrika, *das „Versagen“* der Italiener und die politische Lage in Italien. Was für eine spürbare Unsicherheit dieses Kollegen beim SD, wenn ihm abverlangt wird, dies an die genialste Staatsführung des Reichs seit dem Bestehen von Führungen weiterzureichen? Es ist ja schon *per se* ausgeschlossen, dass eine Führung unter dem Gröfaz Hitler überhaupt Fehler machen könnte, aber wie heftig ist das denn, wenn man das Wort Fehler in Anführungszeichen setzt und diesen Terminus einleitet mit dem Wort *angebliche?* Die angeblichen „Fehler“. Und wenn unter dem dritten der aufgeführten Punkte das fatale Wort vom Versagen ebenfalls in derartig obskure Gänsefüßchen gesetzt wird? Da ist offenbar bereits die Nutzung der Begrifflichkeiten ein furchterregendes Politikum. Es ist wahrscheinlich, dass ein Kritiker des Regimes Bammel hat, wenn er Flugblätter bei Nacht irgendwo verteilt. Aber hat er mehr Angst als der Kollege vom SD, der sich wagen würde, diese Anführungsstriche bei Fehler und Versagen ganz frech wegzulassen und abzuwarten, wann er zu seinem Abteilungsuntergruppenhauptscharführer deswegen vorgeladen wird? Mut gehört nicht unbedingt zu den Qualitäten von hauptberuflichen Revolutionären und anderen Nervtötern. Es erregt fast schon Mitleid, wenn er schreibt, vielfach könne eine Neigung zur negativen Kritik festgestellt werden. Ja, natürlich ist es schöner, seinen Vorgesetzten herzliche Grüße von dankbaren Mägden und Knechten mit Knicks und Diener auszurichten, statt ihnen Kritik, womöglich gar negative Kritik, weitergeben zu müssen.[68]

Ein Teil der Leute glaubt Hitler, dass wir im Spätsommer 1939 von den Polen angegriffen worden waren, dass wir etwas dagegen unternehmen mussten und dass damit England den Krieg gegen Deutschland bekam, den es mit seiner Einkreisungspolitik erreichen wollte. Immerhin stand das so in der Zeitung. Da stand auch, dass das Sowjetreich 1941 auf dem Sprung war, um in Hitlers Reich einzufallen – trotz jenes Nichtangriffspaktes von 1939. Ein anderer Teil des Volkes hat so seine Zweifel. Diese Leute glauben, dass Adolf als Gröfaz in die Weltgeschichte eingehen will, als Größter Feldherr aller Zeiten, und dass sein Untergang lediglich eine Frage der Zeit ist. Sind diese Leute unter sich, erzählen sie sich Sprüche wie diesen hier: Goebbels bringt dem Führer bei, er müsse, um sein angeschlagenes Prestige wieder zu festigen, endlich heiraten. Adolf lässt sich breitschlagen, und mit seiner Genehmigung gibt Goebbels eine mit Kennwort versehene Heiratsanzeige auf. Es vergeht ein Monat, es vergehen zwei Monate, ohne dass Goebbels etwas von sich hören lässt. Adolf bestellt Goebbels zu sich und fragt, ob keine Bewerbungen eingegangen seien. „O doch, mein Führer", sagt der Joseph, „eine ganze Menge sogar, von denen ein Teil sicher gut zu Ihnen gepasst hätte. Aber wenn ich sagte, um wen es sich handelte, zogen sich alle zurück. Sie suchen halt alle einen Herrn in gesicherter Position!"[69]

Für diesen historischen Pessimismus spricht, dass nach langem Gezerre am 7. Mai die deutsch-italienischen Truppen in Tunis kapitulieren. Das war's dann wohl mit Hitlers Traum von Afrika. Na ja, ohne Standard Oil, die *uns* die Herstellung von Toluol und Paranton ermöglichten, das man für Panzeroperationen in der Wüste braucht, hätte Adolf die Wehrmacht da auch nicht gehabt. Wie viele Tote hat das kurzzeitige Wachstum eines Sprungbretts zu den Ölreserven in Nordafrika gefordert? Den folgenden Spruch dürfte jemand in die Welt gesetzt haben, der vor zwanzig Jahren noch nicht von der Monarchie als Staatsform überzeugt war: „Lieber ein Kaiser von Gottesgnaden, als ein Mörder aus Berchtesgaden."[70] Das ist hart für den *Führer der von sich Überzeugten* und er gibt sich nicht so einfach geschlagen. Wer angezeigt wurde, weil er so etwas weitererzählt hat, hatte bislang Chancen, wegen solcher Kinkerlitzchen in ein KZ einzufahren. In was für Zeiten leben wir eigentlich? So ein Regime, das von derartigen kleinen Geistern getragen wird, versteht bei Kritik in der Bevölkerung keinen Spaß. Wer nach dem Gerichtsprozess von der Gestapo in ein Konzentrationslager chauffiert wird und dessen Personal kennen lernen muss, der versteht das noch schneller als normalsterbliche Leute. Draußen an der Front scheiden sich ebenfalls die Geister daran, wie das große Sterben beendet werden kann – mit dem Endsieg, der aber immer weiter wegrückt, oder mit der Einstellung aller Kampfhandlungen. Von Zweiflern wird der folgende Spottvers weitererzählt: „O Adolf, denk an Stalingrad und befolge unsern Rat: Mach Frieden, stell das Morden ein und lass uns Frontsoldaten heim. An Sieg glaubt nicht mal eine Sau, da hilft dir auch nicht Heldenklau!“[71] Gut gesagt. Das ist auch eine Aktion, die es nun bringen soll. General Walter von Unruh war von oben beauftragt worden, in der Wehrmacht und sogar in der Verwaltung von Partei und Staat Personal freizusetzen, um die Männer an die Front zu werfen. Auf *Heldenklau* sind die Leute in Anlehnung an Goebbels' Propagandakampagne mit dem *Kohlenklau* gekommen. Damit soll Stimmung gegen diejenigen gemacht werden, die zugegebenermaßen recht egoistisch auf Kosten andrer Leute den eigenen Brennstoffvorrat ein wenig aufbessern. Aber Kälte ist so übel wie der Hunger. Mit der Ernennung zum *„Sonderbeauftragten für die Überprüfung des zweckmäßigen Kriegseinsatzes“* avanciert von Unruh im Volksmund zum „General Heldenklau“. Es kann auch nicht schaden, wenn man eine Weile darüber nachdenkt, dass hier das in den Medien oft und gern bemühte Wort vom „Helden“ durch den Kakao gezogen wird. Goebbels hat eben immer nur bestimmte Gruppen unter den Leuten mit seiner ach so professionellen Propaganda erreicht. Die anderen können es zwar nicht ändern, was in seine Medien gelangt, doch sie haben offensichtlich nicht ihre kritische Distanz verloren. Herr von Unruh* geht übrigens selbst auch mit Zweifeln an Hitler schwanger.

Wird London den Aufstand gegen Hitler unterstützen?

Im Mai übergibt der interne Kopf des zivilen Widerstandes in Deutschland Carl F. Goerdeler über den Bankier Jakob Wallenberg in Stockholm eine Denkschrift für die Briten. Darin wird noch einmal die Bereitschaft zur Wiedergutmachung von geschehenem Unrecht und zu einer Demokratisierung Deutschlands betont, vor allem aber entwickelt er Pläne für eine europäische Gemeinschaft. Dabei greift er Helmuth James Graf von Moltkes Idee eines europäischen Bundesstaates aus dem Jahr 1939 auf. Woher soll Goerdeler wissen, dass das dem Fahrplan der Elite Englands für Kontinentaleuropa diametral widerspricht? Auch Kaiser Wilhelm II. hatte sich an London schon die Zähne ausgebissen, weil er meinte, dass die Entwicklung in Mitteleuropa zu Beginn des Jahrhunderts schon auf die Vereinigung des Kontinents hinauslief.[72] In der eigenen Denkschrift formuliert Goerdeler, der zwischen Passau und Greifswald, Königsberg und Aachen viel hört, die Vermutung, dass spätestens im September des laufenden Jahres ein Volksaufstand in Deutschland zu erwarten sei, mit dem das herrschende Regime hinweggefegt wird. In Unterredungen im Laufe der folgenden Wochen lässt er die Briten über Wallenberg darum bitten, dass die britische Luftwaffe bis Mitte Oktober Berlin, Leipzig und Stuttgart von Angriffen verschont, da die oppositionelle Bewegung ihre Zentren dort hat und die Unterbrechung von Verbindungen den Putsch erschweren würde. All das wird an Politiker in London weitergeleitet.[73] Dreimal dürfen Sie raten, welche gewaltige Resonanz seine Bitte findet. Während Carl Friedrich Goerdeler Ideen einer *Europäischen Union* vorträgt, die sich aus kleineren Staatenbünden zusammensetzen soll, haben sich die Medien in Großbritannien darauf eingeschossen, den gemeinen Nazi zunehmend mit dem gemeinen Deutschen zu verschmelzen. Woher soll ein einfacher Brite wissen, wie die Leute im Deutschen Reich ticken, wenn nicht aus dem englischen Rundfunk und der „freien" Presse? Man muss sich immer wieder vergegenwärtigen, dass es sich bei den Medien um Unternehmen handelt, die Privatpersonen gehören. Weshalb sollten diese nicht dafür sorgen, dass die breite Masse genau das um die Ohren bekommt, was sie im jeweiligen Moment gerade im Kopf haben soll?

Ausländer und Deutsche

Wesentlich hilfreicher als Premierminister Winston Churchill sind die in Deutschland befindlichen ausländischen Arbeiter und Kriegsgefangenen bei den Terrorangriffen der Westmächte. Die meisten beteiligen sich an „den Rettungsarbeiten und bei der Bergung von Verletzten selbst unter Einsatz ihres Lebens", wie der Autor beim SD würdigt. Es komme nicht oft vor, dass die Ausländer, die dazu ja eigentlich allen Grund haben, mit Schadenfreude auf die Schäden in den deutschen Städten reagierten. In den *Meldungen aus dem Reich* werden erneut besonders die Franzosen herausgestellt, die sich „tatkräftig hervorgetan" haben. In den weiteren Notizen vom 30. Mai kann man nachlesen, dass Franzosen beim Anblick der brennenden und zerstörten Häuser verschiedentlich äußerten: „Das ist kein Krieg mehr, das ist Mord." Solche Meldungen gehen ebenso aus Lagern für Kriegsgefangene ein, so heißt es aus Hamburg, die Franzosen hätten sich sofort gemeldet, um zu helfen, wobei einige von ihnen durch eine Luftmine getötet wurden. Beim Sicherheitsdienst wird konstatiert, wie die Lagerleitung darauf reagiert hat: „Eine Anzahl ihrer Landsleute, die sich ebenfalls als freiwillige Hilfskräfte betätigt hatten, wurden zum Lohn und aus Anerkennung aus der Kriegsgefangenschaft entlassen und in das zivile Arbeitsverhältnis überführt, was sich stimmungsmäßig unter ihnen sehr günstig ausgewirkt hat."[74]

Enttäuscht und empört, ja geradezu fassungslos ist der gemeine Nazi ob der deutsch-feindlichen Einstellung, die er leider immer wieder bei den Kriegsgefangenen aus den Niederlanden feststellen muss, und die nicht verständlicher werden will, so oft er auch darüber nachdenkt. Die Jungs von dort legen „eine gewisse Schadenfreude an den Tag" und sagen, dass „die Engländer nur so weitermachen sollen, da dann der Krieg schneller seinem Ende zugeführt werde", ja sie äußern sogar, dass sie dann wieder nach Hause kommen könnten. Mit Engländern und Amerikanern könne der Deutsche nicht „so umspringen", wie er es mit den Holländern getan habe, da jene „den Deutschen nicht nur ebenbürtig, sondern jetzt sogar weit überlegen seien." Auf dem Lande kommt gar der Verdacht auf, dass

Niederländer durch nachlässiges Verdunkeln die feindlichen Flieger auf bestimmte Gehöfte aufmerksam zu machen versuchten. Es gibt freilich „auch eine Anzahl französischer Arbeiter und Kriegsgefangener, die sich über die britisch-amerikanischen Luftangriffe freuten." So äußerten zum Beispiel französische Zivilarbeiter, als der Alarm kam: „Unsere Freunde sind da!"[75] Fraglich ist daran nur, warum das die Spitzel überrascht.

England setzt Europa in Flammen

Im Glauben an das Gute im Briten freuen sich Franzosen in Paris immer noch darüber, dass britische Flugzeuge ihre Heimatstadt bombardieren, und fragen sich erst in diesen Tagen, warum die Briten die schon längst versprochene Hilfe bei der Befreiung ihres Heimatlandes nicht leisten – Hilfe durch eine zweite Front namentlich in Frankreich, wie sie auch der sowjetische Staats- und Parteichef Stalin seit Jahren fordert. Wo bei den Franzosen die Prioritäten liegen, wird in einer in Paris aufgeschnappten Aussage klar: „Dieser Angriff ist gut gewesen, nun ist der Krieg bald aus. Die Engländer haben ihre Bomben auf Fabriken geworfen und nicht auf Sportplätze."[76] Bloß gut, dass die Briten Orte des Amüsements nicht im Visier haben – auch wenn durch englische Bomben viel mehr Franzosen umgebracht werden als durch die deutsche Besatzungsmacht.

Glauben Sie im Ernst, dass die britischen Kriegsverbrechen thematisiert werden, bevor aller Welt eingeprägt wurde, dass Die Deutschen die echt üblen Verbrecher sind? Glauben Sie auch an den Weihnachtsmann? Ein paar Generationen werden gegangen sein, bevor der britische Historiker Richard Overy den englischen Luftkrieg gegen Kontinentaleuropa viel zu spät bekannt macht. Dabei erspart er dem Publikum noch nicht einmal seinen schwarzen englischen Humor. So nennt er eine Passage „Frankreich: In die Freiheit gebombt". Im Sommer 1942 war eine britische Propagandakampagne aus der Luft für die Küstenstädte von Dünkirchen bis St.-Nazaire gestartet worden, die die Bevölkerung zur Evakuierung aufforderte. Auf einem der Flugblätter hieß es da: „Wir müssen einen Krieg auf Leben und Tod gegen die U-Boote führen." Die meisten Evakuierungen erfolgten trotzdem erst, als die Bombardierung ernsthaft begonnen hatte. Die schwersten Angriffe gingen auf Lorient (bretonisch An Oriant) nieder, wo neun Großangriffe des *Bomber Command* im Januar und im Februar 4286 Tonnen Bomben abwarfen. Weil das Ziel der Übung war, die Stadt niederzubrennen, waren darunter auch 2500 Tonnen Brandbomben. Bei einem Angriff trugen die britischen Bomber 1000 Tonnen Bomben. Das war die gleiche Menge, die die deutsche Luftwaffe wenige Monate zuvor beim Großangriff auf Stalingrad abgeworfen hatte. Es ist absehbar, dass unabhängig davon in den Geschichtsbüchern Stalingrad in der Sowjetunion landet und nicht Lorient in Frankreich. Der richtige Terminus dafür lautet Propaganda. Man muss schon wissen, was man in dieser Hinsicht weglässt. Der französische Bericht nach den Bombardierungen beschrieb die Angriffe als ein Beispiel für die neue RAF-Strategie der „verbrannten Erde"; kein Gebäude in der Stadt blieb stehen oder unversehrt, eine „tote Stadt" – mit Ausnahme der U-Boot-Stützpunkte, die vom Bombenregen unbeschädigt blieben!!! Aber sie müssen einen Krieg auf Leben und Tod gegen die U-Boote führen... In einem Radius von 30 Kilometern um die Stadt sind Tausende von Dorfgebäuden zerstört und französische Bauernhöfe eingeäschert worden. Das ist nicht mit der Ungenauigkeit beim Beschuss der U-Boot-Bunker am Atlantik zu erklären. Es ist durchaus die Regel, dass drei Viertel der Bomben das Ziel verfehlen. Im Jahr 1943 tritt der Umschwung in der französischen öffentlichen Meinung zu den Bombardements ein. Es wird tägliches Gesprächsthema auf den Straßen, wann denn jetzt endlich die Invasion zu Lande erfolgen solle. Analoge Beispiele finden sich längst nicht ausschließlich in Frankreich. Das Ziel wird ebenso beim Angriff auf die Fokkers-Flugzeugwerft in den Niederlanden verfehlt und bei einigen Angriffen auf Rüstungsbetriebe in Deutschland.[77] Etwas anderes treffen muss nicht unbedingt bedeuten, dass das Ziel verfehlt wird.

Kein normaler Mensch würde aber auch nur entfernt vermuten, dass die demokratische Monarchie der englischen Könige seit Jahrhunderten bemüht ist, die Größe und die Macht des *British Empire* auf Kosten seiner ökonomischen Widersacher auf dem europäischen Festland zu erhalten. Es gibt noch nicht allen zu denken, wenn die Bomber auch im Falle von Frankreich nicht einfach die Straßen- und Eisenbahnverbindungen nach dem Osten zerstören, was mit einem viel geringeren Aufwand zu haben wäre. Mit der gleichen Begründung könnte ein Zahnarzt auch gleich den Leuten ihre Zähne ausschlagen, sodass neue Schmerzen ausgeschlossen sind. Aber dann gäbe es ja nach dem Kriege gar keine zerstörten Firmen in Frankreich, die – wie schon nach dem Weltkrieg zuvor – um Kredite aus der englischen Einflusssphäre betteln müssen. Bis dann irgendwann alles wiederhergestellt ist, sind die Briten obendrein ihre Konkurrenten in Frankreich für ein paar Jahre los. Na, und bis das alles wieder genau so läuft wie in der Zeit vor dem Krieg, haben die Franzosen ja immerhin noch die Sportplätze. Arbeiten müssen sie nicht, nur spielen. Würde ein Sprecher des Königs von England wie Stalin behaupten, hierbei handele es sich unter Umständen nur um eine „Verleumdungskampagne, die von den deutschen Faschisten angezettelt wurde", dann wäre dem Sprecher zu entgegnen, dass auch die Männer von der SOE ihren brutalen Befehl „Europa in Flammen setzen" zu sollen, aus London erhielten.[78]

Die besetzten Gebiete West- und Nordeuropas, also Frankreich, Belgien, die Niederlande, Norwegen und Dänemark, bekommen etwa 30 Prozent der Bombentonnage ab, die von den Bomberverbänden aus den schönen Demokratien des Nordens und Westens abgeworfen werden, und andere Länder oder Satellitenstaaten Deutschlands im Osten Europas sowie auf dem Balkan kriegen weitere 6,7 Prozent ab. Mehr als ein Drittel aller auf Europa abgeworfenen alliierten Bomben fallen auf die deutsche Neuordnung, was die Erfahrung der Bombardierung im Zweiten Weltkrieg zum europaweiten *event* macht. Der Zweck dieser Bombardierungen und die Folgen für die Leute, die in den Klauen der Wehrmacht sind, sind leider nicht so oft ein großes Thema wie die Berichte über die Bombardierung Deutschlands, aber sie kosten π mal Daumen 70.000-75.000 Menschen das Leben, die meisten davon unter Völkern, die mit den Alliierten sympathisieren. Die meisten Verluste beklagt Westeuropa, was vor allem die Franzosen emotional sehr betroffen macht, um es einmal mit deutschem *understatement* auszudrücken.[79] Ein Mann der *Résistance*, der im April 1943 in England ankommt, weist darauf hin, dass diese britischen Luftangriffe dazu geeignet sind, „die freundschaftlichen Gefühle des ganzen französischen Volkes gegenüber den Alliierten unwiederbringlich zu untergraben".[80]

Es ist gar keine Frage, dass Sie jetzt natürlich auch wissen möchten, was die Briten *nicht* bombardieren. Mir fallen da zwei Ziele zuerst ein. Da ist zuallererst das Vernichtungslager Auschwitz und noch günstiger, weil er schneller zu erreichen ist, läge wohl der Gebäudekomplex, den sich der Führer des Nazi-Regimes auf dem Obersalzberg hinsetzen ließ. Glauben Sie bloß nicht, dass jemand auf die Idee kommt, die Zufahrtswege nach Auschwitz zu bombardieren, oder die Orte, an denen sich Hitler oft über Tage und Wochen aufhält. Die werden selbstverständlich nicht zerstört.

Interessant ist vielleicht noch, wie es Briten und Amerikaner versuchen, den Opfern ihrer Bombardements in den von der Wehrmacht eroberten Ländern schönzureden, was sie dort anrichten. Über das Radio und über abgeworfene Flugblätter streuen sie die Botschaft, dass es zum Befreien der Länder hinführen würde. Das hat zu Beginn des Kriegs gut geklappt, als die Hoffnung bestand, dass die Angriffe der durchaus schlagkräftigen *Royal Air Force* die Möglichkeit einer baldigen Invasion signalisierten – aber weniger gut nach Jahren des Wartens und angesichts der weiterhin steigenden Verluste. Sendungen der BBC, die in Frankreich allerorts gehört werden, haben die französische Bevölkerung davon zu überzeugen, Widerstand und Bombardierung als zwei Seiten einer Medaille zu sehen. Der Flugblattkrieg soll Warnungen für die für Angriffe vorgesehene Gebiete und die Rechtfertigung für Angriffe auf deutsche Ziele oder kollaborierende Unternehmen bieten. Millionen von Propagandabotschaften und Nachrichten werden während dieser Zeit abgeworfen und erreichen ab '43 den Höhepunkt. Die RAF warf im Jahr 1942 *155 Millionen Blätter* und im Jahr 1943 *294 Millionen Blätter* ab, die meisten aus Flugzeugen, einige aus Ballons, die mit den aktuellen Winden versendet wurden. Die *Eighth Air Force* begann Ende '42 mit Flugblattaktionen, als die ersten

Auswirkungen der amerikanischen Angriffe ausgewertet worden waren, um zu sehen, welche Art von politischer Botschaft so vermittelt worden war. Eine Spezialeinheit aus 12 B-17- und B-24-Bombern wird 1943 aufgestellt, um Flugblätter über den besetzten Gebieten und über Deutschland zu verteilen. In den folgenden neun Monaten werfen die Amerikaner 41 Millionen Blätter ab. Dazu zählt die französischsprachige Zeitung America at War, mit der der Verlauf des Konflikts erklärt wird sowie die Notwendigkeit der Bombardierung französischer Ziele.[81] Auswirkungen der Flugblatt- und Rundfunkkampagne waren für die Alliierten zuvor ja nicht gut einzuschätzen, da fast alle öffentlichen Medien in Vichy-Frankreich die Bombardierung Nord-Frankreichs als ein nicht vermittelbares Verbrechen behandelt haben. Die alliierten Geheimdienste sahen sich in der Tat mit einer Flut von Informationen konfrontiert, die zeigten, dass das Bombardement durch „Terrorcharakter“ definiert war. Die Zeitung Petit Parisien schreibt nach einer neuerlichen Bombardierung von Paris 1943, dass „die Barbaren des Westens würdige Verbündete der Barbaren im Osten sind“. Das Mémorial de St. Étienne trifft ganz gut die Mitte der Wurfscheibe mit einer Frage: „Wird dieser zerstörerische Sadismus kein Ende haben? Man ist entsetzt angesichts dieser zunehmenden Barbarei, dieser Barbarei hinter der Maske der Zivilisation.“[82]

Von der Rechtsprechung in einer Diktatur

Wie auch immer – die Aussichten für anglo-amerikanische Banken sind rosig, denn auch dieser Krieg wird zu Ende gehen, weil Frieden, anders als Krieg, langfristig durchzuhalten ist. Kredite werden sie letzten Endes überall brauchen, wo kein Stein auf dem anderen blieb. Die werden sie auch in Deutschland haben wollen. Doch wenn das erst spruchreif wird, ist das bestimmt kein Thema mehr für einen Funktionär der NSDAP. Bis dahin werden die aktuellen Bonzen aller Sorgen ledig sein, die sie jetzt noch auf Trab halten. Denken Sie dabei nur einmal an die Durchsetzung nationalsozialistischer Maßstäbe bei deutschen Gerichten. Erinnern Sie sich noch an 1938, als ein Gericht nicht bereit war, einen Mann wie den Pastor Martin Niemöller zu einer Haftstrafe zu verurteilen – und Hitler den Gerichtshof zusammen mit dem Pastörchen ins KZ Sachsenhausen verbannen wollte? Nach dem zehnten Jahrestag der Machtergreifung ist jenes Problem ziemlich vom Tisch und die braunen Ganoven haben sich im Gerichtssaal etabliert. Wie harmlos das doch alles angefangen hatte! Nach dem Reichstagsbrand, Gott weiß, wer den damals angezettelt hat, wurden am 28. Februar 1933 Notverordnungen „zum Schutze von Volk und Staat“ gegen eventuelle kommunistische Anschläge herausgebracht. Per Dekret vom 21. März 1933 sind Sondergerichte eingerichtet worden zur Aburteilung politischer Straftaten. Am 20. Dezember 1934 sind ganz beiläufig der Kinderraub und ein Autofallengesetz hinzugefügt worden – und wer wird solche Delikte auch gutheißen? Oder nachfragen, ob so ein Verbrechen nicht von einem normalen Gericht geahndet werden könnte. Klammheimlich wurde die Zuständigkeit dieser Sondergerichte laufend weiter ausgedehnt. Am 20. November 1938 wurde an der Schraube noch mehr gedreht und mit dem Beginn des Krieges ersetzten Sondergerichte so langsam vollständig die herkömmliche Gerichtsbarkeit. Als man sich 1943 endlich am Ziel aller seiner Wünsche wähnt, stellt sich heraus, dass der Arbeitsanfall bei den Sondergerichten in den letzten Jahren, speziell während des Kriegs, außerordentlich angewachsen ist, weil doch nun die Zuständigkeit der Sondergerichte praktisch alle irgendwie bedeutsamen Strafrechtsfälle umfasst. Kaum ist das eine Problem gelöst, stellt sich die nächste Hürde in den Weg. Hatte eine Verurteilung durch so ein Gericht der Extraklasse am Anfang noch eine abschreckende Wirkung, ja wurde eine Verurteilung damals noch „als besondere Schande" empfunden, ist dem schon lange nicht mehr so. Übrig geblieben ist nur ein Unterschied, dass nämlich ein Rechtsmittel gegen so gut wie jegliches Urteil gar nicht mehr möglich ist. Der Sicherheitsdienst merkt an, dass die Autorität der Sondergerichte darunter gelitten hat. Dazu wirkt es sich nun aus, dass es von Anfang an zu wenige Nazis in Deutschland gegeben hatte und unter ihnen viel zu wenige, die in der Lage gewesen wären, ein Jurastudium zu absolvieren. 1943 ist man jetzt soweit, dass „die Auslese der im Sondergericht tätigen Richter mangels geeigneter Kräfte nicht mehr so sorgfältig erfolgen könne wie in den ersten Jahren. Während grundsätzlich nur fachlich und insbesondere politisch besonders qualifizierte Richter am Sondergericht wirken sollten, müssten bei der Vermehrung der Stellen vielfach Richter aus Strafkammer und Zivilabteilungen eingesetzt werden, die den Anforderungen kaum noch entsprechen. Eine ganze Anzahl von Richtern beim Sondergericht sind nicht einmal Parteigenossen."[83] Allerdings richten die Nazi-Fanatiker noch genug Schaden an.

Wie eine Faust aufs Auge passen dazu die Beobachtungen an Studenten, die Jura studieren. „Vielfach tritt eine Abneigung gegen den Staatsdienst hervor." Weil diese sehr wohl wissen, welchen geringen Stellenwert die Arbeit eines Juristen an einem Gericht in Hitlers Drittem Reich bei den Deutschen hat, studieren sie nicht, um an einem dieser Gerichte sein zu dürfen, sondern um mit ihren im Studium erworbenen Kenntnissen im Bereich der freien Wirtschaft zu arbeiten. Dort locken „größere Freiheit der Arbeits- und Lebensgestaltung, als mit der beamteten Tätigkeit verbunden" sei, wie der SD herausbekommt. Wenn schon Schriftleiter nicht gut dastehen, weil sie ja doch nur in die Zeitung bringen, was man ihnen vorgeschrieben hat, und „wenig Eigenes" bieten, woraus sich eine allgemein „etwas geringschätzige und uninteressierte Meinung vom Schriftleiter" ergibt, ist auch nachfolgende Beobachtung des SD nicht wirklich erstaunlich: „Das Ansehen der Richter und Rechtsanwälte im Volke sei so gering, dass diese Berufe nicht erstrebenswert erscheinen." Letztlich hat auch der Jurist im Dritten Reich nach wie vor lediglich die Wahl, ob er nach Nazi-Maßstäben zu urteilen bereit ist, oder eben nicht. Will man das nicht, kann man weiter wählen, ob man alternativ an die Front geht, oder ob man sich zu Hause selbst die Kugel gibt. Überdies registriert der SD einen anderen höchst weltlichen Grund, warum die jungen Leute im Jurastudium später lieber in der Wirtschaft arbeiten wollen und nicht zu bewegen sind, im Dienste des nationalsozialistischen Staates ihr Geld zu verdienen: Was sie lockt, sind die Möglichkeiten des schnellen Aufstiegs sowie wesentlich bessere Einkommensverhältnisse dort. Auch in diesem Bereich haben also zehn Jahre braune Berieselung nicht zur Formierung des Neuen Menschen gereicht. Das zeigt sich ebenfalls an einer anderen Stelle. Völlig unbeeindruckt von den Notwendigkeiten des Kriegs äußern Studenten den „Willen zu einer gründlichen fachlichen Ausbildung, die ihnen auch Zeit und Gelegenheit gibt, sich der eigenen Neigung entsprechend mit anderen Wissensgebieten und mit grundlegenden geschichtlichen und politisch-weltanschaulichen Fragen zu beschäftigen.“ Wie die Studenten glauben, würde ein abgekürztes Fachstudium Lücken zurücklassen, die sie im Leben und im Beruf kaum ausbügeln könnten.[84]

Als wäre es nicht längst klar geworden, meint der Kollege vom SD, man müsste noch explizit ausformulieren, die politische Haltung des Rechtsstudenten werde im Allgemeinen als gleichgültig und als indifferent bezeichnet, nur weil es auch ihnen an gehörigem Hurra-Fanatismus fehlt. Im Duktus des SD klingt das so: „Die Meldungen bemerken, gerade den Rechtsstudenten fehle oft jede Begeisterungsfähigkeit.“ Als ob er glaubt, dass einem Kritiker „politisch gleichgültig“ zu wenig sein wird bezüglich der Haltung von künftigen Juristen zum nationalsozialistischen Regime, beseitigt der SD-Mann auch hier jegliche Unklarheit: „Insgesamt überwiegt nach den Meldungen der Eindruck der politischen Interesselosigkeit und einer betont kritischen Einstellung.“ Er meint, diese Studenten „neigten dazu, jede Maßnahme und jedes Ereignis zunächst kritisch und übertrieben objektiv zu betrachten.“ Unter den Rechtsstudenten gebe es „nur ganz wenige politische Aktivisten“, die von den anderen jedoch oft „mitleidig über die Schulter angesehen“ würden. Die Gründe für die beschriebene Haltung erkennt der Kollege „zum Teil in der Ausbildung der Juristen“ selbst, die den Studenten dazu zwingt, jede Frage in ihrem Für und Wider eingehend abzuwägen. Kritisch wird notiert, dass Studenten „eine Abneigung gegen Veranstaltungen“ zeigen, in denen nur die „allgemeine politische Schulung geboten“ wird. Allgemeiner politisch-weltanschaulicher Firlefanz, bei dem „fertige Ergebnisse in propagandistischer Form“ übermittelt werden, lasse die Studenten unbefriedigt und werde „ihren besonderen geistigen Bedürfnissen nicht gerecht“. Weiter wird in dem Bericht kritisiert, dass vielfach die Dozentenschaft nicht in der Lage sei, den Studenten ein Bild der nationalsozialistischen Weltanschauung und Rechtsauffassung zu geben.[85] Ja, vielleicht wollen sie das gar nicht? Überraschung, das stimmt! Wie erklären sich die Mitarbeiter des Sicherheitsdienstes die Abneigung gegen ihre braune Suppe?

Die Professoren sind nach den Vorstellungen der Nazis „überaltert und für das neue Rechtsdenken nicht aufgeschlossen“. Gegensteuern können da nur überzeugte Nationalsozialisten, doch die noch im Aufbau befindlichen Kameradschaften hätten an einzelnen Universitäten bislang nicht die notwendige Durchschlagskraft und erfassten auch nur einen Teil der Studentenschaft, wie die rechtgläubigen Beauftragten beim Sicherheitsdienst befinden. Des Weiteren sei aus den örtlichen Bedingungen heraus die politische Einflussnahme des (selbstredend nationalsozialistischen) Studentenbundes an den Universitäten unterschiedlich groß.[86] Wenn es bisher noch nicht gelungen ist, den Nationalsozialismus in der Breite zu etablieren, dann wird es langsam eng, geht die Tendenz doch schon seit langem wieder von ihm weg. Ein Wahlergebnis von 97 Prozent würden jetzt selbst Gutgläubige kaum mehr abkaufen.

Ohne Licht und Wasser ist Schicht im Schacht

Unbeirrt setzen Unterhändler des Auswärtigen Amtes in Berlin ihre Bemühungen um eine Einstellung der Kampfhandlungen zwischen Briten und Deutschen fort. Im Juni führt zum Beispiel wieder Adam von Trott zu Solz die Kontakte weiter, die in die Türkei geknüpft wurden. Auch sie bewirken logischerweise keine Veränderung der Londoner Außenpolitik gegenüber dem Reich.[87] Eine deutsche Stadt nach der anderen versinkt derweil rauchend in Ruinen. In diesen Tagen trifft es unter anderem die Städte Wuppertal und Düsseldorf. In beiden Fällen fällt gleich zu Beginn der Angriffe die Rettung flach, da das Licht versagt und die Versorgung mit Wasser ausfällt. Damit ist das Bekämpfen der großflächigen Brände von Anfang an unmöglich. Morgenluft wittern im Angesicht des Grauens allerdings Leute, die die Ursache der Probleme in Hitler und seinem Regime sehen. Es dringt an die Ohren von *Horch-und-Guck*, dass hier und dort „Äußerungen gegen Staat, Partei und Führung laut" werden. Es ist vermehrt zu beobachten, „dass Neugierige, die die Schadenstellen umstehen, versuchten, die Geschädigten aufzureizen und aufzuhetzen. Vielfach zeigen sich negative Äußerungen auch von Volksgenossen, die angesichts der Katastrophe die Nerven verloren haben und sich zu staatsfeindlichen Äußerungen hinreißen lassen." Bezeichnend dafür ist, nach den Mitschriften beim SD, die Äußerung eines Deutschen zu einem SS-Mann, der neben ihm stand: „Das verdanken wir unserem Führer." Eine ähnlich dramatische Szene spielte sich in Barmen ab. Eine Mutter steht vor dem Keller ihres zerstörten Hauses. In dem Keller liegen die Leichen ihres Sohnes, der nicht an der Front getötet wird, sondern bei einem Urlaub zu Hause, der Schwiegertochter und des zweijährigen Enkelkindes. Als sich zwei Männer von der SA nähern und sie trösten wollen, platzt es heraus: „Die braunen Kadetten sind schuld am Krieg. Sie sollten besser an die Front gegangen sein und dafür gesorgt haben, dass die Engländer nicht nach hier kommen können." Immer häufiger fällt auf, dass gerade in Städten, die den Bomben schon zum Opfer gefallen sind, nun selbst in jenen Kreisen der Hitler-Gruß verweigert wird, die zuvor noch die Affenschau mitgespielt hatten. So hat zum Beispiel ein Parteigenosse, der am

Tag nach dem Angriff auf Barmen 51 Leute mit „Heil Hitler!" grüßte, nur zweimal den Gegengruß „Heil Hitler!" bekommen. Das muss ihn ja sehr aufgewühlt haben – wie wäre er sonst darauf verfallen, diejenigen Leute zählen zu müssen, die das andressierte Verhalten nicht mehr vorführen? Eine Frau, die am Tage nach diesem Angriff ein Elberfelder Geschäft mit „Heil Hitler!" betrat, bekam ein herzhaftes „Guten Morgen!" zurück, und ihre Frage, ob nicht mehr mit „Heil Hitler!" gegrüßt würde, blieb mit unmissverständlichen Blicken unbeantwortet.[88]

Raffiniert verstehen es kritische Mitbürger, den Unwillen über die Lage im Land so zu artikulieren, dass man ihnen selbst nicht vorwerfen kann, sie hätten sich despektierlich über den Führer und sein Regime geäußert und so gegen die geltenden Gesetze verstoßen. Die Leute verbreiten „Erzählungen über die angeblich schlechte Stimmung und gegnerische Einstellung der Bombengeschädigten". Der Dienst illustriert auch, wie sich „die von vielen Seiten" verbreiteten Schmähreden konkret anhören. So wird in Düsseldorf beispielsweise breitgetreten, „man habe einen Galgen aufgerichtet, an dem ein Führerbild hing." Wer bei jener vermeintlichen Wiedergabe einer Information ertappt wird, kann darauf verweisen, nur gesagt zu haben, dass man dies eben so gehört habe. Der SD hört ebenso den *Witz*: „Ein Berliner und ein Essener unterhielten sich über das Ausmaß der Schäden. Der Berliner führte aus, das Bombardement in Berlin wäre so schlimm gewesen, dass noch fünf Stunden nach dem Angriff die Fensterscheiben aus den Häusern gefallen sind. Der Essener antwortete, das bedeute noch gar nichts. In Essen seien noch 14 Tage nach dem letzten Angriff die Führerbilder aus den Fenstern geflogen." Das ist wirklich *gesundes Volksempfinden*, aber da es so nicht in den Fahrplan der Nazis passt, gilt das auf einmal nicht mehr als Argument. Der SD kommentiert diesen Spruch ungeniert so, dass *viele Leute* den Eindruck äußerten, das sei als Stimmung im Volk zu verallgemeinern.[89]

Während sich Hitler rar macht, seit es mit den Blitzsiegen nicht mehr so sonnig ausschaut wie am Anfang, tritt Reichspropagandaleiter Goebbels im Juni wieder einmal mit einer tönenden Rede vor die Öffentlichkeit in

Deutschland. Darin redet der Experte für Worthülsen wie die Schellack-Platte mit Sprung von seiner späteren Vergeltung. Daraufhin hört man in der Öffentlichkeit Reaktionen wie diese: „Hoffentlich dauert diese Ankündigung von Dr. Goebbels nicht so lange. Gesprochen worden ist davon schon viel, aber man merkt nicht, dass die Vergeltung bald kommt. Die angekündigte Vergeltung möchten wir alle noch miterleben.“ Wobei hier bereits akzeptiert wird, dass viel zu viele schon längst Bombenopfer geworden sind und deshalb nichts mehr miterleben werden. Von einem tatsächlichen Realismus kann man sprechen, wenn die Auffassung vertreten wird: „Es wird höchste Zeit, dass diese Angriffe erwidert werden, denn es ist nämlich sonst gleich, wo der Kriegsschauplatz ist, wenn uns die Engländer alle Städte zusammenhauen.“[90] Der Sicherheitsdienst hat herausgefunden, dass „die Ansicht sehr vieler Arbeiter“ dahin gehe, dass der Mangel an allen Bedarfsmitteln so groß ist, dass der Krieg unbedingt beendet werden muss.[91]

Viele Leute bei uns klammern sich an neue Gerüchte über Waffen, „mit einer Wirkung, die mindestens dem britischen Terror gleichkäme.“ Bei den Spekulationen darüber, wie die Waffen vielleicht funktionieren, entwickeln sie eine überaus sprühende Phantasie. Es wird auch kolportiert, dass eine Bombe gebaut wird, die von einer Größe sei, dass jeweils bloß ein Stück von einem Riesenflugzeug befördert werden könne. Zwölf derartige Bomben, die auf dem Prinzip der Atomzertrümmerung basierten, würden reichen, um eine Millionenstadt zu vernichten.[92] Die Geduld ist selbst bei denen langsam am Ende, die bisher auf die Wende hofften. So klingt das dann: „Das dauernde Hinhalten muss nun bald aufhören. In großen Reden spricht man von den Arbeiten der großen Konstrukteure, die den Gegenterror vorbereiten. Das hört sich so an, als ob man einem Diebe mit einem bösen Hund droht, der noch gar nicht geboren ist.“[93]

Was schon nicht mehr einfach als schlechte Stimmung abgetan wird, ist „die überall zu beobachtende starke Kritiksucht gegenüber der Führung von Staat und Partei“. Das äußert sich dann so: „Die Partei hat versagt!“ Woanders sagen sie: „Die Verwaltung ist ein großes Durcheinander!“ Es wird erwähnt, dass „derartige Redensarten bereits in erheblichen Teilen der Bevölkerung verbreitet werden“.[94] Überdies stießen Meckerer auch „kaum auf direkten Widerspruch“. Die meisten Leute sagen dazu nichts oder stimmen sogar zu. Beim Sicherheitsdienst findet man für die allerschlimmsten Kandidaten extra den Terminus Dauermeckerer. Eine Frau aus dem Westen schimpft wütend drauf los, „dass die ganzen Misserfolge hätten vermieden werden können, wenn die braunen Bonzen nicht in der Heimat, sondern an der Front wären und genau so ihre Pflicht täten wie die roten Kommissare in Russland“. Nachdem Anzeige gegen sie erstattet wird, stellt sich die Staatsanwaltschaft auf den Standpunkt, dass es doch ungerecht wäre, diese eine Frau zu verfolgen. Solche Vergleiche kämen in etwa einem Viertel aller sonst aus anderen Gründen anlaufenden Strafverfahren wegen Heimtücke vor. Immer wieder werde von den vollgefressenen Bonzen im Vergleich zu den Kommissaren in Russland, die ihre Pflicht täten, gesprochen. Neuerdings heben Leute immer öfter aus Flugzeugen abgeworfene Flugblätter vom Boden auf und besprechen deren Inhalt sogar mit anderen Leuten. In den Gesprächen wird häufig eingeräumt, dass diese Flugblätter „sehr geschickt gemacht“ seien, doch unsere Propaganda „arbeite ja immer mit dem Holzhammer“. Das alles ist inzwischen unter den Leuten bereits so weit gediehen, dass man vielfach geradezu fürchtet, „sich zu blamieren, wenn man den unbeirrbaren Glauben an den Sieg nachdrücklich vertrete.“ Immer häufiger halten die Spitzelführer fest, dass selbst jene nicht mehr den Hitler-Gruß benutzen, die es bisher noch getan haben.[95] Man kann sich vorstellen, wie es 1944 aussehen wird, wenn so viele Leute jetzt schon nicht mehr spuren.

Manch einer hat es schon relativ früh begriffen: Die Nummer mit Hitler an der Spitze wird schiefgehen. Andere verstehen es mit jedem Bombenangriff besser: Ein Mann trifft seinen Freund nach einem Luftangriff mit verbundenem Kopf: „Tust mir Leid. Bist wohl auch bombengeschädigt?“ – „Indirekt.“ – „Wieso indirekt?“ – „Ich habe einen Bombengeschädigten aus Versehen mit »Heil Hitler« begrüßt. Da hat er mir den Schädel poliert.“[96] Beste Chancen, solche Worte festzuhalten, haben Spitzel bei den Programmen des Komikers Weiß-Ferdl, der ja eigentlich Ferdinand

Weisheitinger heißt. Eines Abends kommt er in München unrasiert und mit einem geflickten, schmutzigen Anzug und zerrissenen Schuhen auf die Bühne. Das Publikum lacht laut auf. „Warum lacht ihr so blöd?", ruft Ferdl. „Lacht lieber nicht! Ich bin euch bloß zwei Jahre voraus!"[97]

Doch keine Angst. Da Sozialismus herrscht, geht es nicht allen schlecht: Adolf, Hermann, Joseph sowie Landwirtschaftsminister Darré sitzen zusammen und beraten die Kriegslage. Sagt Adolf: „Auf meine Armee kann ich mich noch ein Jahr verlassen!" Hermann sagt: „Meine Luftwaffe hat noch drei Jahre Benzin." Bloß Darré bleibt still, bis ihn seine Kumpane fragen: „Und wie lange geht's mit der Ernährung?" Darauf meint Darré: „Zwanzig Jahre!" Und die anderen fragen: „Was, zwanzig Jahre willst du für das Volk noch zu essen haben?" Gedehnt fragt Darré zurück: „Volk? Wer spricht denn vom Volk? Ich sagte, zwanzig Jahre langt's noch – für uns vier!"[98] So viel hat ein Teil der Leute nach zehn Jahren Sozialismus also schon begriffen. Es ist eben fatal, wenn man nicht versteht, dass es ein Unterschied ist, ob jemand im Volk Sozialismus will oder ob jemand im Kreise der aufgestiegenen revolutionären Elite weiterhin von diesem vermeintlich ganz neuen Gesellschaftsmodell schwätzt. Am Ende ist das Hemd eben doch näher als der Rock. Die Frage ist lediglich: Gehört man nach dem Umsturz zu den Privilegierten oder schuftet man auch weiter Tag für Tag für die Bonzen der neuen Zeit? Die breite Masse des Volkes glaubt jedoch leider Gottes trotz alledem noch an die Verheißungen, mit denen sie ursprünglich geködert worden war, und ehe die meisten Leute nicht jemanden persönlich kennen, den es schuldlos schlimm erwischt, sagen sie noch immer unbeirrt, bis Stalingrad sei das tägliche Leben im Dritten Reich eine schöne Zeit gewesen. Das kennt ja auch ein jeder von sich selbst: Da kann man noch so viele obdachlose Menschen mit seinen eigenen Augen gesehen haben – wer verfiele auf die Idee, die Schönheit des Lebens deswegen anzuzweifeln? Mag sein, dass einem jemand über den Weg läuft, der nicht so aussieht, als ob er noch lange lebt – aber wie singt Zarah Leander so schön in dem Film *Die große Liebe*? Davon geht die Welt nicht unter! Das ist, wie man weiß, auch nicht abhängig von der einen oder anderen Staatsform. So funktionieren Menschen. Und bis zu drei Viertel der Leute kennen niemanden, der vielleicht aus politischen Gründen mit der Staatsgewalt in Konflikt geraten ist und verhaftet oder „verhört" worden ist. Dieser subjektive Eindruck wird noch dadurch verstärkt, dass bedenklich viele Leute in Deutschland fremde Radiosender abhören und sich Witze über den Führer wie auch über andere führende Persönlichkeiten erzählen, obwohl beides illegal ist und nach Recht und Gesetz unter Strafe steht. Und? Wird deshalb jeder gleich weggefangen? So entsteht das Trugbild. Die Infrastruktur bräche krachend zusammen, würden alle weggesperrt. Eines ist doch Fakt: Früher ging es den Leuten wirtschaftlich massiv schlechter. Bis 1938 war Massenarbeitslosigkeit in der Tat kein Thema mehr und schon im Jahr 1939 wurden 200.000 ausländische Arbeitskräfte zur Arbeit im Reich angeworben, weil natürlich die Juden auf einmal fehlten, die ihre Heimat seit dem Jahr 1933 fluchtartig verlassen haben. Für die meisten Deutschen aber ist es nach 33 tatsächlich besser geworden. Was glauben Sie denn, was jemand zu hören bekommt, der weiszumachen versucht, man hätte ihn einfach so von der Straße weggefangen, und in der Haftanstalt angeblich sogar gefoltert?[99]

Erbärmlich erwischt haben die Bomben die Stadt Münster in Westfalen in der Nacht vom 12. zum 13. Juni. Sie gingen alle in der Nähe derselben Straßen nieder wie schon bei dem Angriff im Jahre 1941. Ob man sich in der Mauritzstraße in der Nähe der Sonnenstraße umschaut oder aber im Bispinghof – überall ist der Anblick der Trümmer ernüchternd. Nachts bot sich von der dunklen Aegidiipromenade ein schauriger Anblick: Der Nachthimmel war rotglühend, wenn man in Richtung Hafen sah. Wenn man sich nicht verzählt hat, wurden wenigstens 4000 Phosphorbomben, 1000 Flüssigkeitsbomben, 6000 Stabbrandbomben, 20 Luftminen, 350 Sprengbomben und 30 Blindgänger abgeworfen.[100] Dass es sich bei den Letzteren um Blindgänger handeln würde, stellte sich freilich erst nach der harten Landung heraus. Traurig erinnert sich Hans Bernd Gisevius an die Jahre davor: „Münster war damals noch kein Trümmerhaufen. Es war die Landeshauptstadt der blühenden Provinz Westfalen, Sitz eines Oberpräsidiums, Standort des Wehrkreisbefehlshabers, Stadt jenes wegen seines aufrechten Mannesmutes viel gerühmten Bischofs von Galen.

Die braune Revolution ließ diesen altertümlichen Flecken links beiseite. Sie strebte lieber nach dem nahen Industrierevier." Warum wollten die Nazis unbedingt dorthin? „Dort rollte das Geld, dort wogten die Massen. Münster mit seinen schönen Patrizierhäusern und den bejahrten Kolonnaden schlief, was das große Revolutionsgeschehen betraf, einen Dornröschenschlaf. Fragt man mich, was meine nachhaltigste Erinnerung an das dort verbrachte Jahr ist, so kann ich nur auf – unseren Stammtisch verweisen. Mittags ab zwölf und abends spätestens ab halb sechs Uhr versammelten sich dort die bemoosten Häupter der Honoratioren. Freilich darf man nicht denken, dass es sich bei diesen wackeren Zechern um überständige alte Herren handelte. Gerade die Unentwegtesten von ihnen waren äußerst mobil. Sie waren durchweg Beamte bester alter Schule, mit viel Wissen und noch mehr Erfahrung, jeder von ihnen qualifiziert zu einer höheren Chefstellung. Nur waren sie unbeliebt, sie hatten sich nicht beizeiten das richtige Parteibuch besorgt, folglich konnte aus ihnen nichts mehr werden. Im Grunde hatten sie bloß die Wahl, ob sie Trübsal blasen oder sich gegenseitig Mut zutrinken wollten."[101]

Wer sieht in der Katastrophe die Gunst der Stunde?

Unter den gegebenen Umständen können findige Leute selbst aus einem Bombenangriff noch Nutzen für die Überlebenden herausschlagen. Eine Gruppe von Widerständlern in Berlin beispielsweise hatte schon vorher Verbindungen mit Reviermeistern angeknüpft, um Blanko-Ausweise für untergetauchte Juden oder politisch verfolgte Leute gegen Lebensmittel für die Reviermeister zu erlangen. Mit diesen gewissermaßen offiziellen Papieren können die Verfolgten auf einmal ganz normal Gutscheine für Lebensmittel erwerben und sich bei den Terrorangriffen im Luftschutzbunker in Sicherheit bringen. Nachdem die Zentralkartei verlagert war und schon ganze Straßenzüge brannten, verschafft sich diese Gruppe sofort nach jedem Angriff einen Überblick, in welchem Bezirk und Stadtteil die Polizeireviere weg sind, wo Verschüttete sind, die nicht gefunden werden können, und wie sie hießen. Dann beschaffen sie sich Listen der Opfer und versehen diejenigen Leute, die typenmäßig passen, mit neuen Namen und Papieren. Die Polizeireviere haben alsbald keine Übersicht mehr. Es werden auch Leute als vermeintliche französische Zivilarbeiter untergebracht auf einer Carte d'Identité.[102]

Heimliches Treffen aber unheimlich vielversprechend

Gegner des Regimes in Deutschland, die dem höchst unchristlichen Gebaren der braunen Equipe schon seit Jahren kritisch gegenüberstanden und von denen manche in der Staatsverwaltung oder bei der Wehrmacht tätig sind, treffen sich zu Pfingsten 1943 streng abgeschirmt zur dritten Tagung ihrer geheimen Gruppe in dem Dörfchen Kreisau. In den Tagen vom 12. bis zum 14. Juni nutzen sie die Chance, um sich erneut über ihre Wahrnehmungen im zehnten Jahr der nationalsozialistischen Revolte in Deutschland auszutauschen. In der Abgeschiedenheit eines Schlosses in dem kleinen niederschlesischen Dörfchen diskutieren Adolf Reichwein, Paulus van Husen, Pater Alfred Delp, Adam von Trott zu Solz, Horst von Einsiedel, Helmuth James Graf von Moltke, seine Frau, seine Schwester

Irene, Peter Graf Yorck von Wartenburg, dessen Frau und eben auch ein Mann wie Eugen Gerstenmaier* über die Außenpolitik des Reiches und die Bestrafung der Rechtsschänder. Damit ist die juristische Verfolgung der nationalsozialistischen Kriegsverbrecher gemeint. Zur Außenpolitik spricht Trott. Er ist immerhin häufig im Auftrag des Auswärtigen Amtes auf den Beinen. Das Referat über die Rechtsordnung und die Verfolgung von Kriegsverbrechern hält van Husen*. Dieser Kreisauer Kreis* ist aber an sich größer. Die versammelte Runde spricht über die Feiertage auch weiter über die zukünftige Wirtschaftsordnung des Deutschen Reiches.

Schätzungen mangels Meinungsumfragen

Dabei sind die Kreisauer hier längst nicht die einzigen Kritiker. So meint ein deutscher Flüchtling, der – wie auch immer – nach London gelangt ist, dass sich die Zahl von bewussten Anti-Nazis auf 35-40 % beläuft. Die sind aber nicht an der Macht. Nach seiner subjektiven Ansicht sind dies zum größten Teile sozial-demokratische Arbeiter. Doch seine Schätzung umfasst auch viele Intellektuelle mit durchaus sehr stark abweichenden politischen Meinungen.[103] Es ist wohl eine bittere Ironie, dass der Mann aber auch ausgerechnet in der Zentrale des *British Empire* Zuflucht vor den Nazis sucht. Das ist doch nun schon absurdes Theater: Vor wenigen Jahren hätte er sich als Emigrant in England noch nicht einmal negativ über die Zustände in Deutschland unter Hitler äußern dürfen.[104] London hat jedoch auch in den Jahren, die seither vergangen sind, einige Blüten hervorgebracht, über die es sich länger nachzudenken lohnt.

London zieht seine Strategie unbeirrt durch

Vier Jahre ist es inzwischen her, dass niemand bereit war, Polen vor den Truppen der Wehrmacht zu bewahren. Vor drei Jahren haben britische Soldaten über Dünkirchen das europäische Festland *überraschend* verlassen und nun auch die Westeuropäer dem Führer ausgeliefert. Vor nur zwei Jahren hielt Londons Premierminister Winston Churchill die Rede aus Anlass des Überfalls der Wehrmacht auf die Sowjetunion, bei der er verkündete: „Wer, Mensch oder Staat, gegen den Nazismus kämpft, wird unseren Beistand haben." Pathetisch sagte das Schlitzohr dazu: „Das ist unsere Politik, und das ist unsere Proklamation. Daraus folgt, dass wir Russland und dem russischen Volk jedwede Hilfe gewähren, die wir gewähren können." Ein Jahr ist es her, dass Churchill dem Moskauer Chef versprach, dass eine großangelegte Invasion von anglo-amerikanischen Truppen in Europa für 1943 vorbereitet würde. In einem *Aide-Mémoire* an Moskaus Außenminister Molotov vom 10. Juni 1942 ist das zu finden. Daran erinnert Jossif Stalin den vermeintlichen Alliierten in einem Telegramm vom 24. Juni des laufenden Jahres: „Aus Ihren Botschaften des letzten und dieses Jahres habe ich die Überzeugung gewonnen, dass Sie und der Präsident", womit er Franklin Delano Roosevelt meint, „sich der Schwierigkeiten bei der Organisation solch einer Operation voll bewusst sind und dass Sie eine Invasion entsprechend vorbereiten unter Berücksichtigung der Schwierigkeiten und nötigen Kraftanstrengungen." Nachdrücklich erinnert er an zwei vorgebliche Entscheidungen, die im Jahre '43 nach Verlautbarungen aus London gefallen sein sollen und angeblich dazu dienten, starke deutsche Land- und Luftstreitkräfte von der sowjetisch-deutschen Front nunmehr im Westen zu binden. Churchill habe ja verkündet, es ginge darum, „Deutschland im Jahr 1943 auf die Knie zu zwingen". Als spätester Zeitpunkt für die Invasion sei der September '43 benannt worden. Was bleibt Stalin übrig, als zu betteln? Doch nachdem Churchill die Tschechen und die Slowaken, die Polen und die Juden, die Niederländer, die Belgier und Franzosen, die Dänen und die Norweger, Griechenland und Jugoslawien im Regen stehen gelassen hat, ist es nun die leichteste Übung, auch Stalin die kalte Schulter zu zeigen. Ist der Ruf erst ruiniert, lebt es sich ganz ungeniert. Was jener rote Zar aus England und Amerika bekommt, soll bloß verhindern, dass sich der Lebensraum Hitlers bald ernstlich vom Atlantik bis zum Pazifik erstreckt.[105]

Die geschlossenen Reihen der Partei fransen aus

In der Zwischenzeit sinkt die allgemeine Stimmung im deutschen Volke immer noch ein klein wenig tiefer unter den Nullpunkt: „Zu beobachten ist eine stetige Entwicklung zur negativen Seite hin, die aufzuhalten Propagandamaßnahmen und Reden führender Männer nicht in der Lage zu sein scheinen", wie man beim SD am 25. Juni 1943 einschätzt. Dafür hat man eine Erklärung: „Die breite Bevölkerung kommt zu unmittelbar mit den Auswirkungen typischen Kriegsgeschehens in Berührung, als dass sie sich mit Prophezeiungen, Versprechungen und Anerkennungen zufrieden geben würde." So weit eine Einschätzung aus Westdeutschland – und ein Parteigenosse und Weltkriegsteilnehmer aus dem südwestlichen Teil des Reiches wird mit der Äußerung zitiert: „Infolge des Ausbleibens jeglicher militärischer Ereignisse hält die bedrückte, entmutigte oder gar verzweifelte Stimmung weiterhin an." Aus Norddeutschland wird recht optimistisch angemerkt, man glaube zwar nicht mehr felsenfest an den Sieg, man erhoffe ihn jedoch und sei davon überzeugt, dass er zur Erhaltung unseres Volkes errungen werden müsse. Aus den Donaugauen im Süden des Reiches wird gemeldet, ein großer Teil der Volksgenossen sei im Pessimismus der Lancierung negativer Ansichten und Behauptungen durch politische Gegner „äußerst zugänglich". Dagegen verschließe sich dieser Bevölkerungsteil in apathischer Gleichgültigkeit gegenüber allen Tagesereignissen.[106] Über die derzeitige Stimmung im Gebiet östlich der Elbe bis hinüber nach Ostpreußen schweigt sich der Bericht diesmal aus. Es wird nur erwähnt, dass weniger mit einer deutschen Offensive an der Ostfront gerechnet wird als mit einem sowjetischen Vorstoß in Richtung Deutschland. Der einzige Hoffnungsschimmer wird darin gesehen, dass sich ein russischer General „dem Führer gegenüber verpflichtet" hätte, binnen zwei bis drei Monaten ein aus Russen bestehendes Heer in einer

Stärke von zwei bis drei Millionen Mann aufzustellen und diese Truppen Stalin entgegenzuwerfen. Mag sein, dass es gerüchteweise durchdrang, dass der im Sommer des Jahres 1942 gefangengenommene sowjetische Generalleutnant Andrej Andrejewitsch Wlassow angeboten hat, Stalins Regime gegenüber kritisch eingestellte Rotarmisten in deutscher Kriegsgefangenschaft zukünftig als Wlassow-Armee gegen die Truppen Stalins kämpfen zu lassen. Auf jeden Fall setzen Teile der Bevölkerung im Reich mehr auf eine solche russische Gegenarmee als auf die immer älter und immer jünger werdenden deutschen Wehrpflichtigen. Die beiden zuletzt genannten Tendenzen sind inzwischen Gegenstand von Hohn und Spott unter den Deutschen geworden. So heißt es draußen auf den Straßen auf der einen Seite kess: „Die Vergeltung kommt, wenn an den Altersheimen steht: Wegen Einberufung geschlossen." Und dann sagen die Leute, die Deutschen müssten schon mit Kindern Krieg führen. Nach Äußerungen von Soldaten, die auf Fronturlaub zu Hause weilen, meint man vielfach, dass die jetzige Wehrmacht nicht mehr mit jener vor einigen Jahren zu vergleichen sei. Der Stamm an Soldaten, die noch zu Friedenszeiten ausgebildet worden waren, existiere nicht mehr, und die Jungen, die an die Front gingen, „sind nicht mehr so zu bewerten, denn die laufen davon." Diese Tendenz zum Weglaufen bemerken Leute, die dem ganzen Zauber wohl von Anfang an skeptisch gegenüberstanden, auch bei vor Jahr und Tag noch gläubigen und treuen Parteigenossen. Das Ausfransen der geschlossenen Reihen der Partei spiegelt sich nicht nur in Berichten wider, die in Berliner Büros gesammelt werden, sondern auch in Sprüchen, die man häufig zu hören bekommt: „Es werden immer mehr Parteigenossen blasenkrank. Sie möchten gerne austreten – aus der Partei, können aber nicht." Solche Tendenzen bestätigt auch der SD, der nach Berlin meldet, nicht nur in kirchlich gebundenen Kreisen allerorten, sondern in nahezu allen Berufs- und Gesellschaftsschichten wird mit dem Gedanken an die Auferstehung einer Donaumonarchie gespielt. Dieses werde „für ebenso möglich wie notwendig gehalten". Äußerlich finde „die veränderte oder mindestens labile Haltung schon darin sichtbaren Ausdruck", dass man beobachtet, dass die „Grußform vieler Volksgenossen" sich „sehr stark" vom Hitler-Gruß abgewendet und einem ganz betonten „Grüß Gott!" zugewandt habe. Sogar in den Geschäften und zum Teil bereits auf Dienststellen bediene man sich in immer stärkerem Umfang wieder des alten bürgerlichen Grußes. Besonders hart trifft es die 108-Prozentigen selbstverständlich, dass gemeldet wird, „dass viele Parteigenossen das Parteiabzeichen nicht mehr trügen“.[107]

Das Sterben über eine gesteuerte Niederlage abkürzen

Unübersichtlich für Außenstehende sind auf jeden Fall die Vorgänge an der Front. Das betrifft in erster Linie die Tätigkeit der Leitung der Abteilung Fremde Heere Ost, die die Arbeit der Agenten zu koordinieren hat. Aus ihren Erkenntnissen sollen militärische Aktionen abgeleitet werden. Zu ihrem Leiter wurde vor zirka einem Jahr Reinhard Gehlen* berufen, der 1936 in die Operationsabteilung gekommen war, wo er Franz Halder positiv auffiel.[108] Tatsache ist, dass Gehlen die Arbeiten der ihm anvertrauten Abteilung Fremde Heere Ost stärker systematisiert hat, dass die vorgelegten Analysen jedoch aus der Sicht derer, die auf einen Endsieg spekulieren, mäßig bis schlecht bleiben. Sorgt die Leitung um Gehlen in Wirklichkeit für eine mehr oder minder „gesteuerte Niederlage“ im laufenden Krieg? Genau diese Idee schreibt Hans Bernd Gisevius dem von ihm so bezeichneten geistigen Oberhaupt des Kreisauer Kreises* Moltke zu. Reinhard Gehlen* ist zum Beispiel bekannt, dass „die Sowjets in der deutschen obersten Führung über eine gut orientierte Nachrichtenquelle verfügen“, da sie „in kürzester Zeit über Vorgänge und Erwägungen, die auf deutscher Seite an der Spitze angestellt wurden, bis ins Einzelne unterrichtet“ sind. Nehmen wir nur die Operation „Zitadelle“, als es um die Schlacht bei Kursk geht. Die Festlegung auf den 5. Juli 1943 als Angriffstermin wird den Sowjets vorher bekanntgegeben, sodass sie rechtzeitige Maßnahmen für eine angemessene Reaktion vorbereiten können. Lässt sich feststellen, wer diesen unerwarteten Informationstransfer technisch bewerkstelligt hat und wer überhaupt wollte, dass die Sowjets informiert werden? Reinhard Gehlen benennt mit Hermann Baun zumindest einen Kandidaten, der die technische Abwicklung vorgenommen haben kann.

Ihm ist bekannt, dass der Oberstleutnant Hermann Baun*, der der Chef der Dienststelle Walli I in Bad Elster ist, „Verbindungen bis unmittelbar nach Moskau unterhalten“ kann. Soldaten, die durch besetzte Regionen gefahren sind, berichten von der Sprengung von riesigen Lagern mit den „kostbarsten Dingen“, von denen die Soldaten an der Front vorher noch nie irgendetwas gesehen haben. Weil die Auffälligkeiten sich allmählich häufen, wird die Abwehr längst überwacht.[109] Die neue Parole unter den Soldaten an der Ostfront heißt nunmehr: „Vorwärts, Kameraden, es geht rückwärts!“ Bei den dauernden Rückzügen entstehen weitere geflügelte Worte, wie zum Beispiel: „Wir marschieren heim ins Reich“, womit man mit einem Grinsen an Adolf Hitlers „Heim-ins-Reich“-Operationen vor dem Krieg erinnert. Die Landser nennen die „Frontverkürzungen“ auch das „Kaiser-Napoléon-Gedächtnis-Rennen“.[110] Stimmt; jener Enthusiast aus Korsika hatte auch bereits versucht, Russland im Sturm zu nehmen. In Briefen und Erzählungen der deutschen Soldaten wird weiterhin von einer riesigen Material- und Menschenüberlegenheit der Sowjets berichtet. Das Kräfteverhältnis sei bestenfalls bis 20 oder 30 zu 100. Auch die Schilderungen der Soldaten über ein Versagen der rückwärtigen Dienste und „tolle Zustände in der Etappe“ beeinflussen die Stimmung zu Hause ungünstig. Im Süden läuft es genauso traurig. Am 10. Juli beginnen die Briten und Amerikaner mit der Landung in Sizilien und verdrängen nun auch dort die Achsenmächte von der Bildfläche. Die militärische Lage ist heikel und was die Revanche für die verheerenden Bombardements von deutschen Städten angeht, schwanken die Leute zwischen Verzweiflung und Galgenhumor. Einer ihrer Witze basiert auf offensichtlich fehlenden Voraussetzungen: „1950. Besprechung im Führerhauptquartier über den Termin der Vergeltung. Sie wird noch einmal vertagt, weil keine Einigkeit darüber zu erzielen ist, ob die beiden Flugzeuge neben- oder hintereinander fliegen sollen.“ 1950 liegt jedoch in der fernen Zukunft und bei den kärger werdenden Vorräten wird es langsam unwahrscheinlich, dass noch einmal das Ruder herumgerissen werden kann. Fakt ist auch, dass die USA noch gar nicht angefangen haben, sich ebenfalls zu beteiligen.[111]

Im Namen Gottes

Hoch schlagen die Wogen nach der Bombardierung des Kölner Doms im Juli '43. Stellvertretend für viele wird ein Beamter mit den Worten wiedergegeben: „Jetzt ist das Maß voll. Jetzt darf die Vergeltung auch nicht mehr lange ausbleiben." Dem Sicherheitsdienst fällt auf, dass man diese Einstellung in der kirchlich orientierten Bevölkerung gerade nicht so oft antrifft und dass „man vonseiten der Geistlichkeit vielfach eine eindeutige Stellungnahme gegen diese Tat vermisst habe". Oft kann man hören, dies sei sehr traurig oder es sei eine schwere Prüfung, womit Leute ausdrücken wollen, dass sie jenen Vorgang bedauern, „ohne aber irgendwie eine Empörung über das Vorgehen des Feindes zu zeigen". Es sind zwar Worte laut geworden wie folgende: „Weshalb wirft der Papst nicht endlich sein Wort in die Waagschale und nimmt eindeutig zu den Terrorangriffen Stellung?" Die „überwiegende Mehrheit der Stimmen aus katholischen Kreisen sieht jedoch in der Bombardierung des Kölner Doms lediglich die Auswirkung der Verschärfung der Kriegsmethoden". Vielfach wird auch geäußert, dass man dies alles hätte vermeiden können, wenn wir keinen Krieg angefangen hätten. Man hört auch Argumente in einer Tonlage wie dieser: „Der Herrgott würde so etwas nicht zulassen, wenn das Recht auf unserer Seite wäre und wir für eine gerechte Sache kämpfen würden." Ganz hart treffen Stimmen aus der Bevölkerung, die sagen, dass die Bombardierung jenes Domes und anderer deutscher Kirchen in Zusammenhang zu bringen sei „mit den seinerzeitigen Zerstörungen der Synagogen in Deutschland". Dort sei der Grund zu suchen, warum jetzt die Strafe Gottes wirksam werde.[112]

Diese christliche Sicht auf den Krieg, der jetzt auf Deutschland selbst zurückfalle, äußert sich in der trostlosen Situation von 1943 in Kreationen wie folgender: In einem Stadtbahnabteil sitzt eine Dame mit ihrer alten Mutter, die offenbar nur zu Besuch in Berlin ist. Entsetzt betrachtet diese rechts und links die Spuren des Bombenkrieges. Da hält der Zug zufällig an der Fasanenstraße vor der ausgebrannten Synagoge. Die Dame macht ihre Mutter auf die Trümmer aufmerksam und sagt ziemlich laut, weil die Mutter etwas schwerhörig ist: „Damit fing es an! Das war schon vor dem Kriege. Das haben wir selbst getan.“ Worauf die alte Dame verwundert den Kopf schüttelt: „Nanu, ist denn das der Reichstag?“ Damit hat sie so recht wie die Tochter. Mit der Ausräucherung der Demokratie fing es an und mit dem Schikanieren der Juden ging es weiter.[113]

Theophil Heinrich Wurm, der Landesbischof der Evangelischen Landeskirche in Württemberg, der bereits im Jahre 1937 *Die Erklärung der 96 Kirchenführer gegen Alfred Rosenberg* unterschrieben hat, weil dieser Rassentheoretiker die antisemitische Hetze *Protestantische Rompilger* veröffentlicht hatte, richtet am 16. Juli ’43 einen grundsätzlichen Appell an den Staatschef des Großdeutschen Reiches Adolf Hitler. Darin unternimmt er den verzweifelten Versuch, die antijüdische Vernichtungsorgie *unseres Führers* zu beenden: „Im Namen Gottes und um des deutschen Volkes willen sprechen wir die dringende Bitte aus, die verantwortliche Führung des Reiches wolle der Verfolgung und Vernichtung wehren, der viele Männer und Frauen im deutschen Machtbereich ohne gerichtliches Urteil unterworfen werden.“ Frühere Proteste gegen die Ermordung von Juden hatten so gut wie keinen Erfolg und jetzt sind auch andere in Gefahr: „Nachdem die dem deutschen Zugriff unterliegenden Männer und Frauen in größtem Umfang beseitigt worden sind, muss auf Grund von Einzelvorgängen befürchtet werden, dass nunmehr auch die bisher noch verschont gebliebenen sogenannten privilegierten Nichtarier erneut in Gefahr sind, in gleicher Weise behandelt zu werden.“ Wie in der Berliner Rosenstraße geht es um sogenannte Mischehen: „Insbesondere erheben wir eindringlichen Widerspruch gegen solche Maßnahmen, die die eheliche Gemeinschaft in rechtlich unantastbaren Familien und die aus diesen Ehen hervorgegangenen Kinder bedrohen. Diese Absichten stehen, ebenso wie die gegen die anderen Nichtarier ergriffenen Vernichtungsmaßnahmen, im schärfsten Widerspruch zu dem Gebot Gottes und verletzen das Fundament alles abendländischen Denkens und Lebens: Das gottgegebene Urrecht menschlichen Daseins und menschlicher Würde überhaupt.“ Der diesbezügliche Wink kam übrigens vom Ministerialrat Hans Globke*. Wurm nennt die Dinge deutlich beim Namen: „In der Berufung auf dieses göttliche Urrecht des Menschen schlechthin erheben wir feierlich die Stimme auch gegen zahlreiche Maßnahmen in den besetzten Gebieten. Vorgänge, die in der Heimat bekannt geworden sind und viel besprochen werden, belasten das Gewissen und die Kraft unzähliger Männer und Frauen im deutschen Volk auf das Schwerste; sie leiden unter manchen Maßnahmen mehr als unter den Opfern, die sie jeden Tag bringen." Darüber hinaus führt der Bischof aus: „Die deutsche evangelische Christenheit muss das dringende Verlangen stellen, dass den der Macht des Reiches unterworfenen Nationen und Konfessionen die volle Freiheit der Religionsausübung und eine den Grundsätzen des Rechts und der Gerechtigkeit entsprechende Behandlung ohne Ansehen der Nation oder der Konfession gewährleistet werde."[114] Die eindringlich warnenden Worte des Bischofs vermehren nicht nur die Mahnungen der Kirchenfürsten an die Partei- und Staatsführung, sie erinnern uns auch an tausende Juden, die von Deutschen in Gartenlauben, freien Zimmern oder auf Dachböden vor den kriminellen Fanatikern versteckt gehalten werden, und an jenen Massenprotest in der Rosenstraße in Berlin-Mitte, der die Staatsführung im März aus dem Takt brachte. Vielleicht erinnert sich jemand an die dramatische Woche Ende Februar bis Anfang März, als die Staatsführung die letzten Juden aus Berliner „Mischehen" inhaftieren wollte – und Hunderte Menschen Tag für Tag in der Rosenstraße in Berlin-Mitte blieben, um ihre Ehepartner usw. wieder zurückzuholen. Am Freitag waren da schon tausend Leute vor Ort. Der Straßenbahnverkehr im Scheunenviertel wurde umgeleitet und die SS hat Maschinengewehre auf die Menschenmenge gerichtet. Sie finden diese dramatischen Tage, in denen sich die Zivilgesellschaft gegen ein Verbrecherregime gewehrt hat – und bis zu einem Grad auch Erfolg hatte, im sechsten Band *Nicht noch einen Friedensvertrag* auf den Seiten 199f. und 203ff.[115]

Vielleicht noch ein Wort an jene, die sagen, es würde die Welt nicht verbessern, wenn irgendein Landesbischof den Mund aufmacht – und noch nicht einmal die unendlich vielen Morde in den Vernichtungslagern verhindern kann. Von Anfang an hat das neue Regime gegen Kirchen sowie die Religiosität der Deutschen gekämpft und nur zu gern würden sie den

Herrn Bischof wie einen Hanswurst einfach einsperren. Ein Bischof hat seine Unantastbarkeit einzig und allein der Masse der Leute draußen im Land zu verdanken. Mag sein, dass sie selbst nicht frei sprechen können, aber sie sind der Grund, warum man sich an Ihm nicht vergreift.

Beim Sicherheitsdienst ist man über Stellungnahmen vom katholischen Klerus zum Flächenbombardement echt empört: „Hin und wieder heißt es sogar, die römisch-katholische Kirche billige diese Vergeltung an den deutschen Kirchen, insbesondere auch, weil im bisherigen Kriegsverlauf verschiedentlich auch von deutscher Seite Kirchen im Feindesland vernichtet worden seien." Besonders in Arbeiterkreisen gibt es gleich überhaupt kein Verständnis dafür, dass die Vernichtung kultureller Dinge in den Vordergrund gestellt werde und Todesopfer tausender Mütter und Kinder kaum erwähnt werden. Verschiedentlich wird mit Verwunderung geäußert, dass „trotz der ablehnenden Einstellung" des Nationalsozialismus gegenüber der katholischen Kirche die Beschädigung eines Domes so stark herausgestellt werde. Die Verlogenheit wird sehr wohl bemerkt. Nüchterne Beobachter stellen heraus, den Dom und alles andere könne man ersetzen und sei nicht so wichtig. Gottesdienst könne man, wenn es notwendig sei, unter freiem Himmel abhalten, aber die Menschen seien nicht zu ersetzen. Das Verbrennen am lebendigen Leib sei schlimmer als die Hölle, denn in der Hölle sei man wenigstens tot.[116]

Verbrennen bei lebendigem Leib

In der Nacht vom 24. zum 25. Juli versammeln sich über England etwa 800 schwere britische Bomber. Als Mitternacht schon vorüber ist, fliegt der Massenverband in Richtung Hamburg und holt dann noch bis über Lübeck aus, um ein eng begrenztes Gebiet, das den Hafen und Teile der Innenstadt Hamburgs einschließt, einzuäschern. Es werden vorwiegend Stab-Brandbomben und Phosphorkanister abgeworfen und das mit der denkbar größten Präzision. Die Luftabwehr hat diesmal im Prinzip überhaupt keine Chance, diesen Vorgang zu behindern. Wie ist das möglich? Sämtliche Radar-Geräte der Abwehr sind ausgefallen, da die Briten erstmalig ihr sogenanntes Düppel-Verfahren zur Anwendung bringen. Von dem Bomberverband und ihn begleitenden Flugzeugen werden bündelweise große Mengen von Metallfolien abgeworfen, die in der Länge und Breite auf die Frequenz der deutschen Radargeräte abgestimmt sind. Sie fallen, vom Wind abgetrieben, langsam zur Erde und bilden eine Art undurchdringliche Nebelwand für die Radar-Strahlen. Von der Masse der Schnipsel verstopfen sich die Radarschirme total. Damit ist die Technik nicht mehr in der Lage, die Bomber zu orten. Selbst die Bordsuchgeräte der deutschen Nachtjäger werden von den Düppeln blind gemacht. Dem hochdekorierten Jagdflieger Adolf Galland ist es unendlich peinlich, wie hilflos er diesem Treiben zuschauen muss, weiß er doch, dass die ganze Planung der deutschen Luftwaffe vom ersten Tag an eher auf Bluff angelegt gewesen ist und nicht dazu angetan, bei einem Mehrfrontenkrieg zu genügen. Das rächt sich jetzt bitter.[117] Abschätzig äußern sich allerdings auch andere Leute über die einstige Großsprecherei zur Unschlagbarkeit des Achsenbündnisses unseres unfehlbaren Führers: „Wer nie sein Brot auf Marken aß, wer nie die flakdurchtobten Nächte im Luftschutzkeller frierend saß, der kennt euch nicht, ihr Achsenmächte!“[118]

Die Auswirkungen des Angriffs sind außerordentlich. Es entstehen zahllose Klein- und Großbrände und die Selbstschutzkräfte werden ihrer nur mit Mühe Herr. Während sie noch am Werk sind, kommt am folgenden Tag ein amerikanischer Tagesangriff. Nachts sind wieder die britischen

Bomber über Hamburg. Allmählich beginnen auch die Kräfte beim Luftschutz und der Abwehr zu erlahmen, sodass nun riesige Flächenbrände in Hamburgs Innenstadt wüten. Der Polizeipräsident informiert in einer geheimen Darstellung Berlin über die Vorgänge hier: „Die Sprache versagt vor der Größe des Grauens, das zehn Tage und zehn Nächte lang die Menschen schüttelte, und dessen Spuren unauslöschlich in das Gesicht der Stadt und der Menschen geschrieben wurden." Eine Welle des Entsetzens pflanzt sich, diesmal von Hamburg ausgehend, durch Deutschland fort. Fürchterliche Schilderungen von Einzelheiten vom Wüten der Hamburger Feuerstürme machen die Runde. Der rote Feuerschein der Brände ist tagelang bis 200 Kilometer weit zu sehen. Ein Strom angstgejagter, vom Grauen gezeichneter Flüchtlinge wälzt sich über Hamburgs Nachbarprovinzen. In anderen Gegenden Deutschlands sagen die Leute, was Hamburg gestern passiert ist, kann schon morgen auch uns widerfahren. So verbreitet sich trotz strengster Zurückhaltung der offiziellen Medien der Schrecken von Hamburg aus mit Windeseile bis in die entferntesten Dörfer des Reiches.[119] Zur panikartigen Angst in den Städten kommt auf dem Land die Sorge wegen der Brandplättchen, denen bei trockener Witterung die Ernte sowie der Wald zum Opfer fallen können. Geradezu lächerlich muten die Versuche teuflisch überzeugter Nazis an, trotz alledem Optimismus auszustrahlen und immer noch vom Endsieg zu träumen. Bis in die Unterlagen des Sicherheitsdienstes schafft es der Ausbruch der Ehefrau eines Parteigenossen, die den Träumer barsch anblafft: „Ihr wollt uns nur beruhigen. Dabei glaubt Ihr selbst nicht mehr an das, was Ihr sagt. Bis wir zugrunde gegangen sind."[120] Dem entspricht der Hohn des folgenden Reimes: Nichts auf dem Boden, nichts mehr im Keller, nichts auf dem Tisch, nichts auf dem Teller. Auf dem Lokus nicht mal Papier: Führer befiel! Wir folgen dir![121]

Adolf Galland ist häufig genug nahe an Männern der politischen und der militärischen Führung des Reiches, um einschätzen zu können, dass da in weiten Kreisen nach Hamburg ohne jede Umschweife ausgesprochen wird: „Der Krieg ist verloren." Auch dieser sagenhafte Meister unter den Jagdfliegern glaubt, der Krieg sei verloren – aber nicht wegen der Katastrophe von Hamburg. Er meint, sie sei nur die Folge einer Entwicklung gewesen, die viel früher begonnen hat und vorauszusehen war. Mahnern und Warnern hielten die ganz Überzeugten vor Beginn des Ostfeldzuges noch entgegen, die Schwächung der Luftfront im Westen sei ja lediglich vorübergehend. Doch genau von dort ist in den letzten Monaten das Unheil hereingebrochen.[122] Es ist also nicht aus der Luft gegriffen, wenn im Sommer '43 die Leute feixen: „Goldenes Parteiabzeichen gegen Siebenmeilenstiefel zu tauschen gesucht."[123]

Die deutsche Gesellschaft ist längst tief gespalten

Ende Juli, Anfang August ist das ganz große Thema auch in Deutschland die Auflösung der faschistischen Organisationen in Italien. In der Partei ist man darüber äußerst empört und betrachtet dies als einen Dolchstoß. Man sieht den Papst, andererseits reaktionäre Kreise, besonders um den Kronprinzen Umberto, als treibende Kräfte an. Dabei fragt man sich oft, wie es überhaupt zum Rücktritt Benito Mussolinis kommen konnte, wo man doch gerade in der Parteigenossenschaft zumindest ab 1935 davon überzeugt war, dass der Faschismus in Italien fester verankert sei als bei uns in Deutschland.[124] Dies bedeutet im Umkehrschluss, dass Nazis bei uns immer wussten, dass ihre Ideologie in Deutschland seinerzeit schon nicht sonderlich solide im Sattel saß. Der Gedanke, dass die im Reich für unerschütterlich gehaltene Regierungsform sich genauso Knall auf Fall ändern könnte, ist sehr weit verbreitet. Stellvertretend für andere zitiert der Dienst die Äußerung: „Es hat immer geheißen, der Nationalsozialismus und der Faschismus sind die tragenden und aufbauenden Weltanschauungen in Europa. Es gibt schon sehr zu denken, wenn eine solche Weltanschauung wie der Faschismus über Nacht gestürzt werden kann. Wie schnell kann dies über Nacht auch einmal mit dem Nationalsozialismus gehen." Die Ableitung ist logisch: „Wenn der Faschismus nach 20-jähriger Macht an einem Tag beseitigt wird, könnte der Nationalsozialismus nach 10-jähriger Herrschaft einmal noch rascher beseitigt werden." Die passenden Witze sind bitter: Der Führer hat sich zurückgezogen und schreibt jetzt an einem Buch unter dem Titel *Mein Irrtum*. Ein anderer geht so: Der Führer und der Reichsminister Dr. Goebbels sind in einem Boot gekentert. Es sind nicht die zwei sondern das Volk gerettet worden. Nach dem überraschenden Umsturz in Italien kursieren im Reich solche Worte: Früher gab es den Witz, „der Krieg dauere 2 Jahre und 14 Tage, nämlich zwei Jahre gegen die Amerikaner und 14 Tage gegen die Italiener. Man habe dabei aber Italien überschätzt, es seien noch nicht einmal 4 Tage notwendig gewesen." Oder zum Beispiel der hier: „Der Duce hat einige Divisionen zur Unterstützung angefordert, worauf ihm der Führer antwortet, Italien solle Deutschland lieber den Krieg erklären, dann genüge eine Division." Dazu kommt natürlich auch noch die große Klappe. So hört man, Italien sei als Großmacht in Europa endgültig ausgefallen. Die Italiener kommen in Zukunft halt doch nur als Maroniverkäufer und Eseltreiber infrage."[125]

Beim SD wird bemerkt, dass die Wendung der Lage der Dinge in Italien so plötzlich gekommen sei und in einem derartigen Widerspruch zu den bisherigen Meldungen über die angebliche Stabilität dort steht, dass die Propaganda im Reich die schwierige Frage zu klären hat: „Wie sag ich's meinem Kinde?"[126] Aus der knappen Nachrichtengebung hier über diese beunruhigenden Vorgänge im Süden leitet man auf den Straßen geradezu ein inneres Recht ab, sich über diese – wie es heißt – Bevormundung hinwegzusetzen und sich aus anderen Quellen zu informieren.[127] Der SD bezeichnet folgende Worte als typisch für die Einstellung im Reich: „Das ist der Anfang vom faschistisch-nationalsozialistischen Ende."[128] Macht jemand aber den Mund zu weit auf und dann gar an der falschen Stelle, ist er unter den aktuellen Umständen in Adolf Hitlers Reich fällig. Wenn alle meckern, kann ich es auch, mag sich ein Regierungsrat denken, der in Rostock in der Straßenbahn nur kurz nach der Regierungsumbildung in Italien sagt, so müsse es bei uns auch kommen; der Führer müsse zurücktreten, denn siegen könnten wir ja nicht und wir wollten doch nicht alle bei lebendigem Leibe verbrennen. Diesen Ausspruch überlebt Herr Regierungsrat nicht; er wird vom Volksgerichtshof wegen Wehrkraftzersetzung zum Tode verurteilt.[129] Wie groß oder klein die Begeisterung der

Italiener selbst für Faschismus und Krieg gewesen ist, wird dieser Tage auch unseren Büro-Nazis vom SD klar: So wird beispielsweise aus Linz berichtet, dass von der übergroßen Mehrheit der Italiener der Rücktritt Mussolinis „mit stürmischem Beifall und überströmender Freude" aufgenommen wurde. Der Ausspruch „Gott sei Dank! Wäre bloß der Duce schon ein Jahr früher gegangen", ist unter anderem auch in Quartieren der Italiener in Kassel vermehrt zu hören.[130]

Grundsätze für die Neuordnung Deutschlands

Mit ihrer Forderung „Deutschland erwache!" waren die Nazis vor einem Jahrzehnt an die Macht gekommen, aber wenn Deutschland nun aus der Friedhofsstille erwacht, möchte mancher dem Volke gerne Beruhigungsmittel verabreichen. Es sieht jedoch nicht so aus, als sei das Rad der Zeit noch zurückzudrehen. Männer und Frauen wie jene im Kreisauer Kreis, die schon vor Jahren aus der Schockstarre erwacht waren, haben natürlich jetzt einen ziemlichen Vorsprung vor anderen und planen längst für die Zeit nach dem Ende des bösen Spuks im Reich. Am 9. August halten sie die Ergebnisse ihrer jüngsten Zusammenkünfte in mehreren Grundsatzerklärungen schriftlich fest. In der „Ersten Weisung an die Landesverweser" werden vorsorglich erste einzuleitende organisatorische Maßnahmen fixiert, die nach dem erwarteten Zusammenbruch des Regimes durchgeführt werden sollten. Es fällt auf, dass hier bereits die Möglichkeit berücksichtigt wird, dass das gesamte Reich oder zumindest einige Teile davon von alliierten Truppen besetzt werden könnten. Die Papiere erschöpfen sich allerdings nicht in kurzfristigen Überlegungen. In dem Dokument „Grundsätze für die Neuordnung Deutschlands" werden die großen Linien des Kreisauer Programms dargestellt, die durchaus überraschend langfristige Konzepte für Europa nach diesem Krieg enthalten. Man muss sich schon vergegenwärtigen, dass hier Passagiere auf einem sinkenden Schiff die Navigation für das Rettungsboot austüfteln. Haben ihre Konzepte die geringste Aussicht darauf, von den Siegermächten des Krieges auch nur eines einzigen Blickes gewürdigt zu werden? In diesen

„Grundsätzen“ wird gewiss eingeräumt, dass „die besondere Verantwortung und Treue, die jeder Einzelne seinem nationalen Ursprung, seiner Sprache, der geistigen und geschichtlichen Überlieferung seines Volkes schuldet, geachtet und geschützt werden“ müssen. Das dürfe auf der anderen Seite nicht zur politischen Machtzusammenballung, vielleicht gar „zur Herabwürdigung, Verfolgung oder Unterdrückung fremden Volkstums missbraucht werden“, denn das ist es, wozu die Nazis im Reich den nationalen Ursprung etc. pp. schon seit etwa zehn Jahren staatsoffiziell missbrauchen. Unter Punkt 7. kommt allerdings folgende sensationelle Proklamation: „Die freie und friedliche Entfaltung nationaler Kultur ist mit der Aufrechterhaltung absoluter einzelstaatlicher Souveränität nicht mehr zu vereinbaren.“[131] Da würde es sich lohnen Wetten abzuschließen, wie lange es dauern soll, bis ausgerechnet die Deutschen den anderen in Europa vielleicht ihre absolute einzelstaatliche Souveränität ausgeredet haben könnten. Das glauben Sie doch selbst nicht, dass alleine schon die Franzosen, wenn erst einmal die deutschen Besatzungstruppen aus dem Tempel vertrieben sind, ihre einzelstaatliche Souveränität aufgeben und mit den besiegten Deutschen teilen! Da haben sich der Unterhändler des Auswärtigen Amtes Adam von Trott zu Solz und kluge Köpfe wie Eugen Gerstenmaier*, Theodor Steltzer*, Hans Lukaschek*, Julius Leber* oder Karl Ludwig von Guttenberg*, um nur einige wenige zu nennen, einiges vorgenommen. In diesen Köpfen gedeiht auf alle Fälle das Konzept der europäischen Regionen. Langfristig geht es um die Schaffung des europäischen Bundesstaates und die Frontstellung gegen Nationalismus als politisches Strukturprinzip, die Rückbesinnung auf die im Christentum und Humanismus liegenden gemeinsamen Werte der Europäer und um spontane Solidarität aus christlichem Geiste.[132]

Lässt London das „Englandspiel“ auffliegen?

Draußen an den Fronten tobt unterdessen der Krieg. Doch in Holland ist es im Vergleich zur Sowjetunion oder Afrika vergleichsweise ruhig. Dort sind Major Hermann Giskes und der für die Spionageabwehr zuständige Referent Joseph Schreieder unbeirrbar mit ihrem *Englandspiel* befasst, das inzwischen anderthalb Jahre auf dem Buckel hat. Immer wieder gibt es Zweifel, ob nicht umgekehrt die Briten mit ihnen Blinde Kuh spielen, und jedes Mal aufs Neue zerstreuen an Fallschirmen herunter gleitende Waffen, Munition, Sprengstoffe, Nahrungsmittel, Kleidung und wirklich benötigte Devisen diese Zweifel. Im August 1943 fällt auf den Höhenflug der deutschen *Supermänner* jedoch ein ernster Schatten: Zwei Agenten, die als Saboteure für die SOE arbeiten sollten und in den Niederlanden eingesperrt worden waren, gelingt es, aus dem Gefängnis zu fliehen und sich abenteuerlich über Madrid nach London durchzuschlagen. Endlich können sie ihrem Führungspersonal persönlich mitteilen, was sich zugetragen hat. Wenn man nicht weiß, dass die SOE von Churchill den Auftrag bekommen hat, „Europa in Flammen zu setzen“, begreift man nicht, warum in England erklärt wird, diese Agenten seien von den Deutschen „umgedreht worden“ und warum die armen Kreaturen in das Gefängnis Brixton einfahren.[133]

Wer an dieser Stelle immer noch Zweifel hat, kann ja einmal nach einem vorsichtigen Versuch der SOE fahnden, die Angaben der beiden Agenten zu überprüfen.[134] Zum Beispiel sind sie einige Zeit mit anderen Agentenkollegen in einer Zelle gewesen und somit wissen sie, dass die Londoner Zentrale nicht mit ihren Agenten im Funkverkehr steht, sondern mit der deutschen Abwehr in Holland. Nichts wäre leichter, als den Funkern am anderen Ende Fragen zu stellen zum Beispiel nach dem familiären Umfeld. Selbst wenn die Deutschen versuchen würden, die entsprechenden Angaben zu erfragen, um die Londoner Fragen korrekt zu beantworten, erhielten die Inhaftierten auf diese Art die Chance, falsch zu antworten und der Schwindel würde spätestens an dieser Stelle offenbar. Dass das nicht geschieht, klärt, dass dies nicht im Sinne der Erfinder ist. Es bleibt auch nicht bei den beiden ausgebrochenen Gefangenen, denen man angeblich nicht glaubt. Nehmen Sie eine ganz andere Begebenheit, bei der niemand in die Hände der Deutschen fällt. Nachdem der Agent George Dessing vom Agenten *Akki* durch ein vereinbartes Zeichen erfährt, dass der nur noch als Lockvogel der Deutschen zu einem Treff in einem Café gekommen ist, zieht sich Dessing eilends zurück und geht nach Belgien. Daraufhin macht sich der deutsche Kommissar Joseph Schreieder seine eigenwilligen Gedanken: „Muss man nicht unwillkürlich fragen, warum der Agent Dessing nach diesem Erlebnis nicht alles versuchte, England davon zu unterrichten, dass Akki sich in Händen der Deutschen befand? Ich wunderte mich. Darüber nachzugrübeln war aber jetzt nicht meine Aufgabe.“[135] Genau das müsste jetzt oberste Priorität haben, denn daran hängt die Antwort auf die Frage, ob der deutsche Geheimdienst mit dem britischen spielt oder ob es umgekehrt läuft. Es gibt übrigens auch ganz harte Kollegen, die selbst nach einem neuen Ausbruch von Gefangenen ihr wildes Spiel noch weiter treiben wollen. Doch an der Stelle kritisiert sogar Hermann Giskes die Kollegen von der Sicherheitspolizei mit dem „laut zur Schau getragenen Optimismus“, der sich, wie er einschätzt, „in abfälliger Unterschätzung unserer Londoner Gegenspieler“ äußert.[136]

Gehe ich recht in der Annahme, dass auch der folgende Vorgang mit der Operation „Englandspiel“ zusammenhängt? Der deutschen Funkabwehr ist es gelungen, durch schnell fliegende Flugzeuge in durchaus riskanten Einsätzen mit Nahfeldpeilern an Bord die drüben in England befindliche Leitstelle zu orten, von der die auf dem Kontinent eingesetzten Agentenfunker englischer und gaullistischer Geheimdienste gesteuert werden. In Deutschland wird von der Leitung der deutschen Funkabwehr 1943 der Vorschlag unterbreitet, die 60 bis 80 Kilometer nordöstlich von London gelegene Leitstelle durch einen Luftangriff zu zerstören. Dass das abgelehnt wird, dürfte mit an Sicherheit grenzender Wahrscheinlichkeit mit dem Englandspiel zusammenhängen. Wie kann die Wehrmacht Waffen, Munition, Sprengstoffe, Nahrungsmittel, Kleidung und Devisen aus dem grünen England beziehen, wenn sie die Funkzentrale zerschießt?[137]

Kirchen kontra Nationalsozialismus

Vom 17. bis zum 19. August 1943 findet unter dem Vorsitz von Kardinal Michael von Faulhaber* die diesjährige Fuldaer Bischofskonferenz statt. In zwei Hirtenschreiben werden die Richtlinien unters Volk gebracht. Es wird klar gesagt, dass der einstige Aufstieg Deutschlands „in die Spitze der abendländischen Völker aus der Tiefe des christlichen Glaubens und aus der Fülle der christlichen Liebe“ erreicht wurde. Spötter werden hier einwenden, dass es von den Kreuzzügen bis zu den heftigen Auswüchsen der Inquisition auch nicht ausschließlich Liebe war, die den Aufstieg begleitet hat. Der partielle Gedächtnisschwund bei den Kirchenfürsten ist an der Stelle aber ein probates Mittel zum Zweck, denn hier wird erneut mit radikalen Auffassungen wie dem Nationalsozialismus abgerechnet – so formuliert man die Warnung, „alle die geistigen Strömungen und rein irdischen Weltanschauungen, die vom christlichen Glauben abführten, seien Irrgänger und bittere Enttäuschungen. Als Fundament für Wahrheit, Recht und Gerechtigkeit, Freiheit und Friede, Autorität und Gehorsam sowie jegliche gerechte und glückliche Lebens- und Gemeinschaftsordnung gelte nur der christliche Glaube.“ Es folgt ein deutlicher Aufruf zur Rückkehr zu Gott, der sich besonders an jene richtet, die sich „einen Gott herrichten nach ihrem eigenen Denken und Wünschen oder einen eigenen Gott für ihre Nation oder Rasse.“[138] In einer Fürbitte für die, die sich am wenigsten selber helfen können, heißt es, man trete ein für die Jugend, der religiöse Führung und Betreuung gesichert werden soll, für die schuldlosen Menschen, die nicht unseres Volkes und Blutes sind, für die Ausgesiedelten, für Gefangene und fremdstämmische Arbeiter, man trete ein für ihr Recht auf eine menschenwürdige Behandlung sowie auf sittliche und religiöse Betreuung.[139] Die Ausführungen des Hirtenbriefes über das 5. Gebot befassen sich in deutlichen Worten mit dem Recht des Staates, über Leben und Tod seiner Untertanen nach Gutdünken zu verfügen. Der Staat habe sicher das Recht, „schwere Verbrechen Schuldiger zu bestrafen“, im Übrigen gelte jedoch für den Staat wie für jede Privatperson: „Du darfst nicht töten.“ Da heißt es: „Tötung ist in sich schlecht, auch wenn sie angeblich im Interesse des Gemeinwohles verübt“ würde.

Dies gelte für Menschen fremder Rassen und Abstammung, für schuld- und wehrlose Geistesschwache und Kranke, unheilbar Sieche und auch tödlich Verletzte, für erblich Belastete und für lebensuntüchtige Neugeborene, Geiseln und entwaffnete Kriegs- oder Strafgefangene.[140] Das hat man weise festgehalten: „Die Zeiten werden besser, wenn die Menschen besser werden, und die Menschen werden besser, wenn sie ihr Gewissen und ihr Leben nach den zehn Geboten ausrichten." Die Bischöfe berufen sich auf die Erfüllung ihrer Amtspflicht und bezeichnen ihre Forderung auf Grund der 10 Gebote als Notwendigkeit für die Wahrung der Gottes- und Menschenrechte im öffentlichen Leben der Völker.[141]

Dieser Appell an die Menschlichkeit bleibt nicht ohne Wirkung, aber er fällt bei vielen Leuten ohnehin auf einen fruchtbaren Boden. So heißt es beispielsweise aus Oldenburg: „Eine Aufnahme der Kriegsgefangenen in die Haus- und Tischgemeinschaft der bäuerlichen Bevölkerung kann besonders oft in den hiesigen katholischen Gebieten festgestellt werden." – Das ist hart für den Rassisten: „Die katholische Bevölkerung sieht auch in dem Kriegsgefangenen, ganz gleich welchen Volkstums, »den armen Kerl«, der, wenn er sich zur katholischen Konfession bekennt, »genau so ein Mensch ist wie ein Deutscher«." Das bedeutet nichts Gutes für einen Nationalsozialisten, der womöglich noch nicht einmal bloß evangelisch, sondern zu allem Elend ganz ohne Gott ist. Der rutscht natürlich einige Stufen in der Wertigkeit nach unten. So kommt es in einem katholischen Bauernhaushalt zu der hinreichend grotesken Situation, dass die Kriegshilfsmaid vom Reichsarbeitsdienst die Mahlzeiten in einem ungeheizten Bodenraum einnimmt, weil die Gefangenen mit der bäuerlichen Familie am gleichen Tisch sitzen, während es den RAD-Maiden strengstens verboten ist, mit Kriegsgefangenen zusammenzusitzen.[142]

So werden RAD-Mädels per Dekret des Chefs aus der Gemeinschaft ausgeschlossen und in der Kälte allein gelassen. Unsere Rassisten kämpfen auf verlorenem Posten. Hören Sie das an: „Die Landbevölkerung denkt sich bei der Unterbringung der Kriegsgefangenen in der Hausgemeinschaft überhaupt nichts. Sie kommt gar nicht auf den Gedanken, darin eine volkspolitische Gefahr zu sehen." Bei den Leuten hat die Umpolung wohl nichts gebracht: „Mit wenigen Ausnahmen fehlt unserer ländlichen Bevölkerung jegliches volkspolitisches Verständnis, deshalb steht man auch den volkspolitischen Belangen fremd gegenüber. Die Auswirkung jeder volkspolitischen Aufklärung wird durch die Arbeit der Kirche, die sagt, dass auch die Kriegsgefangenen und ausländischen Arbeiter Christen und Menschen seien, wieder zunichte gemacht." Worin erblickt der Oberrassist die Problemstellung? „Während gerade der Bauer am besten die Schäden unerwünschter blutsmäßiger Vermischung bei seinem Vieh kennt, zeigt er sich für volkspolitische Fragen uninteressiert. Diese Tatsache ist darauf zurückzuführen, dass der Bauer aus seiner materiellen, egozentrischen Einstellung heraus nur seinen Hof sieht. Wer mit ihm arbeitet und fleißig ist, der genießt sein Vertrauen, gleichgültig, ob Deutscher oder Fremdvölkischer, Kriegsgefangener oder Zivilist." Somit hat Carlo Schmid* ganz recht: Nationalsozialismus ist eine Philosophie von Viehzüchtern, angewandt am falschen Objekt. Rassist bleibt Rassist und das Gleiche gilt ebenfalls in der entgegengesetzten Richtung.[143]

Aus Saarbrücken wird ein anderes einschlägiges Beispiel gemeldet: „Der Betriebsführer Otto F. aus Sulzfeld hat seine bei ihm beschäftigten Ostarbeiterinnen zu einer Gottesdienstfeier, die unter Leitung des Pfarrers stand, eingeladen und zur Kirche geführt."[144] In Homburg sieht es auch nicht besser für die Nazi-Rassisten aus: „Es steht einwandfrei fest, dass katholisch gebundene Volksgenossen immer wieder versuchen, mit den Ostarbeitern und Ostarbeiterinnen »Gemeinschaft« zu pflegen. Ebenso sind schon Einladungen zum Kirchgang gemacht worden und zwar besonders von »guten Katholiken«. Diese unternehmen trotz wiederholter Warnungen immer wieder derartige Versuche."[145] Da kann man blicken, wohin man will, zehn Jahre Propaganda haben für die Umerziehung der Deutschen von Königsberg bis nach Aachen offensichtlich nicht genügt. In Freiberg in Sachsen geht es richtig freizügig zu. Dort baden „Volksgenossen sogar mit russischen Kriegsgefangenen gemeinsam im Dorfbach. Außerdem sei immer wieder festzustellen, dass deutsche Volksgenossen den Sowjets Brot zustecken, ihnen Zigaretten geben oder sonst eine Haltung zeigen, die den wirklichen Abstand vermissen lasse." So ist es eben, wenn jeder macht, was er will, und keiner das, was er soll. Gerade beim Rassismus ist das Reich böse gespalten. „Ein engerer Kontakt bildet sich besonders dann, wenn sowjetrussische Kriegsgefangene gemeinsam mit anderen Arbeitern tätig sind." Durch die Nachbarschaft am Arbeitsplatz ergibt es sich, dass den russischen Kriegsgefangenen Tabak, Zigarettenpapier usw. zugeschoben werden. Bei einer Firma in der ostpreußischen Stadt Elbing wird wiederholt beobachtet, dass einige der Gefolgschaftsmitglieder Essen für die Russen sammeln.[146]

In Danzig bittet ein Arbeiter eine im gleichen Betrieb beschäftigte Frau, ihm von zu Hause eine alte Jacke mitzubringen, um sie einem der vielen russischen Kriegsgefangenen zu geben, weil der vollkommen abgerissen sei. Aus Hildesheim wird berichtet, dass in einem Kaliwerk bei einer unvermuteten Leibesvisitation bei russischen kriegsgefangenen Offizieren Zigaretten, Brot, Tabak, Zwiebeln und Kartoffeln gefunden worden sind. Diese Nahrungsmittel sind den Russen offenbar während der Arbeitszeit von deutschen Arbeitern zugesteckt worden.[147] Dabei muss man deutlich sehen, dass nicht jeder Reichsbürger derartig zuvorkommend mit diesen fremdrassigen Ausländern umgeht. Es gibt ja schließlich auch bei uns im Reich Rassisten und nicht nur in anderen Ländern. Wer würde da aber auch etwas anderes behaupten?

Aus Münster wird gemeldet, dass die Gefangenen gerne mit Bäuerinnen und weiblichen Angehörigen des Hofes zusammensitzen und Familienbilder von zu Hause zeigen, da man sich gern einmal über die Familienverhältnisse unterhält. Für durchaus symptomatisch hält unser Spitzeldienst diese Nachricht aus der deutschen Stadt Bremen: „Die Kriegsgefangenen erhalten zu Butterkuchen und Weizenbrot auch noch Würste. Jedenfalls bekommen deutsche Volksgenossen in den Städten und auch unsere Soldaten in der Heimat nicht so viel und so kräftig zu essen wie die Kriegsgefangenen bei den Bauern." Stuttgart berichtet: „Die Behandlung der einzeln untergebrachten Kriegsgefangenen durch die Bauern ist der eines deutschen Knechtes gleich. Sie dürfen mit den Bauern am gleichen Tisch sitzen, bekommen ebenfalls ihren Most, trinken oft sogar mit dem Bauern aus einem Krug." Da hat offensichtlich die Volksaufklärung der Nazibande nicht so wirklich gegriffen. Das Lamento der Rassisten ist recht erschröcklich: „Wird auf dem Bauernhof ein Familienfest gefeiert, zum Beispiel Taufe, Konfirmation oder Hochzeit, so nimmt meistens der Kriegsgefangene daran teil und wird dabei als gleichwertig angesehen." An vielen Orten werden die Russen günstiger beurteilt und man sieht in ihnen inzwischen sogar Menschen, die auf Befehl des bolschewistischen Regimes in den Krieg getrieben worden sind. Noch, so wird in Berichten betont, nehme der größte Teil der Volksgenossen den Kriegsgefangenen aus der Sowjet-Union gegenüber eine distanzierte oder auch ablehnende Haltung ein, jedoch zeigten sich bereits Ansatzpunkte, wo der eigentlich notwendige Abstand nicht mehr gewahrt wird und sich aus den Lebenssituationen heraus verringere. So heißt es aus Plauen: „Bei den Volksgenossen an den Arbeitsplätzen entwickelt sich mitunter ein recht bedenklicher Kontakt mit den Gefangenen. Dieser Kontakt geht sogar so weit, dass während der Arbeitspausen gemeinsam Zeitungen gelesen werden und ihr Inhalt übersetzt und diskutiert wird."[148] Es ist ein großes Rätsel, wo die Rechnung der Analysten beim Sicherheitsdienst die 100 Prozent-Marke überschreitet, wenn sie einerseits sagen, an Familienfesten usw. nehme *meistens* der Kriegsgefangene teil und andererseits zur Schlussfolgerung gelangen, dass *der größte Teil* der Volksgenossen den Kriegsgefangenen aus der Sowjet-Union gegenüber eine distanzierte oder auch ablehnende Haltung einnehme. Hatten die Spitzel nicht selbst die vielen Beispiele gesammelt, die belegen, dass die Sowjetunion im Vergleich mit Deutschland nicht übel abschneidet? Da ist auch der Wunsch der Vater des Gedankens und nicht die Mathematik die Mutter der Ableitung.

Bei der Einhaltung vorgegebener Richtlinien für eine Gesellschaft muss es wohl zwangsläufig zu Widersprüchen kommen. So versuchen sich die deutschen Besatzungsbehörden in den „vom Bolschewismus befreiten" Gebieten der Sowjetunion einzukratzen, indem sie dortzulande für eine religiöse Freizügigkeit sorgen. Prompt kommt es zu solchen Meldungen wie dieser: Ostarbeiter weisen darauf hin, dass die deutsche Wehrmacht in ihrer Heimat die Kirchen geöffnet habe. Doch jetzt, da sie in Deutschland selbst sind, seien sie enttäuscht, dass sie sich in der Ausübung ihrer religiösen Seelsorge in Deutschland eingeschränkt sehen.[149] Die Gründe sind leicht ausgemacht. Viele Betriebsführer legen keinen Wert auf eine seelsorgerische Betreuung ihrer Ostarbeiter, weil sie der Meinung sind, eine Förderung der Religiosität bei den Ostarbeitern stehe sicherlich im Widerspruch zur nationalsozialistischen Weltanschauung, und wenn sie eine religiöse Betreuung der Ostarbeiter zulassen, haben sie Angst, sich bei den Behörden missliebig zu machen.[150] Aber der Mangel ist ja längst nicht nur auf die Religionsfreiheit beschränkt.

Der durch die Planwirtschaft und den Krieg bedingte Mangel in Hitlers Reich führt immer wieder zu grotesken Situationen. So soll die Leistung der Ostarbeiter in einem Betrieb in Dessau durch Gottesdienste gehoben werden. Als der Laienpriester auftaucht und beginnen will, ist man sehr enttäuscht. Er kommt in einem ziemlich mitgenommenen Anzug an, bestehend aus einem braunen Jackett und einer dunklen Hose. Dem Mann fehlt der Kragen, er steht da mit einer blauen Schirmmütze und in unansehnlichen Stiefeln. Einige der sowjetischen Arbeiter machen sich noch über den guten Mann lustig und meinen, man müsse von einem Priester doch wohl mindestens erwarten können, dass er „in einem halbwegs anständigen Anzug“ auftrete.[151]

Die mangelhafte Versorgung des Magens ist ein Thema in Hitlers Reich bereits seit der Einführung von Lebensmittelmarken vor dem Krieg. Es überrascht kaum, dass es mit der Fortdauer des Krieges noch schlimmer wird. Entsprechend werden diesbezügliche Beschwerden immer offener ausgedrückt. Als man im Gau Oberdonau im Spätsommer eine Umfrage durchführt, aus der man zu erfahren hofft, welche Leistungshemmnisse es wohl in den Betrieben gebe, bekommt man – anonym – auch prompt pampige Antworten wie: „Gebt uns mehr zu essen!“ Dies wird darauf zurückgeführt, dass „die Maßnahmen bei dem überwiegenden Teil der Gefolgschaftsmitglieder noch nicht verstanden worden“ seien, als wäre der Hunger kein Leistungshemmnis. Von 230 in einem Betrieb ausgeteilten

Fragebögen werden nur 42 überhaupt ausgefüllt zurückgegeben, und 24 können nicht verwertet werden, weil „man geglaubt habe, alle rein persönlichen Wünsche vortragen zu können." 14 der Antworten drehen sich ausschließlich um den Lohn.[152] Noch härter treffen die Rückmeldungen von Betriebsführern, die diese Aktion an sich für eine heillose Papierverschwendung halten. So klingt das: „Ich bekomme wegen Papiermangels den Zement waggonweise ohne Säcke offen geliefert und wenn es bei der Entladung regnet, können meine Arbeiter den Steinbohrer nehmen und den Zement herausbohren. Für die neuen Formulare gibt es aber genügend Papier." Eine andere Meinungsäußerung lautet: „Wir sollen für die Wehrmacht Nährmittel liefern, es können uns aber nicht die hierzu nötigen Papiersäcke zur Verfügung gestellt werden. Für die Fragebögen gibt es aber genügend Papier."[153] Selbstredend trifft der Hunger in größerem Maße Gefangene und Zwangsarbeiter, so antworten die 138 Ostarbeiter eines Lagers in Cuxhaven durchweg, als man ihnen die Möglichkeit gibt, einen Gottesdienst abzuhalten: „Nichts Pfarrer, mehr Essen!"[154] Prächtig ist, dass sich Deutsche trotz des eigenen Hungers auch um Leute sorgen, die aus anderen Ländern zu uns verschleppt wurden. Eine Münchenerin wird zum Beispiel dabei erwischt, wie sie polnischen Arbeiterinnen ihre Brotmarken gibt. Sie wird von einem Nazi darauf aufmerksam gemacht, dass „dies für eine deutsche Frau würdelos" sei. Daraufhin bekommt der gute Mann die Antwort, dass das doch auch Menschen seien, die Hunger haben. Als dieser Vorgang beim SD aktenkundig gemacht wird, stuft der Mann am Schreibtisch dies als üble Ausrede ein, ergänzt aber, Verhalten dieser Art sei für viele Leute im Reich charakteristisch.[155] Dieser Kollege, der für eine staatliche Behörde arbeitet, bestätigt mit seinen Zusammenfassungen, dass das Dritte Reich eine Diktatur ist, in der die Minderheit der Bevölkerungsmehrheit ihre Normen aufzwingt. Wehe den Wenigen, wenn es hier noch einmal anders kommt!

Ohne die BIZ gäbe es überhaupt keinen Weltkrieg

Machen wir uns doch keine Illusionen: Selbst ein Diktator unterliegt der Macht der Zwänge und auch der Führer in Berlin kann sich den Lebenstraum vom Lebensraum nur erfüllen, wenn er die Rohstoffe zusammenbekommt, die er für die Militärmaschine benötigt. Da einige der Vorräte außerhalb seiner Reichweite liegen, muss er für sie irgendwie bezahlen – und dass seine Staatskasse insbesondere bei den Devisen immer klamm war, ist nichts Neues. Dabei ist es nicht so, als ob er nichts Wertvolles in der Hand hätte, was er verscherbeln und durchaus zu klingender Münze umrubeln könnte: Seine Spezialisten haben die Goldschätze aller Herren Länder geplündert. Wo liegt das Problem? Nur wenige Banken im feindlichen Ausland geben sich dafür her, mit Devisen zu zahlen für das Gold, das die wirklichen Eigentümer einmal zurückfordern könnten. Doch die Schweiz beherbergt neben ihrer eigenen Schweizerischen Nationalbank auch eine ganze Anzahl von Geschäftsbanken sowie die Bank für Internationalen Zahlungsausgleich, die ihrerseits von Geldgebern in den Vereinigten Staaten und in Großbritannien abhängt. Welche Bedeutung die erwähnten Banken für die Schicksale vieler Menschen haben, muss man sich auf der Zunge zergehen lassen: Ohne diese Drehscheibe würde jetzt kein Weltkrieg stattfinden. Punkt. Das Deutsche Reich ist übrigens der größte Schuldner der BIZ und wäre in der Lage, diese Bank ganz einfach Bankrott gehen zu lassen, so eng ist das alles miteinander verwoben. Es müsste dazu lediglich die Zurückzahlung der jeweils fälligen Zinsen einstellen. Aber das können Sie glauben: Hier wird man sich hüten, auf die heiße Devisenquelle zu verzichten. Ein weiterer Kritikpunkt ist, dass die Achsenmächte mit den besetzten Gebieten zusammen 75 Prozent (!) der Stimmrechte dieser Bank kontrollieren. Bloß allein das Personal gibt zu denken; das ist eine Mischung von Leuten aus Deutschland, Belgien und Vichy-Frankreich. Auf der anderen Seite ist die Schweizer Nationalbank ihrerseits auch nicht der geeignete Ansprechpartner, um den Weltkrieg über das Zudrehen des Geldhahnes in kürzester Frist zu beenden. Diese Bank oder besser gesagt ihre Chefs sind schon lange durch nichts mehr zu schocken, denn sie wussten schon 1941, dass Deutschland über Raubgold verfügte, und seit 1943 sind sie über die Ermordung der Juden im Bilde. Nichts unternehmen sie, um das Raubgold von rechtmäßig angeeignetem deutschem Gold zu unterscheiden. Was glauben Sie, warum in Insiderkreisen das geflügelte Wort die Runde macht: „Sechs Tage in der Woche arbeitet die Schweiz für Nazi-Deutschland, und am siebten betet sie für einen Sieg der Alliierten.“[156]

Im August macht Gouverneur Yves Bréart de Boisanger von der Banque de France wieder einmal eine Geschäftsreise in die Schweiz. Dort spricht er unter anderem mit dem Generaldirektor der Bank für Internationalen Zahlungsausgleich Roger Auboin. Ein weiterer Gesprächspartner ist der Präsident der Schweizerischen Nationalbank Ernst Weber. Es geht ihm um das Gold, das in Belgien geraubt und nach Deutschland transportiert worden ist. In der Preußischen Staatsmünze hat man es eingeschmolzen und mit gefälschten Identifikationsnummern versehen. Darüber hinaus wurden die Goldbarren mit den Jahreszahlen 1934 bzw. 1939 versehen, sodass der Dumme denken soll, die Brote seien vor dem Krieg gebacken worden. De Boisanger hat in dieser Sache eine Leiche im Keller. Er war es, der den Deutschen die Möglichkeit verschafft hat, sich das belgische Gold unter den Nagel zu reißen. Bei seinem aktuellen Besuch warnt der gute Mann nun die Banker davor, das belgische Raubgold in Zahlung zu nehmen. Dies ist der Versuch der Quadratur des Kreises: Beim Plündern stand er seinerzeit bei den bösen Feinden aus Deutschland schon gut da und jetzt verhindert er, dass ihn die guten Freunde später hassen, wenn die beraubten Länder womöglich diese Hehlerware zurückhaben wollen. Neben dem belgischen Gold sollen auch zwei Tonnen des geplünderten niederländischen Goldes für die Zinszahlungen an diese Bank für Internationalen Zahlungsausgleich verwendet werden. Auch der Gouverneur de Boisanger von der Banque de France weiß, welche Rolle die BIZ und die SNB im Dienste Deutschlands spielen und er weiß auch, dass Hitlers Reichsbank das geraubte Gold nirgendwo anders als in der Schweiz absetzen kann. Nach den gelaufenen Gesprächen dürfte theoretisch keiner der eingeweihten Banker in der Schweiz mehr behaupten, er habe dieses Gold in gutem Glauben angenommen. Wie gesagt: In der Theorie. Über das illegale Treiben wissen entscheidende Leute in England, in Amerika und in der Schweiz Bescheid. Um eine Begründung für die Kooperation der Bank of England mit Deutschland ist man in London nicht verlegen. Da machen sie den Leuten weis, gewisse Elemente der deutschen Hochfinanz seien im Grunde genommen gegen Hitler eingestellt und könnten mit Konzessionen *für den Widerstand gewonnen werden!* Elemente mit einer Einstellung gegen Hitler werden von überall her unterstützt, aber bestimmt nicht aus London. Der Journalist Paul Einzig hält derartigem Rechtfertigungsgefasel die Wahrheit entgegen: „Hitlers Reservedivision aus der Bankbranche trägt genauso wenig zum Weltfrieden bei wie seine Schlächter in den regulären Wehrmachtsdivisionen." Deshalb sollte sich jedwede Zusammenarbeit von Banken in den alliierten Staaten mit dem Reich Hitlers von selbst ausschließen. Werden wir es erleben, dass jene, die in dieses Verbrechen von monumentalen Ausmaßen eingeweiht sind, irgendwann vor ein Gericht gestellt werden? Ohne sie könnte Hitler wie ein trotziges kleines Mädchen aufstampfen und er bekäme trotz alledem keinen Krieg, wie er ihn in *Mein Kampf* vorab angekündigt hatte.[157]

Gerade eine Diktatur ist differenziert zu betrachten

Wehrmachtsdienststellen kontrollieren dieser Tage die Arbeitsplätze der sowjetischen Kriegsgefangenen in verschiedenen Betrieben und bringen in ihren Auswertungen zum Ausdruck, dass diese Gefangenen Gewichtsabnahmen hätten, die durch zu schwere Arbeit verursacht worden seien. Entweder müssten sie Zulagskarten oder leichtere Arbeit zugewiesen bekommen. In verschiedenen Berichten wird betont, dass die Wachmannschaften bei den Unternehmern vorstellig werden, um diesen Wünsche der Kriegsgefangenen zu unterbreiten. Andere Aufseher sehen sich klar in ihrem Handlungsspielraum eingeschränkt. Wenn sie, nur als Beispiel, „einem Russen einmal in den Hintern treten würden", dann sei „mit Bestrafungen seitens der vorgesetzten Dienststelle zu rechnen.[158] Es ist fast schon phänomenal, dass es außer den Verbrechern bei uns immer noch die Deutschen gibt, die sich weiterhin an die Haager Landkriegsordnung aus dem Jahr 1907 halten.

Ein weiterer von ihnen ist der Obereinsatzführer Greinke vom „Einsatzstab Reichsleiter Rosenberg für die besetzten Gebiete". In seiner Dienststelle in der weißrussischen Hauptstadt Minsk erscheint am 20. August eine Weissruthenin, die laut weint und auf Russisch kreischt, dass sich in ihrer Wohnung ein Deutscher im vollkommen betrunkenen Zustande befinde, der sie geschlagen und ihr die Wohnungseinrichtung demoliert habe. Nun ist die Dienststelle in einem Gebäude untergebracht, in dem noch andere Leute wohnen, und Greinke will kein Aufsehen erregen, so ordnet er zwei seiner Kraftfahrer ab, um sich davon zu überzeugen, was die Frau geschildert hat. Die beiden Kraftfahrer erscheinen bald darauf mit einem Mann von der Organisation Todt (OT), der völlig betrunken ist. Die OT, die nach ihrem ersten Leiter Fritz Todt benannt ist, existiert schon seit '38 und sorgt für den Bau militärischer Objekte. Doch zurück zu dem Säufer. Die Kleidung, in der der Deutsche steckt, ist katastrophal anzusehen. Die Fahrer erklären dem Obereinsatzführer, dass sie diesen Mann randalierend in der Wohnung angetroffen haben. Er sei dabei gewesen, Schubfächer und Kästen aufzuziehen und nach etwas zu suchen.

Greinke nimmt dem Mann seinen Ausweis ab, der nur bis zum 30. Juni 1943 gültig war, und lässt den SD anrufen. Der SD erklärt, er sei hierfür nicht zuständig und verweist an das III. Polizeirevier, das ebenfalls seine Nichtzuständigkeit erklärt. Genau so verhalten sich auch die WOK-Feldgendarmerie und die OT-Disziplinar-Abteilung. Nach langer Strampelei kann Greinke erreichen, dass der OT-Streifendienst zusagt, jenen Mann sofort abzuholen, was dann aber auch nicht geschieht. Inzwischen wird der Mann von Greinkes Mitarbeitern im Treppenflur festgehalten, da er andauernd weiter randaliert. Unterdessen berichtet Greinke fernmündlich dem zuständigen OT-Einsatzleiter über jenen „skandalösen Vorfall". Dieser sagt ihm seine vollste Unterstützung zu. Greinke wendet sich im Anschluss an den OT-Einsatzleiter für Weißruthenien, den Sicherheitsdienst, an die WOK Feldgendarmerie und das III. Polizeirevier, die allesamt in Minsk angesiedelt sind: „Abgesehen von dem skandalösen Vorfall, der auf alle Fälle das deutsche Ansehen bei den Einheimischen im höchsten Maße schädigt, ist es ein deprimierender Eindruck bei unseren deutschen Dienststellen, wenn es nicht mal gelingt, durch Wehrmacht, SD, Polizei und OT, einen solchen Mann innerhalb von anderthalb Stunden festzusetzen. Wenn sich in der heutigen Zeit eine jede Dienststelle mit »Nichtzuständigkeit« entschuldigt, lediglich um keine Scherereien und Schreibereien zu haben, so kann man das schon durchaus als Zerfallserscheinung bezeichnen."[159] Es lohnt sich durchaus, über den Brief Greinkes nachzudenken, zeigt er doch, dass längst nicht jeder Soldat im Auslandseinsatz mit vollkommen unsoldatischen Verhaltensweisen auch schon selbst in Berührung gekommen sein muss. Das wird wichtig sein, wenn man später Urteile aus zeitlichem und örtlichem Abstand fällt.

Was würde Obereinsatzführer Greinke sagen, wenn er wüsste, dass sich in den von der SS unmittelbar geführten „Einrichtungen" Arbeitssklaven unter ausgesprochen unmenschlichen Bedingungen zu Tode schuften? In Amerika ist Sklavenarbeit ja schon lange nicht mehr erlaubt. Aber gut verdienen kann man schon daran, wenn man Leute für ihre Arbeit nicht bezahlt, also wenn man sie, garstig gesagt, einfach für magere Kost und Logis rackern lässt, wie es Heinrich Himmlers SS tut. Wie sind wir denn eigentlich nochmal auf die Vereinigten Staaten gekommen? Ach so, ja – wegen der Menschenrechte. In den Staaten ist das also schon eine Weile verboten und ab 1924 gewährten Briten und Amerikaner den deutschen Unternehmen, die Militärgerät herstellen können, binnen sieben Jahren über 150 langfristige Devisendarlehen. Zu den Nutznießern zählten jene großen Unternehmen, die dann 1925 zu der IG Farbenindustrie Aktiengesellschaft zusammengefasst wurden. Mit der IG Farben war das weltgrößte Kartell im Bereich der chemischen Industrie entstanden, prächtig für die Herstellung von Bomben und Zyklon B und anderen Sachen. Zu den Direktoren der IG Farben zählten neben amerikanischen Financiers natürlich auch Deutsche. Im Vorstand der amerikanischen Tochterfirma sind drei Direktoren aus der Federal Reserve Bank of New York. Dieses Unternehmen ist auch mit der Standard Oil of New Jersey, mit der Ford Motor Company, der Bank of Manhattan und der Firma AEG, und somit mit General Electric verbunden. Die Federal Reserve Bank verdient hier besondere Beachtung, da sie die US-amerikanische Zentralbank mit der Lizenz zum Scheine-Drucken ist. Es ist bestimmt eine Verschwörungstheorie, wenn man formuliert, dass es diesem privaten Unternehmen im Kern um die Steigerung seiner Gewinne geht und dass irgendwo notierte Menschenrechte nicht zu den Firmenzielen zählen. Die IG Farben kann inzwischen mit Fug und Recht sagen, dass sie ihren Gewinn auch schon in ihrem ersten firmeneigenen Konzentrationslager generiert. Dabei ist diese IG Farben in ihrem Stammlager Auschwitz gleich selbst ihr bester Kunde. Wem will man aber auch auf dem freien Markt Blausäure in die Hand drücken? Vielleicht zum Vergiften der Schwiegermutter. Dort vergasen sie Juden und verbrennen dann gleich die Leichen. Auschwitz hat jetzt auch schon einen Ableger und sogar noch einen zweiten, der heißt Auschwitz III und liegt auch nicht weit vom ersten Lager entfernt, aber weg von den Näschen der Deutschen im Reich. Verbranntes Menschenfleisch riecht anders als eine chemische Wolke. Auschwitz III kann mit seinen Produkten eher auf den freien Markt gehen. Da werden nunmehr auf der Basis des *know-how* der US-amerikanischen Firma Standard Oil Treibstoffe hergestellt und künstlicher Kautschuk, bekannt als Buna. Im Endeffekt wird hier eine Zeit lang noch die Arbeitskraft der Menschen in klingende Münze umgewandelt und wer dann nicht mehr kann, wird im Stammlager doch noch mit Zyklon B vergast. Aber wenn man sich nochmal erinnert: Zu den Unterstützern der ersten Stunde gehörte der Autor des Buches *The International Jew*, Henry Ford. Ganz genau, er hat einst *Der Internationale Jude* ans Publikum gebracht. Die Reichsbank schickt natürlich auch weiterhin brav die Zinsen der Investitionen an die Bank für Internationalen Zahlungsausgleich in die Schweiz. Bloß um das Bild abzurunden: Zum Verwaltungsrat der BIZ gehört Hermann Schmitz, der Chef der IG Farbenindustrie Aktiengesellschaft. Jetzt ist ohnehin schon alles zu spät und Sie wundern sich über gar nichts mehr. Dann wird es ja nicht mehr so schocken, dass Kurt von Schröder, einer der bedeutenden deutschen Finanziers der Nazis, auch im Verwaltungsrat der BIZ sitzt.[160]

Hitler muss weg II

Am Ball bleiben auch die Kritiker des Berliner Alleinherrschers bei ihren Bemühungen, Hitler so oder so von der Kommandobrücke zu entfernen. Dabei kommt zum Beispiel Johannes Popitz auf einen besonders ausgefallenen Gedanken, aber in der Not frisst der Teufel bekanntlich Fliegen. Der ehemalige Preußische Finanzminister möchte eine Palastrevolution in Szene setzen und versucht nun schon geraume Zeit, Hermann Göring unter seinen Einfluss zu bekommen. Als ihm das nicht so recht gelingen will, organisiert er für Ende August ein Gespräch mit Heinrich Himmler, der zum Reichsinnenminister aufgestiegen ist. Um jedoch nicht vom zuständigen Minister persönlich in ein Konzentrationslager verfrachtet zu werden, ist einige Formulierkunst erforderlich. So legt er dem Minister eine Erleichterung der Arbeit des Führers durch die Entlastung von den vielen Ämtern nahe. Es sei doch schon recht schwierig, Reichskanzler zu sein und zugleich auch Oberbefehlshaber. So irrwitzig der Versuch auch scheinen mag, so verrückt ist das Ergebnis. Heinrich Himmler versucht nun bereits geraume Zeit allen Ernstes auf zwei Hochzeiten zu tanzen – einerseits als treuer Vasall des Führers und andererseits als junger und dynamischer Hoffnungsträger der Kräfte gegen ihn. Himmler ist davon überzeugt, dass Hitler mit dem dauernden Kollisionskurs als Gesprächspartner für England nicht infrage kommt, und glaubt seit dem Ende der deutschen Offensive im Russland-Feldzug, er sei dazu berufen, mit den Alliierten Frieden schließen zu können. Das erklärt auch, warum weitere Männer wie zum Beispiel Hans von Dohnanyi sich ausgerechnet an den Massenmörder hielten, um den Überdrehten zu entmachten. Immerhin hatte Himmler ja mehrfach Ermittlungen gegen die Abwehr von Canaris verhindert, darunter auch zweimal Verhöre wegen Attentaten auf Hitler. Zu Himmlers Haltung trägt wohl auch der Einfluss bei, den SS-Brigadeführer Walter Schellenberg vom Reichssicherheitshauptamt auf ihn hat. Der weiß auch nicht genau, wo er hingehört. Carl Friedrich Goerdeler ist zutiefst schockiert, als er erfährt, welche Enthüllungen Popitz Minister Himmler gemacht hat. Für Carl Langbehn, der an dieser Aktion beteiligt ist, geht die Sache schließlich auch nicht gut aus. Martin Bormann, der Chef der NSDAP und Rivale Himmlers ist, kommt binnen eines Monats dem Mann auf die Spur und schon bald lässt er Langbehn verhaften. Zur verabredeten neuen Unterredung zwischen Popitz und Himmler kommt es dann nicht mehr. Doch Popitz wird wenigstens durch den Verbrecher gedeckt.[161] Manche Menschen sind schon sehr seltsame Kandidaten. Am anderen Ende ist Himmler weiter der Alte. So sagt er dieser Tage: „Wie es den Russen geht, wie es den Tschechen geht, ist mir total gleichgültig. Das, was in den Völkern an gutem Blut unserer Art vorhanden ist, werden wir uns holen, indem wir ihnen, wenn notwendig, die Kinder rauben und sie bei uns großziehen. Ob die anderen Völker in Wohlstand leben oder ob sie verrecken vor Hunger, das interessiert mich nur so weit, als wir sie als Sklaven für unsere Kultur brauchen, anders interessiert mich das nicht.“[162]

Money makes the world go round

Der Präsident der Bank für Internationalen Zahlungsausgleich Thomas McKittrick wird sich ebenfalls denken, ob andere Leute leben und unter welchen Umständen, interessiert mich nur so weit, als sie zum Wachsen und Gedeihen meiner Konten beitragen, wobei es vollkommen egal sein kann, ob sie das als Kommunisten tun, als Nationalsozialisten oder auch als Pferd bei der Feldarbeit. Er geniert sich auch nicht, Geschäftspartner zu treffen, bei denen er davon ausgehen darf, dass sie wegen der mit ihm getätigten *deals* hinter Schloss und Riegel landen werden. Nehmen Sie Direktor Kurt Weigelt von der Internationalen Abteilung der Deutschen Bank in Berlin. Er besucht am 1. September 1943 die BIZ in der Schweiz. Er gilt als Kolonialfachmann seines Instituts und ist seit 1935 auch Wirtschaftsreferent des Kolonialpolitischen Amtes der NSDAP. Er überreicht McKittrick ein schmeichelhaftes Exposé über die Rolle der BIZ im Krieg. Darin betont er, dessen Bank für Internationalen Zahlungsausgleich hat sich als nichtpolitische, rein wirtschaftliche Organisation bewährt. Aber wenn er in seiner Erkenntnis schon so weit vorgedrungen ist, könnte er auch noch einen Schritt weitergehen und sich einmal überlegen, welche wirtschaftlichen Ziele dieses unpolitische Unternehmen verfolgt. So weit reicht es bei ihm allerdings nicht. Stattdessen befindet er, diese Bank sei dazu berufen, in der Nachkriegszeit eine wichtige Rolle beim Wiederaufbau des internationalen Finanzmarktes zu übernehmen. Auf diese Idee wären die Gründer dieser Bank ohne seine Unterstützung nie im Leben gekommen. Das Lustigste an Kurt Weigelt ist, dass seine Reichsbank im Ernst Pläne für den Wiederaufbau Deutschlands ausgearbeitet hat. Was würde er dazu sagen, wenn er ahnte, dass sein freundliches Gegenüber Weigelts Gold schon in Amerika sieht und die eigenen Pläne für Kredite für die ausgebombten Europäer gewiss längst im Schreibtisch hat?[163]

In Italien testen sie ein Leben ohne Führer

Nachdem der römische *Duce* Mussolini schon am 25. Juli abgesetzt und verhaftet worden war, kapituliert Italien endgültig am 8. September '43, unmittelbar nach der Landung der Alliierten in Italien. Warum sie *dort* landen, versteht nicht nur jemand wie Stalin nicht. Der ehemalige Vertreter des Deutschen Nachrichtenbüros in London Fritz Hesse fragt sich, was diese reine Zeitverschwendung wohl sollte: „Überraschenderweise waren die Westalliierten nach ihren Erfolgen in Afrika in Italien gelandet anstatt in Frankreich, was viel logischer und damals auch wohl aussichtsreicher gewesen wäre." Die sekundenlange Verteidigung amüsiert; prompt haben die Deutschen den nächsten Witz auf der Zunge: „Wann werden wir siegen?" Die Antwort lautet: „Wenn wir die Ausrüstung der Russen, das Essen der Amerikaner und Engländer und Verbündete wie die Italiener haben – und wenn Hitler noch Gefreiter wäre."[164] Mit ihm an der Spitze kann das Ganze bloß ein Rohrkrepierer werden. Während die Karriere Benito Mussolinis damit wohl beendet ist, fängt das Leben für den sechzehnjährigen Deutschen Günter Mittag jetzt gerade erst an. Bislang war er als Luftwaffenhelfer bei einem Flak-Regiment eingesetzt und im September beginnt für ihn eine Ausbildung bei der Reichsbahn. Da ist viel zu lernen. Schienen müssen repariert werden, wenn Bomben dazwischen eingeschlagen sind, und darüber hinaus gibt es noch einige andere Fähigkeiten und Fertigkeiten, die man haben muss, damit so ein Transportunternehmen auch unter den widrigsten Rahmenbedingungen völlig reibungslos funktioniert. Wie wird sich die Karriere dieses Jungen aus Stettin in Pommern weiter entwickeln? Benito Mussolini hatte etwa in diesem Alter allerdings schon eine Ausbildung zum Grundschullehrer im Visier. Aber was bei Günter noch nicht ist, kann ja noch werden.

Soldaten für den Frieden

Seit Juli gibt es jetzt schon das Nationalkomitee Freies Deutschland, das unter der Leitung emigrierter deutscher Kommunisten Kriegsgefangene in den sowjetischen Lagern für den Aufbau Deutschlands ohne Hitler an der Spitze gewinnen will. Bleibt nur abzuwarten, ob sich die Soldaten für die Parteisprache der Kommunisten leichter erwärmen lassen als für die der Nationalsozialisten. Manch einer von ihnen dürfte ein Kauderwelsch dieser Art selbst dann nicht ertragen, wenn es ihm säuselnd vorgetragen wird. Wir werden es sehen. Vielversprechender ist da unter Umständen die Gründung des Bundes Deutscher Offiziere am 11. und 12. September, dem Männer wie Vincenz Müller*, Alexander Edler von Daniels, Walter Lehweß-Litzmann* und andere beitreten. Die Soldaten machen General Walther von Seydlitz-Kurzbach zu ihrem Präsidenten und er wird auch Vizepräsident des NKFD. Es werden Flugblätter geschrieben und an der Front abgeworfen. Um die Echtheit der Papiere zu bestätigen, tragen sie die Unterschrift von Seydlitz-Kurzbach.[165] Vincenz Müller und Gesellen seines Kalibers sollten wir im Auge behalten, damit uns ihre Handgriffe in den nächsten Jahren nicht allzu sehr verwirren. Während sie sich im Osten bei den Sowjets beliebt machen, sucht der alte Haudegen General Georg Thomas im Herbst des Jahres den Militärbefehlshaber in Frankreich General Carl Heinrich von Stülpnagel, auf, um Möglichkeiten des „Hereinlassens" der Alliierten im Westen zu besprechen.[166] Damit gehen dessen Ideen scheinbar noch einen Schritt weiter als jene des Kreisauer Kreises, in dem man schon seit Monaten die Möglichkeit berücksichtigt, dass das Reich ganz oder teilweise von alliierten Armeen besetzt werden könnte. Oder stammt das Hereinlassen ursprünglich von ihnen?

Die Freude über die Fortdauer des Krieges hält sich in engsten Grenzen. Woher sollte aber Begeisterung bei den Deutschen auch kommen? Zum zweiten Mal innerhalb eines Lebens blutet ein Jahrgang der Deutschen nach dem anderen aus. Wurden vor Jahren normale Wehrpflichtige zur Wehrmacht einberufen, so kriegen nun immer ältere Männer einen Gestellungsbefehl. Ein kontrovers besprochenes Thema im September ist die Einberufung der Geburtsjahrgänge 1893 bis 1884, also von Männern im Alter von 50 bis 59. Mit üblem Zynismus kommentiert man dies auf den Straßen: Kennen Sie unsere neueste Waffe? Und gibt sich selbst die Antwort: Jahrgang 1883![167] Weil man selbstredend alles auf die Spitze treiben kann, heißt es auch: Der tote Hindenburg erhält von Petrus vierzehn Tage Urlaub für einen kurzen Besuch in Deutschland; doch schon nach einem Tag kommt Hindenburg zurück. Petrus fragt ganz erstaunt, was ihn denn so schnell wieder in den Himmel zurückführte. „Nein, da war meines Bleibens nicht", erklärt der Ex-Reichspräsident, „die ziehen gerade meinen Jahrgang ein." Gut, das wären die Männer, die im Jahre 1847 geboren sind.[168] Als wäre es an den Haaren herbeigezogen, notiert der Sicherheitsdienst, wie die jüngsten Einberufungen unter den Leuten ausgewertet werden: „Man will daraus erkennen, dass Deutschland gezwungen sei, nun seine letzten Reserven auszuschöpfen." Sie halten fest, dass es „mit einer gewissen Spannung" erwartet wird, ob die anlaufende Einberufungswelle „wieder an den Parteidienststellen vorübergehe".[169]

Stimmen und Stimmungen II

Mitte September kommt es genau so, wie es jene in den Eliten vorausgesagt hatten, die Anfang des Jahres unter der Hand von den Beschlüssen der Konferenz von Casablanca erfahren hatten. Der Sicherheitsdienst ist sichtlich erleichtert: „Der Wille zum Durchhalten wurde ganz wesentlich durch die den Italienern gestellten Kapitulationsbedingungen gestärkt. Für den Fall einer deutschen Niederlage, so erklärt man, würden die Bedingungen eher noch härter sein." Da offenkundig der Umgang mit den einstigen Verbündeten durch die Anglo-Amerikaner „anscheinend doch nicht so human" ausfalle, seien die Friedensparolen in der Bevölkerung bei diesen Aussichten auch in Süddeutschland stark zurückgegangen.[170]

Der *Völkische Beobachter* gibt am 23. September den Londoner Premier Winston Churchill mit den Worten wieder: „Wir würden die Deutschen noch ganz anders behandeln als die Italiener." Auf den Straßen wird das in der Art kommentiert, dass Artikel wie dieser dem deutschen Volk klar vor Augen führen, was ihm bevorsteht, wenn es in diesem Krieg womöglich die Nerven verliert.[171] Beim SD ist man hochzufrieden, denn innenpolitische Gegner sind mit ihren Äußerungen erheblich zurückhaltender geworden. Damit ist ihnen der Wind aus den Segeln genommen. Ist das das Aus für den Volksaufstand, den Goerdeler für diesen Monat vorausgesagt hat? Geht die Wahl des Zeitpunktes für Churchills Äußerung gar darauf zurück, dass Carl Goerdeler diese Prognose nach London weitergegeben hat?[172] Die Schwächung der *Opposition* gegen Hitler bringt gute Stimmung bei den Nazis. Nach einer Führerrede, in der er einmal selbst die Vergeltungswaffen angekündigt hat, wird von mehr Leuten an ihren baldigen Einsatz oder überhaupt erst an ihre Existenz geglaubt. Er hatte jedoch einschränkend davon gesprochen, dass immer noch an den Voraussetzungen gearbeitet werde.[173]

Die wieder aufkeimende Hoffnung, dass der Krieg doch noch nicht verloren wäre, wird im September ausgenutzt, um Todesurteile über Miesmacher in die Zeitungen zu setzen. Damit soll offenbar dem Wiederaufleben der schlechten Stimmung vorgebeugt werden. Das wird in Kreisen der Parteigenossen begrüßt, da man auf diese Art und Weise böswilligen Schwätzern den Mund stopfen werde, wie es in den Meldungen vom SD wörtlich heißt.[174] Trotzdem kommen weiter Meckerer mit einem blauen Auge davon. Ein als Werkschutzleiter tätiger Kaufmann und Offizier aus dem ersten Weltkrieg hatte sich beispielsweise vor einem Gericht dafür zu verantworten, dass er vor drei Monaten geäußert hatte, die Truppen der Wehrmacht würden im Herbst, spätestens November dieses Jahres bis an den Brenner zurückgedrängt sein. Im nächsten Jahre sei dann im Westen überhaupt nichts mehr. Adolf werde dann schon hinter der Elbe stehen und werde „den Westen preisgeben, um das Vieh im Osten abzuhalten." Auf einen Einwand hin erwiderte er roh: „Was wollen Sie denn? Das sind doch alles Nichtskönner; der Göring ist Morphinist, Goebbels Veneriker, Adolf Hysteriker und Choleriker, Keitel eine alte Tunte, der schon in Fulda als Regimentskommandeur die Regimentstante hieß." Er setzte noch hinzu: „Ein Herr Ebert hat mir erzählt, ein Eichenlaubträger ist zum Führer befohlen worden, der Offizier sei aber gar nicht zu Worte gekommen. Adolf habe zwei Stunden auf ihn eingeredet, wie das Hysteriker machen." Beim SD sind sie empört, da die Staatsanwaltschaft hier lediglich acht Monate Gefängnis beantragt hat. Der Reichsjustizminister habe inzwischen Nachprüfung des Urteils im Wege einer Nichtigkeitsbeschwerde eingeleitet. Das Sondergericht Frankfurt/Main verurteilt den Mann am 13. September wegen Vergehens nach Paragraph 2 des Heimtückegesetzes unter Anrechnung der Polizei- und Untersuchungshaft zu einem Jahr Gefängnis.[175] Aber wir können auch anders.

Vier Angestellte eines Berliner Wohlfahrtsamts verfassen ein politisches „Hetz- und Zersetzungsgedicht" – und dies geschieht ganz und gar noch während der Arbeitszeit in der Dienststelle. In diesem Gedicht wird behauptet, nächste Mitarbeiter des Führers nähmen an der Lebensmittelrationierung nicht teil. In vornationalsozialistischer Zeit sei es noch gut gewesen, jetzt aber bekomme man nur „kahle Bolzen", was auf alle Fälle nicht positiv klingt. Und dann wird das Treuebekenntnis des Volkes zum

Führer verächtlich gemacht, wie die hauptamtlichen Nazis meinen. Der Volksgerichtshof verurteilt sie wegen Wehrkraftzersetzung zum Tode.[176]

Eine in einem Frankfurter Betrieb beschäftigte Stenotypistin legte ihren Arbeitskollegen einen Zettel auf ihren Arbeitsplatz mit folgendem, nicht nagelneuen Schmähgedicht: „Der nach russischer Art regiert, sein Haar nach französischer Mode frisiert, sein Schnurrbart nach englischer Art geschoren, und selbst in Deutschland geboren, der uns den römischen Gruß gelehrt, von unseren Frauen viel Kinder begehrt, und selbst keine erzeugen kann, das ist in Deutschland der führende Mann." Das Sondergericht Frankfurt/Main verurteilt sie nach Paragraph 2 des Heimtückegesetzes zu zwei Jahren Gefängnis.[177] Da wird sie wohl die Richtigen mit ihrer Hetzschrift erreicht haben. Der größte Lump im ganzen Land, das ist und bleibt der Denunziant, wie schon der Dichter der alten deutschen Nationalhymne August Heinrich Hoffmann von Fallersleben einst sagte. Doch wie erkennt man, wer denn *der richtige Gesprächspartner* ist? So teilt nicht jeder Volksgenosse beispielsweise den fanatischen Rassismus des Führers in Berlin, wie es sich über die Jahre in Deutschland immer wieder gezeigt hat.[178] Schauen wir wieder einmal ein wenig genauer hin. Im letzten Band, der unter dem Titel *Nicht noch einen Friedensvertrag* erschien, wurde schon geschildert, wie es dem Rechtsanwalt Hans Georg Calmeyer aus Osnabrück gelingt, über 15.000 jüdische Menschen in den Niederlanden gegen den Willen des wilden Mannes in Berlin am Leben zu erhalten. Gehen wir jetzt über die Nordsee hinüber nach Dänemark.

Wer rettet die Juden Dänemarks vor der Deportation?

Georg Ferdinand Duckwitz ist ein Außenhandelskaufmann aus Bremen und er ist Mitglied der NSDAP. Seit 1939 ist er der Sachverständige für Schifffahrtsfragen an der deutschen Gesandtschaft in Kopenhagen. Am 11. September 1943 erfährt er vom SS-General Dr. Werner Best, dass für die nächsten Wochen – wohl im Oktober – die Deportation der ungefähr 8000 Juden aus Dänemark bevorsteht. Je sicherer ist, dass die Alliierten den Krieg gewinnen, desto verworrener versucht dieser Werner Best, ein politisches Doppelspiel in Szene zu setzen. Jetzt sagt er also: „Eilen Sie, bauen Sie eine Brücke über den Øresund!" Danach kann Duckwitz nicht mehr ruhig schlafen. Eine Woche danach, am Abend des 19. September schreibt er in sein Tagebuch: „Ich weiß, was ich zu tun habe." Er gibt das Insiderwissen an die schwedische Regierung weiter und bittet sie um die Intervention bei der Reichsregierung in Berlin, um diese Deportationen zu verhindern. Stockholm wendet sich an das deutsche Auswärtige Amt mit dem Vorschlag, „die Juden in Schweden aufzunehmen und sie dort zu internieren". Als der Einspruch Schwedens eingeht, verbittet sich die Staats- und Parteiführung in Berlin mit Vehemenz „jede Einmischung in innere Angelegenheiten des Deutschen Reiches".[179]

Außerdem informiert Duckwitz auch dänische Widerständler, darunter einflussreiche dänische Sozialdemokraten, nutzt auch interne deutsche Kontakte, um bekannt zu machen, dass in der Nacht zum 2. Oktober die etwa 7.000 Menschen jüdischer Abstammung schlagartig verhaftet und außer Landes gebracht werden sollen. Auf diese Art bekommt auch der deutsche Marinekapitän zur See S. Zöpf die Gelegenheit, seine Verlobte, zu warnen, die „Halbjüdin" ist. Über den Chef der Sozialdemokratischen Partei Hans Hedtoft wird die jüdische Gemeinde eingeweiht. Schon am 29. September kann Oberrabbiner Markus Melchior die Gläubigen beim Frühgottesdienst auffordern, so schnell wie möglich mit ihren Familien unterzutauchen und dabei jeden Verdacht zu vermeiden. Im ersten Anlauf werden fast alle Juden von dänischen Familien versteckt. Sie sollen schließlich mit Fischerbooten über die Ostsee nach Schweden gebracht werden. Es ist makaber, warum eine Anzahl von Leuten nicht abtaucht. Sie glauben nicht, was ihnen Markus Melchior gesagt hat, und überdies glauben sie fest, der König von Dänemark könnte sich schützend vor sie stellen. Der Bischof von Kopenhagen Hans Fuglsand-Damgaard legt bei den obersten Behörden der Besatzungsmacht Protest ein gegen jegliche Verfolgung der Juden. Seine „Abkündigung" soll am nächsten Sonntag, dem 3. Oktober, von den Pfarrern auf den Kanzeln der Kirchen in Dänemark verlesen werden. Neben ihm protestieren auch zahlreiche weitere dänische Verbände und Organisationen.[180]

Der Chef des Seetransportwesens von Åarhus Friedrich Wilhelm Lübke* wird vom OKW vertraulich über die Deportation informiert – und erhält dann auch offiziell aus Berlin den Befehl, die im Hafen liegende *Monte Rosa* für den Abtransport der Kopenhagener Juden seeklar zu machen. Das Schiff ist normalerweise im Kriege als Truppentransporter gedacht. Lübke war 1933 selbst schon einmal von den Nazis eingesperrt worden. Kapitän Bertram und Lübke werden sich schnell einig, was nunmehr zu tun ist: Sie täuschen einen Maschinenschaden vor; so bleibt die *Monte Rosa* vor Anker, trotz des wachsenden Drucks höchster Dienststellen in Berlin. Dabei muss man kaum Sorge haben, dass die deutschen Soldaten von der Hilfsaktion erfahren – mit Dänisch hapert es ja bei den meisten. Angst haben die Leute vor den dänischen Nazis, die sich der Besatzungsmacht an den Hals werfen. Was meinen Sie denn, aus was für Nasen das Regiment „Danmark" in der 5. SS-Panzerdivision „Wiking" besteht? Bei dem Maschinenschaden bleibt es, bis am 2. Oktober die meisten Juden das Land verlassen haben. Damit in den Nächten bis dahin niemand die Kähne auf der Ostsee entdeckt, hat der deutsche Hafenkommandant von Kopenhagen eine technische Überholung der vor Anker liegenden Boote befohlen. Damit ist die Küstenüberwachung durch die deutsche Kriegsmarine praktisch lahmgelegt. Der Hafenkommandant übrigens ist einer der ehemaligen Kollegen von Georg Ferdinand Duckwitz*.[181] Man muss die Deutschen einfach ständig unter penibler Aufsicht halten, damit die Herrschaften nicht dauernd machen, was sie wollen.

Hitler muss weg III

Anfang April 1943 war Claus von Stauffenberg in Nordafrika schwer verletzt worden. Sein Fahrer blieb bei dem Fliegerangriff unversehrt, doch ein Leutnant auf dem Rücksitz starb. Stauffenberg hatte das linke Auge verloren, den größten Teil seiner rechten Hand und zwei Finger von der linken. Im Körper bleiben Splitter. Später sagt er seinem Onkel Nikolaus von Üxküll, er halte sein Überleben nicht für Glück oder Zufall, nein, er sei verschont worden, um eine Mission zu erfüllen. Als er einigermaßen wiederhergestellt war, wurde er vom Frontdienst dispensiert und Ende September zum Stab des Ersatzheeres in Berlin-Tiergarten versetzt – in den Bendler-Block. Besser konnte es kaum kommen. Claus Schenk Graf von Stauffenberg hat mit jener Versetzung eine hohe Stellung im Ersatzheer inne und eignet sich großartig als der Dreh- und Angelpunkt einer Verschwörung. Er nimmt Kontakt mit Henning von Tresckow auf und er beginnt mit eigenen Vorbereitungen für einen Militärputsch. Gedacht ist das Ersatzheer eigentlich dafür, dass es die Ruhe an der Heimatfront gewährleisten soll; es hat einzugreifen, wenn es zu Unruhen in der SS oder unter den vielen Millionen Arbeitskräften aus anderen Ländern kommt, oder wenn Hitler eines gewaltsamen Todes stirbt. Für all diese Fälle gibt es längst Mobilisierungspläne, die unter der Tarnbezeichnung Operation *Walküre* laufen. Stauffenberg soll diese Pläne aktuell halten. Diese großartige Chance greift er beim Schopf und wandelt sie für seine Zwecke ab. Jetzt braucht er erst einmal einen geeigneten Attentäter, um Hitlers Tod herbeizuführen, sodass eine der Bedingungen dafür geschaffen ist, dass *Walküre* greift. Im Herbst '43 stößt er bei den Überlegungen auf Oberst Hellmuth Stieff, der sich bereit erklärt, für eine Konferenz mit Hitler die Bombe einzuschleusen. Stieff und Oberst i. G. von Tresckow informieren die Militärs Otto Wöhler* und Hans Speidel* über die Kerne der Widerstandsbewegung gegen Hitler und über bisherige missglückte Attentatsversuche. Von Tresckow appelliert temperamentvoll und eindringlich an Wöhler, dass eine Reform der Spitzengliederung nicht mehr genüge. Es müsse jetzt eine ganze Lösung erfolgen: die Ausschaltung Hitlers. Otto Wöhler ist tief beeindruckt und sagt im Notfall ein Flugzeug zu. Er bittet die beiden Offiziere, auch Feldmarschall von Manstein anzusprechen – sie sollen bei ihm in der gleichen Offenheit die Beurteilung der Lage und die ihres Erachtens notwendigen Folgerungen vortragen. Als Stieff aber im Oktober den Sprengstoff bekommt, werden ihm die Knie weich. Nun bleibt Claus von Stauffenberg nichts weiter übrig, als noch einmal nach einem neuen Freiwilligen zu suchen.[182]

Es entbehrt nicht einer makabren Komik, dass die Bemühungen im Stab des Ersatzheeres ausgerechnet jenen in Stadt und Land auffallen, die auf den Endsieg hoffen, wodurch sie wiederum nach Berlin zurück gemeldet werden. Während an den Fronten nicht genug Soldaten stehen, sind auf der anderen Seite so viele Truppen in den Städten des Reiches zu sehen. Es ist eine weit verbreitete Ansicht, dass auch militärische Dienststellen einen Mannschaftsbestand aufzuweisen haben, der im Vergleich zu den ihnen obliegenden Aufgaben viel zu hoch ist. Dieser seltsame Eindruck mündet in die ganz logische Frage, warum diese Truppen in den Städten nicht ins Feld geschickt werden. Doch Olbricht hatte vor Monaten schon veranlasst, dass über Berlin hinaus ebenso zuverlässige militärische Einheiten in anderen Städten bereitgestellt werden, wenn von anderer Seite der erste Schritt gegen Hitler geführt wird. Die Kritik der Endsiegsleute bezieht sich jedoch auch auf Kollegen von Behörden, Körperschaften des öffentlichen Rechts und berufsständige Einrichtungen sowie die NSDAP und einzelne ihrer Gliederungen, die „nur oberflächlich erfasst würden". Die Enttäuschung äußert sich beispielsweise in der Behauptung, wer ein Amt bei einer Behörde oder in der NSDAP hat, werde nicht eingezogen, selbst dann, wenn er kv. geschrieben sei, was so viel bedeutet wie kriegsverwendungsfähig.[183]

Britische Bomber terrorisieren Frankreich

Eine recht kleine in der gesamten Tagespresse vom 18. Oktober erschienene Notiz sorgt für erheblichen Wirbel in Deutschland. So schrieb das *12-Uhr-Blatt* unter der Überschrift „Das Werk der Terrorbomber", dass die französische Stadt Nantes mit vielleicht 230.000 Einwohnern durch einen englisch-amerikanischen Bombenangriff zu zwei Dritteln zerstört worden ist, wobei 2700 Häuser dieser Stadt vernichtet wurden. 65.000 Menschen dort müssen als bombengeschädigt angesehen werden. Etwa 100.000 Einwohner der Stadt sollen evakuiert werden.[184] Mangels einer wahrheitsgemäßen bzw. glaubhaften Berichterstattung in Dr. Goebbels' „öffentlichen Führungsmitteln" über die Schäden in deutschen Städten ziehen die Leute bei uns Rückschlüsse auf den Zustand der angegriffenen Städte im Reich. Jetzt wird ihnen auch klar, warum hier bisher die eigenen Verluste und Zerstörungen nicht angegeben worden sind. Eine Erklärung soll an dieser Stelle noch gegeben werden für alle diejenigen, die nicht wissen, dass Nantes nicht auf der Flugroute nach Deutschland liegt: Nantes ist eine Stadt im Westen Frankreichs, kaum 100 Kilometer entfernt von der Hafenstadt Saint-Nazaire. Warum durchaus Nantes am Atlantik zerstört werden muss, bleibt wohl Churchills Geheimnis. Wenn man sich aber die Wirtschaft der Stadt anschaut, findet man doch einen Zugang zu seinen Gedanken, ist Nantes doch ein Flecken, an dem Textil- und Eisenfabriken aufgebaut wurden, Werke der Lebensmittel- und der Glasindustrie. Schon die Zuckerwerke sind Konkurrenten für Hersteller und Händler des Britischen Weltreiches. Frankreichs Zuckerhandel war durch seine Kolonien in Schwung gekommen, aber England konnte den Zuckerhandel bis zum Anfang des 18. Jahrhunderts monopolisieren und bald waren Liverpool und London zu den größten Zuckermetropolen der Welt geworden. Von da wurde der karibische Zucker zum europäischen Kontinent exportiert. Der Zuckerhandel lief ausgezeichnet und bis Mitte des 18. Jahrhunderts waren englische Zuckerpflanzer in der Karibik die reichsten Männer des *Empires* geworden. Anfangs des 19. Jahrhunderts brachte Napoléons Kontinentalsperre neben der Zuckerproduktion von Franzosen und Holländern auch die der Deutschen hervor, und es ist ja klar, dass London die Konkurrenten schröpfen möchte. Wie wird man es Franzosen beibringen, dass auf Marseille, Caen und Saint-Etienne, Vire, Brest, Royan, St. Lo, Le Havre und andere Städte in Nord-, West- sowie in Südeuropa und auf dem Balkan die zweite Hälfte der Bomben fiel, die nicht für Hitlers Reich bestimmt war? Was den Fall von Royan anlangt, so ist nach dem Bombardement kein Stein mehr auf dem anderen. Jedes strategische Ziel hätte man ebenso mit einigen Infanteriedivisionen und kurzem Artilleriefeuer erreichen können. In Caen wird so viel Schutt in der Stadt hinterlassen, dass die Stadt danach so gut wie unpassierbar ist für die längst erwarteten alliierten Truppen. Welchen Sinn hat denn die ganze Maßnahme überhaupt?[185]

Bekommt Hitler noch Atombomben in die Hand?

Im Herbst 1943 kündigt Joseph Goebbels in seiner Wochenzeitung *Das Reich* in mehreren Artikeln erneut an, es würde doch noch „Vergeltung" für die britischen Bombenangriffe vorbereitet. Namentlich in Kreisen in der Bevölkerung, die daran immer mehr zweifeln, ist in diesen Wochen zu hören: „Wehe, wenn die englischen Terrorflieger noch mal kommen! Dann hält Goebbels seine Vergeltungsrede!"[186] Doch die abgeschirmten Forschungseinrichtungen tüfteln weiter an Atombomben, die Hitler das Kriegsglück zurückbringen sollen, wenn es nach einem Teil der Forscher geht. Weil große Städte immer häufiger zu Angriffszielen für die alliierte Bomberflotte werden, verlagert man einschlägige wissenschaftliche Einrichtungen jetzt nach Süddeutschland. Am Rande: Wären, wie gelegentlich behauptet, die Arbeiten 1942 eingestellt worden, dann gäbe es jetzt nichts mehr zu verlegen. Am 23. Oktober 1943 wird Walther Gerlach der Leiter der Fachsparte Physik im Reichsforschungsrat und so zum Leiter des Uranprojekts. Teile des Kaiser-Wilhelm-Instituts für Physik werden in diesem Herbst nach Hechingen in Süddeutschland ausgelagert. Dann zieht das Kaiser-Wilhelm-Institut für Chemie nach Tailfingen – beide zu unbekannt und zu unwichtig, um als Ziele für die Bomber interessant zu sein. Das Versuchslabor von Kurt Diebner wird verlegt nach Stadtilm in

Thüringen, Paul Harteck und Wilhelm Groth ziehen mit der Ultrazentrifuge erst nach Freiburg und dann nach Celle. Wenn Hunderte von Flugzeugen fast täglich wie die Geier über das Reich hinwegziehen und alles in Schutt und Asche legen, ist jetzt auch nicht der rechte Zeitpunkt, um ein friedliches Atomkraftwerk zu errichten. Werden jetzt noch Anlagen und Materialien in ruhigere Gegenden verlegt, dann will der Führer auf Biegen und Brechen seine Wunderwaffen zum Einsatz bringen.[187]

Goebbels will die Deutschen einschläfern

Als hätte man es geahnt, hält Dr. Goebbels im Oktober tatsächlich seine große Rede über die Vergeltung. Der Aufhänger für die Veranstaltung ist das diesjährige Erntedankfest. In den Tagen danach ist „von böswilligen Elementen" zu hören: „Mir ist das schöne Wetter lieber als die schönste Rede von Goebbels." Die Begeisterung hält sich offenbar in Grenzen und Zweifel werden ausgesprochen: „Goebbels will uns nur einschläfern. Auf die Vergeltung warten wir auch schon ein halbes Jahr und es ist bis jetzt nichts geschehen." Der staatsoffiziellen Propaganda kommen Briefe von Frontsoldaten und Heimaturlaubern in die Quere, die verbreiten: „Den Bolschewisten gegenüber sind wir viel zu schwach." In einem der Briefe verwendet ein Soldat ein sehr treffendes Bild: „Seit Wochen müssen wir immer zurück. Die Russen kommen wie die Bienenschwärme. An denen hat man sich gehörig verrechnet." Von einem in der Zeitung postulierten freiwilligen Rückzug weiß auch hier keiner: „Freiwillig gehen wir keinen Meter zurück. Es ist nicht wahr, dass alles planmäßig geräumt wird. Wir müssen zurück, weil unsere Verluste so groß sind und die bolschewistische Überlegenheit uns erdrückt."[188] Geradezu sachlich und nüchtern ist diese Einschätzung eines Mannes mit Überblick: „Auf die Dauer wirken sich die Rückzüge immer auf die Stimmung einer Truppe ungünstig aus. Wir haben heute im Osten schon viele, die mehr als genug haben. In den Lazaretten nimmt die Zahl der Simulanten dauernd zu, ebenso die Zahl der deutschen Überläufer." Die Rote Armee fördert geschickt diese Entwicklung: „Wir haben zahlreiche Überläufer, ein schlimmes Zeichen. Die russischen Flieger werfen Passierscheine ab, mit denen unsere Soldaten ohne Schwierigkeiten zu den feindlichen Linien gelangen."[189] In klarem Deutsch werden übertrieben große Illusionen gedämpft: „Einen Winter 1943/44 erleben wir nicht mehr in Russland. Bis dahin hat unser Rückzug vielleicht schon Polen durchschritten."[190] Ein Stabsarzt schreibt im Angesicht einer vervielfachten Zahl an Verwundeten im Lazarett: „Otto, wer das mitgemacht hat, kann Pazifist werden, ohne dass man ihm dies sonderlich übel nähme."[191] Ein Feldwebel bekundet: „Ich bin der festen Überzeugung, dass dies mein letzter Urlaub in diesem Krieg ist. Dieser Krieg wird für uns nicht gut ausgehen, da wir die Sowjets niemals vernichten können. Die Wehrmachtsberichte stimmen nicht, wenn sie von einem geordneten Rückzug sprechen. Stellenweise ist es ein chaotisches Durcheinander gewesen." Und er stellt noch etwas klar: „Es stimmt auch nicht, dass der Großteil der Zivilbevölkerung mit unseren Truppen geht, da das Vertrauen der Ukrainer und der anderen Ostvölker zur deutschen Wehrmacht schwerstens erschüttert ist." Ein Soldat erklärt, warum man trotzdem weiterkämpft: „Der Anschauungsunterricht war hinreichend! Und deswegen tut jeder seine Pflicht, aber Grenzen der Leistungsfähigkeit sind nun mal vorhanden, und wenn man sie mit Willenskraft noch so weit hinausschieben kann."[192]

Ja, Schreckliches wurde unter den Völkern der Sowjetunion angerichtet, seit die Soldaten der Wehrmacht in der Ukraine 1941 hoffnungsvoll mit Brot und Salz begrüßt worden waren, und das hat sich allmählich unter den Frontsoldaten herumgesprochen.[193] Ein Stabsarzt, der offenbar viel mit verwundeten Offizieren zu tun hat, meint: „Ich muss immer wieder feststellen, dass, je höher der Dienstgrad des Offiziers, desto hoffnungsloser seine Meinung über die militärische Lage ist. Nicht nur die hohen Offiziere in der Heimat und in der Etappe – was man ja schon gewöhnt ist, sondern in letzter Zeit in immer stärkerem Umfang auch die hohen Frontoffiziere vom Regimentskommandeur an aufwärts, sehen die militärische Situation im Osten oft als geradezu trostlos an und wissen keinen Ausweg mehr aus dem Dilemma." Ein Offizier an der Eismeerfront, der eigentlich Bauer ist, sagt: „Der Wehrmachtsbericht lügt seit einigen

Monaten. Bis dahin hat er die Wahrheit gesagt. Es stinkt an der ganzen Ostfront." In absoluter Wirklichkeitsverweigerung kommentiert der SD diese Beispiele: „Solchen Äußerungen kommt eine besondere Bedeutung deshalb zu, weil ein großer Teil der Bevölkerung mehr Wert auf das legt, was Frontsoldaten erzählen, als auf die offiziellen Nachrichten."[194] Aber ist das wirklich erstaunlich? Wie unbeirrbar muss bei den Spitzelführern immer noch der Glaube an die offiziellen Nachrichten sein, dass sie sich selbst mit den Eindrücken aus der Realität nicht aus ihrem Luftschloss befreien können? Je großzügiger die „Frontbegradigungen" und „Frontverkürzungen" werden, desto mehr Leuten im Reich wird klar, dass sich der Bolschewismus mit Sieben-Meilen-Stiefeln auf uns zubewegt. Beim SD stellt man fest: „Im Grunde herrscht allgemein die Auffassung, dass der Rückzug im Osten eigentlich eine Katastrophe, auf keinen Fall aber ein wirklicher Vorteil ist. Der Vorteil bestehe höchstens darin, dass wir nur durch dieses Zurückgehen mit den neuen Belastungen fertig werden könnten, die sich aus der italienischen Entwicklung ergeben hätten. Die Art der Kommentierung, die den Vorteil der laufenden Absetzbewegungen immer wieder hervorhebt, wird durchweg mit einem Achselzucken quittiert oder mit Ironie und Galgenhumor besprochen."[195] Was den SD weiterhin besonders beunruhigt, ist die Beobachtung, dass nach wie vor geäußert wird, dass die Bolschewisten doch nicht so schlimm seien, wie sie die Propaganda hinstelle. Auf der anderen Seite nehmen Berichte aus den östlichen Gebieten des Reiches zu, die besagen, dass besonders die dortige Landbevölkerung mit der Möglichkeit rechnet, dass die Sowjets bis in das Altreichsgebiet vordringen könnten. So machen sich viele ihre Gedanken darüber, wie sie sich denn bei einem Einmarsch der Truppen Stalins verhalten sollen. In Ostpreußen überlegen sich manche Volksgenossen schon ernstlich, wie sie sich Waffen oder Gift besorgen könnten, um nötigenfalls ihre Angehörigen und sich umzubringen.[196] Hegt Hitler inzwischen ebenfalls solche Gedanken? Was diejenigen angeht, die dem Kommunismus gute Seiten abgewinnen, darf das bloß nicht der Falsche in die Ohren bekommen, sonst wird daraus schnell großes Unheil. Georg Schröder kostet es das Leben, dass er versucht, einen jungen Offizier in Berlin-Spandau, den er sogar kennt, von der Sinnlosigkeit des Kriegs zu überzeugen und den Bolschewismus gegenüber der offiziellen deutschen Propaganda in Schutz zu nehmen. Das bringt ihn vor den Volksgerichtshof und in letzter Instanz um Kopf und Kragen.[197]

Beim Sicherheitsdienst wird etwas hilflos moniert, dass die Leute immer weniger bereit sind, offiziellen Darstellungen Glauben zu schenken. Wo die öffentlichen Führungsmittel, Radio, Zeitungen etc. überhaupt näher verfolgt werden, geschehe dies vielfach mit einer ganz ausgesprochenen „Wortklauberei", wie es heißt. Es werde an allem „herumgedeutelt", um die „Tatsachen" herauszuschälen und sich selbst ein Bild zu machen, wie der Sicherheitsdienst weiterreicht. Am liebsten halte man sich weiterhin in der Presse und im Rundfunk an den Fachmann, der von dem, was er schreibt und worüber er redet, „wirklich etwas versteht" und der es wohl „wissen" müsse. Immer wiederkehrend sei die Skepsis gegen diejenigen, die „aus Beruf Propaganda machen". Diese Leute hätten verständlicherweise für alles eine einigermaßen beruhigende Erklärung zu geben, um damit zu günstigeren Darstellungen zu gelangen. Diese Einstellung bezieht sich vor allem auf jene Aufsätze in der Presse, in denen den Lesern immer wieder „gut zugeredet" werde, um ihnen „Mut und Hoffnung" zu machen und auf feste Zuversicht und Siegesgläubigkeit hinzuwirken.[198]

Der Luftkrieg tobt weiter über Europa

Meldungen über Luftangriffe auf Städte wie Anklam, Bremen, Hannover und Gdingen, das Hitler am Ende des Polenfeldzuges extra noch auf den Namen Gotenhafen taufte, Frankfurt am Main und Aachen lenken die Aufmerksamkeit der Bevölkerung in den bisher noch wenig betroffenen Gebieten in verstärktem Maße auf den Luftkrieg. Es macht zwar durchaus Eindruck, dass die britisch-amerikanische Luftwaffe bei den letzten Angriffen große Verluste erlitten habe, und Zusammenstellungen zu den Abschüssen in Zeitungen werden stark beachtet. Da heißt es recht großspurig: „107 Bomber in 24 Stunden", „1.200 Mann fliegenden Personals in zwei Tagen" oder „208 Bomber in drei Tagen". Allerdings fürchten die Leute, dass die Überlegenheit der feindlichen Luftwaffe durch diese Verluste nicht herabgemindert worden ist, und die Angst weicht nicht, dass „das dicke Ende noch kommen" werde. Treffend schätzen die Leute auf der Straße ein: „Es hilft ja doch nichts, wenn noch so viele abgeschossen werden, sie bombardieren eine Stadt nach der anderen."[199]

Der Ruf nach Vergeltung für die britischen Terrorangriffe ist in Holland nicht zu vernehmen. Der Angriff auf die Flugzeugwerft von Fokkers war beispielsweise 1940 begrüßt worden – ging es doch darum, dass man in ihrem Werk für die Deutschen arbeiten muss. Da hinterließ es nur Verwunderung, dass die Bomber das Werk zwar verfehlten, eine Kirche hingegen trafen, in die fünfhundert Schulkinder geführt worden waren, als der Luftalarm ertönte. Sie sangen dort ein „Ave Maria", um Gott darum zu bitten, dass er sie verschonen möge. Neunundzwanzig Menschen traf dieser Luftschlag im Wartezimmer bei einem Arzt. Die niederländische Exilregierung protestierte 1940 schon gegen diesen Angriff, bei dem 130 Gebäude zerstört wurden, nur eben nicht die, um die es ging.[200]

Seitdem erwischte es in den deutsch besetzten Ländern wie Belgien, der Niederlande, Norwegen, Dänemark und Frankreich in vielen Fällen die Wohngebiete der dortigen Einwohner, was den Stadtrat von Le Havre in Frankreich dazu veranlasste, auf Umwegen in London zu protestieren –

wobei man anerkannte, dass sich die Stadt an vorderster Front befinde. Auf der anderen Seite wurden die Briten darauf hingewiesen, dass doch nun nicht der Kriegszustand zwischen Frankreich und England bestehe. Protest kam unterdessen auch von den Exilregierungen der Belgier, der Norweger, der Niederländer und von den Franzosen im Exil, die Charles de Gaulle vertritt. Es ist kein Wunder, dass Winston Churchill nicht gut auf de Gaulle zu sprechen ist, und es ist auch nicht erstaunlich, dass der Franzosenschreck Churchill mit dem übertrieben großen Ego de Gaulles argumentiert und nicht mit dessen Einwänden gegen die Terrorangriffe der Briten gegen sein Land. Die Hafenstädte Dieppe, Brest, Lorient und Bordeaux brachten ihren Protest gegen die schwere Bombardierung von Wohngebieten bei der amerikanischen Vertretung in Süd-Frankreich an den Mann. Schriftlich liegt ein Papier vor, nach dem Anthony Eden das Luftfahrtministerium bat, die Opfer in der Zivilbevölkerung sowie auch die Schäden an Privateigentum minimal zu halten, doch die Luftangriffe dauern an. An dem Theater hat sich nichts geändert: Eden gibt die Rolle des Guten. Das Vichy-Regime trug in eigener Sache den diplomatischen Protest mangels einer Alternative bei der britischen Botschaft in Madrid vor wegen der „Ungenauigkeit der britischen Bombardements". Immerhin gab es in London einen Beschluss vom Juli 1940, nachdem man das unbesetzte Gebiet Frankreichs eben gerade nicht angreifen dürfe. Es ist schon so eine Sache mit der Genauigkeit. In Briefen aus Belgien wird die Erklärung für das Versagen der Briten, Betriebe und nicht die Häuser zu treffen, auf die britische Dekadenz zurückgeführt.[201]

In Frankreich reagieren die Menschen auf die Luftangriffe im Herbst '43 mit einer Mischung aus Unverständnis und Empörung. Die Gesamtzahl der Todesopfer durch Bombenangriffe im Jahr 1943 erreicht 7458, also fast dreimal so viel wie 1942. Ein französischer Bericht über die öffentliche Meinung, der die Alliierten erst etwas später erreicht, hebt dann die schädliche Wirkung der anhaltenden sowie ungenauen Bombenangriffe auf einem hohem Niveau auf ein Volk hervor, das „müde, erschöpft von all seinem Elend, all seinen Entbehrungen, all seinen Trennungen, entnervt von einem zu langen Warten auf seine Befreiung" ist. Die französische Luftwaffe, die durch die Waffenstillstandsbedingungen des Jahres 1940 auf eine Skelettorganisation reduziert ist, versucht abzuschätzen, welchen Zweck die alliierten Angriffe haben könnten. Angriffe auf Paris und auf die Dunlop-Werke in Montluçon, diesmal werden sie durch das Bomber Command durchgeführt, verwirren Nordfrankreichs Flieger, die hinter dem Muster der verstreuten Bombardierungen einen sekundären Zweck vermuten, den sie noch nicht herausfinden konnten. Da die französische Luftwaffe keine eigenen Bombardierungen durchführen kann, wird 1943 wieder viel Zeit damit verbracht, die alliierte Praxis zu beobachten, um die damit verbundenen Techniken und Taktiken sowie Auswirkungen der Bomben auf die städtische Gesellschaft, Industriearchitektur sowie die Moral der Bevölkerung zu verstehen. Viele der Berichte über einzelne Angriffe betonen die schiere Verschwendung von Ressourcen, die mit einem Bombenangriff verbunden ist, wenn drei Viertel der Bomben typischerweise das Ziel verfehlen: „Die erzielten Ergebnisse", so ein Bericht über die Bombardierung von St.-Étienne, „stehen in keinem Verhältnis zu den eingesetzten Mitteln, und dieses Bombardement stellt, wie alle anderen, eine Verschwendung von Material dar, ohne die unnötigen Verluste an Menschenleben zu zählen, die sie verursachen."[202] Da haben wir das alte Problem bei der Interpretation von Handlungen. Nur wenn ich weiß, was einer vorhat, kann ich einschätzen, ob jemand etwas verschwendet, ob etwas unnötig ist oder ob etwas das Ziel verfehlt.

Mit jedem neuen Bombenangriff werden auch immer mehr Berliner zu Opfern des Krieges. Einer von ihnen ist Dr. Paul Schmidt, der 1924 zum Chefdolmetscher des Auswärtigen Amtes avancierte. Während manchen nur die Flucht ins Ausland blieb und andere die Ämter niederlegten, um ein Zeichen zu setzen, oder aus ihren Positionen entfernt wurden, hatte er sich entschieden, seinen Posten zu behalten, durch den er, bieder und als könnte er kein Wässerchen trüben, zum Augenzeugen unzähliger Gespräche der Staats- und Parteiführung mit Repräsentanten des Auslands geworden ist und somit in der Lage, die Kritiker des Kollisionskurses im Auswärtigen Amt mit den nötigen Informationen zu versorgen. Es ist ja nicht so gewesen, als ob Hitlers Truppenteile 1933 die alten Eliten samt und sonders aus den Ämtern gejagt hätten, wie es die Kommunisten gemacht hätten, wenn sie die Möglichkeit dazu bekommen hätten. Wer die Ernennung Hitlers nur zur Kenntnis nahm und sich unauffällig verhielt, den haben sie mal in Ruhe gelassen. In den folgenden Jahren saß Hitler dann immer fester im Sattel und das Regime war nicht mehr von innen heraus zu beseitigen. Diktaturen haben eigene Spielregeln und es ist erforderlich, zu beobachten und zuzuhören, um den Grad an persönlicher Zustimmung zu den Lebensumständen bei den einzelnen Leuten festzustellen. So halten viele Leute zum Beispiel an den herkömmlichen Grußformeln fest und denken trotz allem nicht daran, sich wie gewünscht mit „Heil Hitler" oder Heile die anderen zu begrüßen. Paul Schmidt klärt die Ablehnung dessen, was bei uns vor sich geht, indem er sich draußen auf der Straße stets, wenn es sich nicht gerade um offizielle Veranstaltungen handelt, bei denen ihm eine Uniform vorgeschrieben wird, zwischen all diesen Uniformen im bürgerlichen schwarzen Homburger Hut und mit dem bei uns so verpönten, bei ihm immer sauber gerollten Regenschirm bewegt. Letzterer steht in der Öffentlichkeit für die Sympathie mit *good old England* und der Demokratie, denn erst durch Chamberlains Reisen nach Deutschland ist der Homburg so bekannt geworden. Was Dr. Paul Schmidt nicht weiß, ist, dass Ausländer, die ihn sehen, durchaus die für das braune Reich ganz alternative Kleiderordnung registrieren. Berufsbedingt ist er oft außerhalb der Reichshauptstadt im Einsatz; aber wie es der Teufel will, ist er immer häufiger gerade dann in seiner Heimatstadt, wenn die schweren Bombenangriffe herniedergehen. Wenn er nunmehr mit den übrigen verängstigten Hausbewohnern im Keller sitzt, während es oben hoch hergeht, wenn er durch die mangelhafte Deckung schwere Brocken herunterrauschen hört und mit angehaltenem Atem und eingezogenem Kopf den Einschlag abwartet wie alle anderen auch, die Kellertür durch den Raum segelt, das Licht erlischt, das Haus vom Luftdruck wankt und alle hochspringen, weil sie glauben, sie würden in dem Keller von Trümmern begraben, dann beherrscht ihn neben der Angst um das eigene Dasein, paradoxerweise, wie er auch sagt, ein gewisses Gefühl der Befriedigung. Er wird wohl kaum der Einzige sein, der sich jetzt an die Jubelmeldungen aus der Goebbels-Presse im Jahr '40 über die Angriffe auf London erinnert. Im Keller denkt er an dessen Bevölkerung, die „alle Unbill mit einem Gleichmut und einem Humor ertrug, wie er den Großstädtern aller Länder eigen zu sein scheint." Gerade dort unten im Keller verwünscht er das Hitler-Regime, das ihn in den Gewissenskonflikt gebracht hat, mitten im Kriege mit dem Herzen beim *Feind* zu sein, den er nun einmal nicht als echten Feind empfinden kann.[203]

Arg mitgenommen wird in Berlin auch sein langjähriger Arbeitsplatz in der Wilhelmstraße – das Auswärtige Amt. „Das Ministerbüro ist von den Engländern zum obersten Stockwerk befördert worden", kommentieren es die Kollegen von Dr. Paul Schmidt, als jenes Haus Wilhelmstraße 74 im November 1943 bis auf das erste Stockwerk durch das Feuer zerstört wird. Seine prunkvollen Kronleuchter werden bei Regen und Schnee zu Fontänen, auf den dicken Teppichen stehen die Wassereimer. Die Kälte dringt durch die notdürftig ausgebesserten Fenster hinein. Die Kollegen im Amt arbeiten nur in Hut und Mantel, da es keine Heizung mehr gibt in der übriggebliebenen Etage. Wenn es ganz schlimm wird, zwängen sie sich allesamt in das Notbüro, eine Kabine von der „Größe" eines Schlafwagenabteils, wo man 1,70 m Beton über sich hat, während eine zweite Gruppe eine gleich große Kammer im Adlonbunker bezieht, wo weitergearbeitet wird. Nicht nur äußerlich ging das Auswärtige Amt allmählich in Trümmer. Den Schaden, den die Bomber den Gebäuden zufügten, hat Ribbentrop, nach Schmidts Meinung, jedoch lange vorher in personeller und organisatorischer Hinsicht angerichtet. Von der Leitung solch eines Amtes hatte er auch nicht die geringste Ahnung und verfuhr „nach dem unzerreißbaren Bilderbuch für politische Kinder", wie die Mitarbeiter im Amt sagten, wenn er Abteilungen kreierte, Dienststellen einrichtete und „Sonderbeauftragte" ernannte. Wird man später je vergessen können, an was für verbrecherischen Handlungen, wie beispielsweise mit der Organisation der Ermordung der Juden in Europa, sie sich an Schreibtischen des Auswärtigen Amtes beteiligten?[204]

Auf diese traurige Art und Weise ist das eigentliche Auswärtige Amt allmählich zu einer leeren Fassade ohne jede Bedeutung geworden, ähnlich den Hunderten von ausgebrannten Häusern in Berlin, die in den groben Umrissen zwar noch vorhanden sind, aber lediglich in einzelnen Kellerräumen Bewohner beherbergen können. In den symbolischen und wirklichen Ruinen ihres alten Ministeriums hausen und arbeiten nunmehr die alten Beamten des Auswärtigen Dienstes. In verbissener Kleinarbeit versuchen sie sowohl die Brandbomben angelsächsischer Herkunft, die vom Himmel auf sie herab regnen, als auch die Feuerfackeln zu löschen, die Ribbentrop aus dem „Feldquartier" auf den einstmals guten Namen des deutschen Auswärtigen Dienstes schleudert. In beiden Fällen gelingt es ihnen, manches Schadenfeuer zu verhüten, aber so wenig wie sie die Bomben auffangen können, sind sie in der Lage, Hitlers amateurhafter Katastrophenpolitik Einhalt zu gebieten. Etliche Mitarbeiter finden den Tod unter den Bomben, einige der Besten fallen der sogenannten Justiz des Führers zum Opfer. Armes Deutschland.[205]

Noch mehr leidet die einfache Berliner Bevölkerung unter Hitlers irrem *Spleen* vom Großreich antiken Ausmaßes. Dabei spielt es keine Rolle, ob jemand *für* Hitler ist oder *gegen* ihn. In der Linienstraße 216 wohnt zum Beispiel die etwas über zwanzig Jahre alte Ingeborg Lehmann mit ihrer Familie. Ihr Vater ist Sozialdemokrat, auch wenn man dies nicht zu laut sagen sollte, um nicht richtig großen Ärger mit dem Staat zu bekommen. Es gibt hier *eine* Partei und diese Partei ist bitteschön einheitlich braun. Inzwischen hat ihre Familie schon mehrere Haussuchungen erlebt, weil (völlig zu Recht) angenommen wird, dass der Vater Material seiner verbotenen Partei in der Wohnung aufbewahrt, wovon aber noch nicht einmal seine Liebsten etwas wissen. Speziell den Kindern war eingeschärft worden, sich vor allem vor der Hauswartsfrau in Acht zu nehmen, die in einer Wohnung im Erdgeschoss wohnt, denn sie ist eine 108-Prozentige. Was man von dieser Frau zu halten hat, wird wieder überdeutlich, als in der Nacht vom 22. zum 23. November Bomber über Berlin-Mitte ziehen und eines der Flugzeuge in der Fehrbelliner Straße abstürzt. Bevor diese Kiste einschlägt, fallen noch Phosphorkanister aus ihr heraus und setzen ihr Mietshaus in Brand. Als die Feuerwehr anrückt, hält die braune Frau die Retter dazu an, nur an diesem Haus die Brände zu löschen, sodass in der Nachbarschaft alles niederbrennt. Wenn auch sonst immer viel von der nationalsozialistischen Volksgemeinschaft geredet wird, prägt letztlich doch eher diese praktische Erfahrung mit dem Egoismus der Hauswartsfrau Inge Lehmanns Idee davon. Auf dem Dach sind viel zu wenige Helfer, deshalb geht Ingeborgs Vater hinunter in den Keller und holt die Männer von dort unten zum Helfen nach oben. So weit, so gut, doch ein Mann auf dem Dach rächt sich an dem Staatsfeind und stößt ihn in den Hof hinunter. Dort unten stirbt Ingeborgs Vater Stunden später an den erlittenen Verletzungen. Jeder kann sich denken, was seine Familie jetzt empfindet. Wütend schimpft auch die junge Frau über das Regime und diejenigen, die es noch immer gutheißen, und wähnt sich dabei nicht in Gefahr, ist doch nach einem Todesfall *in der Familie* drei Tage lang das Schimpfen erlaubt. Wer auch immer sie letzten Endes anzeigt, wird die junge Frau trotzdem von der Polizei abgeholt. Es ist dann Tante Frieda, der es gelingt, sie aus der Untersuchungshaft herauszuholen.[206] Doch die Berliner gewinnen selbst dem unendlichen Leid der Fliegerangriffe noch *Witze* ab. Einer davon fußt auf Inschriften, die diesen Winter die Plakate des Winterhilfswerks zieren: „Keiner darf hungern, keiner darf frieren!“ Die Berliner reagieren mit Schnauze und ergänzen: Ein Arbeiter sagt zu einem anderen, als sie an so einem Plakat vorbeigehen: „Wat! Auch dat dürfen wa nicht?“[207]

Legal oder illegal – vollkommen egal

Vor allem darf man nicht immer wieder versuchen, die Kommunistische Partei auf die Beine zu stellen, wie zum Beispiel ein Anton Saefkow oder auch Franz Jacob, die 1943 schon wieder eine neue Inlandsleitung ihrer KPD bilden wollen. Ihre Gruppe umfasst Verschwörer auch im Wernerwerk von Siemens. Es gelingt ihnen allen Ernstes in sage und schreibe 70 kleinen und großen Betrieben illegale Zellen aufzubauen. Dabei darf man keinen Einzigen zu viel ansprechen, sonst ist die Gestapo zur Stelle. Und die versteht noch viel weniger Spaß als gewöhnliche Nazis. Von den Betriebszellen aus wird politische Agitation betrieben, um Aufruhr zum Zwecke der Sabotage der Rüstungswirtschaft in der Reichshauptstadt zu organisieren und damit den Zusammenbruch der Diktatur und ein Ende des Krieges zu beschleunigen. Gerade in den Siemenswerken ist das von Bedeutung. Wer sich beim Sabotieren allerdings zu ungeschickt anstellt, muss auch nicht lange warten, bis er an die frische Luft gesetzt und von dort hinter schwedische Gardinen, an die Front, oder auf direktem Wege in den Tod geschickt wird.[208]

Stimmen und Stimmungen III

Zumindest in ihrer Einstellung zum Krieg liegen deutsche Kommunisten auf einer Linie mit der breiten Masse der Bevölkerung Deutschlands. In den Berichten der Spitzel wird die mangelhafte Kriegsbereitschaft schon seit Ewigkeiten angeprangert und am 22. November 1943 hieß es in den *Meldungen aus dem Reich* erneut, dass die Bevölkerung in Deutschland von *tiefer Friedenssehnsucht* erfüllt sei. Mangels direkter Demokratie in Berlin führt das aber noch nicht zum Frieden. Unter den Deutschen gibt es allerdings auch Genießer dieses großen Bumbum. Daran können auch die jüngsten Terrorangriffe auf Bremen, Frankfurt am Main, Berlin und andere Städte nichts ändern, die längst nicht nur in den betroffenen Gebieten Bestürzung auslösen. Danach gehen Gerüchte um, dass es in der Reichshauptstadt „inzwischen 500-800.000 Obdachlose und Tausende

Tote“ gebe.[209] Die Liebhaber der Bomben und Rauchwolken mit Sinn für Details haben immer noch nicht genug vom Krieg und machen nunmehr im vollen Ernst ihren Qualitäts-*Check* für hervorragende Kriegsberichtserstattung, und wehe, wenn diese kein farbiges Bild bietet! Sie sagen, bei der seit Wochen gleichen oder ähnlichen Kampflage im Osten wirke die „Berichterstattung häufig etwas gleichförmig“. Es würden viele ähnliche Abwehrkämpfe und Gegenstöße mit oft gleichen oder ähnlichen Worten und Darstellungsmitteln wiedergegeben. Man würde es begrüßen, wenn die Berichte stärker lokalisiert würden und eben nicht irgendwo an der Ostfront spielten, sondern bei dem Dorf A oder B, wobei Besonderheiten des Geländes und andere Umstände des Kampfes in diesem Abschnitt in einer „möglichst plastischen Kleinmalerei abgezeichnet“ würden. Dabei sollten einzelne Personen mehr hervortreten, die Szenerie des betreffenden Dorfes oder der Stadt, um die es geht, skizziert werden, das Wetter müsse mit erwähnt werden, gegebenenfalls auch der Rest zivilen Lebens der dort einheimischen Bevölkerung mit einbezogen werden, „über den der Krieg erneut hinwegbraust“.[210]

Die Deutschen und die Leute in den Demokratien

Leute, die schon zum x-ten Mal einen echten Bombenalarm mitmachen mussten, suchen mit hundertprozentiger Sicherheit Kriegsromantik von der Machart nicht mehr. Die sind von dem Überangebot längst bedient. Wie groß ist der Prozentsatz in der Bevölkerung des Deutschen Reiches, der den Krieg lieber heute als morgen beenden würde? Und was glauben Sie, spielt das für eine Rolle? Gar keine? Das liegt im Reiche daran, dass bei uns der Führer das Sagen hat und bestimmen kann, wann der Krieg anfängt und wann er aufhört. Im großen Rahmen liegt es daran, dass es Leute gibt, die diesen Krieg eingefädelt haben und jetzt hoffen, dass das alles so lange wie möglich weitergeht. Aber anders als in Deutschland ist es in Amerika möglich, publikumswirksam seine Kritik an den Strippenziehern herauszuschreien. In einem großen Interview, das die New York Times am 24. November abdruckt, sagt US-Vizefinanzminister Harry D. White, mit den Deutschen mache der Chef der Bank für Internationalen Zahlungsausgleich Geschäfte, „während unsere Jungs im Felde von den Deutschen massakriert werden." Damit ist Thomas McKittrick dort, wo er nun bei aller Liebe im Leben nie hin wollte: Er ist im Rampenlicht der Öffentlichkeit. Wenig später greifen „ungezählte Zeitungen und Radiostationen überall in den USA" ebenfalls das Thema BIZ auf. Aber als sich langsam der Gedanke durchsetzt, die Bank endgültig aufzulösen und für die Nachkriegszeit eine vollkommen neue Institution zu planen, sagt der Fachmann aus dem Bankensektor und ein Geschäftsfreund McKittricks, der Ganove Leon Fraser voraus: „Sollten die Bretton-Woods-Pläne verwirklicht werden, garantiere ich Ihnen eines: Viele Spezialisten, die jetzt bei der BIZ arbeiten, werden dann von ihren Zentralbanken in die neuen Institutionen IWF und Weltbank delegiert."[211] So schließt sich auch hier der Kreis. Der Prozentsatz der Menschen in der Welt, die endlich wieder ihren Frieden wollen, spielt für die absehbare Zukunft keine Rolle.

Nach einem Gefangenenaustausch im Westen werden in englischer oder in amerikanischer Kriegsgefangenschaft gemachte Erfahrungen von der Bevölkerung begierig aufgesaugt und weitererzählt. Die Heimkehrenden berichten in Deutschland, dass der Durchschnittsengländer „wenig Verständnis für diesen Krieg“ aufbringe. Er würde „lieber heute als morgen Frieden schließen“. Das gilt übrigens auch für mindestens einen Piloten der Royal Air Force.[212] Insofern gibt es also nach den Erkenntnissen vom Spitzeldienst keinen Unterschied zwischen Briten und Deutschen. Dann erstaunt es nicht, dass die Protokolle über die Friedensbemühungen des Führerstellvertreters Rudolf Heß strengster Geheimhaltung unterworfen sind genau wie die Aufzeichnungen über Bemühungen der Hitlergegner im Auswärtigen Amt, die immer wieder mit London in Kontakt treten.

Bar jedes Nationalismus und trotz aller Propaganda schätzen Deutsche die Lage so ein: „Wenn wir den Krieg verlieren, dann wird es lange nicht so schlimm, wie es uns unsere Führung immer wieder sagt.“ Eine andere Formulierung lautet: „Wenn wir den Krieg verloren haben, dann haben wir ihn gewonnen.“ Stellvertretend für andere zitiert man eine Arbeiterfrau im Zweifel: „Mit den Russen ist das doch gar nicht so schlimm, wie das immer gesagt wird. Die sind auch nur Menschen. Hier arbeiten doch so viele Russen, die einen ordentlichen Eindruck machen.“ Ein Arbeiter schätzt es wohl ganz realistisch ein: „Wir haben früher nicht viel gehabt und werden auch dann nicht viel haben.“ Die Frau eines Landarbeiters – pragmatisch, wie sie ist – äußert die Meinung: „Was soll uns passieren, wenn die Russen kommen? Nichts. Wir haben ihnen ja nichts getan. Wir haben bisher gearbeitet und werden auch weiter arbeiten.“ Bedenklicher noch sind Stimmen, die sich derart äußern, dass ein Sieg der westlichen Demokratien mit einem Sturz des Nationalsozialismus einhergehe, was für Unternehmer gut wäre: „Es wird dann eine ganze Reihe von Bevormundungen aufhören, die die deutsche Wirtschaft jetzt durchzumachen hat. Unter Umständen wird es dann für uns wieder freier und leichter.“ Planwirtschaft verträgt sich eben nicht gut mit freiem Unternehmertum. Doch die Drohung des Premierministers Churchill vom September, die Deutschen „noch ganz anders zu behandeln“ als die Italiener,[213] verfehlt die Wirkung nicht. Nur eine geringe Zahl von Leuten spricht weiter vom Frieden um jeden Preis. In den letzten Wochen hat sich eine ganz fatale Meinung „sogar in den dem Nationalsozialismus ablehnend gegenüberstehenden Kreisen" durchgesetzt. Selbst Gegner des Regimes sagen nun, dass der Krieg bis zu einer für uns günstigen oder mindestens tragbaren Entscheidung durchgekämpft werden müsse.[214]

Die Aufteilung Deutschlands wird diskutiert

Was schon seit dem Sieg der Roten Armee über Paulus' Truppen immer wieder zu hören ist, wird zunehmend Allgemeingut: Bei einem Sieg der Alliierten wird es zu einer Aufteilung Deutschlands kommen. Wer bis zu dieser Überzeugung gelangt, muss noch kein Hellseher sein. Besorgniserregend scheint dem SD die Bereitwilligkeit zu sein, „auch einen Zerfall der Reichseinheit mit in Kauf zu nehmen". So äußert ein Großbauer aus der Umgebung von Hamburg: „Es ist ja ganz egal, dann werden wir eben englisch. So wie ich, denken hier viele Bauern." So wild kann es mit dem Nationalismus in Deutschland gar nicht sein, wenn der Pragmatismus in der Bevölkerung so ausgeprägt ist, dass die Leute nüchtern abwägen, ob es wohl untragbar wäre, wenn auf einmal fremde Truppen hier im Reich die Zelte aufschlagen, wie es unter anderem auch in den nachfolgenden Worten gesagt wird: „Wenn wir den Krieg verlieren, dann kommen die Amerikaner zu uns und dann wird es uns nicht viel schlechter gehen als früher." Umgekehrt werden die Aussichten für weniger günstig gehalten, wenn der eigene Garten künftig im sowjetischen Paradies liegen würde, was sich zum Beispiel so ausdrückt: „Wenn wir den Krieg verlieren und kommen zu Russland, dann können wir gleich bei Deutschland bleiben." Im Erzgebirge ist zu hören, im Fall des Zusammenbruches würden wohl Teile Sachsens zur Tschechei kommen. So schlimm werde aber auch das nicht sein. Im Westen des Reichsgebietes hört man, dass weite Teile an Frankreich, Belgien und Holland fallen würden. Es spricht sicher Bände, dass man – außerhalb Preußens – durchaus gern bereit ist, Preußen „zur Bestrafung der Herrschaft der Sowjets" preiszugeben. Doch in der Nazi-Führung gibt es keine Preußen und die Keimzelle des Sumpfes ist in der bayerischen Landeshauptstadt München zu suchen.[215] Umgekehrt findet man wichtige Kerne der Widerstandsbewegung im Reich eben gerade in den alten preußischen Adelsfamilien. Es dürfte der Entfernung zwischen Bayern und Preußen geschuldet sein, dass man im Süden Äußerungen in Presse und Rundfunk eher mit Berlin assoziiert als Aktivitäten gegen die herrschende braune Brut, die gerade in der Großstadt Berlin eines ihrer Zentren haben. Von denen berichten die Medien nur eben nicht.

Internationaler Gedankenaustausch

Die deutschen Rückkehrer aus der Kriegsgefangenschaft berichten auch, dass die Behandlung durch die Engländer wesentlich besser gewesen sei als jene durch die Amerikaner. Während man es bei den Engländern im Allgemeinen gut gehabt hätte, wären die Amerikaner meist roh und verständnislos gewesen. Zwischen Engländern und Deutschen habe oft ein gutes Einvernehmen bestanden, weil die Engländer um eine fürsorgliche und ehrenhafte Behandlung bemüht gewesen sind. Auch allgemein seien die Spannungen zwischen Amerikanern und Engländern erheblich. Den Grund sehen viele Rückkehrer darin, dass sich die deutsche Propaganda im Ausland auswirkt, die besagt, dass die USA den Krieg dazu ausnutzen wollen, um das britische Imperium zu zerschlagen und sich danach des englischen Kolonialbesitzes zu bemächtigen. In ihren Schilderungen der inneren Zustände in England betonen die Rückkehrer fast überall übereinstimmend den Unterschied zwischen den englischen und deutschen Verhältnissen. Im Vergleich mit dem englischen Volk stehe das deutsche Volk in vieler Hinsicht besser da. Namentlich die englische Versorgung, insbesondere jene mit Lebensmitteln, sei wesentlich ungünstiger als die in Deutschland, und die allseits vorhandenen Schwierigkeiten wären in England auch größer als in Deutschland. Es wird hervorgehoben, dass in England der Schwerarbeiter „die gleiche dürftige Lebensmittelzuteilung“ erhalte, wie sie dem Durchschnittsengländer zukommt. Neben der allgemeinen Kriegsmüdigkeit des englischen Volkes wird auch die unsoziale Behandlung der Soldatenfamilien herausgestellt und das große Ausmaß der Zerstörungen durch die deutschen Luftangriffe.[216]

Wie geht es dem schöneren Geschlecht?

Was die Frauen in Deutschland angeht, machen sich die Kollegen im SD keine Illusionen. Am Geschehen im Krieg haben Frauen kaum Interesse; besonders die weibliche Jugend zeigt sich teilnahmslos. Abgesehen vom Typ *Flintenweib* in den Konzentrationslagern ist die bessere Hälfte der Gesellschaft bestrebt, allem aus dem Wege zu gehen, was ihre Gedanken zum Kriegsgeschehen hinlenkt, so vermeiden Frauen beispielsweise die einschlägigen Radio- oder Filmdarbietungen und lassen den politischen Teil der Zeitung unbeachtet. Genaueres über bestimmte Frontabschnitte wollen nur jene Frauen wissen, die ihren Sohn, Mann oder Vater gerade dort haben. Sie sind erschöpft von einer teilweise jahrelangen Trennung und erleben, dass ihre Männer auf Fronturlaub häufig kein Verständnis für die kriegsbedingten häuslichen Dinge mehr haben. Viele Frauen bei uns warten „voll Sorge ab, was nun mit Russland werden soll." Beim SD wird notiert, dass von den Frauen bemerkt wird, dass nunmehr ja schon Werbung gemacht wird für Frauen, die als Flakwaffenhelferinnen eingesetzt werden sollen. Beeindruckend ist, dass eine altbekannte Argumentation bei Frauen immer noch vorzufinden ist: Während die Männer im zunehmenden Maße Kritik an den Zuständen unter Hitler üben, stellen sich die meisten Frauen immer noch hinter die Person des Führers und vertreten ihren Standpunkt, „dass der Führer bestimmt Abhilfe schaffen würde, wenn er alles wüsste."[217] Es ist einfach ein Phänomen, dass viele in der deutschen Bevölkerung einen Unterschied machen zwischen dem Kanzler und anderen Personen an der Spitze.[218]

Was den Frauen wirklich auf ihren Nägeln brennt, sind zum Beispiel die Kartoffelnot und der Gemüsemangel. Ob die Jungs gerade Krieg spielen oder nicht, die Kinder wollen jeden Tag etwas essen. Wie schwierig das unter den gegebenen Umständen ist, zeigt ein Eintrag beim Sicherheitsdienst: „Die Fleischer haben am Montagmorgen geschlossen, die Bäcker am Dienstag, die übrigen Kaufleute am Mittwoch und die verschiedenen Einzelhandelsgeschäfte an ganz unterschiedlichen Tagen der Woche."[219] Die Herren Aufpasser vom Dienst melden vorschriftsgemäß die dadurch auftretenden Schwierigkeiten: „Die Hausfrau müsste sich von allen Geschäften eine Tabelle anlegen, wenn sie einkaufen gehe, denn oft käme sie vor verschlossene Türen und habe kostbare Zeit verloren. Sehr viele Geschäfte und vor allem die Wirtschaftsämter hätten nur vormittags geöffnet, so dass Berufstätigen die Möglichkeit genommen sei, ihre Besorgungen zu erledigen.“[220] Wenn es schon in den Städten so übel aussieht, ist es sehr wahrscheinlich, dass Inhaftierte in Gefängnissen und Lagern noch erbärmlicher unter dem herrschenden Hunger zu leiden haben.

Der Endsieg ist auf jeden Fall das Letzte, was die holde Weiblichkeit im realen Leben wirklich interessiert. Ein illustres Beispiel dafür liefert ein Drogist in Schwerin. Hier ist sein Bericht: „Ein junges Mädchen forderte von mir 30 Mullbinden. Auf meine Frage, was sie damit wolle, sagte sie, sie wollte sich daraus einen Pullover machen! Selbstverständlich habe ich den Verkauf abgelehnt, sie bekam nicht eine einzige Mullbinde. Einige Zeit darauf kam sie wieder und sagte: Ich brauche nun keine Mullbinden mehr, ich habe schon genug bekommen. Wahrscheinlich hatte sie ihre Freundinnen losgeschickt, um stückweise das benötigte Quantum zu erhalten.“[221]

Elternhaus und Schule

Den Spitzeln ist bewusst, dass Äußerungen, die Kinder und Jugendliche in ihrem recht unverdorbenen Leichtsinn von sich geben, von Interesse sind, da sie häufig unbedacht herausposaunen, was sie im Familienkreis oder draußen auf der Straße eben so aufgeschnappt haben. Hier machen sich auch Lehrer unsterblich peinlich, die die Schülerinnen und Schüler in einer mündlichen Aussprache oder in Schulaufsätzen zur Wiedergabe dessen auffordern, was sie an politischen Äußerungen gehört haben. Als Überschrift dient etwas wie: „Wovon die Leute sprechen“. So kommt zu Tage, dass es in deutschen Küchen heißt: „Die Deutschen müssen schon mit Kindern Krieg führen.“ Eine Erkenntnis lautet: „Der Rückzug ist ein Zeichen der Schwäche der deutschen Wehrmacht.“ Oft findet man auch, der Krieg werde wohl bald zuungunsten Deutschlands beendet sein und noch im Winter 1943 breche Deutschland zusammen. In den Aufsätzen der lieben Kleinen finden sich auch politische Witze wieder, die von den Erwachsenen wohl im Leben nicht derartig vertrauensselig preisgegeben würden, wie zum Beispiel dieser hier: „Die Sonne geht im Westen unter und Hitler geht im Osten unter."[222] Aus den hinterhältig eingeforderten Schulaufsätzen der siebzehn- und achtzehnjährigen Jugendlichen ist es immer wieder deutlich zu ersehen, dass eine ganze Anzahl der verehrten Volksgenossen den Krieg als verloren ansehen. Darüber hinaus taucht in den Aufsätzen „das Gerede von einer Sonderbehandlung Bayerns seitens der Feindmächte nach einem Verlust des Krieges auf". Namentlich wird die Errichtung einer Donaumonarchie genannt, die Bayern und weitere süddeutsche Regionen einschließen wird. Ein sechzehnjähriger Schüler hält in einem Text fest: „Wenn man die Äußerungen in der Stadt sowohl als auch auf dem Lande hört, so müsste man glauben, dass wir am Ende unserer Kräfte sind." Beim Landvolk, das sich im Gegensatz zum Städter nicht über die Ernährungslage beklagen könne, stoße man auf Leute, die glauben, dass die Länge des Krieges und das dauernde Zurückgehen im Osten unser Ende sein werden. Bei der Stadtbevölkerung sei es übrigens genau so. Dort höre man den Dialog: „Wenn nur endlich der verdammte Krieg zu Ende wäre", worauf andere sagen: „Ja, es ist nun mal so, wenn man glaubt, Kriege führen zu können und versteht es nicht."[223]

Schlimmste Befürchtungen hat der SD in der Hinsicht, dass junge Leute „die negativen und pessimistischen Äußerungen der Erwachsenen nicht nur zur Kenntnis nehmen, sondern sich teilweise zu eigen machen." Zur Illustration mag die Szene dienen: Ein Junge war in einem Musterungslager für die Lehrerbildungsanstalt und erzählt nach der Rückkehr, dass der Unterricht an der Anstalt erst nächstes Frühjahr beginnen werde. In der Klasse entgegnen ihm nach dieser optimistischen Vorhersage seine Kameraden: „Im nächsten Frühjahr brauchst Du nicht mehr zur Lehrerbildungsanstalt, dann haben wir den Krieg längst verloren und die Nazis sind schon alle an die Wand gekommen."[224]

Aus den Aufsätzen erfährt die Führung in Berlin auch, was Jugendliche in Läden oder zum Beispiel in Verkehrsmitteln bei Erwachsenen aufgeschnappt haben. Geben sie dann Äußerungen wieder, die das Wohlleben der neuen nationalsozialistischen Herren ansprechen, werden ihnen die unverblümten Worte als Rückkehr zu klassenkämpferischen Tendenzen ausgelegt. Doch man lässt sich einfach kein X für ein U vormachen. Als schlagenden Beleg führen die Leute immer wieder an, dass zum Beispiel der totale Krieg „nur für die Masse" gilt. Beim SD wird festgestellt, dass die Ansicht verbreitet sei, „dass die Führungsschicht die Entbehrungen des Volkes nicht immer teile". Es werde im Alltag „mit zweierlei Maß gemessen" und „Wasser gepredigt, aber Wein getrunken". Ganz nüchtern stellt man weiterhin fest: „Wer Geld hat und in Amt und Würden steht, hat Vorteile – Bonzen gibt es heute genau so wie früher, nur die Namen haben sich geändert."[225] Andererseits gibt es auch Lehrkräfte, die anders ticken, als man es von diesem sehr staatsnahen Berufsstand erwartet. In Berlin trägt sich beispielsweise die folgende Szene zu: Ein Junge, dessen Vater Jude ist, soll sich wie alle anderen Kinder in der Klasse ein vaterländisches Sprüchlein ausdenken. Wer jetzt schon meint, alles über die Lehrerin zu wissen, die diesen Auftrag erteilt, irrt sich. In aller Unschuld gibt der Junge nachfolgende Variation auf den Text der Nationalhymne zum Besten: „Deutschland, Deutschland, möchte alles, möchte alles auf der Welt." Seine Lehrerin übergeht den Fauxpas geflissentlich und lässt das nächste Kind sein Sprüchlein aufsagen. In solchen Situationen hilft auch der Lehrkraft nur beten, dass sie von niemandem verpetzt wird.[226]

Man hört auch eine Menge, wenn man einfach in den Luftschutzbunker geht, wo sich mehr Leute treffen. Dabei kommt es vielfach zu Auseinandersetzungen wie hier in Berlin. Eine Frau sagt: „Wenn die Nazis nicht ans Ruder gekommen wären, hätten wir das nicht zu erleben brauchen." Darauf fällt ihr ein Arbeiter ins Wort: „Na, hören Sie mal! Was meinen Sie wohl, was sonst geworden wäre? Glauben Sie etwa, dass die Russen uns bei ihrer starken Rüstung in Frieden gelassen hätten?" Ein Urlauber von der Front erlebt einen Bombenangriff auf Berlin-Charlottenburg mit und sieht, dass die Leute, deren Häuser abbrennen, „Führerbilder ostentativ ins Feuer“ werfen und auch sonst in ihrer Erregung auf den Führer schimpfen. Empört hört er, dass Leute Sachen sagen wie: „Führer befiel, wir müssen es tragen!“ Er kann aber in dem allgemeinen Durcheinander keine Personenfeststellungen machen, weil er mit den Löscharbeiten zu sehr beschäftigt ist. Ganz fassungslos ist beispielsweise auch die Mutter eines SS-Führers, die einen Fliegerangriff im Bunker des Robert-Bosch-Krankenhauses als Patientin erlebt. Sie kann es wirklich kaum glauben, „wie heftig von anderen dort liegenden Patientinnen negative Stimmung erzeugt und offen auf den Führer geschimpft“ wird.[227] Hitler kontert mit einer Drohung. In einer Rede vor angehenden Offizieren erklärt er, dass es in diesem Kampf um Sieg oder um Untergang geht und dass ein Volk, wenn es diesen Krieg verliert, sein Dasein beende.[228] Den Gedanken hat Hitler auch schon vor dem Krieg verschiedentlich geäußert und das war sicher auch nicht das letzte Mal gewesen. Aus dieser Äußerung lässt sich in einer Ferndiagnose entnehmen, dass dieser Mann wirklich psychisch auffällig ist. Es zeugt von guter Menschenkenntnis, dass man gerade den Autoren von *Mein Kampf*, der obendrein solche Auffälligkeiten aufwies, mit gewaltigem finanziellem Aufwand aufgebaut hat, bis er zum Kanzler über das schon angeschlagene Reich Bismarcks werden konnte. An den *Big Business*, der dies zu verantworten hat, kommt man jedoch so wenig heran wie an den Gauleiter oder den Führer selbst. Auf sie alle trifft der folgende Spruch zu: „Die Bonzen müssen jetzt barfuß gehen, damit man ihnen nichts in die Schuhe schieben kann.“[229]

Zum Verhältnis zwischen den Alliierten

Bereits seit vielen Monaten ist ein Gipfeltreffen des US-Präsidenten, des Premierministers von Großbritannien sowie des Staats- und Parteichefs der Sowjetunion überfällig. Nach langem Hin und Her hatten sich dann im Januar 1943 Roosevelt und Churchill in Casablanca alleine getroffen. Damals tobte die Schlacht um die Stadt Stalingrad und der rote Zar war fest davon überzeugt, dass er so fern der Heimat nicht alle Fäden bei der Anleitung der Kampfhandlungen, bei Nachschub und Versorgung seiner Truppen in der Hand behalten könnte. Immerhin würden Anweisungen über Funkverbindungen durchgegeben werden müssen, die natürlich im Äther von den Deutschen mitgehört werden konnten. Diese Schlacht ist geschlagen, doch die Wehrmacht steht noch immer tief im Inneren des roten Imperiums und wieder wird seit Monaten um einen annehmbaren Austragungsort für diese Konferenz gerungen. Erneut plädiert Stalin für einen Ort nahe der sowjetischen Grenze, möglichst im Iran, von wo aus es eine stehende Telefonverbindung nach Moskau gibt. Roosevelt beruft sich auf die amerikanische Verfassung, die ihm als Präsidenten eine längere Abwesenheit von Washington nicht gestatte, und wünscht sich das Treffen an einem Ort, der nicht weiter als Nordafrika entfernt sei. Damit ist die Debatte wieder so weit, wie sie auch schon vor einem Jahr war.[230]

Stalin weiß natürlich, dass es seine *Verbündeten* mit dem raschen Ende des blutigen Gemetzels in seinem Land nicht eilig haben. Wir sind nicht mehr in der Steinzeit und man erfährt schnell, was wer wo auf der Erde zu welchem Thema geäußert hat. Lord Beaverbrook zum Beispiel, der im Jahr 1943 der neue Lordsiegelbewahrer seiner Majestät des Königs von England geworden ist, erklärte, dass die militärischen Führer von Großbritannien 1941 „durchweg abgeneigt“ waren, „zu irgendeiner offensiven Aktion überzugehen“, als Hitlers Truppen in die Sowjetunion eingefallen sind. Die Gelegenheit, als der Führer in Berlin seine Hauptangriffskräfte an die Ostfront warf, hätte man beim Schopfe fassen können, und seine „Freunde“ in Westeuropa von Adolf Hitlers persönlicher Wehrmacht befreien. Doch er muss sich da gar nicht hinter einem mangelnden Willen der Militärs verstecken. Hier spielen in erster Linie ureigenste politische Erwägungen eine Rolle. In London gibt es durchaus mächtige Kreise, die wie schon im Weltkriege von 1914 bis 1918 darauf spekulieren, dass sich Russland und Deutschland in der militärischen Auseinandersetzung an der sowjetisch-deutschen Front gegenseitig so weit schwächen, dass das *Empire* danach ohne Weiteres den beiden Seiten seinen Willen diktieren kann. Diesen Gedanken hat der Minister für Flugzeugproduktion in der Regierung Churchill, John Moore-Brabazon, direkt ausgesprochen. Der beste Ausgang des Kampfes an der Ostfront, so erklärte dieser Politiker, wäre, was England betreffe, die gegenseitige Erschöpfung Deutschlands und der Sowjetunion, wodurch England die Möglichkeit erhalten würde, die dominierende Stellung in Europa einzunehmen.[231] Oder zu behalten. Das gleiche Motiv in grün findet man in einem Dokument des britischen Generalstabes, das für eine anglo-amerikanische Konferenz im Juli 1941 vorgelegen hat: „Wenn Deutschland in Russland festsitzt, dann eröffnen sich damit günstige Möglichkeiten für die Sicherung unserer Positionen im Nahen Osten."[232] Auch Churchills Kriegsplan vom Dezember 1941 ist kein Zeichen für seinen verbissenen Kampf gegen einen bösen Schurken Hitler. Jene Konzentration amerikanischer Truppen in Großbritannien, wie er sie gewünscht hatte, war dafür gedacht, die Deutschen von einem Invasionsversuch abzuschrecken – ein Teil der in Großbritannien stationierten Truppen konnte allerdings dafür eingesetzt werden, dass „Großbritannien und die Vereinigten Staaten alle nord- und westafrikanischen Besitzungen Frankreichs" gemeinsam besetzten sowie die Kontrolle „der übrigen nordafrikanischen Küste von Tunesien bis Ägypten durch Großbritannien" errichteten.[233]

Auch in *America* gibt es einflussreiche Kreise, die es mit einer Eröffnung der zweiten Front kein bisschen eilig haben. Was ihre Absichten angeht, erklärte der Senator Harry Truman: „Wenn wir sehen, dass Deutschland gewinnt, so sollten wir Russland helfen, und wenn Russland gewinnt, so sollten wir Deutschland helfen. Sollen sie nur auf diese Weise möglichst viele totschlagen." Präsident Franklin D. Roosevelt hat nach dem Angriff der Japaner auf Pearl Harbor Ende 1941 den Eindruck erweckt, er wäre für die baldmögliche Landung amerikanischer Truppen in Westeuropa. Was ihn jedoch an ihrer Entsendung hindere, sei die Tatsache, dass es in den USA mächtige Kreise gebe, die das Vorhaben in jeder Art und Weise bremsten. Wurde er nicht auch 1933 im Präsidentschaftswahlkampf von den Kreisen unterstützt, die jetzt an der Fortdauer des Kriegs auf beiden Seiten verdienen? Im Frühjahr 1942 lag nach langem Hin und Her doch noch ein amerikanischer Plan für die Invasion in Nordfrankreich vor. In einem Memorandum für Roosevelt betonte General Marshall, dass „ein erfolgreicher Angriff in diesem Gebiet für die russische Front das Maximum an Entlastung bedeuten" würde. Aber Hektik war nicht angesagt – schon da war die Verwirklichung dieses Projekts, das anfangs den Decknamen „Roundup" und später „Overlord" bekam, erst für das Frühjahr 1943 vorgesehen, und dieses Frühjahr ist auch schon seit vielen Monden Geschichte. Für 1942 plante der amerikanische Generalstab vorerst nur die begrenzte Operation „Sledgehammer" irgendwo im Raum der Straße von Dover. Sie war aber auch nur für den Fall vorgesehen, dass die Lage an der russischen Front verzweifelt wird, d. h. der Erfolg der deutschen Waffen so vollständig, dass der Zusammenbruch des Widerstandes der Sowjets unmittelbar zu befürchten war. Damit sich die Deutsche Wehrmacht keine übermäßigen Sorgen wegen einer Front im Westen machen muss, wird sie gar über die Absichten informiert. Major Hermann Baun aus der Abteilung Fremde Heere Ost der Abwehr bekommt zum Beispiel die Information, dass sich im Westen nix rührt, über Mittelsmänner von General William Donovan, dem Direktor des Office of Strategic Services (OSS) *straight from the horse's mouth*. Was dann Anfang 1943 zu einer mäßigen Bewegung in den Planungen führte, war die Einschätzung, dass die Deutschen in der Lage seien, Waffensysteme auf der Basis der Kernspaltung zu schaffen. Die Atombomben finden so Eingang in die aktuelle Politik, denn es ist nicht mehr ausgeschlossen, dass das Deutsche Reich sein Potenzial so weit entwickeln kann, dass „es um so schwerer oder am Ende überhaupt nicht mehr zu besiegen sein werde".[234]

Die Verzögerungstaktik im Westen wird in Moskau sehr wohl registriert und fließt in dortige Erwägungen ein, welche Hilfe man eventuell für die

Sowjetunion erwarten kann. Der Diplomat Valentin M. Bereschkow zum Beispiel, der im Volkskommissariat für Auswärtige Angelegenheiten für Fragen der sowjetisch-amerikanischen Beziehungen zuständig ist, weiß über Amerikas bisherige Haltung zu berichten: „Die herrschenden Kreise Großbritanniens und der Vereinigten Staaten zeigten vom Augenblick des Überfalls Hitlerdeutschlands auf die UdSSR an Zurückhaltung und gingen zunächst höchst unwillig auf eine militärische Zusammenarbeit mit der Sowjetunion ein." Mit einigem Pathos und unter Weglassung der Vereinbarungen zwischen Moskau und Berlin vom August 1939, die als eine denkbare Erklärung für die Haltung der westlichen Mächte dienen kann, sagt Bereschkow: „Sie waren darauf aus, den Sowjetstaat in einem lang währenden Krieg in jeder Weise zu schwächen, ja, nach Möglichkeit seine Auflösung zu erwirken." Er erinnert jedoch noch an die Vorkriegspolitik der Westmächte, die letztlich überhaupt zum Abschluss des Vertrages vom 23. August 1939 geführt hat: „Gerade das war die Zielsetzung ihrer Vorkiegspolitik der Wiedergeburt des deutschen Militarismus und der Ermunterung Hitlerscher Ambitionen. Daraus erklärte sich auch das endlose Hinausschieben der Eröffnung der zweiten Front in Europa."[235]

Der sowjetische Diplomat bleibt hier ein bisschen allgemein und gewiss kennt er auch nicht jedes Detail der wirtschaftlichen Unterstützung aus *America and England* zum Wohle des Dritten Reiches. Der Skandal, der sich hinter den Kulissen abspielt, soll jedoch nicht ungewürdigt bleiben. Ohne ihn gäbe es schließlich weder das Reich unter Hitler noch den verheerenden Krieg, der *von Deutschland ausgeht* und nun doch länger als ein halbes Jahr dauern konnte. Jetzt brauchen wir bloß noch die Jahre seit 1939 zu beleuchten. Damals war Deutschlands Elektroindustrie eng mit zwei US-Firmen verbunden: der International General Electric und der International Telephone and Telegraph (ITT). Die deutsche Elektroindustrie war somit 1939 in wenige große Unternehmen gebündelt, die in ein internationales Kartell eingebunden und mittels Aktienbesitz mit zwei großen US-Unternehmen verbunden waren. Dieser Komplex ist zu keinem Zeitpunkt des Krieges ein vorgesehenes Ziel der Bombardierung. Die Anlagen der AEG und der ITT werden lediglich zufällig bei Flächenbombardements getroffen. Werden aber Fabriken der Elektroindustrie angegriffen, so sind es nicht diejenigen, die mit amerikanischen Firmen verbunden sind. Also ist die Produktion an kriegswichtigen elektrischen Ausrüstungsgegenständen während des Weltkrieges weiter angestiegen und ist selbst 1943 noch im Wachstum begriffen. Zu jenen Fabriken, die so der Zerstörung entgehen, gehört unter anderem auch die AEG-Bude in Reichmannsdorf in Thüringen.[236] Der Umsatz der US-Firmen steigt in dem Maße, wie sie die Produktion zerstörter Betriebe übernehmen.

In den Demokratien jagt ein Skandal den anderen

Hinter den Fronten des Weltkrieges unterstützt ein Teil der Finanzeliten der USA, der sich von den Kampfhandlungen erstaunliche Gewinne verspricht, über Mittler in der Schweiz und Nordafrika Hitlers Regime. Als Beispiele dafür sind die Chase Bank von Nelson Rockefeller erwähnenswert, die Morgan Bank, National City, Guaranty, der Bankers Trust und American Express. Das *Big Business* lässt weiterhin die Puppen tanzen in der Welt. Die Köpfe hinter dem Großkapital kennen keine Ideologien, sie missbrauchen sie höchstens. Diese Köpfe haben bloß wirtschaftliche Interessen. Wer es erst einmal so weit gebracht hat, der hat auch genug Einfluss, um nicht in den Geschichtsbüchern an den Pranger gestellt zu werden. Geschichte fürs Fußvolk besteht letztlich aus den verschiedenartigen Geschichten darüber, was unter der Führung von Ministern und Diktatoren, die mehr oder minder fähig sind, an Taten vollbracht und an Untaten angerichtet wird. Nun sind die USA allerdings noch weniger ein Block als England, Deutschland oder die Sowjetunion. So wird mitten in diesem Krieg in Washington ein Bericht erstellt, der diese seltsame und hochverräterische Zusammenarbeit aufdecken soll. Dabei kommt unter anderem zutage, dass der Leiter der Pariser Filiale der Chase Bank „bei der Durchsetzung der Beschränkungen gegen jüdisches Eigentum eine sehr rigorose Haltung an den Tag“ legte, „die sogar so weit ging, dass die Freigabe von Geldern, die Juden gehörten, verweigert wurde.“ Eine Begründung war schnell bei der Hand: Immerhin konnten die Besatzer aus

Deutschland in Frankreich irgendwann einen Erlass mit rückwirkenden Regelungen veröffentlichen, die eine derartige Freigabe verbieten.[237]

Solchen vorauseilenden Gehorsam möchte man bei den Fetischisten von Freiheit, Demokratie und Menschenrechten aus *America* ja erst einmal gar nicht so spontan erwarten. Interessant für Außenstehende und bitter für diejenigen, die von den Vollblutrassisten ermordet werden sollen, ist die Tatsache, dass die Chefetage der US-amerikanischen Firma ITT über einen Mittelsmann Zugang zur Machtelite der Nazis hat, über den weiter Geld an die SS des Massenmörders Heinrich Himmler fließt. Von jenen Summen, die große amerikanische Firmen an die SS überweisen, macht der Betrag von ITT jedoch nur ein Viertel aus. Auch die Firma Standard Oil of New Jersey, die Hitlers „geheime" Aufrüstung durchaus schon vor Jahren unterstützte, erfreut sich zum Beispiel auch bester persönlicher Beziehungen zu den führenden Nazi-Größen. Damit kommen wir wieder ein Stück weiter bei der Beantwortung der Frage, wer an Mord und Zerstörung Interesse hat. Drei Häuser aus der Wall Street – Dillon, Read & Co., Harris, Forbes und die National City Company – handhabten in den vorausgegangenen Jahren drei Viertel der Reparationsdarlehen, die zum Aufbau des deutschen Kartellsystems verwendet wurden, zu dem die beherrschende IG Farben und die Vereinigten Stahlwerke zählen, die beide zusammen 95 Prozent der Sprengstoffe für die Nazis in diesem zweiten Weltkrieg herstellen.[238] Der Gleichklang bei den Mächtigen in der Wirtschaft, den Bankern und Politikern hebelt eindrucksvoll die Möglichkeit aus, bei Ersteren die pure Gier nach Profit als Tatmotiv sehen zu wollen, und bei Letzteren ein gewisses Ungeschick im Umgang mit den Herrenmenschen in den Häusern der Macht in Berlin. Wer sagt, dass es für die Gangsterfirmen nur ums Geschäft ging, hat wenig verstanden. Der Krieg als solcher wurde Hitler ermöglicht, *weil* es ums Geschäft ging. Das darf man nun nicht als mildernden Umstand betrachten. Juristisch gezirkelt antwortete der Vorstandsvorsitzende von Vickers-Armstrong, Englands Hersteller von schweren Geschützen, Panzerplatten und Kriegsschiffen, bereits auf der Jahrestagung seines Unternehmens im Jahr 1934 auf die Bitte, er möge versichern, dass der Konzern nicht für die vermeintlich so geheime Wiederaufrüstung Deutschlands genutzt wird: „Ich kann Ihnen das nicht mit letzter Sicherheit garantieren. Ich kann Ihnen aber sagen, dass nichts ohne die vollständige Billigung und Zustimmung unserer eigenen Regierung unternommen wird.“[239] Klar ist am Ende dies: Bis zum Herbst 1943 wurde buchstäblich nichts unternommen, um die Strategie und die Pläne des Westens mit den militärischen Absichten der Sowjets zu koordinieren.[240]

Neben einer Modernisierung der deutschen Wirtschaft unterstützten die *friends from America* auch die Erneuerung in der Sowjetunion, die seit dem Beginn des kommunistischen Experimentes offiziell diplomatisch in Quarantäne gehalten wurde. Moskau versuchte dieser Isolation schon am 16. April 1922 durch den Vertrag von Rapallo zu entkommen, durch den eine enge Zusammenarbeit mit dem ebenfalls isolierten Deutschen Reich erreicht werden sollte. Unter den gegebenen Bedingungen schien Moskau die geheime Unterstützung der Reichswehr, die die Regelungen von Versailles teilweise entschärften, ungefährlich zu sein. Was die USA angeht, so lieferte General Electric die Technologie, um die Sowjetunion an das Stromnetz anzuschließen und für die Sowjets Lenins Direktive zu erfüllen, nach der Sozialismus zu erreichen sei über die Elektrifizierung des ganzen Landes.[241] Die Talsperren am Fluss Dnjepr wurden mit Geld aus den Staaten finanziert und von einem britischen Unternehmen ausgerüstet.[242] Der *Hitler-Freund* Henry Ford baute in den dreißiger Jahren die erste Autofabrik der Sowjetunion mit Sitz in Gorki.[243] Auf den Fließbändern dieses Werkes werden inzwischen auch Panzer und noch ganz andere Militärfahrzeuge hergestellt, was ja auch auf die Fließbänder bei Ford Deutschland und General Motors' Opel-Werken zutrifft. Allgemein beschränkt sich die US-Unterstützung für die Sowjetmacht somit nicht auf den zivilen Bereich.[244] Die Sowjetunion an sich war ohne diese Hilfe niemals überlebensfähig.[245] So ist das im „demokratischen“ Amerika mit der Unterstützung für die existierenden und für angestrebte Diktaturen. Wir werden ja sehen, ob sich diese Masche bis in alle Ewigkeit fortsetzt. Hier bleibt nur zu ergänzen, dass ein- und dieselbe PR-Firma, nämlich Ivy Lee & T. J. Ross aus New York, 1929 die Öffentlichkeitsarbeit übernahm, um interessierten Zeitgenossen zu erklären, weshalb Rockefeller die IG Farben-Tochter in den Vereinigten Staaten unterstützte, und ein Buch mit dem Titel *Die UdSSR* auf den Markt brachte, das dieses Land in den schillerndsten Farben schönredete,[246] als in der Sowjetunion noch einmal über 10 Millionen Menschen an Hunger starben.

Gut für die Abwicklung der gleichzeitigen Unterstützung zweier Regime, die gegensätzlich sind und sich inzwischen endlich miteinander im Krieg befinden, ist es, wenn sich die Superreichen, die an der ganzen Nummer verdienen wollen, nicht womöglich noch mit den seltsamsten Politikern herumbalgen müssen. Edward Stettinius mag hier als aktuelles Beispiel dienen, um nicht daran erinnern zu müssen, wie der langjährige Chef in Washington und seine Equipe ursprünglich erst in die politischen Ämter gehievt worden waren. Dieser Stettinius also ist ein Millionär, der in Gesellschaften wie United States Steel und General Motors, bei der General Electric und auch bei anderen Firmen Direktorenposten begleitet. Schon von 1940 an übte er verschiedene staatliche Funktionen aus und ist Mitglied des Nationalen Verteidigungsrates. Zu Beginn des Krieges war der Pionier der Menschenrechte für Fragen des Leih- und Pachtgesetzes verantwortlich, als manch einer in *America* noch nicht voll und ganz davon überzeugt war, dass man die Sowjetunion sogar militärisch unterstützen sollte, die 1939 einen Nichtangriffspakt mit Adolf Hitlers Drittem Reich geschlossen hatte. Seit September 1943 ist Edward Stettinius inzwischen stellvertretender Außenminister der Vereinigten Staaten.[247] Ein Schelm, wer Arges dabei denkt. Es ist nur eine Frage der Zeit, wann noch andere gutbetuchte Herrschaften in die Politik einsteigen. William H. Draper ist zum Beispiel jetzt noch bei der Firma Dillon, Read & Co. beschäftigt. Die Firma zählte zu jenen, die schon in den zwanziger Jahren die deutschen Kartelle finanziert hat. Für General Motors zum Beispiel hält sich Louis Douglas bereit. Edward S. Zdunke war vor dem Krieg Leiter der General Motors im schönen Antwerpen. Graeme K. Howard hat Erfahrungen als Repräsentant der General Motors im Deutschen Reich und hat ein Buch geschrieben, das totalitäre Praktiken preist und die Aggressionen unter Hitler gerechtfertigt hat. Philip P. Clover verfügt über *know-how* als ein

Vertreter der Socony Vacuum Oil Company in Deutschland. Dann haben wir Philip Gaethke. Er war vor dem Krieg der Leiter der Schmelzhütten und Bergwerke der Anaconda Copper in Oberschlesien. Peter Hoglund von GM ist Fachmann der deutschen Autoindustrie. Das letzte treffliche Beispiel in dieser Runde soll R. J. Wysor sein. Er ist noch der Präsident der Republic Steel Corporation, doch auch dieser gute Mann sitzt längst in den Startlöchern, um nach dem Ende Deutschlands den Kadaver auszuweiden. Wenn es um die ureigenen Interessen des *Big Business* geht, werden sich die Herren doch nicht auf irgendwelche gewählte und unabhängige Volksvertreter verlassen.[248]

Treffen der Großen Drei in Teheran

Ein Treffen mit Stalin liegt Roosevelt, vielleicht wegen der Atombombe, jetzt doch am Herzen, denn er lenkt nach mehreren Monaten des Tauziehens am Ende ein, als Stalin anbietet, er könne selbstverständlich von seinem Ersten Stellvertreter in der Regierung, Molotov, „voll und ganz" ersetzt werden. Dieser habe gemäß der sowjetischen Verfassung gleiche Rechte wie er als Chef der sowjetischen Regierung. Schwuppdiwupp hat es sich der große Gauner im Weißen Haus anders überlegt und erklärt es über Nacht für machbar, natürlich auch nach Teheran zu reisen. Freilich wurde die Verfassung der Staaten deshalb längst nicht geändert. So sehr Roosevelt jedoch seine erste persönliche Zusammenkunft mit Stalin herbeisehnt, so sehr fürchtet die Nazi-Führung in Berlin diese Möglichkeit, die Kriegführung gegen das Deutsche Reich besser abzustimmen. Doch auf welchen Gedanken sollen Verbrecher denn kommen außer auf einen sportlich unfairen? Hitler und Himmler wollen mit Hilfe des deutschen Agentennetzes etwas gegen die Führer der Feindstaaten inszenieren. Da man weiß, dass sich Teheran in der Auswahl möglicher Austragungsorte für die Elefanten-Runde befindet und in Teheran eine Anzahl deutscher Agenten sind, sollte das kein größeres Problem darstellen.[249] Wird ihnen ein großer Wurf nach ihren Vorstellungen bei der Gelegenheit gelingen?

Neben Himmler wird auch Geheimdienstchef Admiral Wilhelm Canaris eingeweiht und nun bleibt es der Phantasie überlassen, wie London von der drohenden Gefahr Wind bekommt. Fakt ist, dass die Information in Teheran auf den Tisch des Schweizers Ernst Merser gelangt, der Agent des britischen Geheimdienstes ist und sich Ende 1940 mit Wissen seiner Londoner Chefs von der deutschen Abwehr anwerben ließ. Der sowjetische Diplomat Valentin Bereschkow ist überzeugt, dass Wilhelm Canaris einfach nicht dahintergekommen ist, dass Merser ein Doppelagent sein könnte. Ich bin überzeugt, dass Canaris nicht womöglich noch den Tod der Chefs der großen Drei auf das deutsche Konto gehen lassen will und auf dem Wege über Merser die Briten über die Operation „Elephant“ in Kenntnis setzt. Wie, wenn nicht über den deutschen Geheimdienst, sind denn 1938 die Informationen über Hitlers Tschechen-Abenteuer an die Themse gelangt? 1939 Hitlers Plan für den Überfall auf Polen? Wie viele Vermittlungsversuche zur Beendigung des Krieges mit oder ohne Hitler hatte Canaris seit dem Beginn des Krieges schon gestartet? Und im Falle eines Schweizer Staatsbürgers soll Canaris nicht verstanden haben, dass die Information sicher die Richtigen erreichen wird, wenn er Merser mit in das Boot holt und ihn mit den Details füttert? Davon ganz abgesehen gibt es noch ein weiteres stichhaltiges Argument, das für meine Deutung spricht: Seit einem Dreivierteljahr steht Geheimdienstchef Canaris nun schon unter Beobachtung, da sich die Auffälligkeiten in seinem Bereiche häuften. Der Verdacht kam letzten Endes nicht von ungefähr auf.[250]

Jener Plan wird auch auf einem anderen Weg bekannt. Im ukrainischen Rivne, das von der Wehrmacht besetzt ist, kommt es zu einem Schwatz zwischen SS-Sturmbannführer Orthel und dem stattlichen und forschen Frontoffizier Paul Siebert beim Kognak. Orthel hatte Siebert nahegelegt, in den Dienst der SS zu treten, weil er da leichter Karriere machen kann. Im Rownoer Offizierskasino kommt Orthel auf seinen Vorschlag zurück und verspricht Siebert, ihn demnächst Otto Skorzeny vorzustellen – mit dem er bald einen wichtigen Auftrag auszuführen hätte. Vielleicht ist es nicht wirklich professionell, über einen Geheimauftrag beim Kognak zu prahlen, aber geschenkt. „Bald geht es nach Persien, mein Freund. Ende

November kommen dort die großen Drei zusammen", und eröffnet dem forschen Siebert, dass mehrere Gruppen deutscher Agenten darauf vorbereitet werden, den amerikanischen Präsidenten zu entführen, „damit sich der Führer leichter mit Amerika verständigen kann". Doch erstens muss nicht jeder stattliche und forsche Offizier auch ein Deutscher sein und zweitens muss das ebenso wenig auf jeden zutreffen, der akzentfrei und fließend Deutsch spricht. Paul Siebert zum Beispiel ist im richtigen Leben ein Russe, heißt Nikolaj Kusnezow und ist Agent des sowjetischen Geheimdienstes.[251] Über Moskau geht diese Warnung nach Washington.

Die Vollsitzungen der Konferenz von Teheran finden im großen Saal der sowjetischen Residenz statt, wo zur Sicherheit auch der US-Präsident in diesen Tagen wohnt, um einem Anschlag bei der Fahrt durch die Innenstadt vorzubeugen. Davon abgesehen macht das auch den Aufenthalt in der iranischen Hauptstadt an sich für den Rollifahrer komfortabler. Der Saal ist im Empirestil gehalten. In der Mitte ist ein großer runder Tisch, auf dem die Staatsflaggen der drei Mächte, die teilnehmen, prangen. Auf jedem Platz liegen Notizbücher und gespitzte Bleistifte. Unmittelbar am Tisch sitzen die Hauptmitglieder der Verhandlungsdelegationen und die Dolmetscher. Weitere Teilnehmer und das technische Personal sind auf Stühle verteilt, die symmetrisch hinter den Sesseln angeordnet sind. Die erste Vollsitzung wird am 28. November 1943 um 16 Uhr eröffnet. Es ist vom ersten Moment an ganz großes Theater. Die erste Sitzung leitet der US-Präsident und er steigt mit diesen Worten ein: „Als jüngstes der hier anwesenden Regierungsoberhäupter möchte ich mir erlauben, als erster meine Meinung zu äußern. Ich möchte den Mitgliedern der neuen Familie, den Teilnehmern der gegenwärtigen Konferenz, die sich um diesen Tisch versammelt haben, versichern, dass wir alle hier mit diesem einen Ziel zusammengekommen sind, mit dem Ziel, den Krieg so schnell wie möglich zu gewinnen." Im Westen was Neues. Auf jeden Fall klingt es in den Ohren der sowjetischen Delegierten nach einem feierlichen Schwur, als der Präsident deklamiert: „Wir haben nicht die Absicht, irgendetwas darüber zu veröffentlichen, was hier gesprochen wird, aber werden uns wie Freunde zueinander verhalten, offen und aufrichtig sein."[252] Spricht das nicht schon Bände, dass er zwischen diesen beiden, scheinbar gleich gerichteten *statements* ein *aber* platziert? Ohne ein schlechtes Gewissen wäre *deswegen* oder *deshalb* viel naheliegender.

Als Roosevelt fragt, wer noch eine Erklärung über die Wichtigkeit dieses Treffens abgeben wolle und darüber, was es für die Menschheit bedeute, meldet sich Churchill, der jedoch auch schon vor dem Beginn des Weltkrieges 1914 wusste, was die Londoner Außenpolitik für die Menschheit bedeutet. Welchen Unterschied sollen ein paar Menschenleben machen? Immerhin geht es um den Erhalt der Weltherrschaft für die Könige von England. Winston Churchill erhebt sich – wohl um die Feierlichkeit des Augenblicks zu unterstreichen, und schiebt den Sessel zurück, um seiner Gestalt Platz zu verschaffen. Er spricht sehr gemessen und fügt ein Wort an das andere, genau wie ein Maurer einen Ziegelstein auf den anderen setzt. Wenn er Pausen für die Übersetzung einlegt, bewegt er lautlos die Lippen, als würde er schon den nächsten Satz zuerst einmal nur für sich selbst sprechen und gleichsam dessen Klang lauschen. Dann artikuliert er die gewählten Worte mit der geschulten Stimme eines Berufsredners. Dieses Treffen in Teheran, sagt er, „ist die größte Konzentration der internationalen Kräfte, die es in der Geschichte der Menschheit je gegeben hat. In unseren Händen liegt die Entscheidung über die Verkürzung des Krieges, über die Erringung des Sieges und über das künftige Schicksal der Menschheit. Ich bete, dass wir uns der großen von Gott gegebenen Möglichkeit, der Möglichkeit, der Menschheit zu dienen, würdig erweisen mögen."[253] Das ist ganz großes Kino, nachdem er seit vier Jahren die Ausrottung der Polen, Juden, Russen und anderer durch deutsche Verbrecher ermöglicht hat und die Befehle zur Ermordung der Menschen in Nord-, West-, Mittel- und Südeuropa aus der Luft gleich selbst gibt.

Jossif Wissarjonowitsch Stalin, noch nicht einmal mittelgroß, durchaus abgemagert, mit erdfarbenem, abgespanntem, blatternarbigem Gesicht, beginnt zu sprechen, ohne sich dabei vom Platz zu erheben. Es fällt auf, dass einer seiner Arme kürzer ist als der andere; die Hand des kürzeren Armes verschwindet fast im Ärmel. Im Saal wird es still – vielleicht, weil die meisten Anwesenden zum ersten Mal seine Stimme hören, vielleicht aber auch, weil er sehr leise spricht. Ergebnisorientiert eröffnet er: „Ich begrüße die Konferenz der Vertreter der drei Regierungen und möchte einige Bemerkungen machen. Ich glaube, dass uns die Geschichte sehr günstig gesinnt ist. Sie gab uns sehr große Kräfte und sehr große Möglichkeiten in die Hand. Ich hoffe, dass wir alles tun werden, um auf dieser Konferenz, im Rahmen der Zusammenarbeit, die Kraft und Macht in gebührendem Maße zu nutzen, die uns unsere Völker anvertraut haben. Und jetzt lassen Sie uns an die Arbeit gehen!“[254]

Um es an dieser Stelle vorwegzunehmen, die sehr großen Möglichkeiten werden in absehbarer Zeit nicht genutzt werden, weil es die Kamintäter in England und Amerika und für sie die beiden entscheidenden Politiker nicht wünschen. Dabei geht es nun überhaupt nicht um *peanuts*. Es geht um großes Geld. Genussreich referiert der amerikanische Präsident über Kriegsschauplätze auf Inseln im Pazifischen Ozean – fernab von Japan und vollkommen uninteressant für die Auseinandersetzungen zwischen der Sowjetunion und Deutschland, das mit seinen Truppen weiterhin im Herzen der Sowjetunion steht und von daher auf deren Rohstoffe Zugriff hat für seinen Krieg gegen die unbesetzten Gebiete. Als ob er nicht über Militäraufklärung verfügte, fragt er Stalin, welche Stärke denn wohl eine der vermutlich 210 deutschen Divisionen habe, die gegenwärtig an den Fronten in Osteuropa stehen. Stalin erläutert ihm geduldig, dass so eine Division zusammen mit den Hilfskräften etwa 12.000 bis 13.000 Mann umfasse. Dann lenkt er die Aufmerksamkeit auf den fatalen Punkt, dass die Deutschen auf ihrem allmählichen Rückzug alles vernichteten. Dies erschwere auch den Nachschub an Munition und verlangsame den Fortgang der aktuellen sowjetischen Offensive. Kiew, das schon befreit war, könnten die Deutschen bald wieder erobern.[255]

Die Galadarbietung der grandiosen Wortakrobaten zieht sich durch endlose Gesprächsrunden bis zum 1. Dezember hin. Nachdem Roosevelt die Inseln des Pazifik einzeln abgeklappert hat, startet Churchill die Schiffsrundreise durch das Mittelmeer, wobei er keinen Ankerplatz auslässt, an dem er britische Soldaten zum Schauboxen ausgesetzt hat. Der Genosse Stalin scheint, wie es im Deutschen so schön heißt, Kreide gefressen zu haben, denn er weist immer wieder ruhig darauf hin, dass das Schattenboxen am Rand der bekannten Welt keine Entlastung für seine Armeen bringt, die mehrfach fast vor den auch weiter zahlenmäßig unterlegenen Deutschen kapitulieren mussten. Doch Churchill beharrt unbeeindruckt auf seiner Italien-Aktion. Immerhin habe der Kampf um Rom schon begonnen und ein Verzicht auf dessen Einnahme komme einer Niederlage gleich. Eine solche aber könne seine Regierung dem Unterhaus in keiner Weise erklären. Er sagt sicher nicht, dass er erst auch Italien zerbomben will, der Gauner. Dabei ist die Zerstörung von Rom und anderen Städten in Italien militärisch sinnlos und damit ein reines Kriegsverbrechen, wo es doch die Spatzen von den Dächern pfeifen, dass Hitler dem *Duce* im Nacken sitzt, und die deutsche Wehrmacht die Italiener im Schach hält, die längst von sich aus kapituliert hätten. Seit Mussolini im Sommer '43 durch den Faschistischen Großen Rat abgesetzt und auf Anordnung von König Viktor Emanuel III. verhaftet worden war, ist er nichts weiter als eine Witzfigur. Zur Marionette Hitlers ist der *Duce* endgültig geworden, als er von deutschen Fallschirmspringern aus den Händen der Italiener befreit wurde. Churchill sagt, es gebe den Plan für die Aktion *Overlord*, bei der gewiss irgendwann größere Teile britischer und amerikanischer Truppen an der französischen Kanalküste landen würden, aber Overlord lasse sich schließlich auch im August durchführen – nachdem die Aktion weder 1941 noch 1942 oder 1943 durchgeführt worden war. Obwohl das von britischen und amerikanischen Militärs seit damals schon gefordert wurde, na ja. Von *Overlord* kann auch weiter keine Rede sein. Nicht einmal im November 1943 will Churchill die Diskussion über die Eröffnung der zweiten Front im Westen vor dem Erörtern territorialer Zugeständnisse gestatten.[256] Unter den amerikanischen Militärs gab es Meinungsverschiedenheiten in Bezug auf die richtige Strategie. Churchill war über diese bestens informiert und spielte eine Fraktion gegen die andere aus, um das Streben nach Eröffnung der zweiten Front im Keim zu ersticken. Da wurde auf einmal die große Bedeutung des Sieges über Japan betont. Das mag richtig sein, aber dann muss man auch Japan selbst angreifen.

Roosevelt spricht zwar zuerst vom Beginn der Operation am 1. Mai '44, relativiert das jedoch später noch einmal und sagt, man wolle sie „nicht weiter als bis Mai oder Juni verschieben".[257]

Stalin räumt ein, er könne sich ja auch irren, aber seine Kollegen und er seien der Meinung, dass der italienische Kriegsschauplatz bloß insoweit von Bedeutung sei, als die freie Schifffahrt der Alliierten im Mittelmeer gesichert werden solle. Doch da Italien ungeeignet ist, um Deutschland von da aus direkt anzugreifen, bedingt durch die Alpen im Norden, sind die Kämpfe in diesem Land kaum Anlass für Hitler, sonderlich zahlreich seine Soldaten der deutschen Wehrmacht von den Fronten in Osteuropa abzuziehen.[258] So redet einer, der den Krieg verkürzen möchte. Der Stoß muss dort ausgeführt werden, von wo die militärische Macht hauptsächlich ausgeht. Aber genau, wie mehr Franzosen durch britische Bomben sterben als durch Kampfhandlungen und Besatzung durch die deutsche Wehrmacht, werden auch italienische Städte ohne jeden Sinn und Verstand zu Kleinholz gemacht, anstatt jetzt die Wehrmacht von der Nordsee aus anzugreifen oder vom Kanal aus in Frankreich zu landen. Es gibt auch zu denken, dass während des Krieges mehr Bomben aus britischer Produktion auf Frankreich fallen als während des gesamten Blitzkrieges an deutschen Bomben über England hernieder gegangen waren. Stalins Äußerungen lassen erkennen, dass er durchaus spürt, dass es Churchill darum geht, auch sein Land richtig ausbluten zu lassen. Doch was bleibt ihm übrig, als sich auf die Zunge zu beißen? Würde er die Konferenz mit einem Eklat platzen lassen, stünde sein Land wieder mutterseelenallein auf weiter Flur da und dann entfiele selbst die theoretische Chance, dass ihm *America and England* doch noch aus der Patsche helfen, und sei es auch erst im letzten Notfall. Stalin trifft den wunden Punkt, als er fragt: „Wenn es erlaubt ist, möchte ich um die Beantwortung der Frage bitten, wer die Operation *Overlord* befehligen wird." Darauf sagt Roosevelt, die Frage sei noch nicht entschieden. Als würde Stalin laut denken, brabbelt er: „Dann wird aus der Operation *Overlord* nichts werden." Wenn nicht bekannt sei, wer die moralische und militärische Verantwortung für die Vorbereitung und die Durchführung von *Overlord* habe, sei diese ganze

Operation nur Geschwätz.[259] Das ist sie freilich seit Jahren bereits. Es ist jedoch auch nicht so, dass Churchill gar keine eigene Vorstellung davon hätte, wo er gerne britische Soldaten in Europa eingreifen lassen würde, und durchaus näher an den Frontlinien im Osten des Kontinents. Seine Vorliebe gilt dem Balkan. Der sowjetische Dolmetscher sagt, jedes Mal, wenn der Premier für eine Invasion über den Balkan eintrat, sei den Anwesenden völlig klar gewesen, was er in Wirklichkeit will. Er möchte vor allem darauf hinaus, dass sich britische Truppen in Mitteleuropa hineinkeilen, um die Rote Armee nicht nach Österreich und Rumänien durchkommen zu lassen, wenn möglich, nicht einmal nach Ungarn. Lässt man jedoch die Vorkriegspolitik aller osteuropäischen Staaten mit Ausnahme der Tschechoslowakei noch einmal Revue passieren, muss Stalin darauf aus sein, diese Länder daran zu hindern, seinem Land gegenüber wieder eine feindliche Haltung einzunehmen.[260] England ist auf keinen Fall das Reich, dem diese Länder in Zukunft ausgeliefert werden sollten, und das auch in ihrem ureigensten Interesse. Sieht man sich die Außenpolitik in London seit der Jahrhundertwende an, so war jenes Völkergemisch Osteuropas für die britische Krone nie mehr als das Kanonenfutter, das sie den Deutschen hinzuwerfen gedachte für die Auseinandersetzungen mit Russland und später dessen Nachfolgereich. Damit haben auch die Osteuropäer für die Zeit nach diesem Krieg nur die Perspektive, vom Teufel oder vom Beelzebub dominiert zu werden, wobei die Oberherrschaft der modernen Moskauer Großfürsten wenigstens weitere Kriege ausschließt.

Die Ausbeute des Gipfeltreffens ist in dieser Hinsicht nach allem Betteln und Winseln Stalins bei den Hoffnungsträgern aus dem Westen für sein Land sehr mager. Sollten sich seine Truppen weiterhin wacker schlagen, wird ihm schlussendlich für Mai oder Juni 1944 aber wirklich die zweite Front im Norden Frankreichs in Aussicht gestellt.[261] Von Roosevelt wird die Idee vorgetragen, nach Beendigung des Kriegs eine Weltorganisation zu schaffen, die auf den Prinzipien von Vereinten Nationen basieren soll und sich nicht mit militärischen Fragen befassen werde. Sie sollte lediglich Empfehlungen geben. Im Laufe dieser Gespräche wird auch der Gedanke formuliert, die drei hier versammelten Mächte müssten nach dem

Krieg nicht allein den Frieden wahren; die drei Mächte sollten vielmehr die Leitung der Welt übernehmen. Nachdem Churchill diesen Gedanken ausgesprochen hat, fügt er hinzu, er wolle keiner Nation ein bestimmtes System aufzwingen. Er fordere für alle die Freiheit sowie das Recht, sich nach ihren eigenen Wünschen zu entwickeln. Auch hier klafft eine Lücke bezüglich der Glaubwürdigkeit. Gewiss, Stalin wird es nicht wissen und Roosevelt wird es nicht sagen, aber Russland und Deutschland sind die aktuellsten Beispiele, bei denen die Führung des *British Empire* mächtig mitgemischt hat, was ihre Entwicklung angeht. Die Idee einer künftigen Weltregierung stammt nach Churchills Bekunden ursprünglich von US-Präsident Roosevelt. Der Amerikaner geht bei seinen Überlegungen von vier Mächten aus, denn er will China gern einbeziehen. Davon ist jedoch Churchill so wenig begeistert wie Stalin. So kommt man schließlich auf Regionalausschüsse für den Fernen Osten, Nord- und Südamerika sowie für Europa.[262]

Im Verlauf der Beratung über die Nachkriegsordnung in der Welt reden die Herren auch über Polen. Über einen künftigen polnischen Staat und seine Grenzen zu sprechen ist Stalin bereit, über die eventuelle Wiederaufnahme der Beziehungen zur Exilregierung in London hingegen ganz und gar nicht. Er habe die Beziehungen zu diesen Leuten nicht aus einer Laune heraus abgebrochen, sondern weil sie sich Hitlers Verleumdungskampagne gegen die Sowjetunion wegen Katyn anschlossen, und welche Garantie habe er denn, dass sich solches nicht wiederhole? Seine Furcht ist berechtigt, denn es gibt genug Zeugen, die wissen, dass seine Polizei die Menschen umgebracht hat. Die Morde an mehr als 20.000 Polen in der Nähe von Katyn und weiteren Orten in Russland scheinen zum ganz großen Bumerang für die Beziehungen zwischen den Polen und Russen zu werden. Stalin betont jedenfalls, dass er keinen Wert auf Gebiete legt, die von Polen bewohnt seien. Churchill verweist darauf, dass Polen aus einer Westverschiebung nichts als Nutzen ziehen könne; was seien denn die Pripjetsümpfe gegen die deutschen Industriegebiete in Schlesien?[263]

Wo die Polen ihre Heimatdörfer haben und ob das die Beziehungen von Polen und Russen weiter belastet, kann ihm egal sein. Wichtig ist für ihn vor allem, dass die Deutschen nicht mehr so viel produzieren können.

Eines Abends zieht sich US-Präsident Roosevelt relativ früh zurück, so unterhalten sich Stalin und der britische Premier allein miteinander. Es geht um die weitere Verfahrensweise mit Deutschland nach errungenem Sieg. Beide äußern, sie wollten, dass von Deutschland kein weiteres Mal Krieg ausgehen könne. Während Winston Churchill die Zigarre in Brand setzt, merkt er an, die Alliierten müssten Deutschland einen „wuchtigen Schlag versetzen“, so dass es nie mehr andere Staaten bedrohen könnte. Stalin stimmt zu, bemerkt jedoch, Deutschland werde, wenn man keine besonderen Maßnahmen träfe, sein Potenzial in wenigen Jahren wiederhergestellt haben und wieder eine Gefahr für den Frieden werden. Hier fehlt natürlich die Einsicht, dass die Sowjetunion das isolierte Deutschland in den Jahren nach dem Weltkrieg insgeheim bei seiner Aufrüstung unterstützt hatte, um selbst aus der Isolation herauszukommen. Die entsprechenden Anweisungen gingen immerhin über Stalins persönlichen Schreibtisch im Kreml. Der Chef an der Moskva ist in der Hinsicht auch nicht besser als der Chef an der Themse. Der ist genauso wenig bereit, den britischen Anteil an der *geheimen* Aufrüstung des Deutschen Reichs offiziell einzuräumen. Churchill jedenfalls vertritt eine andere Meinung, die aber auch tief blicken lässt. Infolge der Verluste an der sowjetischen Front wie auch der Bombenangriffe der alliierten Luftwaffe auf Deutschland seien die Reserven an Menschen und das Rüstungspotenzial schon jetzt weitgehend erschöpft. Gegen Kriegsende werde das Reich weiteren Schlägen ausgesetzt und dermaßen zerstört sein, dass es unter keinerlei Umständen bald wiederhergestellt sein könne.[264] Kalkuliert man in diese Überlegung noch Reparationen für den neuen Weltkrieg ein, würde die Rechnung sogar aufgehen. Dann dauert der Wiederaufbau ewig.

Es lohnt sich, an dieser Stelle innezuhalten, um Winston Churchill auch richtig zu verstehen. Wovon das Sprachrohr der englischen Elite seinen temporären Alliierten in Moskau überzeugen will, entspricht genau der

Botschaft, die britische Medien der Bevölkerung im Vereinigten Königreich beizubringen versuchen: Deutschland ist gleich Naziland – und es wird definitiv nicht genügen, einen Wechsel an der Spitze zu erzwingen. Wenn das der Inhalt der Propaganda in England und Amerika nach dem Krieg bleibt, dann können wir uns ja heute schon einmal frisch machen. Churchill will mit seinen Bombardements erreichen, dass Deutschland unter keinerlei Umständen bald wiederhergestellt sein kann, ob es jetzt diese oder jene Regierung in Berlin an der Spitze hat. Wenn ein solches Anliegen schon im Falle des Deutschen Reiches nicht überzeugt, um wie viel mehr Kopfstände sind dann nötig, um zu erklären, *pourquoi tant de bombes*, warum so viele Bomben auf Städte Frankreichs und Italiens abgeworfen werden. Addiert man die Aktivitäten der SOE in Frankreich, in der besetzten Tschechei, in den Niederlanden und die Verweigerung der zweiten Front – zum Schaden der Sowjetunion, dann lässt sich aus den genannten Punkten wohl nur ableiten, dass es in der Tat darum geht, die aufstrebenden Mächte in Europa in ihrer Entwicklung massiv zurückzuwerfen. Die britische Unterstützung bei der Aufrüstung Deutschlands in den Jahren vor der Machtergreifung Adolf Hitlers und seine Aufwertung als erfolgreicher Außenpolitiker nach 1933 durch führende Politiker aus London, kombiniert mit der Behinderung von Kritik an den politischen Zuständen im Dritten Reich durch Maßnahmen in London bis 1939, der propagierten Gleichsetzung von Nazis und Deutschen und der eben dargelegten Zielvorstellung, dass Deutschland nach den Bombardierungen unter keinen Umständen bald wiederhergestellt sein kann, lässt nur den Schluss zu, dass es auch in diesem Falle von Anfang an darum ging, das Reich vom weiteren Aufstieg abzuhalten. Es war demzufolge gelogen, als der Premierminister im Frühjahr bekundete, „barbarische Handlungen" gegen Deutschland seien nicht vorgesehen und als Außenminister Eden deklamierte, Ziel des Krieges sei bloß die Zerstörung des Hitler-Staates. Was die Ziele der Angloamerikaner angeht, machen sich Deutsche auch keine Illusionen. Große Teile der Bevölkerung sind absolut davon überzeugt, dass erst die Kinder oder die Enkel der Bewohner der zerbombten rheinisch-westfälischen Gebiete die Wiederherstellung ihrer Städte oder deren Neuerstehung einmal erleben würden. Es dauere bestimmt 30 bis

50 Jahre, bis der Wiederaufbau abgeschlossen sei. Der Sicherheitsdienst hinterlässt einen Vermerk in den Akten, nach denen die Leute sagen, es sei ja noch nicht einmal vorstellbar, wo eigentlich der ganze Schutt hingebracht werden könne.[265] Da haben Orte in Mittel- und Ostdeutschland noch verdammt Glück; Städte wie Dresden sind fernab vom Schuss. Der Krieg müsste noch eine ganze Weile hingezogen werden, wenn sie auch noch was abkriegen sollen. Aber kommen wir zurück nach Teheran.

Als bei der nächsten Dreierrunde die Deutschlandfrage Thema ist, meint Roosevelt, es liege ein Vorschlag vor, Deutschland zu zerstückeln. Diese Frage müsse eingehender erörtert werden. Dann stellt er seine Planung vor: 1. Preußen, 2. Hannover und Westdeutschland, 3. Sachsen mit dem Raum um Leipzig, 4. Hessen-Darmstadt, Hessen-Kassel und das Gebiet südlich des Mains, 5. Bayern, Baden, Württemberg, diese Teile würden unabhängige Regierungen erhalten; zwei weitere Gebiete seien unter die Verwaltung der Vereinten Nationen zu stellen: 1. Kiel, der Kieler Kanal und Hamburg, 2. Die Ruhr und die Saar. Diese zwei Gebiete würden der Kontrolle der Vereinten Nationen als Treuhänder unterstehen. Dies sei erst einmal nur eine Idee, die er zur Diskussion stelle. Churchill widerspricht ihm und möchte die Gegenden des Reiches unterschiedlich hart behandeln: „Ich bin für eine Aufteilung Deutschlands. Aber ich möchte die Frage hinsichtlich der Aufteilung Preußens durchdenken. Ich bin für eine Abtrennung Bayerns und anderer Länder von Deutschland." In *der* Hinsicht befindet der Londoner Premier: „Preußen ist, so möchte ich betonen, die Wurzel allen Übels in Deutschland." Dass es dabei um die Beschneidung der wirtschaftlichen Macht des Deutschen Reiches geht und nicht um die Beseitigung der militärischen Bedrohung, wird allein schon daran deutlich, dass es in der Nazi-Führung gar keine Preußen gibt und dass nun ausgerechnet in Preußen seit 1922 Nazi-Organisationen mehrfach verboten worden waren. Die sehr umfangreiche Unterstützung zum Wohle der Truppenteile von Hitler kam doch wohl aus England und aus Amerika. Der ehemalige englische Premierminister Lloyd George hatte 1936 nach seinen Gesprächen auf dem Obersalzberg Hitlers Kritikern im Reich gnadenlos den Boden unter den Füßen weggezogen, als er meinte, er habe eben den berühmten deutschen Führer gesehen und einiges von dem großartigen Wandel, den er herbeigeführt habe. Er beendete seine Laudatio mit den Worten: „Ich habe noch nie ein glücklicheres Volk gesehen und Hitler ist einer der größten Männer.“[266]

Schön, und was ist mit den USA? Am 20. Dezember 1922 verkündete die amerikanische Zeitung New York Times, dass der Autohersteller Henry Ford eine deutsch-nationalistische und antisemitische Bewegung eines gewissen Adolf Hitler in Deutschland finanziere. Zu der Zeit appellierte das Berliner Tageblatt an den amerikanischen Botschafter in Berlin, der Einmischung Henry Fords in die inneren Angelegenheiten Deutschlands auf den Grund zu gehen und ihr Einhalt zu gebieten.[267] Was Churchill in Teheran im Kern beseitigen will, sind die wirtschaftlichen Möglichkeiten Preußens, die schon seit Beginn des 20. Jahrhunderts eine zunehmende Konkurrenz für England darstellen. Roosevelt stimmt ihm in dieser Hinsicht lebhaft zu: „Ich meine, Preußen müsste möglichst geschwächt und verkleinert werden.“ So dezidierte Gedanken hat man sich offensichtlich in Moskau noch nicht über Filetierungsmodelle für das Deutsche Reich nach dem Sieg über seine Armeen gemacht. Churchill will heraushören, Stalin habe eher Roosevelt als ihm selbst zugestimmt; in jedem Fall sei er aber für eine Form der Teilung des Kadavers des Reiches gewesen. In der Wahrnehmung des Chefs für Fragen der sowjetisch-amerikanischen Beziehungen im Volkskommissariat für Auswärtige Angelegenheiten zu Moskau klingt das ganze Gerede vom Zerstückeln Deutschlands „irgendwie irreal“. Es regen sich Zweifel, ob das deutsche Volk in der Mitte des zwanzigsten Jahrhunderts dazu gezwungen werden könnte, sich mit der Einführung der Zwergstaaten aus der Zeit der Kurfürsten abzufinden. In Bereschkows Augen hat der amerikanische Präsident die Karte Deutschlands „allzu kühn zu einem Schnittmusterbogen gemacht“.[268] Das war ja hoffentlich kein Fehler, als die Sowjets zu Konferenzbeginn brav auf den amerikanischen Vorschlag zum Geheimhalten der Inhalte der Gespräche eingingen. Womöglich erzählen die westlichen Gesprächsteilnehmer im Anschluss schaurige Märchen darüber, was Stalin zu Teilungsideen gesagt habe. Allerdings wird Roosevelt zu Hause in Washington auch noch einige Überzeugungsarbeit für die Pläne zur Häckselung des Deutschen Reiches leisten müssen, denn im Konsultativkomitee, das die Fragen der Nachkriegspolitik der USA behandelt, setzt sich Ende 1943 die Meinung durch, eine Teilung Deutschlands in mehrere unabhängige Staaten wäre durchaus nicht zweckmäßig.[269]

Aber das kann doch jedem passieren

Auf der Rückreise von Teheran nach London legt Londons Außenamtschef Anthony Eden einen *stopover* in Ankara ein, angeblich um den Botschafter in der Türkei Sir Hughe Knatchbull-Hugessen umfassend über die Beschlüsse der Konferenz zu informieren. Doch Sir Hughe ist immer so übelst fahrlässig; oft lässt er den kleinen schwarzen Koffer mit seinen Dokumenten unbeaufsichtigt in seinem Schlafzimmer stehen. Dies gibt, nach späteren hochnotpeinlichen Ermittlungen, seinem Kammerdiener Elyesa Bazna die Möglichkeit, das britische Protokoll der Konferenz von Teheran zu fotografieren und sie anschließend L. C. Moyzisch, dem SS-Beauftragten in Ankara zu übergeben. So liegen diese brisanten Papiere kurz nach dem Abschluss des Gipfeltreffens in Berlin auf dem Tisch und die Deutschen erhalten neben vielen anderen nützlichen Informationen über die Ansichten der verschiedenen Alliierten auch den Termin für die Operation *Overlord*. Wegen der Fülle wichtiger Informationen, die der Kammerdiener dem Geheimdienst der SS liefert, erhält er den blumigen Decknamen *Cicero*.[270] Unter dem Eindruck dieser Ungeheuerlichkeit ist es geradezu niedlich, mit welchem Höllenaufwand die Sowjets für einen sicheren Transport dieser Unterlagen aus Teheran in die Hauptstadt der Sowjetunion sorgen. Sie werden in besonders starke Umschläge gesteckt und anschließend in mehrfach versiegelten Segeltuchsäcken von bewaffneten diplomatischen Kurieren nach Moskau befördert. Unser deutscher Botschafter in der Türkei Franz von Papen bekundet, die Informationen von *Cicero* seien aus zwei Gründen sehr wertvoll. Einmal seien dadurch die Absichten der Alliierten hinsichtlich des politischen Status Deutschlands nach der Niederlage enthüllt worden und dann sei den Deutschen gezeigt worden, welche Differenzen unter den Alliierten vorhanden sind. Noch wichtiger sei es aber, dass die Informationen die Deutschen genau über die operativen Pläne des Gegners aufklären können. Vielleicht das Wichtigste aber ist, dass damit in Berlin bekannt wird, dass die britisch-amerikanische Landung an der französischen Küste für den 6. Juni 1944 vorgesehen ist.[271] Es sieht ganz so aus, als sei Franz von Papen der erste Vertreter der deutschen Elite, der sieht, dass Deutschland nun endgültig von den Angelsachsen plattgemacht werden soll, wird aber ganz gewiss nicht der letzte sein. Glauben die Seemächte wirklich, dass sie das ohne Weiteres über die Bühne bekommen? Wie viele wasserdichte Kisten mit frisierten Unterlagen über die Sowjetunion haben die Agenten rund um Reinhard Gehlen von der Abteilung Fremde Heere Ost jetzt schon fertig und transportbereit, voll mit unschätzbar wertvollem Material, mit dem sie die Welt nach dem Krieg in einen *kalten Krieg* stürzen können? Jetzt sind sie noch in der Sowjetunion. Wo werden sie in einem Jahr sein?[272]

Faschismus auf Englisch

Erinnern Sie sich noch an die SOE? Mehrere Jahre treibt die Sabotageabteilung *Special Operations Executive* nun schon ihr Unwesen auf dem alten Kontinent und inzwischen hegen auch Kritiker der SOE in England Verdacht gegen Churchills Kreatur. Kritik kommt sogar von den eigenen Verbündeten aus den Vereinigten Staaten. Vertreter des amerikanischen Geheimdienstes OSS sind entsetzt über das Verhalten der Engländer in Indien, und die Briten bemerken, wie sie in der OSS denken. Sie sorgen sich zu Recht, dass der Antikolonialismus der Amerikaner die nationalistischen indischen Bewegungen stärken kann. Edmund Taylor schreibt in die alte Heimat: „Die Arbeit mit unseren Vettern hat mich an Idealen zweifeln lassen – wenn wir unsere eigene Propaganda glaubten, müssten wir den Briten den Krieg erklären, denn sie haben sich in Indien als Herrenrasse etabliert. Die britische Herrschaft in Indien ist Faschismus; das lässt sich nicht bemänteln.“ Am 1. Dezember ’43 teilt schließlich das britische Bomberkommando mit, dass es bis auf Weiteres alle Flüge für die SOE in Europa einstellt, weil befürchtet werde, die Deutschen hätten diesen Dienst infiltriert. Man sei nicht mehr bereit, das Leben von Flugzeugbesatzungen für dubiose Operationen der SOE aufs Spiel zu setzen. Die Führung des Bomberkommandos fordert nun eine sofortige Untersuchung durch den Vereinigten Geheimdienstausschuss JIC. Als der Abschlussbericht erstellt ist, wimmelt es von höhnischen Bemerkungen. Er endet mit einer Reihe von guten Vorschlägen, die auf die Auflösung des Dienstes hinauslaufen. Doch der Vater jenes *clubs* wehrt sich vehement. Winston Churchill rettet den Laden persönlich und gegen den erklärten Willen des JIC, des Geheimdienstes SIS und gegen den Willen der Oberbefehlshaber der Teilstreitkräfte.[273] Der Unterschied zu Stalin und Hitler besteht darin, dass Churchill Widerspenstige am Leben lässt.

Ein Karriereschritt wird zu den Akten gelegt

Wie es der Teufel will, ist der 1. Dezember, der Tag, an dem die Vorreiter von Freiheit, Demokratie und Menschenrechten in den Westen und der konsequente Kämpfer gegen den Hitler-Faschismus in die Sowjetunion zurückfliegen, auch der Tag, an dem Rudolf Franz Ferdinand Höß seine Tätigkeit als Kommandant des Vernichtungslagers Auschwitz nahe dem deutsch besetzten polnischen Städtchen Oświęcim beendet. Während in den Fällen von Churchill, Roosevelt und Stalin die Aufgaben für längere Zeit im Voraus definiert sind, wird jetzt für Höß ein neuer Abschnitt des beruflichen Werdeganges aktuell. Dafür kann er sich schon einmal einen guten Bewerbungstext überlegen: Ich bin 43 Jahre alt und „Mitglied der NSDAP seit 1922; Mitglied der SS seit 1934; Mitglied der Waffen-SS seit 1939. Ich war Mitglied ab 1. Dezember 1934 des SS-Wachverbandes, des sogenannten Totenkopfverbandes."[274] Von welcher Qualifikation ist bei diesem Kandidaten auszugehen? „Seit 1934 hatte ich unausgesetzt in der Verwaltung von Konzentrationslagern zu tun und tat Dienst in Dachau bis 1938; dann als Adjutant in Sachsenhausen von 1938 bis zum 1. Mai 1940, zu welcher Zeit ich zum Kommandanten von Auschwitz ernannt wurde. Ich befehligte Auschwitz bis zum 1. Dezember 1943 und schätze, dass mindestens 2.500.000 Opfer dort durch Vergasung und Verbrennen hingerichtet und ausgerottet wurden; mindestens eine weitere halbe Million starben durch Hunger und Krankheit, was eine Gesamtzahl von ungefähr 3.000.000 Toten ausmacht." Dies stellte ungefähr 70 oder 80 Prozent aller Personen dar, die als Gefangene nach Auschwitz geschickt wurden; die Übrigen wurden ausgesucht und für Sklavenarbeit in Industriebetrieben der IG Farben verwendet. Kann er Details nennen? „Unter den hingerichteten und verbrannten Personen befanden sich ungefähr 20.000 russische Kriegsgefangene (die früher von der Gestapo aus den Gefängnissen der Kriegsgefangenen ausgesondert waren); diese wurden in Auschwitz den Wehrmacht-Transporten, die von regulären Offizieren und Mannschaften der Wehrmacht befehligt wurden, ausgeliefert." Was könnte er sonst noch hinzufügen? „Der Rest der Gesamtzahl der Opfer umfasste ungefähr 100.000 deutsche Juden und eine große Anzahl von Einwohnern, meistens Juden, aus Holland, Frankreich, Belgien, Polen, Ungarn, Tschechoslowakei, Griechenland oder anderen Ländern."[275]

Es ist wahr: Man kommt kaum umhin, Rudolf Höß eine gewisse Kälte zu attestieren. Nichtsdestotrotz ist diese kalte Darstellung durch ihn selbst unter Umständen noch am ehesten geeignet, um ein Psychogramm von einem Menschen zu erstellen, dessen tägliche Arbeit darin besteht, eine Anzahl anderer Menschen der Ermordung zuzuführen und im Anschluss daran Abendbrot zu essen und mit seinen Kindern zu spielen. Hören Sie doch bloß diese Tonart: „Massenhinrichtungen durch Vergasung begannen im Laufe des Sommers 1941. Ich beaufsichtigte persönlich die Hinrichtungen in Auschwitz bis zum 1. Dezember 1943 und weiß auf Grund meines laufenden Dienstes in der Überwachung der WVHA, dass diese Massenhinrichtungen wie vorerwähnt sich abwickelten." Fragen Sie mal jemanden in einer deutschen Kleinstadt, was denn die WVHA sei. Doch Höß hat mit dieser Behörde tagtäglich zu tun und weiß, dass es sich hier um das Wirtschafts- und Verwaltungs-Hauptamt handelt. „Alle Massenhinrichtungen durch Vergasung fanden unter dem direkten Befehl unter der Aufsicht und Verantwortlichkeit der RSHA statt." Mit dieser Floskel ist Rudolf Franz Ferdinand Höß aus dem Schneider. Er hat seine Tätigkeit unter dem Befehl des Reichssicherheitshauptamtes ausgeübt. Wenn dieses Amt angeordnet hätte, er solle seine Kinder essen, wäre das dann wohl auch ausgeführt worden ohne weitere Rückfragen. Für Höß ist die Sache klar: „Ich erhielt unmittelbar von der RSHA alle Befehle zur Ausführung dieser Hinrichtungen.“[276] Wenn Sie sich jetzt vor Ekel schütteln ob der mangelnden Krankheitseinsicht dieses Menschen, können Sie es vielleicht besser verstehen, warum „die weitaus überwiegende Mehrheit“ der offensichtlichen Gegner des Nazi-Regimes das Wort vom *Ausrotten* selbst dann nicht glauben will, als genügend schaurige Berichte aus dem Osten die letzten Zweifel beheben müssten.[277]

Die Mehrheit will sich mit Rassismus nicht anfreunden

Im Dezember 1943 kommt das Ehepaar Max und Karoline Krakauer auf eine neue Empfehlung hin in das Haus von Pfarrer Mörike in Schwaben. Schon seit elf Monaten sind sie bei immer wieder anderen Leuten untergekommen. Vor der lauernden Gefahr für Leib und Leben wurde dieses jüdische Ehepaar ursprünglich von einer christlichen Freundin gewarnt, die sagte: „Die Gestapo ist da – machen Sie, dass sie wegkommen.“ Ihre Flucht führte sie über Leipzig und Berlin nach Pommern und dann über Stuttgart in das Dörfchen Flacht. Unterwegs finden die zwei Unterkunft in 66 Wohnungen oder Häusern, bis sie am 19. Dezember 1943 letztlich bei den Mörikes vor der Haustür stehen. Wenn man ansetzt, dass in den Häusern und Wohnungen jeweils mindestens eine Person wohnt, die die beiden aufnimmt, dann haben sich hier mindestens 66 Personen an der Hilfe für das jüdische Ehepaar beteiligt, die Aufenthaltsgenehmigung als Besucher oder zum Beispiel Lebensmittelkarten beschafft.[278]

Oft sind es zwei und mehr Menschen, die in einer Wohnung oder einem Haus wohnen. Wie viele Deutsche wissen davon, dass hier Juden vor der Staatsmacht auf der Flucht sind und versteckt werden? Wie viele sind es außerdem, die mit Zureichungen von außen dazu beitragen, dass ein irrwitziger Staatsapparat keine Chance bekommt, die zwei Menschen umzubringen? Lehrreich ist, dass es so vieler Menschen bedarf, um wenige zu retten, dass hingegen so wenige Verbrecher so unglaublich viel Elend unter so vielen anderen Menschen anzurichten in der Lage sind. Bei der späteren Aufarbeitung werden die Historiker dies wohl berücksichtigen.

Ihre liebe Not haben die insbesondere politisch besonders qualifizierten Nazis nach wie vor mit der Priorität der menschlichen Gefühle vor dem staatlich verordneten Nationalismus. Wie erklären sie sich die Herkunft jener Problematik? „Die Männer der Bauerndörfer sind heute durchweg bei der Wehrmacht. Als Ersatz für die männlichen Arbeitskräfte kamen Polen, Ukrainer, Ostarbeiter, Franzosen u. a. Diese Fremdvölkischen arbeiten nun auf den Höfen Seite an Seite mit dem deutschen, meist weiblichen Personal und der Bauersfrau. Sie teilen nicht nur die Arbeit, sondern auch Haus und Tisch. Die Berührungsmöglichkeiten können kaum enger sein.“ Der Tisch bleibt eben nicht das letzte hölzerne Möbelstück, das sie teilen, was man in den Akten in folgender Weise findet: „In den aus allen Teilen des Reiches vorliegenden Meldungen wird nach wie vor über unwürdiges Verhalten deutscher Volksgenossen Fremdvölkischen gegenüber Klage geführt. In den meisten Meldungen wird vor allem darauf hingewiesen, dass die Fälle des Geschlechtsverkehrs Deutscher mit Fremdvölkischen eher zu- als abnähmen.“ Ein anderer Grund neben der erzwungenen Anwesenheit ausländischer Arbeitskräfte dafür, dass es zu den herzlichsten internationalen intimen Beziehungen ausgerechnet im Dritten Reich eines Adolf Hitler kommt, wird in der Wertschätzung der Deutschen für die Arbeit der Ausländer entdeckt.[279]

So bleibt der vielfach fehlende Rassismus der Deutschen eine der Dauerbaustellen für die Nazis. Was ist beispielsweise der Grund dafür, dass sie es nicht wünschen, dass die Leute Jazzmusik hören? Weil solche Musik ihrer Meinung nach „entartet“ ist. So geht das aber nun überhaupt nicht. Das soll man nicht hören. In der Unterhaltungsmusik dominiert jedoch in Wirklichkeit, trotz des offiziellen Tanzverbots, die Swingmusik angloamerikanischer Prägung. Unter dem Begriff „deutsche Tanzmusik“ wird im ganzen Reich immer schamloser geswingt, besonders seit die kriegsbedingt ausgefallenen deutschen Kapellen durch Bands aus Italien, aus Holland und Belgien ersetzt werden. Mobiglia, Candrix und Co. leisten hier Vorzügliches. In der Provinz kann man diese Musik immerhin noch auf Schallplatte genießen. Die deutsche sowie allgemein die europäische Swingproduktion ersetzt hier die Aufnahmen aus den USA und England, die bis Kriegsausbruch problemlos zu haben waren. Sie werden gepresst in deutschen Schallplattenfabriken. Dadurch kommt es in Mitteleuropa zu einer wahren Swingblüte. Nie zuvor ist Jazz in Deutschland populärer gewesen als jetzt. Der „gute Volksgenosse" fühlt sich davon selbstredend gestört, da ihm die Wurzeln des Jazz zu vielfältig sind. Insbesondere der Beitrag von jüdischen und von schwarzen US-amerikanischen Musikern zur Entwicklung der ersten multikulturellen und in der Tat weltumspannenden Alltagskultur müssen dem linientreuen Volksgenossen ein Dorn im Auge sein. So ist in der Ausgabe Juni/Juli 1943 der Zeitschrift *Musik im Kriege* zum Beispiel unter der Rubrik *Neuaufnahmen in Auslese* der Beitrag zu finden: „Man traut seinen Ohren nicht. Eine soeben erst angekündigte Aufnahme, die als Stichprobe neuer Tanzmusik zur Besprechung angefordert wurde, besteht aus allen Elementen, die wir gemeinhin als jüdisch und zersetzend bezeichnen. Was die Brocksieper-Solisten in dem Excentric-Fox bieten, ist verbotsreife Jazzmusik, die einer Welt entstammt, die nicht die unsere ist und die nichts im deutschen Volk zu suchen hat. Wieso darf solche entartete Musik aufgenommen und vervielfältigt werden?" Gute Frage. Die Antwort könnte eventuell damit zu tun haben, dass sich der Musikgeschmack dieses *Fachjournalisten* nicht mit dem von vielen anderen Deutschen deckt.[280]

Waren zehn Jahre solcherlei Polemik wirkungslos oder haben sie eigentlich die gegenteilige Wirkung? Hier wird immer wieder versucht, einen Dreh zu finden, um der Zensur ein Schnippchen zu schlagen. In der Zeit vor Weihnachten ist es ein übermütiger Radiomoderator, der das Stück „Jahrgang 1943" von Peter Kreuder zur Übertragung bringt, in dem das Lied „Heimat Deine Sterne" verjazzt worden ist. Alter Schwede! Das ist ja ziemlich derbdreist. Aber wenn es doch Nachfrage danach gibt!? Am schlimmsten finden es die harten Nazis, dass die Klagen über Jazzmusik gegenüber früher geringer geworden sind. Haben die Beschwerdeführer inzwischen den Kampf um die Reinheit der *doitschen* Musik aufgegeben oder sind sie alle im Krieg?[281] Dazu muss allerdings festgehalten werden, dass sie definitiv nicht alle weg sind. Was das Engagement an der Front betrifft, teilen sich die Nationalsozialisten in Deutschland, grob gesagt, in drei Gruppen ein. Es gibt diejenigen Männer, die in den Krieg ziehen und mehr oder minder schweinisch ihren Rassismus und Sadismus ausleben, Männer wie Carlo Schmid*, Georg Ferdinand Duckwitz* und Paul Schmidt, die in ihrem Aufgabenbereich unter ganz hässlichen Rahmenbedingungen versuchen, trotz allem noch etwas Gutes für die besetzten Länder herauszuholen, und Männer, die sich vor dem Krieg drücken. So wird gerade auf dem Lande vielfach angemerkt, von den „uk.-gestellten" Jungbauern, also „unabkömmlich" für die inländische Wirtschaft eingestuften jungen Männern, könne man „ganze Bataillone" aufstellen, die heute im Osten fehlen. Viele Volksgenossen auf dem Lande vertreten die Ansicht, dass viele Jungbauern ihre UK-Stellungen bloß ihren guten Beziehungen beispielsweise zum Ortsbauernführer zu verdanken hätten – aber wie wichtig ist dann dem Ortsbauernführer eigentlich der Endsieg, wenn das Leben und der wirtschaftliche Erfolg der Söhne befreundeter Nazis wichtiger sind? Ähnlich sieht es zugegebenermaßen ebenso in der Privatwirtschaft aus. Das wird in einschlägigen Kreisen so kommentiert: „Schauen Sie sich einmal richtig um! In allen größeren Betrieben hocken noch genug abkömmliche Unabkömmlinge."[282]

Mitte Dezember wird der mangelhafte Rassismus der Deutschen erneut energisch auf die Tagesordnung gesetzt. Besonders Meldungen aus den ländlichen Gegenden heben immer wieder hervor, dass das strikte Verbot des Umganges mit Kriegsgefangenen „von der Bevölkerung innerlich nie akzeptiert worden" sei. Zehn Jahre sind die Leute schon auf jede erdenkliche Weise mit Hass beschallt worden – und? Was hat diese ganze Propaganda genutzt? Eindrucksvoll ist diese Wahrnehmung: „Die vielen Volksgenossen noch fehlende völkische Disziplin, das Fehlen einer generationenlangen Erziehung im Umgang mit Angehörigen fremden Volkstums, die Achtung und Wertschätzung des Fremden, die dem Deutschen eigentümlich ist, wirken sich stärker aus als die akute Aufklärung." Der deutsche Volksgenosse, so besagen viele Meldungen, ist immer häufiger geneigt, in einem Kriegsgefangenen nicht mehr den Feind, sondern den „bedauernswerten Menschen zu sehen, dem man menschlich entgegenkommen müsse und dürfe." Deshalb sei „über strafrechtliche Maßnahmen hinaus die politische Erziehung durch die Partei bis ins letzte Dorf zu tragen, um dem Volksgenossen nationales Selbstbewusstsein und die Zurückhaltung gegenüber den Fremdvölkischen aus militärischen, rassischen und aus Gründen völkischer Würde zu lehren."[283] So stellt sich ein vollkommen normaler Nazi dies vor. Er redet so lange auf die Leute ein, bis sie tun und lassen, was er will.

Wie die Unschuld vom Lande richtet eine sehr einfache Maid mit einem Schreiben ihre Bitte um deutlich aufgelockerte Sitten an die Kreisleitung der NSDAP in Graz. Man sehe ihr nach, dass die freie Liebe Vorrang hat vor der Rechtschreibung: „Ich erlaube mir anzufragen, warum eigentlich so streng verboten ist mit einem braven Fleissigen Englender zu lieben. Ich kene Eltere Mädchen die imer tätig und fleißig sind in der Wirtschaft und habe sehr wenig gelegenheit zu bekanntschaft zu machen und vielleicht auch kein Glück haben mit einem Deutschen. ... So manche hätte gern ein Kind und braucht wirklich einen Mann in der Wirtschaft. Und jetzt keine Gelegenheit und ein Invalide ist bei der Landarbeit nichts geholfen. Bitte lasset den Englendern ein bischen Freiheit Sontag vormittags und nachmittags 2 Stunden und abens von 10 bis 11 Uhr." So ist es; einen *quickie* in Ehren kann keiner verwehren.[284]

Den meisten Ärger hat die Staatsführung wieder mit den Katholiken, da diese einen gläubigen Polen oder Franzosen als einen Glaubensgenossen betrachten, „dem man sich näher verbunden fühlt, als einem Menschen des eigenen Volkes, der sich nicht zur Kirche bekennt." Bei einer solchen Bewertung fällt der Nazi, der womöglich auch noch aus der Kirche ausgetreten war, natürlich weiter hinten runter.[285] Was französische Kriegsgefangene angeht, hört sich das alles so an: „Nach dem Waffenstillstand und der Neubildung der Regierung trat noch ein weiterer Gesichtspunkt hinzu: Entsprechend der allgemeinen Linie einer deutsch-französischen Annäherung war man geneigt, im französischen Kriegsgefangenen nicht mehr den Feind von gestern, sondern den Freund von morgen zu sehen. ... Einen besonders starken Auftrieb ... hat nach den Meldungen die Auflockerung der Bewachung der französischen Kriegsgefangenen im Gefolge gehabt.“ Die Franzosen, heißt es, seien streng genommen überhaupt nicht mehr als Gefangene anzusehen und deshalb bestehe jenes strenge Umgangsverbot nicht mehr. Die Einstellungen gegenüber den Kriegsgefangenen wurden noch problematischer, nachdem sich eine französische Legion am Kampf gegen den Bolschewismus zu beteiligen begann sowie der Eindruck entstand, als wollten französische Truppenteile am Kampf gegen Großbritannien teilnehmen.[286]

Was liegt einem flachen Geist in dieser Situation näher, als die Leute mit juristischen Mitteln in die Schranken zu weisen? Schauen wir auch hier in das Papier vom SD: „Art und Schwere der Taten schwanken zwischen den leichten Fällen eines Entgegenkommens aus Gutmütigkeit und den schwersten Fällen der Fluchthilfe.“ Und dann wird immer wieder Klage geführt über horrend viel Liebe: „Die sehr große Zahl hier erfasster Fälle von Geschlechtsverkehr beginnt mit zunächst harmlosen und an und für sich kaum strafwürdigen Anknüpfungen. Überraschend schnell gelingt es den Gefangenen, die günstige Lage auszunutzen.“ Wie lange kämpfen die Nazis eigentlich schon für die nationale Keuschheit? „Es kommt zum Geschlechtsverkehr und dann meist zu längeren Verhältnissen. Hierbei ist es auffallend, dass es sowohl den Franzosen wie auch anderen Gefangenen anscheinend ohne jede Schwierigkeit gelingt, jederzeit aus dem Lager zu gelangen. Das Verhalten der Wachmannschaften wird hierbei oft scharf kritisiert.“ Allgemein wird „von einer erstaunlichen Lässigkeit und Gleichgültigkeit der Wachmannschaften berichtet. Diese ganz unzureichende Aufsicht habe in vielen Fällen überhaupt erst die Möglichkeit zum Geschlechtsverkehr und zu langdauernden Liebesbeziehungen“ gegeben. Aus derartigen Liebesbeziehungen entwickeln sich in zahlreichen Fällen Fluchthilfe und Verratshilfe. So benutzen vielfach Gefangene die Frauen als Anlaufstellen, um abgehende und eingehende Post jeglichen

Kontrollen zu entziehen. Zahlreicher noch sind Fälle, in denen deutsche Frauen *ihren* Kriegsgefangenen Zivilkleider, Geld, Nahrungsmittel und Kartenmaterial besorgen, um ihnen zur Flucht zu verhelfen. Einige Fälle sind gemeldet worden, in denen Frauen die Flucht mit den Gefangenen gemeinsam ins Werk setzten und mit ihnen zu flüchten versuchten.[287]

Vom verbissenen Kampf der Nazis kündet folgende Aufzeichnung: „Mit dem Einströmen einer stetig anwachsenden Zahl von Kriegsgefangenen in das Großdeutsche Reich und seine Wirtschaft ist die Strafrechtspflege im Laufe des Krieges vor schwierige Probleme gestellt worden. Die Wertung des Umgangs deutscher Volksgenossen mit Kriegsgefangenen war sowohl in der Richterschaft wie in der Bevölkerung uneinheitlich, infolgedessen wich auch die Strafzumessung einerseits, die stimmungsmäßige Auswirkung der Urteile andererseits vielfach voneinander ab."[288] So wird es zum Beispiel in der Bevölkerung gar nicht eingesehen, weshalb die eine Frau, die mit einem französischen Gefangenen verkehrt hat, zu Zuchthaus verurteilt wird, und eine andere, die mit einem französischen Zivilarbeiter Spaß hatte, straflos bleibt. Es bestehe doch in beiden Fällen gleichermaßen die Gefahr des Verrats militärischer oder wirtschaftlicher Geheimnisse wie auch „die gleiche biologische Gefahr".[289] Unter denjenigen Frauen, die letztlich angeklagt werden, finden sich „unbescholtene bestbeleumundete Bauernmädchen aus guten Familien", die nach Auskünften in den Dörfern noch nie Verkehr gehabt hätten, und Frauen von Soldaten, die z. T. jahrelang in glücklichster Ehe gelebt haben, darunter Frauen mit mehreren Kindern. Sobald Franzosen in gehobener Stellung tätig werden, verlieben sich ebenso Stenotypistinnen, Haushälterinnen, Gutssekretärinnen und Angehörige der Intelligenz in sie und werden als Angeklagte vor den Kadi gezerrt.[290] Aber wie gewohnt kommt das Beste zum Schluss. Schuld an alledem ist dieser Krieg: „Kennzeichnend für die Verfahren ist es schließlich noch, dass die Ehemänner der angeklagten oder verurteilten Frauen meist energisch für ihre Frauen eintreten. Sie verzeihen ihnen den geschlechtlichen Umgang, der nur eine unvermeidbare Folge der langen Abwesenheit der Männer sei. Sie hätten mit ihren Frauen glücklich zusammengelebt und würden dies später auch wieder tun." Das ist ärgerlich. „Die Ehemänner werden deshalb regelmäßig bei Stapo, Staatsanwaltschaft, Gericht, Fürsorgeoffizier und anderen Stellen vorstellig und bitten, von einer Bestrafung der Frau abzusehen oder ihr einen Gnadenerweis zu erteilen. Dies geschieht in diesen Fällen auch in großzügiger Weise durch das Justizministerium."[291]

Im deutschen Volk wird die große Politik ausgewertet

Nach den Konferenzen der Alliierten von Cairo und Teheran finden jene Kommentare, in denen die Besprechungen „überspannt ins Lächerliche gezogen werden", überhaupt keine gute Aufnahme. Viele Leute erinnern sich daran, dass nach früheren Treffen dieser Art eine Verschlechterung der militärischen Lage Deutschlands eingetreten ist. Es mehren sich nun schon seit Monaten die Stimmen, die meinen, die ständige Ankündigung einer Vergeltung für die jahrelangen Terrorangriffe auf deutsche Städte sei nicht mehr als „ein großartiger Propagandabluff".[292] Frotzelnd sagen die Leute: „Den Engländern und Amerikanern wurde ein Ultimatum gestellt: Wenn sie nicht sofort mit dem Luftkrieg aufhören, erfolgt wieder eine Vergeltungsrede."[293] Doch die Hoffnung auf den Volksaufstand wird zunehmend zur Illusion. Stattdessen registriert der SD, dass „der Durchhaltewille der Bevölkerung sich noch versteift" habe. Die Volksgenossen seien sich darüber völlig klar, dass wir uns „nicht weich machen lassen" dürften. Macht hundert Punkte für den Kandidaten. Genau davor hatte US-Außenminister Cordell Hull Anfang des Jahres '43 gewarnt. Die Ankündigung, den Krieg bis zu einer bedingungslosen Kapitulation führen zu wollen, musste den Abwehrkampf zum verbissenen Ringen machen. Am Ende des Jahres sind die Prognosen eingetreten: „Die Möglichkeit, dass die Bevölkerung gegen die Führung zu einer bedingungslosen Kapitulation bereit werden könnte," schaltet nach einer Einschätzung des SD „jeder für sich von vornherein aus".[294]

Die Ideologen beißen sich an den Leuten die Zähne aus

Zeitlos ist die ewige Kritik an der Jugend. Von den Veranstaltungen der Partei fühlen sich die Jugendlichen „oft nicht innerlich gepackt". Das ist eigentlich nicht anders zu erwarten gewesen. Es heißt, dass die Redner nicht jugendgemäß sprächen, so dass die anwesenden Jugendlichen sich langweilten und undiszipliniert benähmen, wodurch es zu Auseinandersetzungen zwischen den Amtswaltern der Partei und den Jugendführern käme. Der Partei gegenüber fehlt der Jugend nach Meinung der Altnazis „ein organisch gewachsenes Treueverhältnis". Sie fragen sich doch aber sicher nicht, zu welcher Partei. Während die alten Parteigenossen „zwar auch Fehler in der Partei erkennen" und doch „in treuer Gefolgschaft zur Partei stehen", leiten viele Jugendliche „aus der Erkenntnis angeblicher Fehler und Mängel das Recht ab, der Partei den Rücken zu kehren."[295] In der Aktennotiz fehlen jetzt schon die Anführungsstriche bei Fehlern. Die Kollegen Spitzel hören das inzwischen vermutlich häufiger.

Nicht nur bei der pubertierenden Jugend stößt das verdammte Kauderwelsch der Ideologen auf begrenzte Resonanz. So werden beispielsweise die Festlichkeiten, mit denen die Nazis gerne die althergebrachten Feste der Deutschen ersetzen würden, nicht bloß von der Allgemeinheit abgelehnt. Sogar von den meisten Nazifamilien werden revolutionäre Angebote wie diese „Lebensfeiern" noch immer nicht angenommen. Was ihre nationalsozialistischen Geburts-, Hochzeits- und Totenfeiern betrifft, ist die übergroße Mehrheit von neunzig und mehr Prozent der Bevölkerung von der Taufe bis zur Bahre nicht davon abzubringen, die traditionellen Angebote unserer Kirchen zu bevorzugen. Der gemeine Nazi erklärt sich die geringe Zahl an Lebensfeiern der Bewegung dadurch, dass man seine Lebensfeiern immer noch als eine parteiinterne Angelegenheit ansieht – und eben nicht als Sache des Volkes. Nach dieser Logik gehören Parteigenossen zum Volk, nicht jedoch zur Partei. Daraus wird abgeleitet, dass die Partei „über ihren engeren Rahmen hinaus", wie es beim SD gesagt wird, mit diesen Feiern „gerade in das Volk hineingehen" müsse."[296] Na, jetzt aber hurtig, sonst hat man dazu wohl bald keine Gelegenheit mehr.

Über die Gründe für die allgemeine Ablehnung der Lebensfeiern gibt es übrigens bei den Auswertern beim SD erstaunlicherweise keine Zweifel. Es sei für die Wirkung einer solchen Feier entscheidend, dass dies keine „politische Kundgebung" werde. Die Feier werde um Sinn und Wirkung gebracht, wenn es der Redner nicht verstehe, ganz vom Persönlichen her die Beteiligten in ihrem persönlichen Schicksal anzusprechen. Dabei bestehe die große Gefahr doch immer wieder darin, dass der Redner nach ein paar ansprechenden persönlichen Sätzen „in die alte Platte" komme und eine allgemein politische Propagandarede hält. Selbst Nazifamilien, die an einer solchen „Feier" teilgenommen haben und sich den Sülz, den man überall aufgetischt bekommt, auch im engsten Familienkreise noch einmal anhören mussten, sehen sich dadurch veranlasst, „zukünftig von einer nationalsozialistischen Feier abzusehen". Es ist eigentlich kaum zu glauben, dass sogar braune Leute „in einer solchen Feier keine politische Kundgebung" über sich ergehen lassen wollen, sondern persönliche Betreuung suchen sowie „eine Herausstellung des inneren, tieferen Sinnes der Feier, eine seelische Erhebung über den Alltag." Und genau diese Inhalte finden eben auch sie nur in den Feiern der Kirchen. Gerade darum ist es eine ganz schlechte Idee, wenn braune Redner in ihrem Übereifer vor einer Verwendung des Begriffes *Gott* zurückschrecken, wie es häufig zu beobachten ist. „Schließlich spreche ja auch der Führer immer wieder von Gott dem Allmächtigen und der Vorsehung." Letzten Endes geht die Rechnung für die Nazis aber weder mit noch ohne Gott auf. Die Redner bei den Lebensfeiern werden abgelehnt, da sie wie vom Teufel besessen gegen die Kirche, die Juden und was nicht noch alles agitieren, und den Medien wie dem Führer wird es von den Leuten als „sehr schwach" ausgelegt, wenn Zuflucht genommen wird zu übernatürlichen Kräften, zum lieben Gott, zum Allmächtigen und zum Herrgott.[297] Wenn der Spuk hier bei uns vorbei ist, kommt hoffentlich kein Neunmalkluger auf den Dreh, den Kirchen das Wasser abzugraben. Sonst gibt es nach dem Untergang Hitlers mehr Nazis als zu seinen Lebzeiten, und die bekämen sogar noch Wasser auf die Mühlen, wenn man den Eindruck erzeugt, der Adolf habe bis zum Schluss die Mehrheit der Deutschen auf seiner Seite gehabt. Die meisten sind nach dem realen Nationalsozialismus vollauf bedient.

Wer schon einmal persönlich mit Adolf Hitler und seiner Ablehnung von Beratung durch wen auch immer zusammengestoßen ist, muss sich wohl fragen, wozu dieser Mensch den Allmächtigen anruft, wo er sich für allwissend und alles könnend hält. Mag sein, dass es keine Umfragen gibt, wie beliebt der Führer knapp ein Jahr nach der Tragödie von Stalingrad immer noch ist. Wenn es jedoch richtig ist, dass 35-40 % der Deutschen Anti-Nazis sind, und wenn immer mehr Nazis den Glauben an die Gottähnlichkeit des Knaben Adolf verlieren, wie groß ist dann überhaupt die Zustimmung zu seiner Regentschaft noch? Nehmen Sie nur als Beispiel die Texte von Todesanzeigen für gefallene Soldaten der Wehrmacht. Da wurde stets brav reingeschrieben: „Für Führer, Volk und Vaterland". Inzwischen lassen die Leute oft schon den Führer weg oder der Spruch ist überhaupt nicht mehr in der Anzeige drin. Ein anderer Indikator ist die Verwendung des Namens Adolf bei der Taufe eines Kindes. Den hat man vor Jahr und Tag noch häufiger seinem Kind gegeben.[298]

Der Vernichtungsfeldzug geht über den Winter weiter

Die Bombardierung von Leipzig im Dezember hat in Mitteldeutschland große Bestürzung ausgelöst; dort macht man sich auf neue Luftangriffe gegen Industriezentren und Wohnbereiche gefasst. Symptomatisch sind Äußerungen wie jene: „Man muss eben abwarten, wann wir an die Reihe kommen. Wir leben ja doch nur von einem Tag zum anderen." Eine Frau meint: „Wir haben ja auch viel Alarm und sind jedes Mal froh, wenn wir noch einmal heil in unser eigenes Bett gehen können." Leipzig gehört zu den Städten, um deren Verschonung Carl Friedrich Goerderler die Chefs in London gebeten hatte, da gerade die alte Messestadt ein Zentrum des Widerstands gegen Hitlers Regime darstellt. Wird deren Infrastuktur zu Klumpen gehauen, sinkt die Wahrscheinlichkeit eines Volksaufstandes noch weiter auf den Nullpunkt. Verkannte Lyriker bringen Reime unters Volk, die angeblich auf Flugblättern gestanden haben sollen, die von den Bombern abgeworfen worden sind. So geht im guten alten Leipzig diese Kreation um: „Leipzig, Magdeburg und Halle und der Krieg ist alle." Im schönen München wird nach dem neuesten Terrorangriff der praktische Tipp erteilt: „Münchener fahrt in die Berge oder kauft Euch Särge." Der ist auch treffend: „Beim letzten Angriff auf Berlin haben die Engländer Heu für die Esel abgeworfen, die noch an die Vergeltung glauben."[299] In Anbetracht der angerichteten großflächigen Schäden ist den Leuten sehr wohl klar, dass „mit dem Kriegsende keineswegs sofort friedensmäßige Zustände eintreten" werden, sondern dass nach dem Krieg ein noch vermehrter Arbeitseinsatz auf allen Gebieten erforderlich sein wird, insbesondere beim Wiederaufbau der zerstörten Städte. Die ältere Generation werde wahrscheinlich kaum noch einmal gute Zeiten erleben. Das Leben der jetzigen Generation werde ausschließlich darin bestehen, unter weiteren Mühen und Opfern für die kommende Generation eine Besserung der Lebensbedingungen vorzubereiten.[300]

Was die Einstellung zur militärischen und politischen Lage angeht, trägt sie einen stark pessimistischen Grundzug. Besonders auffällig erscheint den Herren Spitzeln beim SD, dass die geäußerten Ansichten über wichtige Tagesereignisse oder politische und militärische Entwicklungen oft „gedanklich in Übereinstimmung" mit Argumentationen stehen, die von innen- und außenpolitischen Gegnern des Regimes durch die Flugblatt-, Rundfunk- und Flüsterpropaganda unter das Volk gebracht werden. Die Kollegen räumen freilich ein, dass „sich zahlreiche Volksgenossen auch ohne gegnerische Einflüsse von selbst ein sehr düsteres Bild von unserer gegenwärtigen Lage und der weiteren Entwicklung machen". Besonders bemerkenswert ist, dass in diesem Zusammenhang von einer offiziellen Stelle inoffiziell konstatiert wird, dass sich im deutschen Volk allmählich die Anschauung durchsetzt: „Die vom Nationalsozialismus propagierte Volksgemeinschaft existiert nicht."[301]

Die diplomatischen Anläufe scheitern weiter an London

Schon als Adam von Trott im Januar im Auftrag des Auswärtigen Amtes zu Berlin versuchte, über die Schweiz Kontakt mit den Chefs in London aufzunehmen, war es ein Schlag ins Wasser gewesen, und was Helmuth James Graf von Moltke im Dezember 1943 bei einer Reise in die Türkei ins Werk setzen will, plätschert genauso an den Regenschirmen auf der Insel ab. Der Abgesandte des deutschen Geheimdienstes eines Admirals Wilhelm Canaris und der Männer und Frauen des Kreisauer Kreises will die alliierten Regierungen zu einer Zusammenarbeit mit dem deutschen Widerstand gewinnen, doch sie haben sich längst auf das Kriegsziel der bedingungslosen Kapitulation Deutschlands festgelegt. In Istanbul, wo der im Völkerrechtsreferat der Abteilung „Ausland" des Amtes Ausland/ Abwehr beschäftigte Kriegsverwaltungsrat offiziell Verhandlungen über eine Freigabe der von der türkischen Regierung festgehaltenen Donau-Flotte einer französischen Schifffahrtsgesellschaft zu führen hat, nimmt Moltke im Dezember über deutsche Emigranten Kontakt zur Istanbuler Niederlassung des amerikanischen Office of Strategic Services auf, nachdem sich ein Gespräch mit einem amerikanischen Diplomaten, den von Moltke aus dessen Berliner Dienstzeit kannte, durchaus nicht realisieren ließ. In den Istanbuler Gesprächen soll Moltke gemäß der Aufzeichnung durch amerikanische Geheimdienstagenten im Namen deutscher Oppositionsgruppen die Kapitulation im Westen und die Kooperation mit den Westmächten bei der Besetzung Deutschlands und in der Besatzungszeit angeboten haben, wenn die Ostfront gehalten und die Bolschewisierung Deutschlands so verhindert wird.[302] Damit wird auch das „Hereinlassen" der Westmächte nach Deutschland erneut ins Gespräch gebracht, wie es die Generäle Georg Thomas und Carl Heinrich von Stülpnagel oder der Kreisauer Kreis diskutieren.

Man konnte es komisch finden, wenn Paul Schmidt schrieb, dass unsere Diplomaten in der Berliner Wilhelmstraße 74 in verbissener Kleinarbeit im Bombenhagel noch versuchen, Hitlers Katastrophenpolitik irgendwie Einhalt zu gebieten. Doch an den Beispielen kann man sehen, dass sie es selbst *zehn nach zwölf* noch nicht aufgegeben haben. Natürlich kann das Auswärtige Amt auch gleich alle seine Mitarbeiter auf Betriebsausflug an die Themse schicken. Das wird aber inhaltlich auch nicht mehr bringen, wenn sie in London nicht von ihrer Außenpolitik der vergangenen Jahrhunderte abrücken. Vielleicht ist es für einen Kohlenträger schon lange her und alter Kram, aber Politiker, die die großen Linien der Geschichte auf dem Schirm haben, wissen, welche ernste Gefahr vom europäischen Kontinent für Großbritannien ausgeht. In Frankreich war im Jahr 1789 eine bürgerliche Revolution erfolgreich, die die Herrschaft des dortigen Königshauses beendete. Dies führte zu einer Anzahl von Interventionskriegen, die darauf aus waren, die alte Ordnung wieder herzustellen. Zu dieser Zeit trugen die Kriege der Franzosen gegen die Einmischung von außen den Charakter gerechter Kriege. Am Anfang des 19. Jahrhunderts kam Napoléon in Paris an die Macht. Unter seiner Herrschaft wandelten sich die Kriegsabsichten nach der Jahrhundertwende. In dem Maße wie der Seekrieg gegen England scheiterte, gewann die Vision der Trennung der Insel von den vermeintlich lebensnotwendigen Handelspartnern auf dem Kontinent an Bedeutung. So begann Napoléon im Dienste der französischen Bourgeoisie in grenzenloser Überschätzung der eigenen Möglichkeiten mit der Umsetzung seines Planes der Besetzung aller Länder Europas, um mittels einer sogenannten Kontinentalsperre deren Handel französischen Interessen unterzuordnen. Nachdem schon im Jahr 1793 englische Waren auf dem französischen Markt verboten worden waren, wurde dann 1803 der Import aus den englischen Kolonien unterbunden. Auch Italien und andere Länder schlossen sich unter dem Pariser Druck der Sperre an. 1806 wurde auch Preußen einbezogen. Napoléon hat hier den Rahmen seiner ursprünglichen Konzeption gesprengt – doch damit gab sich die Bourgeoisie in Frankreich nicht zufrieden. In Paris wurden Schutzzölle selbst gegen die von seinen Truppen vor der Konkurrenz aus England „beschützten" Länder festgelegt, wodurch diese den doppelten Schaden zu tragen hatten. Der Handel mit England war ihnen verboten und der mit Frankreich nicht rentabel. Es kann nicht verwundern, dass die örtlichen Behörden die Bestimmungen dieser Kontinentalsperre, wo immer sie konnten, unterliefen. Der preußische Staat bezog nach Akten des Staatsarchivs in der Zeit von August 1810 bis Anfang 1813 aus vorgetäuschten Konfiskationen englischer Produkte oder ihrer Zulassung auf anderen Wegen etwa 12 Millionen Taler. Diese Gelder wurden wiederum zur Aufrechterhaltung des Staatshaushaltes und zur Wiederherstellung der Armee verwendet.[303]

In den Häfen des Kontinents blühte der Schwarzhandel mit der reichen Insel. Die Provinz Ostpreußen konnte seinerzeit ja noch Nutzen aus der Nachbarschaft der Häfen des freien Russland ziehen. Während mittel- und westdeutsche Gebiete einen gewissen Nutzen aus der Kontinentalsperre ziehen konnten, wurden die ostelbischen Gebiete weit zurückgeworfen. Napoléons Vorstellung vom Aushungern der Insel widersprach den Interessen der Osteuropäer am Verkauf von Getreide. Für sie waren die Briten die zahlungskräftigsten Abnehmer ihrer Rohprodukte und die besten Lieferanten von Fertigerzeugnissen, die sie noch nicht selbst herstellen konnten. Wegen der Warenschwemme, die durch das Lieferverbot entstanden war, sanken die Getreidepreise in Ostpreußen um 60 bis 80 Prozent. In Memel stauten sich Holzvorräte im Hafen der Stadt. Die kleinen und großen Reedereien an der Nord- und Ostseeküste mussten gewaltige Verluste hinnehmen. Der Schiffsverkehr in Königsberg an der Ostsee ging um 60 Prozent zurück. Ganze Industriezweige sind immens geschädigt oder ausgelöscht worden, so die schlesische Leinenindustrie, die brandenburgische Tuchfabrikation oder auch die Seidenmanufaktur in Berlin. Als die Osteuropäer nach Aufhebung der Kontinentalsperre – je nach Gebiet 1813 oder 1814 – wieder exportieren konnten, hatten die Briten schon neue Lieferanten gefunden. Damit büßten die ostelbischen Gebiete ihre eigenständige handelspolitische Bedeutung ein. Sie waren nun einerseits abhängig von der Londoner Kornzollpolitik. Andererseits folgte aus der wieder verstärkten Abhängigkeit ihres Manufakturwesens von der Entwicklung in der junkerlichen Landwirtschaft die Fortsetzung der gesellschaftspolitischen Bindung Preußens an Russland. Im Westen Deutschlands jedoch erstarkten bürgerliche, liberale Elemente, die sich für Reformen einsetzten. Als der Wiener Kongress Napoléons Wünsche in den Staub trat, war William Thomas Horner Fox-Strangways 19 Jahre alt und jetzt erzählen Sie einmal einem Neunzehnjährigen, dass es bloß Geschichte wäre, was da gerade in Wien passiert. Später, viel später hat der junge Mann ausstudiert und geht in die britische Außenpolitik. Man darf doch nicht glauben, dass sie in London vergessen, dass Frankreich versucht hat, ihre Insel am ausgestreckten Arm verhungern zu lassen.[304]

Ein halbes Jahrhundert hatte die Insel ihre Ruhe vor der Rasselbande in Europa und dann überstürzten sich die Ereignisse. Nach Jahrhunderten wurde der Flickenteppich in Mitteleuropa vereinigt zu einem Deutschen Kaiserreich und 1873 stand das Drei-Kaiser-Bündnis bestehend aus der Habsburgermonarchie, unserem Kaiserreich und dem Reich des Zaren, eine geballte Ladung Sprengstoff von der anderen Seite des Ärmelkanals bis zum Schwarzen Meer und zum Pazifischen Ozean – vor der Haustür Englands. Seitdem kämpft London gegen Europa. Der Linie sind die Untertanen seiner Majestät des Königs von England immer treu geblieben. Betrachtet man den diplomatischen Weg in die beiden Weltkriege unter diesem Blickwinkel, geht die Rechnung endlich auf. Nach der Logik der alleinigen Schuld Deutschlands am ersten Weltkrieg musste man immer denken, deutsche Diplomaten und Generäle hätten die Landkarte nicht gekannt, auf der die feindlichen Mächte rund um das Reich herum angeordnet waren. Das musste ja zwangsläufig zum Zweifrontenkrieg führen. Es war eine dumme Idee von Lord Edward Grey, der vor dem Weltkrieg und bis 1916 als Londoner Außenminister die Strippen gezogen hat, fast eine ganze Seite in den Memoiren darüber zu schreiben, dass weder die Vorgänger noch er selbst einen Plan davon hatten, was sie in ihrem Amt eigentlich langfristig vorhatten. Wer vorher keinen Anfangsverdacht hat, kommt nach dieser Seite überhaupt erst auf schlechte Gedanken.[305]

Jetzt ergeben auch die diplomatischen Gespräche zwischen London und Berlin aus den dreißiger Jahren endlich Sinn. Wenn diese Angelegenheit natürlich so aussieht, dann hilft es im Kern ebenso wenig, dass auch der deutsche Geheimdienst immer wieder Männer wie Hans Bernd Gisevius in die Spur schickt, um über die Schweiz Kontakte zum amerikanischen Geheimdienst OSS aufzubauen und so über die Absichten der deutschen

Opposition zu unterrichten. Gisevius ist auch einer derjenigen, die umfangreiche militär- und rüstungspolitische Informationen liefern, bis er seine Reisetätigkeit zwischen Berlin und Zürich einstellen muss. Danach gewährleisten Eduard Waetjen und Theodor Strünck vom Amt Ausland/Abwehr die Kommunikation zwischen dem Zentrum der Umstürzler im guten alten Berlin und der amerikanischen Geheimdienstniederlassung in Bern. Einfallslosigkeit ist es jedenfalls nicht, woran man scheitert. Zu den Tricks und Kniffen der Abwehr gehört es, die Berichte von routinemäßigen Nachrichtenlieferanten nur dosiert und selektiv weiterzuleiten oder letzten Endes auch im großen Ausmaße zu fälschen.[306] Wieder ein anderer Kreis setzt auf den SD-Agenten Maximilian von Hohenlohe, der sich ebenfalls in der Schweiz mit Allan Dulles von der OSS trifft und ihm nahelegt, auf Himmler zu setzen, der im Westen Frieden mit den Angelsachsen wolle. Doch mit dieser Nummer war ja der Führerstellvertreter Rudolf Heß bereits gescheitert. Die Protokolle der *talks* mit Heß werden gewiss auf ewig in geschlossenen Archiven verschwinden. Im Dezember 1943 sendet Himmler über Schweden eine Mitteilung nach London und Washington, in welcher er darum bittet, einen Armeeoffizier sowie einen Parteifunktionär zu Unterredungen mit britischen oder amerikanischen Vertretern zu empfangen. Sie sollen genauere Angaben über die Formel von der „bedingungslosen Kapitulation" einholen. Es bleibt selbstredend bei dem ablehnenden Bescheid.[307] Ein Postskriptum mag an dieser Stelle dem Führergenie Hitler in Berlin-Mitte gewidmet werden. Blind wie ein Maulwurf hofft der auch zu diesem Zeitpunkt weiter, die Briten würden sich ja vielleicht irgendwie doch noch auf seine Seite schlagen und gegen die Russen kämpfen. Es ist nicht gut, wenn jemand so in seine Wünsche verliebt ist, dass er die Interessen seiner Traumpartner nicht versteht.[308]

Hitler muss weg IV

Seit Wochen sollen dem Führer in einem der Hauptquartiere die neuen, winterfesten Heeresuniformen vorgestellt werden. Doch der Termin für die Gala ist immer wieder verschoben worden. So leicht, wie sich so eine zeitliche Festlegung in Görings Planwirtschaft abändern lässt, ist es aber nicht, die Widrigkeiten der Witterung auf einen Zeitpunkt der Wahl beliebig zu verschieben. Ende November ist es in Russland beispielsweise schon bitter kalt. Da sind die warmen Uniformen schon lange überfällig. Doch abgesehen davon wird diese Gala noch aus einem anderen Grund benötigt. Der Stabschef des Allgemeinen Heeresamts Claus Schenk Graf von Stauffenberg arbeitet mit Friedrich Olbricht, Henning von Tresckow und Alfred Ritter Mertz von Quirnheim den Plan *Walküre* für den Sturz Hitlers um und hat endlich wieder einen geeigneten Kandidaten für das Attentat auf den Führer gefunden, durch das *Walküre* überhaupt ausgelöst werden kann. Der neue Hoffnungsträger ist somit der Offizier Axel von dem Bussche-Streithorst* und der Kopf der Verschwörer von Berlin schickt den Kandidaten für höhere Weihen deshalb in die Wolfsschanze, um sich von Oberst Hellmuth Stieff in die konkreten Details einweihen zu lassen. Stieff hat die Idee entwickelt, dass echte Soldaten die Modelle für die Vorführung sein sollen. Auch Bussche, immerhin das Ideal eines großen, blonden Deutschen, soll seine Bombe im Uniformmantel tragen. Er, der seine Bombe selbst baut, zieht seine Lehren aus dem Fehlschlag bei Gersdorff und nimmt darum einen Viereinhalb-Minuten-Zünder aus einer deutschen Stabhandgranate. Sobald Hitler naht, will er die Bombe zünden, auf sein Opfer zuspringen und es umklammern, bis die Ladung explodiert. Falls auch dies schiefgeht, wird er zur Sicherheit ein Messer im Stiefel haben. Von Tresckow ist der Vater des Einsatzplans.[309]

Nach seinen Vorstellungen werden genau 24 Stunden vor dem Attentat Truppen das Hauptquartier Wolfsschanze umstellen. Das wird man den Soldaten als Sicherheitsübung ankündigen. Sobald mit einem Codewort nach Berlin gemeldet wird, dass der Führer niemanden mehr führt, besetzen Truppen die wichtigsten Regierungs- und Verwaltungsgebäude in

Berlin und wichtige technische Einrichtungen. Durch eine Manipulation der Nachrichtenanlage will Tresckow erreichen, dass es so aussieht, als gehe der Anschlag auf das Konto der SS. Es hängt noch viel mehr Detailarbeit daran, aber wozu das alles schildern: Diesmal sind es die Briten, die einen Strich durch die Rechnung machen. Am 16. Dezember führen sie einen neuen Luftangriff auf das Reich durch und die vorzuführenden Uniformen gehören zu den Opfern – in Berlin verbrannt. Damit ist noch ein Fehlschlag zu verzeichnen. Es gibt keine Modenschau und zu allem Elend verliert der neue Attentäter wenige Wochen danach bei Newel im Nordwesten der Sowjetunion ein Bein und ist danach in einem Lazarett ans Bett gefesselt. Stauffenberg selbst, der sieht, dass einfach nichts gelingt, erklärt mehrfach, dass er das Attentat nun selbst ausführen wolle. Er plant seinen eigenen Anschlag für den zweiten Weihnachtsfeiertag in der Wolfschanze. Doch die Verschwörer können ihn davon überzeugen, dass gerade er als die leitende Kraft unbedingt gebraucht wird. So muss noch einmal ein neuer Mutiger gefunden werden, der obendrein Zugang zu einer Veranstaltung hat, bei der er auch bloß in die Nähe des *Führers in den Untergang* gelangen kann. Das Sicherheitskonzept macht es den Vordenkern eines Attentates auf jeden Fall nicht leicht.[310]

Ein weiteres Kriegsjahr geht zu Ende

In den Gebieten Deutschlands, die bis jetzt von den Bombern verschont geblieben sind, verstärkt sich das unangenehme Gefühl und die weiterhin herrschende Furcht, dass weitere Städte „drankommen" werden. Bei den Lesern der Zeitschrift *Das Reich* findet ein Artikel von Schwarz van Berk Anklang, der unter dem Titel „Die ungeahnten Folgen" von einem drastischen Schlag sprach, der der „unmenschlichen feindlichen Kriegführung Einhalt gebieten" werde, welche „jeder soldatischen Art fremd" sei.[311] Ist sich der Autor beim Abfassen des Artikels bewusst, mit welcher Zerstörungswut sich nur einmal zum Beispiel deutsche Truppen aus der Sowjetunion zurückziehen? Die Russen sprechen von einer „Politik der verbrannten Erde". Allerdings wird der Imperialismus der Führung des *British Empire* auch nicht besser, wenn man ihn mit dem Fanatismus in verschiedenen deutschen Truppenteilen vergleicht, zumal diese Truppen ihr Schießpulver unter anderem auch weiter aus amerikanischen Firmen in Deutschland und anderen Ländern beziehen.

Heiligabend beginnt für die Einwohner Berlins mit einer wirklich ausgesuchten Geschmacklosigkeit des britischen Premierministers, mit einem Bombardement der Stadt am Morgen des 24. Dezember. Diesmal gibt es ein besonderes Bonbon: Die Bomben haben einen Langzeitzünder, was „beim Großteil der Bevölkerung die Erbitterung über die Kampfmethoden unserer Gegner und den Widerstandswillen spürbar vertieft", wie es in den Aufzeichnungen des SD heißt.[312] Es wird bemerkt, dass sich „die Erbitterung über die sinnlosen Zerstörungen immer tiefer einfrisst."[313]

Es wird wahrgenommen, dass sich Englands Außenminister Eden in der Form geäußert hat, dass die Luftangriffe auf das Reichsgebiet fortgesetzt werden, und dass der Amerikaner Anderson sagte, dass nunmehr auch kleinere Städte angegriffen werden müssten. Mit den großen deutschen Städten ist man zumindest im Westen und in Mitteldeutschland einigermaßen durch. Der englische Luftmarschall Harris erklärt, Berlin werde bombardiert, bis dieses Herz Deutschlands zu schlagen aufhöre.[314]

Am schwersten nachvollziehbar ist es für die Kollegen vom Sicherheitsdienst, „dass trotz aller Äußerungen des Verlangens nach der Vergeltung das Hassgefühl gegen das englische Volk nicht als stimmungsmäßig beherrschendes Moment angesehen werden könne." Auch in Berlin seien nach den jüngsten Angriffen spontane Äußerungen eines Hasses gegen den Feind doch verhältnismäßig selten beobachtet worden.[315] Meckerer im Volk sehen sich zum Ende des Jahres bestätigt und verweisen darauf, dass sie bereits Anfang 1943, als die meisten Volksgenossen zuversichtlich von einer großen Frühjahrsoffensive sprachen, Zweifel äußerten, ob wir dazu eigentlich überhaupt noch in der Lage seien. Tatsächlich sei die Frühjahrsoffensive ausgeblieben. Sie hätten ferner auch am Anfang der russischen Offensive im Sommer '43 an der Behauptung gezweifelt, dass sich die Bolschewisten in dieser Offensive verbluten würden. Sie hätten auch von Anfang an die Ausdrucksweise der Wehrmachtsberichte über Frontverkürzungen, planmäßige Räumungen, Absetzbewegungen usw. abgelehnt und sich auf den Standpunkt gestellt, hier handele es sich um erzwungene Rückzüge durch unerwartet starken Feinddruck. Auch ihre Prophezeiungen bezüglich des Luftkriegs seien schließlich eingetroffen. Bereits nach der Bombardierung von Kiel und Flensburg im Mai hätten die Pessimisten mit einer Verschärfung des Luftkrieges gerechnet und in den folgenden Monaten immer wieder auf unsere Ohnmacht in der Luft hingewiesen, die bisher keine wesentliche Änderung erfahren hätte."[316]

Eindrucksvoll ist zum Jahreswechsel, dass in den Zeitungen in Deutschland Bilder von abgeschossenen anglo-amerikanischen Flugzeugpiloten abgedruckt werden, auf deren Flugkombinationen die Aufschrift prangt: „Murder Incorporation", was so viel heißt wie „Mordclub". Es ist häufig zu hören, wenn man nicht die Fotografien davon in der Presse gesehen hätte, wäre die Angelegenheit so unglaublich, dass man an der Wahrheit zweifeln könne. Nachdem aber auch die amerikanische Presse die Angelegenheit aufgegriffen und festgestellt habe, man müsse künftig mit derartigen Bezeichnungen vorsichtiger sein, habe es letztlich keinen Zweifel mehr gegeben.[317] Doch der Humor stirbt zuletzt. Wie lautet die Antwort auf die Frage: „Wann ist der Krieg zu Ende?“ Ganz einfach: „Am Ersten, denn wir kämpfen bis zum Letzten.“[318]

Damit geht ein weiteres Jahr zu Ende. In vielen Städten lecken die Leute ihre Wunden nach den Bombenangriffen, an anderen Orten wartet man darauf, wann man drankommt. Wer in einem der Gefängnisse oder KZs sein Leben fristet, kann bloß hoffen, dass vom Westen, vom Osten oder auch von oben jemand kommt, der die Leute befreit. Der 108-prozentige Nazi hofft unbeirrt auf die Wunderwaffen und auf den Endsieg und ansonsten bleibt wie seit dem Jahr ’33 der schwarze Humor: Dr. Goebbels wird in Berlin ausgebombt. Er rettet zwei Koffer auf die Straße und geht nochmals ins Haus, um andere Sachen zu bergen. Als er wieder herauskommt, sind die beiden Koffer gestohlen. Dr. Goebbels ist sehr unglücklich, weint und klagt. Als man ihn fragt, was denn da so Wertvolles darin gewesen sei, antwortet er: „In dem einen war die Vergeltung und in dem anderen der Endsieg!“[319]

1 Hirche (1964), S. 152f.
2 Boberach (Hg., 1984), Band 13, S. 4983
3 Hirche (1964), S 153
Mit Puckfüßchen wird auf das missgestaltete Bein von Goebbels angespielt.
4 Boberach (Hg., 1984), Band 13, S. 4982
5 Ebd., S. 4986
BRT ist die Abkürzung für die frühere Einheit Bruttoregistertonnen, die den Schiffsraum quantifizierte, unabhängig davon, ob er direkt nutzbar war oder nicht. Der nutzbare Schiffsraum wurde in Nettoregistertonnen ausgedrückt.
6 Hirche (1964), S. 176
7 Boberach (Hg., 1984), Band 13, S. 4927
SD war der Sicherheitsdienst der SS.
8 Ebd., S. 4986
9 Ebd., S. 4966 und 5002f.
10 Hirche (1964), S. 148
11 Boberach (Hg., 1984), Band 13, S. 5049 bis 5061
12 Ebd., S. 5050 und 5054
HJ ist die Abkürzung für Hitlerjugend.
13 Boberach (Hg., 1984), Band 13, S. 5054
14 Ebd., S. 5050
15 Ebd., S. 5054
16 Boberach (Hg., 1984), Band 13., S. 5060f.
BDM ist die Abkürzung für Bund Deutscher Mädel und HJ steht für Hitlerjugend.
17 Ebd., S. 5082
18 Hirche (1964), S. 164
19 Hofer (1957), S. 280
Speidel (1977), S. 96f.
20 Hofer (1957), S. 280
21 Boberach (Hg., 1984), Band 2, S. 115
Hofer (1957), S. 280f.
SD war der Sicherheitsdienst der SS.
22 Hirche (1964), S. 159f.
Boberach (Hg., 1984), Band 13, S. 5064
23 Ebd., Band 14, S. 5360 bis 5364
24 Ebd., S. 5364
25 Ebd., S. 5445f.
26 Steinbach & Tuchel (Hg., 1994), S. 316
27 LeBor (2014), S.129 bis 132 und 147ff.
BIZ ist die Abkürzung für Bank für Internationalen Zahlungsausgleich.
28 Boberach (Hg., 1984), Band 13, S. 5080
29 Ebd., S. 5062
30 Frey, Christian (2014), Geheimnisse des Dritten Reiches. Rommel –Mythos und Wahrheit [online]. Verfügbar unter: http://www.zdf.de/ZDFmediathek/beitrag/video/1495340/Rommel-Mythos-und-Wahrheit#/ [22.05.2015]
31 Boberach (Hg., 1984), Band 13, S. 5062f. und 5081
32 Ebd., Band 14, S. 5448
33 Ebd., Band 13, S. 5082 bis 5091 und Band 14, S. 5707
HJ ist die Abkürzung für Hitlerjugend. Es sei am Rande darauf hingewiesen, dass der Angestellte beim SD im Zitat HJ selbst mit einem Punkt abgekürzt hat.
34 Boberach (Hg., 1984), Band 13, S. 5128
35 Ebd., S. 5128 und Band 14, S. 5532ff.

36 Boberach (Hg., 1984), Band 13, S. 5128f.
37 Ebd., S. 5162
38 Ebd., S. 5163 bis 5166
39 Ebd., S.5135
40 Ebd., S. 5534
41 Ebd., S. 5129ff.
42 Ebd., S. 5131
43 Ebd., S. 5131f.
44 Ebd., S. 5132f.
45 Radio Berlin (1943), History Learning Site (2010 bis 2015). The Katyn Wood Massacre [online]. Verfügbar unter: http://www.historylearningsite.co.uk/katyn_wood_massacre.htm [31.03.2015]
UdSSR ist die Abkürzung für Union der Sozialistischen Sowjetrepubliken, die in diesem Buch meist als Sowjetunion bezeichnet wird.
46 Hirche (1964), S. 177
47 Boberach (Hg., 1984), Band 13, S. 5197 und 5224f.
48 Ebd., S. 5225f.
49 Ebd., S. 5226
50 Ebd., S. 5242f.
51 Ebd., S. 5227
52 Ebd., S. 5144f.
Was die Anzahl der Opfer des Bromberger Blutsonntags nach dem Überfall der Wehrmacht auf Polen 1939 angeht, wurde hier den aufgebauschten Angaben der Goebbels-Propaganda geglaubt. Es bleibt umstritten, wie viele Opfer es gab.
53 Boberach (Hg., 1984), Band 13, S. 5153
54 Ebd., Band 13, S. 5142f.
BDM ist die Abkürzung für Bund Deutscher Mädel und HJ steht für Hitlerjugend.
55 Boberach (Hg., 1984), S. 5146f.
56 Briefwechsel (2008), S. 91ff.
57 Ebd., S. 93ff.
Es halten sich offenbar Verschwörungstheorien darüber, wie Władysław Sikorski am 4. Juli 1943 starb. Haben ihn Stalins Schergen gemeuchelt? Das ist möglich – jedoch nicht sehr wahrscheinlich. Durch die Enthüllungen über Katyn war Stalin schon angezählt und welcher Teufel hätte ihn reiten sollen, sich in der Angelegenheit Katyn noch weiter ins Unrecht zu setzen? Wenn ich aber das Telegramm vom 24. April 1943 zugrunde lege, fällt mir noch ein Verdächtiger ein. Darin schreibt Churchill: „Ambassador Maisky delivered your message to me last night. We shall certainly oppose vigorously any »investigation« by the International Red Cross or any other body in any territory under German authority. Such investigation would be a fraud, and its conclusions reached by terrorism. Mr. Eden is seeing Sikorski today and will press him as strongly as possible to withdraw all countenance from any investigation under Nazi auspices. Also we should never approve of any parley with the Germans or contact with them of any kind whatever and we shall press this point upon our Polish allies." Auf Deutsch klingt das auch nicht freundlicher: „Botschafter Maiski hat mir gestern Abend Ihre Botschaft überbracht. Wir werden uns mit Sicherheit jeder »Untersuchung« durch das Internationale Rote Kreuz oder eine andere Institution in einem Gebiet unter deutscher Herrschaft energisch widersetzen. Eine solche Untersuchung wäre ein Betrug, und ihre Schlussfolgerungen würden durch Terrorismus erreicht. Heute trifft sich Herr Eden mit Sikorski und wird ihn so energisch wie möglich drängen, jeder Untersuchung unter Federführung der Nazis jede Unterstützung zu entziehen. Auch sollten wir niemals ein Gespräch mit den Deutschen oder Kontakte mit ihnen in jeglicher Form billigen,

und wir werden unsere polnischen Verbündeten auf diesen Punkt mit Nachdruck hinweisen." Wie ist Władysław Sikorski denn gestorben? Weil ich den Fall bloß streife, bleibe ich bei jenen Anhaltspunkten, die Wikipedia anbietet. Er starb bei der Rückreise von der Inspektion der polnischen Truppen im Nahen Osten. Nach der Zwischenlandung auf dem britischen Flughafen Gibraltar stürzte das Flugzeug kurz nach dem Start ins Meer. Dabei starben alle 16 Insassen – doch ausgerechnet der Pilot überlebte. Nachtigall, ick hör' dir trapsen. Am Ende dieses Artikels heißt es dann bei Wikipedia: „Weil die Royal Air Force die technische Absturzursache 1943 nicht aufklären konnte, entstanden Verschwörungstheorien. Eine gerichtsmedizinische Untersuchung Polens ergab 2009, dass Sikorski an den beim Aufprall erlittenen Verletzungen gestorben war. Sabotage am Flugzeug wurde jedoch nicht ausgeschlossen." Wikipedia (2015). Władysław Sikorski [online]. Verfügbar unter: https://de.wikipedia.org/wiki/W%C5%82adys%C5%82aw_Sikorski [23.08.2015] Churchill scheint mir als Auftraggeber sehr wahrscheinlich. Hatte Eden keinen Erfolg? Bestand Sikorski auf einer sofortigen Klärung? Und startete gerade von einem britischen Flugplatz? Alternativ zu ihm musste Stalin als Verdächtiger infrage kommen. In der Situation von 1943 hätte das jedoch für Moskau bedeuten können, dass die Westmächte ihre Unterstützung für seine Sowjetunion einstellen und sie damit der Wehrmacht ausliefern. Dann wäre Amerika ein Jahr eher in den Boxring gestiegen und hätte die Front im Westen eröffnet, die schon lange geplant war. Das war zumindest für Stalin vorstellbar. Warum hätte er dieses Szenario riskieren sollen? Und verfügte er über Gibraltar?

58 Boberach (Hg., 1984), Band 13, S. 5206
59 Ebd., S. 5206f.
60 Ebd., Band 15, S. 6136
61 Ebd., Band 12, S. 4654f.
62 Hirche (1964), S. 145
63 Boberach (Hg., 1984), Band 13, S. 5149 und 5159
64 Ebd., S. 5206
65 Ebd., S. 4944 und 5149
66 Ebd., S. 5176
67 Ebd.
68 Ebd., S. 5186f.
69 Hirche (1964), S. 149
70 Sutton (2008), S. 71
Hirche (1964), S. 148
71 Ebd., S. 177
72 Steinbach & Tuchel (Hg., 1994), S. 260f.
Preparata (2011), S. 46
73 Rothfels (1960), S. 141 und 154
Boberach (Hg., 1984), Band 14, S. 5402ff.
74 Ebd., Band 13, S. 5295f.
75 Ebd., S. 5296f.
76 Ebd.
Overy (2013), S. 375
77 Ebd., S. 374f., 377 und 389
78 Briefwechsel (2008), S. 91
Overy, Richard (2014), Pourquoi tant de bombes ? [online]. Verfügbar unter: http://www.histoire.presse.fr/actualite/infos/pourquoi-tant-bombes-27-05-2014-100381
Vgl. Pauwels (2003), The myth of the good war. America in World War II.
Knightley (1990), S. 114 und 118

79 Overy (2013), S. 361f.
80 Ebd., S. 375
81 Ebd., S. 386
82 Ebd., S. 387f.
83 Boberach (Hg., 1984), Band 13, S. 5268ff.
84 Ebd., S. 5206f. und Band 14, S. 5417
85 Ebd., Band 14, S. 5417f.
86 Ebd., S. 5416f.
87 Steinbach & Tuchel (Hg., 1994), S. 316
88 Boberach (Hg., 1984), Band 14, S. 5354ff.
89 Ebd., S. 5356f.
90 Ebd., S. 5343
91 Ebd., S. 5429
92 Ebd., S. 5414
93 Ebd., S. 5429
94 Ebd., S. 5446f.
95 Ebd., Band 13, S. 4944 und Band 14, S. 5446f.
96 Hirche (1964), S. 185
97 Ebd., S. 166
98 Ebd., S. 145f.
99 Neitzel & Welzer (2011), S. 61
Es sei mir erlaubt, an dieser Stelle die Misshandlungen, die von 1961 bis 1980 bei stationären „Behandlungen" in psychiatrischen Einrichtungen der DDR an meinem Vater vorgenommen wurden, zum Vergleich heranzuziehen. Fremden Leuten brauchte mein Vater gar nichts zu erzählen; das eigentlich Üble war, dass selbst meine Mutter und wir drei Kinder das alles nicht geglaubt haben. Erst nach dem Ende der DDR besorgte ein Anwalt die „medizinischen" Unterlagen aus drei Jahrzehnten, die zeigen, was mit meinem Vater gemacht wurde. Ab 1980 war er endgültig ein Krüppel. Mir ist bisher nicht besonders viel eingefallen, warum die Gesprächsführung zwischen Haftentlassenen und ihren Mitmenschen vielleicht in den 1930er Jahren anders gewesen sein sollte.
100 Stadtarchiv Münster (2005), Bombenschäden [online]. Verfügbar unter: http://www.muenster.de/stadt/kriegschronik/1943_bomben_bombenschaeden.html [31.03.2015]
101 Gisevius (1947), Band 1, S. 310
102 Szepansky (1983), S. 130
103 Rothfels (1960), S. 198
Hier werden allein die *bewussten* Anti-Nazis auf 35 bis 40 Prozent geschätzt. Schon im Mai 1942 äußerte sich ein deutscher Pastor in einem Gespräch mit dem Bischof von Chichester so, dass in den vorhergegangenen Monaten ehemalige Gewerkschaftsmitglieder ein Netzwerk von Verbindungsleuten entwickelt hatten, das ihnen die Kontrolle über „Schlüsselstellungen in großen Städten wie Berlin, Hamburg, Köln und über das ganze Land hin" erlaube. Der Sozialdemokrat Emil Henk schrieb Wilhelm Leuschner zu, ein Netz aufgebaut zu haben, das ganz Deutschland überzogen habe. Henk selbst kannte für bestimmte Teile Badens und Hessens Verbindungsleute, von denen jeder im entscheidenden Augenblick zehn bis zwanzig weitere Nazigegner aufzurufen hatte. Henks Namensliste nennt nicht nur Einwohner großer Städte, sondern auch solche kleinerer Gemeinwesen bis hin zu Dörfern. Seine Schätzung ging dahin, dass allein in diesem ihm bekannten Gebiet für den Staatsstreich zehn- bis fünfzehntausend Oppositionelle bereitstanden. Rothfels, (1960), S. 107. Daran ist auch zu ersehen, dass längst nicht jeder Hitler-Gegner eingesperrt war, und man kann sich denken, dass diese bewussten Regimegegner

sehr vorsichtig sein mussten, damit sie am Tag X noch nicht von der Straße weggefangen waren. Es ist nicht erstaunlich, dass Sie sich über die Zahlen wundern. Was Sie über die Jahre unter Adolf Hitler wissen, haben Sie vermutlich in erster Linie aus zweiter Hand – aus den Medien. Über die Inhalte, die dort vermittelt werden, äußerte sich in klaren Worten Günter Gaus, der mehrere Jahre an der Spitze des Hamburger Magazins Der Spiegel stand, in aller Offenheit so, dass der in der Bundesrepublik von den Medien anerkannte Widerstand schon bald nach der Staatsgründung im Jahr 1949 „auf die Opposition in Stabsquartieren, auf Rittergütern und in großbürgerlichen Herrenzimmern eingegrenzt worden" sei. „Des Widerstands aus der Wohnküche, in Arbeitervierteln der Großstädte, der sich in aller Ohnmacht früher regte als der auf den Landsitzen und in Generalkommandos, wurde nach dem Kriege fast immer nur in betroffenen Zirkeln gedacht, wenig oder gar nicht von Staats wegen." Auch hier gebe ich Ihnen gern die Quelle, denn das Buch muss man einfach gelesen haben, um für Gespräche mit Westdeutschen gewappnet zu sein: Gaus (1986), S. 110.

Wikipedia (2015), Kreisauer Kreis [online]. Verfügbar unter: http://de.wikipedia.org/wiki/Kreisauer_Kreis#Formierung_des_Kreisauer_Kreises [31.03.2015]

104 Boberach (Hg., 1984), Band 2, S. 242

105 Falin (1995), S. 213
Briefwechsel (2008), S. 109

106 Boberach (Hg., 1984), Band 14, S. 5402f.

107 Ebd., S. 5404, 5430 und 5447
Hirche (1964), S. 159

108 Krieger (2007), S. 276

109 Gisevius (1947), Band 2, S. 189
Krieger (2007), S. 277
Gehlen (1971), S. 47 und 124f.

Reinhard Gehlen selbst lenkt den Verdacht auf den Ober-Nazi Martin Bormann. Erst viele Seiten später schreibt er, dass er beispielsweise vom Kollegen Hermann Baun wusste, dass er tatsächlich Verbindungen nach Moskau unterhielt. Den Anti-Nazi verdächtigt er nicht, doch bei jenem Baun läge der Verdacht viel näher. Baun werden Sie folgerichtig 1945 unter Gehlens Vertrauensleuten wiederfinden.

Speidel (1977), S. 148
Moorhouse (2007), S. 148f.
Boberach (Hg., 1984), Band 15, S. 6062

110 Hirche (1964), S. 180

111 Boberach (Hg., 1984), Band 15, S. 6062 und 6187

112 Ebd., Band 14, S. 5448f.

113 Hirche (1964), S. 186

114 Hofer (1957), S. 164
Ramge (2003), S. 56

115 Straeten (1997), Geprüft durch die Gedenkstätte Yad Vashem.
Wydra (2003), S. 31-41

Jacob, Rena (2010 bis 2015), Wider des Vergessens [online]. Verfügbar unter: http://www.wider-des-vergessens.org/index.php?option=com_content&view=article&id=55%3Adie-fruehen-deportationen-juedischer-mitbuerger&catid=7&Itemid=36&limitstart=5 [31.03.2015]

116 Boberach (Hg., 1984), Band 14, S. 5449f.

117 Galland (2007), S. 232f.

118 Hirche (1964), S. 186

119 Galland (2007), S. 233f.

120 Boberach (Hg., 1984), Band 14, S. 5463f.

121 Hirche (1964), S. 164
122 Galland (2007), S. 235
123 Hirche (1964), S. 160
124 Boberach (Hg., 1984), Band 14, S. 5560
125 Ebd., S. 5561f. und Band 15, S. 5754f.
126 Ebd., Band 14, S. 5564
127 Ebd., S. 5573
128 Ebd., S. 5561
129 Ebd., Band 15, S. 6097
130 Ebd., Band 14, S. 5567f.
131 Hofer (1957), S. 333 ff.
132 Steinbach & Tuchel (Hg., 1994), S. 260f.
133 Knightley (1990), S. 114, 118 und 120
134 Der an der Aktion beteiligte Joseph Schreieder hatte sich in diesem Zusammenhang so geäußert: „Darauf kann ich nur erwidern, dass von englischer Seite nicht ein einziger Funkspruch kam, in dem irgendwelche Zweifel oder auch nur das geringste Misstrauen zum Ausdruck gebracht wurden.“ Schreieder (1950), S. 204
135 Giskes (1982), S. 146f.
136 Ebd., S. 196
137 Georg (2007), S. 36
138 Boberach (Hg., 1984), Band 15, S. 5784f.
139 Ebd., S. 5789f.
140 Ebd., Band 14, S. 5588
141 Ebd., Band 15, S. 5789
142 Ebd., S. 6017
RAD ist die Abkürzung für Reichsarbeitsdienst.
143 Ebd., S. 6015f.
Carlo-Schmid-Stiftung (2015), Carlo Schmid – Leben und Beruf [online]. Verfügbar unter: http://carlo-schmid-stiftung.de/carlo-schmid-leben-und-beruf/ [24.08.2015]
144 Boberach (Hg., 1984), Band 14, S. 5489
145 Ebd., Band 15, S. 5489
146 Ebd., Band 14, S. 5703
147 Ebd., S. 5704
148 Ebd., S. 5703 und Band 15, S. 6016f.
149 Ebd., Band 14, S. 5486
150 Ebd., S. 5489
151 Ebd., S. 5488
152 Ebd., S. 5710ff.
153 Ebd., S. 5713
154 Ebd., S. 5485
155 Ebd., S. 5641
156 Trepp (1996), S. 136f.
LeBor (2014), S. 118f. und 148f.
BIZ ist die Bank für Internationalen Zahlungsausgleich und die Schweizerische Nationalbank wird hier als SNB abgekürzt.
157 Trepp (1996), S. 129 bis 136
LeBor (2014), S. 117
158 Boberach (Hg., 1984), Band 14, S. 5705f.
159 Bundesarchiv (2015), Aktenvermerk [online]. Verfügbar unter: http://www.argus.bstu.bundesarchiv.de/NS30_25600/mets/NS30_25600_158/index.htm#98 [13.04.2015]

160 Preparata (2011), Wer Hitler mächtig machte. Wie britisch-amerikanische Finanzeliten dem Dritten Reich den Weg ebneten, S. 234
Sutton (2008), Wall Street und der Aufstieg Hitlers, S. 24f., 37ff. und 49
LeBor (2014), Tower of Basel. BIZ. Die Bank der Banken und ihre dunkle Geschichte, S. 115, 120, 133 bis 137 und 143
161 Rothfels (1960), S. 99f.
Höhne (1976), S. 485f.
162 Internationaler Militärgerichtshof Nürnberg (1948), Band XXI, S. 546
163 Trepp (1996), S. 121
LeBor (2014), S. 149f.
164 Hesse (1953), S. 331
Hirche (1964), S. 178
Mit dem Wunschverbündeten beweihräuchern die deutschen Traumtänzer natürlich sich selbst. Es hieß ja: Wenn wir Verbündete wie die Italiener haben.
165 Steinbach & Tuchel (Hg., 1994), S. 491
166 Ebd., S. 328
167 Hirche (1964), S. 178
168 Ebd.
169 Boberach (Hg., 1984), Band 15, S. 5772
170 Ebd., S. 5770
171 Ebd., S. 5826
172 Rothfels (1960), S. 141
173 Boberach (Hg., 1984), Band 15, S. 5753f.
174 Ebd., S. 5775f.
175 Ebd., S. 6097
Mit Veneriker bezieht er sich auf die angeblich reichlichen Frauengeschichten von Goebbels und unterstellt ihm deswegen, Geschlechtskrankheiten zu haben.
176 Boberach (Hg., 1984), Band 15, S. 6098
177 Ebd.
178 Lesen Sie dazu gerne die früheren Bände meiner Serie.
179 Conze u. a. (2012), S. 248
Straeten (1997), S. 17 und 21. Geprüft durch die Gedenkstätte Yad Vashem.
Der Nordschleswiger (2013), Friedrich Wilhelm Lübke und die Juden-Rettung. In: Der Nordschleswiger vom 5. Oktober 2013 [online]. Verfügbar unter: http://issuu.com/dernordschleswiger/docs/judenrettung/1 [25.08.2015]
180 Ebd.
Conze u. a. (2012), S. 248
Straeten (1997), S. 21 bis 26
Kaufmann (1994)
Pundik (1995)
Lidegaard (2013)
Gamillscheg, Hannes (2013). Weil es mutige Helfer gab. In: Frankfurter Rundschau vom 26. September 2013
181 Straeten (1997), S. 21 bis 26
182 Moorhouse (2007), S. 314 bis 317
Speidel (1977), S. 151
183 Boberach (Hg., 1984), Band 15, S. 6133
Fest (1994), S. 194f.
184 Boberach (Hg., 1984), Band 15, S. 5905

185 Campbell (1763), S. 30
Overy (2013), S. 369
Vgl. Pauwels (2003), The myth of the good war. America in World War II.
Overy (2014). Pourquoi tant de bombes ? [online]. Verfügbar unter: http://www.histoire.presse.fr/actualite/infos/pourquoi-tant-bombes-27-05-2014-100381
186 Hirche (1964), S. 179
187 Wikipedia (2015), Uranprojekt [online]. Verfügbar unter: http://de.wikipedia.org/wiki/Uranprojekt [31.03.2015]
188 Boberach (Hg., 1984), Band 15, S. 5852ff.
189 Ebd., S. 5992
190 Ebd., S. 5993
191 Ebd., S. 5990
192 Ebd., S. 5876 und 5991f.
193 Speidel (1977), S. 125
194 Boberach (Hg., 1984), Band 15, S. 5876f.
195 Ebd., S. 5855
196 Ebd., S. 5876
197 Sandvoß (1988), S. 44
198 Boberach (Hg., 1984), Band 15, S. 5881
199 Ebd., S. 5883
200 Overy (2013), S. 363 bis 366, 370 und 420
201 Ebd.
202 Ebd., S. 377
203 Rothfels (1960), S. 60
Hoffmann (1970), S. 52
Schmidt (1949), S. 558f. und 563
204 Ebd., S. 559f.
Vgl. Conze u. a. (2012)
205 Schmidt (1949), S. 559f.
206 Dies berichtete Ingeborg Märtz, geborene Lehmann, aus Berlin dem Autoren. Sie hat sich meine Bücher über die Jahre nach 1933 durchgelesen und es erfüllt mich mit Stolz, dass sie meine Darstellung des Hergangs der Dinge gebilligt hat, wenn auch vieles für sie neu war. Auch sie weiß, abgesehen von dem, was sie selbst erlebt hat, wie die meisten anderen nur so viel über unsere Geschichte, wie ihr die Medien anbieten. Immerhin sagte sie, dass sie, mit dem Hintergrund eines Vaters, der im Widerstand aktiv war, den Fernseher abschaltet, wenn dort unrealistische Darstellungen über das Dritte Reich angeboten werden.
207 Hirche (1964), S. 171
208 Sandvoß (1988), S. 88
Das Wernerwerk erhielt seinen Namen zur Würdigung des Firmengründers Werner von Siemens.
209 Boberach (Hg., 1984), Band 15, S. 6049 und 6063
210 Ebd., S. 6067
211 Trepp (1996), S. 137f.
212 Boberach (Hg., 1984), Band 15, S. 6004f.
Der erwähnte ehemalige Bomberpilot hat sich beim erst 1964 geborenen Autoren dieses Buches, der noch nicht einmal Verwandte in Dresden hat, Jahrzehnte nach dem Krieg für seine Beteiligung an der Bombardierung der Stadt entschuldigt, was ihm ganz offensichtlich ein herzliches Bedürfnis war.
213 Boberach (Hg., 1984), Band 15, S. 5826, 6050ff. und 6064
214 Ebd., S. 6050ff. und 6064
215 Ebd., S. 6052ff.

216 Boberach (Hg., 1984), Band 15, S. 6004f.
217 Ebd., S. 6025f.
218 Ebd., S. 6064f.
219 Ebd., S. 6026
220 Ebd.
221 Ebd., S. 6056
222 Ebd., S. 6053f.
223 Ebd., S. 6054f.
224 Ebd., S. 6055
225 Ebd., S. 6053 und 6066 sowie Band 16, S. 6229
226 Szepansky (1983), 122
227 Boberach (Hg., 1984), Band 15, S. 6168
228 Ebd., S. 6096
229 Ebd., S. 6054
230 Bereschkow (1975), S. 131ff.
231 Ebd., S. 175f.
232 Falin (1995), S. 224
233 Ebd., S. 268f.
234 Bereschkow (1975), S. 175f.
Falin (1995), S. 272
Knightley (1990), S. 214
235 Bereschkow (1975), S. 128f., 135, 175f. und 189
UdSSR ist die Abkürzung für Union der Sozialistischen Sowjetrepubliken, die in diesem Buch meist als Sowjetunion bezeichnet wird.
236 Sutton (2008), S. 64 bis 67
Reichmannsdorf ist der Ort, in dem der Autor in seiner Kindheit gelebt hat.
237 Sutton (2008), S. 149f.
Was den Begriff des *Big Business* angeht, soll hier nicht der Hinweis fehlen, dass US-Präsident Dwight David Eisenhower mehrfach vor den Gefahren warnte, die von der Existenz des militärisch-industriellen Komplexes in den USA ausgehen.
238 Sutton (2008), S. 80f., 127f. und 160f.
239 Preparata (2011), S. 304
240 Falin (1995), S. 266
241 Preparata (2011), S. 304
242 Ebd., S. 327
243 Sutton (2008), S. 91
244 Ebd., S. 23
245 Ebd., S. 11
246 Ebd., S. 44
UdSSR ist die Abkürzung für Union der Sozialistischen Sowjetrepubliken, die in diesem Buch meist als Sowjetunion bezeichnet wird.
247 Bereschkow (1975), S. 349
248 Sutton (2008), S. 156f.
Der Autor schreibt zu Beginn seiner einschlägigen Darlegungen: „General Lucius D. Clay, der stellvertretende amerikanische Militärgouverneur von Deutschland, berief Geschäftsleute, die gegen die Entnazifizierung waren, in Kontrollpositionen bei den Entnazifizierungsverfahren ein." Dann zählt er auf, was aus diesen Herren im Einzelnen geworden ist. William H. Draper wurde nach dem Krieg als Brigadegeneral Draper zum Stellvertreter von General Lucius D. Clay ernannt und dieser „stellte sein Kontrollteam aus Geschäftsleuten zusammen, die in Deutschland vor dem Krieg das amerikanische Kapital repräsentiert hatten." Unter den Auserkorenen waren Louis Douglas, Edward S. Zdunke, Peter Hoglund, R. J. Wysor, Philip

P. Clover, Philip Gaethke. Die Personalauswahl durfte der genannte Graeme K. Howard treffen. Damit waren auf jeden Fall die Weichen für die Nachkriegszeit von US-amerikanischer Seite gestellt und der Ball war wieder auf der deutschen Seite. Würde das Land noch einmal in den Nazismus abgleiten?

249 Bereschkow (1975), S. 134 und 146

250 Vgl. ebd., S. 146

251 Ebd., S. 146ff.
Rowno ist der russische Name für die Stadt Rivne.

252 Bereschkow (1975), S. 165ff.

253 Ebd., S. 168f.

254 Ebd., S. 156 und 169

255 Ebd., S. 169 bis 172
Über Jahrzehnte wurde der Begriff des *Schreibtischtäters* neben den des Täters selbst gestellt, um so auf die Schuld derer hinzuweisen, die selbst nicht an den Orten des Grauens aufgetaucht sind. Nach all den Informationen über die Rolle des *Big Business* vor den und während der begangenen Verbrechen soll an dieser Stelle nun der Begriff des *Kamintäters* in den Diskurs eingeführt werden, Täter bei einem Glas Whisky.

256 Preparata (2011), S. 347

257 Ebd., S. 181 bis 186
Falin (1995), S. 278 und 288

258 Bereschkow (1975), S. 179f.

259 Overy (2014), Pourquoi tant de bombes ? [online]. Verfügbar unter: http://www.histoire.presse.fr/actualite/infos/pourquoi-tant-bombes-27-05-2014-100381
Bereschkow (1975), S. 201

260 Ebd., S. 188

261 Ebd., S. 179

262 Churchill (1954), S. 658f.

263 Ebd., S. 668f.

264 Bereschkow (1975), S. 249f.

265 Boberach (Hg., 1984), Band 14, S. 5517

266 Bereschkow (1975), S. 252f.
Im Buch steht zwar „südlich des Rheins", dabei kann es sich jedoch eigentlich nur um ein Versehen handeln, denn dort befindet sich die Schweiz und die steht nicht zur Debatte. Somit hat der russische Autor wahrscheinlich stattdessen gemeint:
4. Hessen-Darmstadt, Hessen-Kassel und das Gebiet südlich des Mains.
George, Lloyd (1936), Lloyd George and Hitler. Comments on his visit to Germany and meeting with Hitler in 1936. In: Daily Express, 17.09.1936 [online]. Verfügbar unter:
http://www.worldfuturefund.org/wffmaster/Reading/Germany/LloydGeorge.htm

267 Sutton (2008), S. 91

268 Bereschkow (1975), S. 252f.
Churchill (1954), S. 670f.
Vgl. Schmidt (1949), S. 568

269 Falin (1995), S. 540

270 Bereschkow (1975), S. 224

271 Ebd., S. 224f.

272 Krieger (2007), S. 277
Giefer & Giefer (1991), S. 189, 191 und 205

273 Knightley (1990), S. 121 und 218

274 Hofer (1957), S. 305
Bei dem Zitat handelt es sich um Höß' Erklärung vor einem polnischen Gericht

nach dem Krieg. Als Höß diese Erklärung am 5. April 1946 abgab, war er somit schon 46 Jahre alt und deshalb steht die Altersangabe außerhalb des Zitats. Da dieses Buch hier jedoch möglichst strikt abbilden soll, was jemand im Jahr 1943 schon wissen konnte, hätte ich auf dieses Selbstzeugnis sonst verzichten müssen. Höß selbst jedenfalls war das, was er später aussagte, 1943 schon bekannt.

275 Hofer (1957), S. 305
Gewiss wurden die Zahlen der Opfer von Auschwitz später korrigiert, doch hier geht es mir um das Selbstzeugnis in der Ich-Form in dieser völlig sterilen Art des Vortrages über ein Verbrechen von grauenvollen Ausmaßen. Die letzten Endes für richtig befundenen Zahlen machen inhaltlich wirklich keinen Unterschied. Seine Worte sollten auch denen zu denken geben, die am Holocaust zweifeln.

276 Hofer (1957), S. 306

277 Gisevius (1965), S. 313

278 Straeten (1997), S. 45

279 Boberach (Hg., 1984), Band 14, S. 5337

280 Die Darlegung zur Jazzmusik jener Jahre in diesem Absatz stammt von dem Musikliebhaber Peter Karl Michael, dem beim Lesen das im nächsten Absatz folgende Beispiel in den *Meldungen aus dem Reich* nicht hinreichend erschien, um die überraschende Vielfalt in der Musik jener Jahre im Reich zu betonen.

281 Boberach (Hg., 1984), Band 16, S. 6196

282 Ebd., Band 15, S. 6132

283 Ebd., S. 6139f.
Daniel Goldhagen hatte vor der Niederschrift seines Werkes *Hitlers willige Vollstrecker. Ganz gewöhnliche Deutsche und der Holocaust*, das durchaus äußerst kontrovers diskutiert wurde, offenkundig bis ins Jahr 1996 noch keine Gelegenheit gefunden, sich mit den Meldungen der Spitzel vom Sicherheitsdienst der SS auseinanderzusetzen, die bereits im Jahr 1968 für die breite Öffentlichkeit zum Lesen freigegeben waren. Derartige Einschätzungen zur Ablehnung von Rassismus und Nationalismus im deutschen Volk wie die im Text angeführten ziehen sich durch die unkommentierten Bände der *Meldungen aus dem Reich* wie ein roter Faden. Selbst wenn Goldhagen verbrecherische Verhaltensweisen hunderttausender Deutscher findet, wird man auch bei großzügiger Berechnung zugunsten seiner These nicht zu höheren Prozentzahlen kommen als jenen, die Nazis bei Wahlen in den Nachkriegsjahrzehnten quer durch Europa erreichten. Es stimmt mich sehr nachdenklich, dass Goldhagen nicht genau zu dieser Ableitung gelangt und stattdessen zwanghaft Besonderheiten bei den Deutschen erkennen möchte. Wenn man mit dieser Voreingenommenheit herangeht, dann ist es natürlich ein unerklärliches Phänomen, dass in der SS von den Franzosen bis zu den Ukrainern genug Völker Europas repräsentiert waren.

284 Boberach (Hg., 1984), Band 14, S. 5339

285 Ebd., Band 15, S. 6146

286 Ebd., S. 6141

287 Ebd., S. 6142

288 Ebd., S. 6139f.

289 Ebd., S. 6146

290 Ebd., S. 6142

291 Ebd., S. 6145

292 Ebd., S. 6113 und Band 16, S. 6215

293 Ebd., Band 14, S. 5699

294 Ebd., Band 15, S. 6112f. und 6151 sowie Band 16, S. 6215
Schmidt (1949), S. 567

295 Boberach (Hg., 1984), Band 14, S. 5606

296 Boberach (Hg., 1984), Band 15, S. 6114f.
297 Ebd., Band 14, S. 5718 und Band 15, S. 6114 bis 6118, speziell S. 6116f.
298 Rothfels (1960), S. 198
Neitzel & Welzer (2011), S. 62f.
299 Boberach (Hg., 1984), Band 15, S. 6108 und 6187
300 Ebd., S. 6053
301 Ebd., Band 16, S. 6229
302 Steinbach & Tuchel (Hg., 1994), S. 316 und 327
303 Leube (1988), S. 12f.
Vgl. Hoeniger (1905)
304 Leube (1988), S. 13
305 Hier sind seine Worte: „Ich vermute, dass man bei dieser, wie bei den meisten Untersuchungen der britischen Außenpolitik, den wahren Grund nicht in Weitsichtigkeit oder großzügiger Konzeption finden wird. Ein Minister, der mit der Verwaltung eines großen Amtes belastet ist, wird wohl oft staunen, wenn er liest, welch sorgfältig ausgearbeitete Pläne und tiefe, geheime Beweggründe ihm Tadler oder Bewunderer unterschieben. Zuschauer, die keine Verantwortung tragen, haben Zeit zum Erfinden, und sie schreiben Ministern viele Dinge zu, zu deren Ersinnung diese keine Zeit haben, selbst wenn sie die Intelligenz und Fähigkeit dazu besäßen. Wenn alle Geheimnisse bekannt wären, so würde man wahrscheinlich entdecken, dass die britischen Minister des Äußeren sich nur von den nächsten Interessen des Landes leiten ließen, ohne mühsame Berechnungen für die Zukunft anzustellen. Ihre besten Eigenschaften sind eher negative als positive gewesen. Sie führten keine scharfen Wendungen oder rasche Frontwechsel aus und waren nicht geneigt, Hader und Unheil unter andern Nationen zu stiften, oder im Trüben zu fischen, denn ihr Instinkt sagte ihnen, dass Frieden und Stabilität in Europa die besten Bedingungen für das Gedeihen des britischen Handels seien. Im Allgemeinen schraken sie davor zurück, sich für Möglichkeiten, die in der Zukunft lagen, bloßzustellen und Erwartungen wachzurufen, die sie vielleicht nicht imstande waren zu erfüllen. Auch sagten sie meistens nicht mehr, als was sie wirklich meinten. Im Großen und Ganzen war dem Britischen Reich mit diesen Methoden gut gedient. Jedenfalls wurde es dadurch vor den großen, unheilvollen Fehlern bewahrt, wie sie oft ein großer Denker macht, der zu weit voraus und – falsch rechnet." Grey (1926), S. 18f. Je öfter ich über diese Worte nachdenke, desto sicherer bin ich mir, dass er im letzten Satz Kanzler Bismarck meinte. Genau dessen Fehler in der Planung, dass so ein Reich in der Mitte Europas entstand, das nur den Hass der althergebrachten Mächte hervorrufen konnte und zur Zielscheibe für deren Militär machen musste, wurde ab 1945 unter Kanzler Adenauer korrigiert.
306 Steinbach & Tuchel (Hg., 1994), S. 328f., Fußnote 35
307 Falin (1995), S. 543f.
308 Preparata (2011), S. 347
309 Moorhouse (2007), S. 317f.
310 Ebd., S. 317f.
311 Boberach (Hg., 1984), Band 15, S. 6111
312 Ebd., Band 16, S. 6203ff.
313 Ebd., Band 15, S. 6111
314 Ebd., S. 6189
315 Ebd., S. 6091
316 Ebd., Band 16, S. 6230f.
317 Ebd., S. 6206
318 Hirche (1964), S. 181
319 Boberach (Hg., 1984), Band 15, S. 6187

Kann man Europa die Lichter endgültig ausknipsen?

Der neue Weltkrieg dauert jetzt schon länger als jener von 1914 bis 1918, aber glauben Sie nicht, dass die Briten oder die Amerikaner vielleicht in das Geschehen eingreifen würden. Damit stehen die Menschen im Reich Stalins allein auf weiter Flur und müssen die Deutschen Stück für Stück wieder aus dem Land hinausjagen. Abermillionen Menschen sterben an den Fronten und in den Lagern in Europa und Asien – und das lässt sich noch wesentlich steigern. Je länger die Diktatoren auf diesem Kontinent hausen, desto mehr verrecken. Da kann Stalin noch lange herumbetteln, das hilft inhaltlich nicht weiter. Das Bevölkerungswachstum in Russland und Deutschland wurde bis 1920 schon einmal zurückgefahren und jetzt müssen die Bevölkerungszahlen auf dem Kontinent noch deutlich weiter gedrosselt werden. Aber einen Erfolg kann Stalin zumindest verbuchen, wenn er schon seinen Befreiungsfeldzug durch Europa im Sommer 1941 in den Sand gesetzt hat: Seine Armeen konnten den nächsten Blitzkrieg in Folge zum Stehen bringen und die deutschen Truppen inzwischen aus dem eigenen Land hinausbugsieren. In Abwandlung eines Propagandaspruches aus Hitlers besten Jahren lästern einige jetzt: „Stalin ist unser Freund. Erst hat er uns Moskau – von weitem – gezeigt. Dann hat er uns die Ukraine geborgt. Jetzt führt er uns heim ins Reich.“[1]

Anfang des Jahres 1944 veröffentlicht die U.S. Eighth Air Force die weit verbreitete Werbebroschüre mit dem Titel *Target: Germany*. Es soll die Geschichte des ersten Jahres amerikanischer Bombenangriffe gegen den deutschen Feind nacherzählt werden, die „Verwüstung und Zerstörung auf die Nazi-Kriegsmaschinerie regnen lassen“. Auf den Innenseiten des Umschlags wird auf einer Karte von Europa gezeigt, wo die Bomben der Truppen gefallen waren: Es gibt neunzehn deutsche Ziele, aber fünfundvierzig in Frankreich, Belgien und den Niederlanden. Für einen Großteil des ersten Jahres nimmt die amerikanische Lehrtruppe den kurzen Weg über den Kanal, um militärisch-wirtschaftliche Einrichtungen außerhalb Deutschlands zu bombardieren, die für die Deutschen arbeiten. Es bleibt jedoch wahr, dass drei Viertel der Bomben ihre angegebenen Ziele nicht zerstören und dafür die Bevölkerung massakrieren. Die meisten Fotos in dem reich bebilderten Text stammen von Angriffen auf Frankreich und die Niederlande. Der erste Angriff auf deutsches Territorium fand letztlich Ende Januar 1943 statt, aber leichter zugängliche europäische Ziele werden immer noch bevorzugt. Eines der Ziele der Bombenabwürfe auf Leipzig ist das Erla Maschinenwerk, in dem ein Großteil der deutschen Flugzeuge hergestellt wird. Erst dauert es bis 1944, bis das Werk auf die Abschussliste kommt, und dann verfehlen die Bomber dieses Werk auch noch. Aber wer Peenemünde schon nicht plattmacht, will das wohl auch nicht in dem Leipziger Flugzeugwerk. Bei einem Angriff auf Augsburg ist das Ergebnis ja auch nicht anders. An den Industrieanlagen wird gerade kein Schaden angerichtet, stattdessen aber das gesamte mittelalterliche Stadtzentrum zerstört.[2] Worin unterscheidet sich diese Barbarei präzise von der Zerstörung des alten Rotterdam durch Hitlers Luftwaffe?

Alles in allem muss man leider feststellen, dass „die Kriegsbemühungen Deutschlands nie in bedeutender Weise durch eine Knappheit bei elektrischer Ausrüstung behindert" werden, da die einschlägigen Rüstungsunternehmen in Deutschland nicht gezielt bombardiert werden. Wenn es doch einmal eine Panne in dieser Hinsicht gibt, dann wird die Firma „lediglich zufällig" erwischt. Auch jenes verschlafene Nest Reichmannsdorf im Thüringer Wald, in dem Max und Emma Leube und ihre beiden Söhne wohnen, zieht daraus Nutzen. Das dortige Werk der AEG, in dem elektronische Messgeräte hergestellt werden, bleibt unbeschädigt.[3]

In Südfrankreich ziehen sie aus den Pleiten, Pech und Pannen Schlüsse. Am 4. Februar des Jahres 1944 gibt der französische Ministerpräsident Pierre Laval in der Hauptstadt Vichy nach schweren Bombardierungen im Winter und der Erwartung, dass die militärische Bedrohung stärker eskaliert, umfassende Richtlinien zur Evakuierungspolitik heraus. Leitlinien des Programms sind die Notwendigkeit des geordneten Transfers der Bevölkerung wie auch die Zustimmung der Menschen, die in Sicherheit gebracht werden sollen, „freiwillig aber organisiert". Die Regierung setzt auf Überzeugungsarbeit mit Plakaten, Radiosendungen und öffentlichen Versammlungen. Die oberste Priorität sollte dem „Humankapital der Nation“ eingeräumt werden, vor allem den Kindern, die letztlich die demografische Zukunft eines Nachkriegsfrankreichs tragen. Mütter und Kinder sowie Schwangere sind Hauptkategorien, obwohl auch Alte und Behinderte einbezogen werden; die Verbliebenen werden als unentbehrlich (Verwaltungsangestellte und Beamte), notwendig (Arbeiter und Angestellte, Ärzte, Sozialarbeiter) und nützlich (diejenigen, die helfen, die Tätigkeit der Unentbehrlichen und Notwendigen zu ermöglichen) klassifiziert. Die Familien sind dennoch nicht begeistert von der Evakuierung; sie fürchten Plünderungen, wenn sie ihre Häuser verlassen, und wollen den Verlust ihrer Unabhängigkeit so wenig wie die Abhängigkeit von der Wohlfahrt in den Zielzonen. Letztendlich ziehen ungefähr 1,2 Millionen als Flüchtlinge, Evakuierte oder schon als Ausgebombte in die Dörfer. In den Köpfen von manchen Militärs rühren sich Zweifel, ob das alles völlig in Ordnung ist. Der Oberbefehlshaber der *US 8th Air Force* Ira Clarence Eaker hatte beispielsweise vor Beginn der schweren Bombardierung von französischen Zielen im Jahr ’43 den Oberbefehlshaber der Königlichen Luftwaffe Charles Portal gefragt, wie man eigentlich in London gedenke, politische Einwände gegen französische Verluste zu überwinden. Darauf hatte Portal erwidert, dass die englische Regierung „nie vor dem Verlust von Zivilisten zurückgeschreckt ist, wenn dies als unvermeidliche Folge eines überlegten und vereinbarten Plans gezeigt werden kann.“ Bleibt zu hoffen, dass dieser Spruch reicht, um die Wogen wieder zu glätten, wenn das Ausmaß der französischen Verluste bekannt wird. Schon 1943 gab es 7.446 Tote, 13.779 Verletzte und über 35.000 vollständig oder teilweise zerstörte Gebäude. Bis zum Ende des Jahres 1944 kommen wohl 37.128 Tote, 49.007 Verletzte und knapp 130.000 ganz oder teilweise zerstörte Gebäude dazu. Das ist freilich alles noch Zukunftsmusik. Deshalb muss man darüber erst später ernsthaft nachdenken.[4]

Im Moment sind es die betroffenen Europäer, die sehr differenziert auf die einzelnen Bombenabwürfe reagieren. So kommt es zum Beispiel zu zwei Angriffen auf Toulon. Der erste tötet oder verletzt am 7. März 1944 schätzungsweise 900 deutsche Soldaten und findet breite Zustimmung;

der zweite vier Tage später verfehlt das angegebene Ziel und tötet stattdessen 110 französische Zivilisten, was zu einer Menge von Beschwerden führt. Dazu kommt, dass es sich bei einer der amerikanischen Bomberbesatzungen, die bei dem zweiten Angriff abgeschossen wird, um Afroamerikaner handelt, was prompt zu rassistischen Kommentaren bezüglich der Qualität und Kompetenz der Flieger führt. Die amerikanischen Bombenangriffe werden in Informationen der französischen *Résistance* als Hauptquelle des Unmuts identifiziert, weil sie scheinbar „sorglos und lässig" mit Frankreich umgehen: „Die Amerikaner machen es zu einem Sport und amüsieren sich, indem sie aus solchen Höhen bombardieren." Die französischen katholischen Kardinäle schicken einen Appell an das katholische Episkopat in Großbritannien und den Vereinigten Staaten mit der Bitte, sich bei den Luftstreitkräften dafür einzusetzen, militärische Ziele mit größerer Sorgfalt zu bombardieren und die „bescheidenen Behausungen von Frauen und Kindern" zu meiden. Der Erzbischof von Westminster antwortet, dass seine Regierung jede Zusicherung gegeben habe, dass die Opfer auf ein Minimum beschränkt würden.[5] Sehen Sie!

Seit Anfang 1944 gibt es bei uns die „Schattenaktion", auch bekannt als „Pst-Aktion". Es soll eine Aufklärungsaktion sein, um die Leute dazu zu erziehen, kriegswichtige Dinge nicht auszuplaudern. Propagandistisches Symbol ist der schwarze Schatten eines Mannes, der schräg auf den Plakaten erscheint. Er soll den Feind darstellen, der mithört, was die Leute erzählen. Als Aufforderung zum Schweigen steht „Pst" dabei. Und jetzt kommt es. Was machen die Deutschen daraus? „Was sagt der schwarze Mann?" – „Die Sache steht schief." – „Wer ist der schwarze Mann?" – „Der Schatten des letzten Parteigenossen, der die Stadt bei Nacht und Nebel verlässt."[6] Wobei der Nazipropaganda-Ausdruck von den Nacht-und-Nebel-Aktionen gleich gegen die Urheber verwendet wird.

Hitler muss weg V

Wenn die Stimmung in Deutschland schon 1942 und in stärkerem Maße 1943 in den Keller gerutscht war, so ist sie bei vielen Leuten 1944 schon im zweiten oder im dritten Untergeschoss angekommen. Unter solchen Vorzeichen gedeiht nur der Humor: Ein Mann kommt zur Behörde und beantragt eine Namensänderung. „Wie heißen Sie denn?“ fragt der Beamte. „Adolf Scheissle.“ Verständnisvoll entgegnet der Beamte: „Ja, das kann ich verstehen. Das ist unangenehm für Sie. Wie möchten Sie denn heißen?“ Und der Mann sagt: „Wilhelm Scheissle.“ So viel zur Thematik, wer nach diesen Jahren von und mit Hitler noch Adolf in seinem Namen führen möchte. Der Name Scheissle klingt nicht sonderlich schön, er ist aber noch nicht restlos disqualifiziert. Für den nachfolgenden Witz wird ein prophetischer Blick nach vorn gewagt. Man schreibt das Jahr 2400. Fritzchen kommt aus der Schule heim und fragt seinen Vater: „Wer war Hitler?“ Der weiß es nicht, schlägt im Konversationslexikon nach – und liest vor: „Hitler, Adolf, germanischer Bandenhäuptling zur Zeit Stalins des Großen.“ Aber gut, einen Witz habe ich noch und der hat es auch in sich: „Kennst du den Unterschied zwischen Christentum und Nationalsozialismus?“ – „Sehr einfach! Beim Christentum starb einer für alle – beim Nationalsozialismus sollen alle für einen sterben!“ Mancher käme gern in die Nähe Hitlers, um Schluss zu machen mit ihm, sodass wie gehabt einer für alle stirbt. Oft hört man auch den folgenden christlich angehauchten Wunsch: Gott erhalte Hitler – aber schnell.[7]

Wovon Normalsterbliche nur träumen können, ist mit fortschreitendem Kriegsverlauf eher noch schwieriger geworden. Es mangelt ja auch nicht an Kandidaten, die ein Attentat ausführen würden, aber ein Offizier wie Axel von dem Bussche-Streithorst*, der schon lange postuliert, für einen Offizier gebe es unter diesen Umständen bloß drei Wege, um seine Ehre zu bewahren, Fallen, Fahnenflucht oder Rebellion, hat die reale Chance, an den obersten Chef heranzukommen. Es ist mehr als bloß bedauerlich, dass er im Januar 1944 an der Ostfront schwer verwundet wird und deshalb als Attentäter aus der Wertung fällt. Im Februar tritt Claus Schenk

Graf von Stauffenberg als Organisator des seit Jahren geplanten Staatsstreiches an Ewald Kleist-Schmenzin* heran. Wie zuvor bereits bei Axel von dem Bussche ist ein Attentat bei einer Uniformvorführung geplant. Kleist bittet darum, vor dem Entschluss zum Selbstmordattentat mit seinem Vater sprechen zu dürfen. Sein Vater meint, er könne sich dem Anliegen Claus Stauffenbergs nicht entziehen: „Ja, das musst Du tun. Wer in einem solchen Moment versagt, wird nie wieder froh im Leben." Auch dieses Vorhaben scheitert, weil Adolf Hitler den Vorführtermin von Tag zu Tag verschiebt.[8] Der restlichen Bevölkerung bleibt nichts weiter übrig als kesse Sprüche weiterzuerzählen: Hitler betrachtet sinnend sein Portrait, das ein bekannter Maler geschaffen hat, und fragt: „Was wird aus dir werden, wenn ich den Krieg verliere?" Da tönt eine Stimme aus dem Bild: „Man wird mich abhängen und dich aufhängen!"[9]

Die Zentrale des Widerstandes wird geerdet

Im Februar laufen zwei deutsche Agenten, Erich Vermehren, ein hoher Offizier der Abwehr, und seine Frau Elisabeth in Istanbul zu den Briten über. Die Vermehrens sind überzeugte Katholiken. Sie erkennen, dass es für sie keine Einflussmöglichkeiten mehr gibt, wenden sich jetzt an die englische Gesandtschaft und lassen sich nun von da aus heimlich nach England bringen. Frau Vermehren ist eine Cousine Franz von Papens – das war der Held, der im Jahr 1933 noch meinte, er würde Hitler binnen eines halben Jahres so in die Ecke drücken, dass er quietscht. Lässt sich der Vorfall nicht spektakulär gegen jenes kriegsmüde deutsche Agentennetz verwerten? Oh ja, Briten haben da keine Hemmungen. In den Vereinigten Staaten geben sie eine Presseerklärung über diesen Fall heraus. Nein? Doch! Sie geben in Amerika eine Presseerklärung zum Überlaufen der zwei deutschen Agenten heraus. Es wird nicht wirklich überraschen, dass das zu einem Riesenwirbel im Deutschen Reiche führt. Hitler sieht sich blamiert und beschließt, das Amt Ausland/Abwehr (Spionage und Spionageabwehr) im Oberkommando der Wehrmacht unter dem schon lange unter Beobachtung stehenden Admiral Wilhelm Canaris und dem ebenso verdächtigen Oberstleutnant Hans Oster vom strammen Reichssicherheitshauptamt schlucken zu lassen und von ihren alten Offizieren zu säubern. Wilhelm Canaris wird inhaftiert und Heinrich Himmler zum Leiter des vereinigten Spionagedienstes ernannt, der jetzt endlich, nach elf Jahren auf die nationalsozialistische Linie gebracht ist. Da haben die Briten ja ganze Arbeit geleistet. Für das Ehepaar Vermehren findet sich auch eine nützliche Unterbringung in diesem Theaterstück: Sie arbeiten fortan für eine Propagandastelle der Briten.[10] Der weltbekannte Filmstar Marlene Dietrich lässt sich leider ebenfalls instrumentalisieren in ihren Auftritten zugunsten derjenigen, die seit 1917 mit *regime changes* dafür gesorgt haben, die Konkurrenten der Angelsachsen zu erden. Naja, den Soldaten mag der Anblick der schönen Frau gegönnt sein; die kennen ja auch bloß die Geschichte an der Oberfläche und wissen nicht mehr über die richtunggebenden Kräfte in der Welt als die Frau aus Schöneberg im guten alten Berlin.

Ein neues Lebenszeichen von den Wunderwaffen

Im November 1943 war die Schwerwasserfabrik im norwegischen Werk Norsk Hydro durch englische Bomberverbände zerstört worden. Bei der Aktion war die Schwerwasser-Konzentrierungsanlage im Keller zwar unversehrt geblieben, doch die Kraftstation war getroffen worden. Deshalb kann seitdem die Fabrik nicht mehr arbeiten. Die Deutschen versuchen, das restliche, teilweise konzentrierte schwere Wasser mit einem Zug zur Weiterverarbeitung in die fast fertiggestellte Anlage der Leunawerke in Deutschland zu verfrachten. Um Rjukan zu verlassen, muss jedoch jener Transport mit der Eisenbahnfähre „Hydro“ den See Tinnsjå überqueren. Die Alliierten erfahren von dem Plan der Deutschen, und die Fähre wird am 20. Februar 1944 von norwegischen Widerstandskämpfern versenkt. Einige der nur zum Teil gefüllten Schwerwasser-Fässer werden von den Deutschen gerettet, aber der Großteil sinkt auf den Grund des Sees. Aus diesem Vorgang lässt sich ableiten, dass die einschlägigen Experten des Deutschen Reiches natürlich weiterhin an Atombomben arbeiten.[11]

Ein Scherzkeks hat die Erklärung gefunden, warum es mit den Wunderwaffen so lange dauert: Die Vergeltung ist schrecklich. Wen sie trifft, der schläft mindestens für ein halbes Jahr ein. Der Erfinder wollte aber die Wirkung der Waffe zuerst an sich selbst ausprobieren. Deshalb müssen wir mit der Vergeltung noch ein halbes Jahr warten, bis er dann einmal wieder aufwacht.[12]

Hitler muss weg VI

Die Stadtoberen in Freudenstadt geben am 14. April einen Empfang für den hohen Militär Hans Speidel, dem das Ritterkreuz verliehen worden ist. Das bietet Speidel die Gelegenheit zu einem Gespräch mit dem Stuttgarter Oberbürgermeister Dr. Karl Strölin. Dieser unterrichtet ihn über eine Aussprache, die er gerade Anfang Februar mit Feldmarschall Erwin Rommel hatte. Dessen Einstellung zu Adolf Hitler ist inzwischen endlich aufgeweicht. Strölin bittet Speidel, dem Feldmarschall auszurichten, es bestehe der Wunsch zu einem Treffen zwischen ihm und dem einstigen Reichsaußenminister Konstantin Freiherrn von Neurath. Dies sei auch ein Anliegen des früheren Leipziger Oberbürgermeisters Dr. Goerdeler, dem Kopf des zivilen Widerstandes gegen Hitler. Am nächsten Tag fliegt Speidel nach Versailles und übermittelt Erwin Rommel das vertrauliche Ersuchen Strölins. Speidels Gespräch mit Rommel ergibt „völlige Übereinstimmung“. Rommel spricht in der ihm eigenen temperamentvollen Weise über die Maßlosigkeit Hitlers im menschlichen, militärischen und staatlichen Bereich und dessen Verachtung europäischer Gedanken. Die zwei Gesprächspartner werden sich einig, „dass Hitler und sein Regime zur Rettung Deutschlands und Europas beseitigt werden“ müssen.[13]

Rommel ringt um die Erkenntnis, dass der militärische Gehorsam auch und gerade für den Feldherrn seine Grenzen finden muss in dem Gefühl der Verantwortung für das Schicksal der Nation und somit dort, wo das Gewissen den Aufstand befiehlt. Er weiß sehr wohl um den Unterschied des Gehorsams gegenüber Gott und den Menschen. Der Feldherr müsse, so sagt er oft in den abendlichen Gesprächen des Frühjahrs '44, um des Volkes willen außergewöhnliche Entscheidungen fällen, und zwar genau dann, wenn alle anderen Mittel erschöpft sind. Er will jedoch trotz allem noch einmal in einem mündlichen Vortrag versuchen Hitler zu überzeugen, um ihm die Möglichkeit zur Umkehr zu geben. Wenn freilich diese Warnung wie alle vorhergehenden ungehört verhallt, sei er seines Eides ledig. Dann sei die Pflicht zur Tat gegeben und das sei dann eine Pflicht gegenüber dem Vaterland. Er legt Wert auf die Unterscheidung, dass zu einer solchen Tat – wie auch zur metaphysischen Verantwortung – nur oberste militärische Führer befähigt, berechtigt sowie verpflichtet sein können, nicht der einzelne Soldat oder Offizier, die Einsicht und Überblick nicht besitzen könnten.[14] Doch wie umständlich sich Feldmarschall Erwin Rommel* das auch immer zurechtinterpretiert – entscheidend ist im Moment, dass er endlich für die Aktion gegen Hitler zu gewinnen ist. Der Intellektuelle Ernst Jünger* überbringt Hans Speidel* im Mai eine Friedensschrift, deren Grundgedanken Speidel durchaus schon seit zwei Jahren bekannt sind. Feldmarschall Rommel ist von Jüngers Gedanken, den konstruktiven Aufbauplänen sowie der Forderung nach Vereinigten Staaten von Europa im Geiste christlicher Humanität tief beeindruckt. Erwin Rommel denkt an die Veröffentlichung auf breiter Basis zu gegebener Stunde.[15]

Ein Rommel ist weder der Erste noch der Letzte, der die Worte eines im Moment herrschenden Menschen heranzieht, um ausgerechnet anhand der Äußerungen dieses Menschen beziehungsweise dessen Ideologie zu zeigen, dass etwas faul ist im Staate Dänemark, wie es Shakespeare einst formulierte. Die Rechtfertigung für die Kritik am herrschenden Regime findet er gerade in *Mein Kampf*: „Wenn durch die Hilfsmittel der Regierungsgewalt ein Volkstum dem Untergang entgegengeführt wird, dann ist die Rebellion eines jeden Angehörigen eines solchen Volkes nicht nur Recht, sondern Pflicht. Staatsautorität als Selbstzweck kann es nicht geben, da in diesem Falle jede Tyrannei auf dieser Welt unangreifbar und geheiligt wäre. Menschenrecht bricht Staatsrecht." Diese Worte kann er auf der Seite 104 in der Ausgabe aus dem Jahr '43 finden. Nach welchem der Feldzüge verfiel Erwin Rommel auf den Gedanken, endlich das Buch des neuen Napoléon aufzuschlagen? In jenem ausufernden, langatmigen Schinken findet er zum Beispiel: „Der Kampf wird demnach so lange mit »legalen« Mitteln gekämpft werden, solange auch die zu stürzende Gewalt sich solcher bedient; es wird aber auch nicht vor illegalen zurückzuschrecken sein, wenn auch der Unterdrücker solche anwendet. Die Welt ist nicht da für feige Völker." Und der 1924 noch jüngere Hitler gelangte auch zu der Erkenntnis: „Eine Diplomatie hat dafür zu sorgen, dass ein Volk nicht heroisch zugrunde geht, sondern praktisch erhalten wird. Jeder Weg, der hierzu führt, ist dann zweckmäßig und sein Nichtbegehen muss als pflichtvergessenes Verbrechen bezeichnet werden."[16]

Eröffnen sie jetzt wirklich eine zweite Front?

Im April kommt London nach ewigen Anläufen doch noch in die Gänge. Am 25. April entdecken deutsche Luftaufklärer in den Häfen von Selsey, Portsmouth sowie Southhampton 234 Landing Craft Tanks (LCT), 254 kleinere Fahrzeuge, 170 Landing Craft Infantrie (LCI) und 15 Transportschiffe. Da eine Invasion in Europa von irgendeiner Seite längst erwartet wurde, verdichtet sich der Verdacht, dass es da ernst wird. Die Alliierten werden also entweder in der Bretagne oder in der Normandie zu landen versuchen. In Dover und Folkestone bleiben die Kräfte unverändert. An der Themse werden sie Augen machen, denn die Invasion auf dem alten Kontinent wird nicht furchtbar schwierig werden. Die beiden Haudegen Beck und Goerdeler hatten die Idee entwickelt, über einen Waffenstillstand im Westen zu verhandeln und dafür die Landung von Truppen im Westen zu ermöglichen. Der Chef des US-Geheimdienstes OSS William Donovan erfuhr das schon frühzeitig aus einem Brief aus der deutschen Botschaft in der Türkei, verfasst von Dr. Paul Leverkuehn*. Der zählt zu jenen Leuten im Widerstand, die für den deutschen Geheimdienst unter Wilhelm Canaris arbeiten. Im Brief heißt es, die deutschen Kriegsgegner könnten nicht garantieren, dass die Westfront für den Fall der Invasion der Alliierten ausnahmslos völlig tatenlos bleibe. Sie verfügten aber über solchen Einfluss auf die Kommandeure der Bodentruppen und teilweise der Luftwaffe im Westen, dass die deutschen Antwortmaßnahmen gegen die landenden Truppenteile der USA und Großbritanniens verspätet erfolgen könnten. Als Gegenleistung erwartet man eine Bereitschaft, nach gelungenem Staatsstreich mit der neuen Regierung nach Hitler in Verhandlungen zu treten.[17] Im Mai, als klar wird, dass die Sowjetunion inzwischen in der Lage ist, Deutschland allein zu besiegen, stimmt London jetzt doch noch dieser *Operation Overlord*, der Eröffnung einer zweiten Front in Nordfrankreich zu.[18] Ich will einmal schwer hoffen, dass das der wahre Grund für diese Aktion ist. Die Anzahl der Soldaten, die ins Feuer geschickt werden, um auszutesten, wie die Wehrmacht reagiert, ist nicht so sehr viel größer als bei früheren Operationen dieser Art. Denkbar ist auch, dass ein Sturm der Entrüstung in England befürchtet wird, wenn herauskommt, dass es Vorschläge zur Unterstützung der Invasion durch die Deutschen gab und dass darauf nicht eingegangen worden ist. Wieso wird denn sonst geheimgehalten, was schon der Stellvertreter Hitlers im Jahr 1941 in England wollte? Jetzt halten sie wieder die Hintertür offen, sich notfalls zurückzuziehen. Es ist eben nicht so, dass sie es in London nicht mitbekommen würden, dass Generäle der Wehrmacht versuchen, das Gemetzel in Europa endlich zu beenden, zumal einige von Anfang an den Krieg per Staatsstreich verhindern wollten. Jedenfalls schenkt das deutsche Oberkommando seinen Spionen in England vermeintlich mehr Glauben als den authentischen und korrekten Infos der Aufklärer an der Front. *Insider* wissen, dass Wilhelm Canaris so gut wie sein ganzes Netz an Agenten nach England entsandt hat, auf dass sie von dort aus für ein Ende des Krieges sorgen. Der Beitrag der Abwehr für den Fortgang der Ereignisse ist erheblich, er soll aber in England partout nicht gewürdigt werden. MI5 will sich angeblich nie bewusst gewesen sein, dass wichtige Leute in der Abwehr gegen Hitler arbeiten und den Engländern die Gelegenheit geben, die deutschen Agenten gegen Hitlers Krieg einzusetzen. James Hardesty Critchfield, der während dieses Krieges einfach nur ein Offizier der US-Army in einer Infanteriedivision ist, wird sich später so erinnern: „Der Verlauf des Krieges änderte sich rasch. Die an der Westfront operierenden deutschen Streitkräfte versuchten nicht länger, den vorstoßenden alliierten Truppen entschlossenen Widerstand entgegenzusetzen." Dafür findet er diese Erklärung: „Nach den Vorstellungen der meisten deutschen Befehlshaber war die Beendigung des Krieges durch einen Sieg der Westmächte derjenigen durch einen Sieg der Sowjets vorzuziehen."[19] Das ist zumindest in der Art richtig, als dass der Exilantenfabrikant und Massenmörder im Moskauer Kreml jetzt nicht auf einmal Deutschland bis zum Rhein allein in seine blutigen Pfoten kriegen muss. Der deutsche Funkhorchdienst findet heraus, dass die große Invasionsübung der Alliierten am 4. Mai in Südengland zwei Stunden nach dem Niedrigwasser und bei Tageslicht begonnen hat. V-Männer haben diese Feststellung eindeutig bestätigt. Damit ist klar, dass eine Landung auch bei Tageslicht und Ebbe anlaufen wird. Dennoch bleiben die führenden deutschen Militärs vor Ort bei der Erwartung, dass die Invasion bei Flut und im Dunkel der Nacht stattfinden müsste.[20]

Zu diesen führenden deutschen Militärs im besetzten Frankreich gehört Hans Speidel. Es wird niemanden erstaunen, dass er sich für den Reigen aus Attentatsversuchen seit 1943 und den Handgriffen entschieden hat, die zum Hereinlassen der Engländer und Amerikaner auf den besetzten europäischen Kontinent führen sollen, wenn er schon vor einem halben Jahr erkannte: „Das Jahr 1943 hatte mit der Katastrophe von Stalingrad begonnen, mit dem Zusammenbruch der italienischen Front und der sowjetischen Großoffensive geschlossen. Eine militärische Lösung der Krise war nicht mehr denkbar, zu einer politischen war das Regime Hitlers unfähig. So blieb nur die Möglichkeit, Hitler auszuschalten. Nach Lage der Dinge konnte dies nur die Armee wagen. Die Rettung des Vaterlandes hing davon ab." Für den Sommer benennt General Dr. phil. Speidel ganz klar die Räumung der besetzten Westgebiete und die Übergabe der Verwaltung an die Alliierten.[21] Doch wie sag ich's meinem Kind? Können die hohen Militärs den Männern im Dienst auf die Nase binden, dass sie in Frankreich ebenfalls bald zum Kanonenfutter werden? Sie werden sie wohl dumm sterben lassen müssen.

Den Ort, den die führenden deutschen Militärs in Frankreich offiziell für den Landungsort der erwarteten Invasion annehmen, übermittelt dann Fritz Kolbe über den Residenten des US-amerikanischen Geheimdiensts OSS an die Westmächte, und auch dieser mutige Mann ist schon längst kein unbeschriebenes Blatt mehr. Fritz Kolbe wurde Anfang 1941 Mitarbeiter des Botschafters zur besonderen Verwendung Karl Ritter, der der Verbindungsbeamte vom Auswärtigen Amt zu dem Oberkommando der Wehrmacht (OKW) geworden war. Damit erhielt Fritz Kolbe Zugang zu politischen und militärischen Verschlusssachen. Sein Versuch, mit dem britischen Geheimdienst Kontakt aufzunehmen scheiterte. Sie brauchen keine große Phantasie, um zu erraten, wie ich mir das erkläre. Er wandte sich dann an den Residenten der OSS in der Schweiz Allen Welsh Dulles und liefert schon seit dem 19. August 1943 Kopien zahlreicher wichtiger Schriftstücke, darunter 1600 geheime Telegramme. Übrigens nimmt der Held auch kein Geld für seine Dienste an. Er pflegt parallel dazu seinen Kontakt zum organisierten Widerstand im Deutschen Reich. Es handelt sich hier um Ferdinand Sauerbruch. Kolbes Pläne, selbst Widerstandsaktionen durchzuführen, werden ihm von Dulles ausgeredet. Dieser sagt zu ihm, dass er seine Dienste als Spion für weit wichtiger halte. Zu den wichtigsten überbrachten Informationen darf man Meldungen über die laufende Ermordung von Juden in den Kriegsgebieten zählen, über die japanischen Pläne in Südostasien, den Spion Elyesa Bazna, den Butler in der britischen Botschaft in Ankara, der für die Führung des Deutschen Reiches arbeitet, die Dechiffrierung des amerikanischen Geheimcodes, zum Vergeltungswaffen-Programm, über die Messerschmitt Me 262 und eben über den von den Deutschen erwarteten Ort der alliierten Landung am D-Day, sodass sich die Westmächte auf die Landung im Nordwesten Frankreichs einrichten können. Während die Briten auf seine Hilfe ganz verzichteten, nutzen die Amerikaner die Infos und erklären dann, er sei für einen Doppelagenten gehalten worden und man habe das alles bloß für Falschinformationen gehalten. Ist schon klar. Man merkt auch nicht, ob ein Mensch seinen Mut zusammennimmt, um Feindbegünstigung zu betreiben oder ob einer daherkommt und vielleicht für Geld plaudert.[22]

Schlesien bleibt unser

In Deutschland läuft unterdessen die Vorbereitung auf die Nachkriegszeit auf Hochtouren. Früher oder später muss ein Attentat auf Hitler ein Erfolg werden und danach sollen Verhandlungen mit den Briten aufgenommen werden. Dafür hat Claus Schenk Graf von Stauffenberg am 25. Mai 1944 seinen Forderungskatalog fertiggestellt, der auf den Gedanken Carl Friedrich Goerdelers fußt. Im achten Punkt finden sich die utopisch anmutenden Territorialforderungen: „Reichsgrenze von 1914 im Osten, Erhaltung Österreichs und der Sudeten beim Reich, Autonomie Elsass-Lothringens, Gewinnung Tirols bei Bozen und Meran." Was hier ausgetüftelt wurde, kann man eigentlich nur ermessen, wenn man sich zwickt und in Erinnerung ruft, dass schon seit 1943 von den Alliierten nur noch eine bedingungslose Kapitulation zu haben ist. Damit werden aber sogar ganz unrealistische Forderungen aufgestellt. Die Wunschgrenze, die hier postuliert wird, würde den einst preußischen Teil von Polen wieder einkassieren. Österreich will ganz gewiss keiner im Deutschen Reich lassen und auf Tirol hatte sogar der „Realpolitiker" Hitler feierlich und für ewig verzichtet. Mal sehen, wer ihm das abkauft. Die Deutschen werden bloß dann Gelegenheit bekommen, ihre Weihnachtswünsche ins Gespräch zu bringen, wenn es ihnen gelingt, die Westmächte gegen ihre sowjetischen Alliierten auszuspielen. Interessant ist in diesem Kontext noch, dass sich die Leute, die nicht zu 108 Prozent vom Führer und dem Endsieg überzeugt sind, ganz nüchtern damit auseinandersetzen, welche Konsequenz der Sieg der Alliierten vermutlich haben wird. So macht unter der Hand der folgende Spruch die Runde: Mutter Germania ist krank. Sie ist hochschwanger; Klein-Deutschland ist unterwegs. Man kann den Gedanken auch in der Art hören: Drei Freunde unterhalten sich, was sie nach dem Kriege machen wollen. Der Erste sagt: „Ich lege mich vier Wochen lang an den Ostseestrand und tue gar nichts." Der Zweite sagt: „Ich baue mir dann endlich mein Häuschen und pflege meinen Garten." Der Dritte ist am bescheidensten, er plant nur eine Radtour durch Groß-Deutschland. Da brechen die beiden anderen in Hohngelächter aus und rufen: „Und was machste am Nachmittag?"[23]

Die Landung der Alliierten wird vorbereitet

Ungefähr zehn Tage vor der geplanten Invasion wird über die Hälfte des Munitionsbestandes aller Küstenbatterien auf höheren Befehl hin abgeholt und in weit entfernte Lager bei Saint-Lô gebracht. Der Kommentar lautet, dort gebe es sichere Munitionsarsenale. Kann sein oder nicht; das wird doch aber vor Ort fehlen, wenn am Strand scharf geschossen wird? Ende Mai sind die Häfen an der englischen Südküste mit Tausenden von Kriegsschiffen und Landungsfahrzeugen vollgestopft. Ein Luftangriff auf die mit Munition und Benzin bis an den Rand der Beladbarkeit gefüllten Transportschiffe kann zur Katastrophe führen und die deutsche Luftaufklärung weiß das. Seit Monaten hat in Aalborg und Gotenhafen die neu formierte Fernbombereinheit II./KG 100 mit Kampfflugzeugen vom Typ Heinkel He 177 den Seekampf trainiert. Am Abend des 30. Mai sind alle Maschinen vorbereitet, beladen und betankt. Als die Besatzungen schon seit vier Stunden in ihren Kombinationen auf den Einsatzbefehl warten, hört einer aus der Mannschaft, verboten hin oder her, an seinem Radioempfänger den englischen Soldatensender Calais ab. Nach etwas Tanzmusik erklärt der Sprecher: „Und nun Kameraden vom Kampfgeschwader 100, jetzt müssen wir uns einmal mit euch unterhalten. Wir wissen genau, dass ihr schon einige Stunden in neuen Kombinationen auf den Einsatzbefehl zu uns wartet. Warum kommt ihr nicht? Habt ihr Angst?" Er frotzelt: „Es ist auch besser so, wenn ihr zu Hause bleibt. Ihr wollt ja auch eure Frauen und Eltern wieder sehen. Wenn ihr trotzdem kommen solltet, dann werden wir euch einen heißen Empfang bereiten, so wie ihr ihn noch nicht erlebt habt. Nun wie ist es, wollt ihr noch kommen?" Der Gegner hat somit verlässliche Informationen über den geplanten Großangriff erhalten – vermutlich direkt von diesem Standort aus. Damit ist der Überraschungseffekt gestorben. Ungefähr zwei Stunden später wird der Angriff abgeblasen.[24]

Da bereits seit Monaten und jetzt speziell Anfang Juni der große Angriff der Alliierten erwartet wird und da man weiß, wo es donnert, denkt man doch, dass nun im Nordwesten Frankreichs die Luftwaffenverbände verstärkt würden. Doch das reine Gegenteil geschieht. Kurz vor knapp zieht das Oberkommando der Luftwaffe die Jagdstaffeln aus dieser Region ab. Angegeben wird, dass die Jäger zur Verteidigung des Reichsgebietes gebraucht werden. Dieses Argument wird auch bemüht, als es darum geht, auf französischen Flugplätzen vorsorglich eingelagerte Nachschub- und Wartungsgüter nach Deutschland zurückzuverlegen. Was die Jagdflieger angeht, werden sie jedoch nur im französischen Reims beziehungsweise in Nancy abgestellt – und stehen dadurch der Verteidigung an der Küste genauso wenig zur Verfügung wie zur vorgeschützten Verteidigung von irgendeinem Reichsgebiet. Josef Priller versucht am 4. Juni seine Verlegung abzuwenden: „Das ist doch heller Wahnsinn! Wenn wir eine Invasion erwarten, müssen Staffeln her und nicht weg! Und was soll werden, wenn der Angriff gerade während der Verlegung erfolgt? Meine Bodenorganisation kann frühestens morgen oder übermorgen an dem neuen Standort sein! Seid ihr alle verrückt?“ Der Kommandeur vom II. Jagdkorps Generalmajor Junck herrscht ihn jedoch an, dass er als einfacher Geschwaderkommodore (!) keine Ahnung von der Gesamtsituation hat und aus seinem Blickwinkel doch nicht beurteilen kann, was sich in der großen staatlichen Entwicklung ergibt. Schade, dass er dem übereifrigen Priller nicht sagen kann, was sich in der staatlichen Entwicklung ergibt. Junck wird jedenfalls bereitstehen, wenn es um die große staatliche Entwicklung geht, denn er wird knapp einen Monat später als Kommandeur des II. Jagdkorps abgelöst werden. Ihm wird es erlaubt werden, aus den Diensten der Luftwaffe auszuscheiden und Berater in Kurt Tanks Focke-Wulf-Stab zu werden. Ist es vielleicht seine Schuld, wenn Leute wie ein Josef Priller nun unbedingt noch für den Führer ins Gras beißen wollen? Für Volk und Vaterland müsste man endlich Konsequenzen ziehen.[25]

Am Nachmittag des 5. Juni stechen 6463 Wasserfahrzeuge in See, denn sie müssen die 150 Kilometer lange Meeresstrecke zwischen der südenglischen Küste und der Seine-Bucht überqueren. Unbehelligt von der Abteilung Fremde Heere West des Oberkommandos der Wehrmacht unter Alexis von Roenne ziehen sie trotz vielstündiger Überfahrt unter mondерhelltem Himmel in Richtung der französischen Küste. Wenige Meilen vor der Küste werden sie dann mit bloßem Auge erkannt. Das kann nur diejenigen in Erstaunen versetzen, die nicht erfahren haben, dass Alexis von Roenne vor dem Beginn der Operation der Alliierten die Vollmacht erhalten hat, mit dem Oberkommando des Gegners in Kontakt zu treten, um die Landung der alliierten Truppen zu unterstützen und ihnen einen raschen Vormarsch über West- und Mitteleuropa bis zur Elbe zu ermöglichen, „bevor die Russen dort eintreffen".[26] Es lohnt sich auf jeden Fall, einen Moment innezuhalten und über den Begriff jener Vollmacht nachzudenken. Von wem stammt sie? Von einer der Größen rund um Hitler ja sicher nicht. Was mit der Kanzlerschaft Hitlers begann und in Phasen ab der Röhm-Krise von 1934, der Fritsch-Krise von '38, der Kriegsangst und den Pogromen von 1938, dem Kriegsbeginn 1939 und dem Desaster von Stalingrad 1943 immer breitere Kreise zog, manifestiert sich jetzt in dieser Vollmacht. Das deutsche Volk ist unversöhnlich gespalten in olle und unbekehrbare Nazzis und in den Teil der Gesellschaft, der den Krieg unbedingt und auf der Stelle beenden will. Dessen harter Kern hat sich gegen die Nazzis verschworen und wird in Deutschland die Macht übernehmen, sobald das irgendwie möglich ist. Die lassen keinen wieder ans Ruder, der nicht zu ihrem Antifa-Klub gehört.

General Warlimont weiß, dass das Führerhauptquartier am Nachmittag des 5. Juni über die Information verfügt, dass die Invasion am nächsten Morgen beginnt. Hitler weiß es, Jodl weiß es, und irgendwo ist dann der Wurm in der Befehlskette. Was geschieht unterdessen in Frankreich? In der Schallmessstation in Cherbourg meldet um 22:30 Uhr ein Leutnant dem Regimentskommandeur, dass die alliierten Schiffsbewegungen und Konzentrationen von Transportflugzeugen nahelegen, dass die Invasion in dieser Nacht anläuft. Kurz danach stellt der Horchdienst vom 6. FJ.-Regiment das Gleiche fest und ab 23:00 Uhr verfolgt dann Regimentskommandeur Oberst von der Heydte gebannt auf der Feindlagekarte das Vordringen der alliierten Luft- und Seeflotten.[27] So ist das nicht nur hier.

Trotz massiver Störsender und komplizierter Radartäuschmaßnahmen, die die Alliierten einsetzen, sehen Soldaten einer Luftnachrichtenkompanie auf der besetzten Kanalinsel Guernsey am Abend jenes 5. Juni auf den Bildschirmen ihrer Ortungsgeräte der Typen *Freya* und *Würzburg* ungefähr um 22:40 Uhr viermotorige Lancaster-Bomber in regelmäßigen Formationen und gleichen Abständen. Hinter jedem Flugzeug kann man im gleichen Abstand einen weiteren Flugkörper beobachten, der als Lastensegler erkannt wird. Sie zählen alles in allem 180 Gespanne. Der zuständige Oberst überspringt alle zuständigen Stellen und lässt sich sofort mit dem vorgesetzten Generalkommando seines Korps in Saint-Lô verbinden. Er beschwört sein Gegenüber, unverzüglich Luftalarm auszulösen, denn nach seinem sicheren Eindruck komme es in den nächsten Minuten zu einer großen Luftlandeoperation auf dem Festland. Zwanzig Minuten lang lässt kein einziger der Zuständigen mit sich sprechen und dann meldet sich das Generalkommando zurück. Die Soldaten erfahren, dass der Stab auf dem Festland ihnen eine gute Nacht wünscht und dazu erhalten sie den Ratschlag, sie mögen bitte keine Gespenster sehen und die Pferde nicht wild machen. Weitere zwanzig Minuten danach meldet sich der erste Generalstabsoffizier des Korps (Ia) persönlich auf diesem Eiland: „Sie haben recht gehabt. Große Luftlandungen hinter der ganzen Front. Alarm!“ Auf diese Art wird die Abwehr der alliierten Invasion um eigentlich wertvolle Minuten verzögert. Mit Indizien für Manipulationen zugunsten der Alliierten lässt sich mehr als ein Buch füllen.[28] Jedenfalls scheinen die Deutschen, die von der Invasion wussten und sie längst erwarten, plötzlich blind und taub zu sein. Weder ein Wüstenfuchs Erwin Rommel noch der Befehlshaber der 17. Armee Friedrich Dollmann oder der Generaloberst der Waffen-SS Josef „Sepp“ Dietrich sind am Tag der Tage in den Gefechtsständen. Kommandeure von Bataillonen, Regimentern und Divisionen müssen deshalb auf eigene Faust handeln.[29]

Wie sieht das Kräfteverhältnis aus, während die Schiffe Kurs nehmen in Richtung Frankreich? Schauen wir uns erst einmal die harten Fakten an. Die alliierten Streitkräfte stellen für ihre Landung in Frankreich 130.500 Soldaten bereit. In der ersten Welle sollen am 6. Juni *20.000* Mann anlanden und bis zum Abend des 7. Juni sollen sie auf 107.000 Mann verstärkt werden, falls die Aktion am ersten Tag gelingt. Bei den Deutschen stehen ihnen mit der 7. Armee 124.358 Soldaten gegenüber. Die Küstenverteidigung vor Ort verfügt allein schon über 57.653 Mann. Eine Faustregel besagt, dass Angreifer über eine dreifache Überlegenheit verfügen müssen. Das ist sogar besonders wichtig, weil der Angreifer in dem Fall vom Wasser aus operieren muss. Das Verhältnis von 20.000 zu mehr als 50.000 Soldaten am 6. Juni weckt Zweifel, ob die Alliierten nicht wieder so eine *show* vorhaben, wie sie in den letzten Jahren mehrfach zelebriert worden ist. Insgesamt stehen der Wehrmacht an der Westfront 526.000 Mann an Bodentruppen, 6700 Geschütze wie auch Minenwerfer, 2000 Panzer und Selbstfahrlafetten sowie 160 Kampfflugzeuge zur Verfügung. Zur numerischen Überlegenheit kommt die Technik. Durch den Panzer Tiger, Spähpanzer, Achtachtflak und die Panzerfaust steht die Deutsche Wehrmacht nicht schlecht da. Als Meldungen zur Landung gegnerischer Truppen eintreffen, befiehlt Feldmarschall Rundstedt in der Nacht vom 5. zum 6. Juni zwei Panzerdivisionen der Reserve, die westlich von Paris stehen, zur Mündung der Seine zu fahren. Um 6:00 Uhr morgens erhält er vom OKW den Befehl, dieses Manöver zu stoppen, weil, wie es in dem Telegramm formuliert ist, „bisher nicht sicher festgestellt werden kann, wo die Hauptkräfte landen und Hitler außerdem noch keinen Entschluss gefasst hat.“ Letzteres hat einen ganz handfesten Grund. Die Zuführung verstärkender Kräfte wird verhindert, indem noch über fünf Wochen die Bereitstellung von dreißig bis fünfzig Verbänden in Divisionsstärke bei den Engländern gemeldet wird, sagt General Speidel, und ergänzt spitzbübisch, dass diese Meldungen, auch wenn sie nicht nachprüfbar seien, in die allgemeine Lagebeurteilung einbezogen werden müssten.[30] Da hat also einer den Bogen raus, wie man die Alliierten aus guten Gründen auf den europäischen Kontinent lassen muss, aber seinen jetzigen Untergebenen nicht sagen darf, dass er selbst natürlich an dieser Aktion beteiligt ist. Intelligenzferne Menschen ziehen sonst die Parallele zum Jahr 1918 und sprechen von einem erneuten Dolchstoß.

Im Morgengrauen des 6. Juni versuchen die alliierten Infanteristen der ersten Welle an Land zu kommen. Die schlimmsten Gefechte entwickeln sich in den folgenden Stunden am sogenannten Omaha Beach. Man hat die Küstenbereiche, an denen man zu landen gedenkt, alle mit amerikanischen Namen belegt. Überraschenderweise geben manche der Küstenbatterien wie zum Beispiel die HKB Pointe du Hoc keinen Schuss ab. In der Mittagszeit will der US-General Omar Bradley den Landungsstrand aufgeben, denn dessen Armee steht dort seit Stunden vor einer sicheren Niederlage. Viele tausend toter Soldaten liegen am Strand. Amphibienpanzer sind entweder in der rauhen See untergegangen oder sie sind von deutschen Panzerabwehrkanonen abgeschossen worden. Auf den Luftaufnahmen des Omaha-Strandes in der Nähe der verträumten Dörfchen Colleville-sur-Mer und Saint-Laurent-sur-Mer sieht man um 12:00 Uhr bei der auflaufenden Flut das fürchterliche Bild des vom Blut gefärbten Meeres sowie eines mehrere hundert Meter langen Gürtels angespülter Massen von toten oder verwundeten Körpern. Das „Unternehmen Blutbad" der Engländer wird grausige Realität. Schrecklich viele Landungsboote liegen zerschossen und brennend im seichten Wasser. Wie auch in den Tiefen Russlands erschießen Offiziere die eigenen Soldaten, so sich diese nicht von den Booten in die Hölle des Strandes bewegen wollen – und das ist kein Wunder, wenn sich gleich ganze Landungsboote vor der Küste sinnlos kreisend scheuen, sich diesem Strand zu nähern.[31]

Um 14:30 Uhr geht dann doch die Genehmigung ein, die von Rundstedt beabsichtigte Truppenverlegung auszuführen. Dafür ist es selbstredend zu spät. Obendrein nimmt ein Befehl des Stabs des 84. deutschen Korps bereitstehende Ersatzkräfte von der Front weg, die die übriggebliebenen Feinde zum Rückzug zwingen sollten, um sie einfach so woanders einzusetzen. Zugleich gehen den deutschen Soldaten am Strand ihre Vorräte an Munition aus. Der Rest war nicht umsonst ungefähr zehn Tage zuvor in *sichere* Munitionsdepots weggefahren worden. Es ist wahr: Man soll Kinder nicht mit jedem Mist spielen lassen. Die Luftwaffe der Alliierten beherrscht durch den vorherigen Abzug deutscher Jagdflieger den Luftraum und macht jede Bewegung größerer Verbände bei Tage im Prinzip unmöglich. Die deutsche Luftwaffe kommt nur 319 Mal zum Einsatz, die Gegner jedoch fliegen 10.535 Einsätze. Die deutsche Marine schaut ganz und gar dem wilden Treiben vollkommen tatenlos zu.[32]

Anders als in vergleichbaren Situationen dauert es diesmal Wochen, bis ein zentrales Kommando über die Aktionen der Truppenteile und Verbände der Wehrmacht an der Westfront hergestellt ist. Haben womöglich die deutschen Generalstäbler verlernt, wie man in wenigen Stunden höchst komplizierte Operationen verwirklicht? Zur selben Zeit liefern sie jedenfalls im Osten Beweise hoher operativer sowie taktischer Meisterschaft – gerade in der Verteidigung. Bei den inoffiziellen Erörterungen der amerikanischen und englischen Stabschefs im alten London vom 10. bis 15. Juni stehen beide Varianten zur Disposition: sowohl der Ausbau des Landungsraumes als auch der Rückzug der Truppen, falls die Wehrmacht den Widerstand verstärken und binnen von sieben bis acht Tagen einen größeren Gegenschlag ausführt. Genau das geschieht freilich nicht und noch nicht einmal die Verteidigung überzeugt. Auch die inadäquaten Handlungen des OKW und der Befehlshaber der Heeresgruppen bestätigen, was wir schon lange wissen: Deutschlands Generäle wollen den Krieg so bald wie möglich beenden.[33]

Zum 12. Juni stehen 15 vollwertigen alliierten Divisionen im Landungsraum bloß noch neun deutsche Divisionen gegenüber, die außerdem im Laufe der vergangenen Tage auch bereits große Verluste erlitten haben. Es versteht sich absolut von selbst, dass es ausreichen würde, wenn die Alliierten ihre haushohe Überlegenheit *Made in Germany* ganz einfach nutzen würden, um den Widerstand an der vordersten Front zu brechen und ein paar gezielte Schläge in Frankreich zu verteilen. Der Rest ergäbe sich dann schon von selbst. Bis Ende Juni stocken die Alliierten das Expeditionskorps in der Normandie sogar noch bis auf 875.000 Mann auf. Bewegen sie sich dann energisch nach Süden und Südosten, so würden sie auch auf keinen ernsthaften Widerstand stoßen. Da ist die Front im Prinzip offen. Rührend überrascht, dass die energische Gegenwehr ausbleibt, halten Amerikaner und Briten für Wochen inne und beschränken sich auf Aktionen von örtlicher Bedeutung am äußeren Rand ihres Aufmarschgebietes.[34]

Hitler muss weg VII

Nach dem Beginn der Invasion teilt General Tresckow Stauffenberg via Lehndorff mit: „Das Attentat muss erfolgen. Sollte es nicht gelingen, so muss trotzdem in Berlin gehandelt werden. Denn es kommt nicht mehr auf den praktischen Zweck an, sondern darauf, dass die deutsche Widerstandsbewegung vor der Welt und vor der Geschichte den entscheidenden Wurf gewagt hat." Henning von Tresckow besteht darauf, die Westfront aufzureißen, und empfiehlt Stauffenberg, er möge nach Frankreich zu General Hans Speidel fahren, dem Chef des Stabes bei Feldmarschall Rommel, und diesen für den Plan gewinnen. Bereits im Mai ist ein Plan, „ein Loch aufzureißen, um einen Durchbruch der Alliierten zu ermöglichen", von Rommel, Speidel und Stülpnagel besprochen worden. Diese Militärs planten, ohne Bewilligung durch Hitler einen rein militärischen Waffenstillstand mit den zwei Generälen Eisenhower und Montgomery zu verabreden, nach welchem man die Wehrmacht aus den deutsch besetzten Ländern hinter den Westwall zurückziehen will. Dafür sollen im Gegenzug die Bombenangriffe auf Deutschland eingestellt werden. Danach will man separate Friedensverhandlungen einleiten. Unterdessen sollte ein Aufruf an das deutsche Volk ergehen, das über die militärische Lage und über die Verbrechen des Hitlerregimes schonungslos aufkärt. Hitler soll jetzt einfach nur noch festgesetzt werden und eine Regierung Beck-Goerdeler-Leuschner die Gewalt übernehmen.[35]

Am 22. Juni '44 nehmen Leber* und Reichwein aus dem Kreisauer Kreis Kontakt auf mit dem Zentralkomitee der kommunistischen Untergrundbewegung, also konkret mit Anton Saefkow, Franz Jacob und Ferdinand Thomas. Dieser Versuch, die Front zu erweitern – oder sich gegen einen Rückenstoß im Fall der Erhebung zu sichern, bringt die Gestapo, die es von Anfang an auf die Kommunisten abgesehen hatte und sich in deren Kreisen eingenistet hatte, auf die richtige Spur. Im 19. Jahrhundert hieß es schon im Reich: Der größte Lump im ganzen Land, das ist und bleibt der Denunziant. In diesem Fall liefert Ernst Rambow diese Information an die zuständige staatliche Behörde. Wenige Tage später werden Julius

Leber und Adolf Reichwein verhaftet. In etwa 200 weitere Verhaftungen schließen sich an. Die Menschen werden verhört, gequält, verurteilt und hingerichtet. Mitglieder des Solf-Kreises sind schon zum Tode verurteilt worden. Unter ihnen ist Elisabeth von Thadden. Was sagt eigentlich ihr Bruder Reinold von Thadden* zu dieser Barbarei? Oder was sagt gar ihr 22-jähriger Halbbruder Adolf von Thadden* dazu? Die Gestapo hat auch Oberst Wilhelm Staehle verhaftet, einen der Verbindungsleute zu Carl F. Goerdeler. Werden die Gekaschten unter der Folter preisgeben, was sie über die Staatsstreichpläne wissen? Die Anspannung steigt noch, als der Abwehrhauptmann Ludwig Gehre* die Nerven verliert und droht, „den ganzen Laden in der Bendlerstraße hochgehen“ zu lassen, wenn er den brutalen Typen bei der Gestapo in die Hände fällt. Claus Stauffenberg ist besonders beunruhigt, weil Julius Leber in Haft sitzt und wiederholt in diesen Tagen immer wieder: „Ich hole ihn raus! Ich hole ihn raus!“ Fragt sich bloß, wie. Damit ist der von Claus Schenk Graf von Stauffenberg geplante Umsturzversuch ernsthaft gefährdet. Nach den Jahren, in denen kein Attentat auf Hitler gelingen wollte, drängt somit noch einiges mehr, die Quelle des Übels endlich loszuwerden.[36]

Auf der anderen Seite ist es gut, dass jetzt auch Persönlichkeiten wie ein Karl-Ludwig Freiherr von und zu Guttenberg* zum aktiven Widerstand übergehen. Er hatte zuvor die „Weißen Blätter“ herausgegeben, in denen er kritischen Geistern wie Ulrich Hassell oder auch Klaus Bonhoeffer die Möglichkeit gab, Kritik an der Diktatur als historische Betrachtungen zu tarnen und so zu veröffentlichen. 1943 musste Guttenberg aufgeben, da es nicht mehr genug Papier gab. Jakob Kaiser*, Carl Goerdeler und auch das Kölner Kettelerhaus unterhalten Beziehungen zu regimefeindlichen Kreisen an anderen Orten. So gibt es Kontakte zu einer Gruppe um den Düsselforfer Stadtsyndikus Walther Hensel*, zu der auch der ehemalige Sekretär der christlichen Gewerkschaften Karl Arnold* gehört. Das Haus des ehemaligen Reichsministers Andreas Hermes* in Bad Godesberg bei Bonn am Rhein wird zu einem weiteren Treffpunkt kritischer Köpfe. Der Eine erfährt vom Anderen von weiteren Mutigen, die versuchen, irgendetwas gegen die herrschenden Zustände zu unternehmen. So wird auch der ehemalige katholische Gewerkschafter August Kuhn* in Mannheim zu einem entfernten Bekannten von Carl F. Goerdeler aus Leipzig. Kuhn bietet zum Beispiel Juden und Angehörigen der KPD Zuflucht in seinem Haus, und Kuhn kennt wiederum den ehemaligen Mannheimer Gewerkschaftssekretär Heinrich Wittkamp*, den er nach Informationen Joseph Ersings* grob über die Planungen zum Umsturz informiert.[37]

Involviert sind Abertausende, unter ihnen auch Hans Zehrer, der früher der Herausgeber der Monatsschrift Die Tat war und 1933 von den Nazis abgesetzt wurde. Hans Zehrer* ist im Sommer '44 wie Reinhard Gehlen* und einer wie Franz Josef Strauß* unter den Verschwörern vom 20. Juli. Soll Strauß ein Bild von der Atmosphäre vermitteln: „Eingeweiht in die Pläne der Militäropposition war auch ein Major Grüneberg, Dozent der Volkswirtschaft aus Norddeutschland, der vom »Tatkreis« kam. Grüneberg sprach mich im Februar 1944 an; er wisse, wie ich denke, deshalb lade er mich zu einem vertraulichen Treffen mit einigen Offizieren ein, an dem auch der Kommandeur der Flakschule, Oberst Günther Kretschmann teilnehme." Sie treffen sich, der Raum ist völlig abgedunkelt und abgedichtet, die Ordonnanzen sind weggeschickt. Da erscheint der Gast, den Horst Grüneberg angekündigt hatte. Es ist Hans Zehrer*, der einst führende Kopf des *Tatkreises* und ein enger Freund Axel Springers*, ein Mann, dessen Lebensinhalt, mit allen Träumen und Risiken, Deutschland ist. Zehrer entwickelt eine umfassende Darstellung der Kriegslage, aus der sich, was Strauß nicht neu ist, eine Niederlage als unabwendbar ergibt. Er berichtet von Plänen, durch den Staatsstreich die Fortsetzung des Krieges und den sinnlosen Tod hunderttausender Menschen zu verhindern. Zehrers Analyse stößt in dem kleinen Kreis von Eingeweihten, zu dem auch Dipl-Ing. Josef Bader* zählt, selbstverständlich auf keinen Widerspruch.[38]

Fabian von Schlabrendorff* ist schon von 1933 an unter jenen, die diese Veranstaltung von und mit Adolf Hitler als Chef vons Janze kritisch und durchaus couragiert begleiten. Durch die Bekanntschaft mit Hans Oster aus der Führung des deutschen Geheimdienstes ist er bis unmittelbar in den besten Koordinationspunkt der ganzen Widerstandsbewegung vorgedrungen. Von Schlabrendorff stammt die Feststellung über die breite Masse der Nicht-Nazis auf den Straßen: „Ihr mangelnder Charakter hat uns mehr zu schaffen gemacht als die Willkür und Brutalität der Nazis.“ Wer mehr als ein System erlebt hat, der weiß, dass es diese unschlüssige und ängstliche Gruppe in der Bevölkerung in jeglicher Gesellschaft gibt. Neben dieser ist noch eine weitere Wahrnehmung von großem Interesse für die Zukunft. Viele von den Menschen im Widerstand meinen, selbst ein geglücktes Attentat wird angesichts des unbußfertigen Volkes nichts nützen.[39] Aber spiegelt dieser Eindruck denn das Denken von Millionen Menschen in der Diktatur wieder? Wenn Ingeborg Lehmann noch nicht einmal weiß, dass ihr Vater Propagandamaterial seiner verbotenen SPD in der eigenen Wohnung versteckt und heimlich verteilt, wie könnte sie dann einschätzen, wie und was ihre zum Schweigen verdammten Nachbarn denken? Sie sieht und hört doch nur jene, die sich mit dem Führer an der Macht fühlen. Um wie viel weniger können Soldaten auf Heimaturlaub einschätzen, wie die Nachbarn zu Hause denken?

Die Regierung nach Hitler wird auf keinen Fall ohne finanzielle Grundlage dastehen, denn das Amt Ausland/Abwehr hat vorgesorgt. Aufgrund einer Weisung Hans Osters wurde ein umfangreiches Devisendepot bei einem deutschen Bankier in der Schweiz angelegt, auf das ausschließlich der Abwehr-Resident in Zürich Hans Bernd Gisevius Zugriff hat. Daraus kann schon bei der Vorbereitung des Staatsstreiches geschöpft werden.[40]

Was kann man gegen Lager wie Auschwitz machen?

Die junge Frau Rella Platschek hatte bis vor ein paar Jahren in Transsylvanien gewohnt zwischen den Karpaten und der Donau. Eines Tages war die Deutsche Wehrmacht bei ihnen und Soldaten und haben sie in eines von Hitlers Lagern chauffiert, das wohl Auschwitz heißt, so sie es richtig gehört hat. Im Juli 1944 soll die junge Frau als Zwangsarbeiterin eingesetzt werden und man bringt sie in einer langen Fahrt in eine Stadt, die Gelsenkirchen heißt. In der Fabrik fallen ihr Unterschiede zwischen den Deutschen auf, die dort um sie herum sind. Die einen arbeiten nicht, beschimpfen und schlagen sie, und andere gehen ihrer Arbeit nach und behandeln sie menschlich. Da ist zum Beispiel ein Kranführer, an Führern mangelt es den Deutschen ja bekanntlicherweise am wenigsten, der ihr und den anderen Gefangenen etwas zum Essen gibt; einmal hat er sogar Schuhe für sie. Mit der Aktion riskiert er Kopf und Kragen, was mancher macht und mancher auch nicht. Zu welcher Gruppe würden Sie gehören wollen? Auf Kontakte mit Fremdarbeitern steht seit einigen Jahren die Todesstrafe. Oder eine ältere deutsche Arbeiterin versorgt sie mit Nadel und Faden und ein andermal mit einem Stück Seife. Wir dürfen auch die Krankenschwester nicht vergessen, die die Mädchen und Frauen jeden Tag sieht und ihnen Essen aus ihrer Klinik mitbringt. Rella ist auch heilfroh, dass ein Bauer die SS-Wächterinnen in Gespräche verwickelt, damit die ausgehungerten KZ-lerinnen beim Rübensammeln für die Lagerküche schnell ein paar Möhren wegstecken oder gleich an Ort und Stelle verzehren können.[41]

Es ist ja auch kein Wunder, dass die Gefangengehaltenen Hunger haben, wenn schon die durchschnittlichen Deutschen nix zu beißen kriegen. Es ist ja nicht jeder gleich ein Großbauer, der sich selbst versorgt. Davon ist die Rede in dem folgenden Spruch, der gängige Nazi-Abkürzungen aufgreift, um die katastrophalen Zustände anzusprechen und um zu klären, wem man eigentlich den Zirkus verdankt. Was gibt eine Speisekarte im Jahr 1944 her? Frühstück: BDM – Bisschen dünne Milch, Mittagessen: KdF – Kein Deka Fleisch. Abendbrot: WHW – Wieder herzlich wenig.[42]

Sie wissen schon, dabei geht es natürlich um den BDM: Bund deutscher Mädel, KdF: Kraft durch Freude und WHW: das Winterhilfswerk. Einen wahrscheinlich nötigen Hinweis habe ich noch: Deka ist die *österreichische* Abkürzung für Dekagramm – also zehn Gramm *wie zu Hause*. Ein auf jeden Fall interessanter Ansatz für den Umgang mit dem Hunger ist hier zu entdecken: „In der nächsten Zuteilungsperiode wird die Fleischration verdoppelt", sagt eine Frau zur Nachbarin. „Aber wie ist denn das auf einmal möglich?" „Sehr einfach: Es werden alle Ochsen abgeschlachtet, die noch an den Sieg glauben."[43] Natürlich thematisiert man ebenso, dass nicht jeder hungert: Hermann Göring will jetzt wöchentlich einmal nackt unter den Linden spazieren gehen – damit die Berliner auch einmal wieder Speck mit Schinken sehen. Wenn es regnet, wird er sich nur eine Cellophan-Uniform anziehen.[44] Doch die Sprüche mit zwei Pointen bleiben Spitze: Hitler und Göring gehen in Zivil durch Berlin und haben Hunger, aber keine Lebensmittelmarken bei sich. Göring meint, er wolle dennoch versuchen, etwas zu kriegen, und geht in einen Fleischerladen. Aber schon nach wenigen Minuten kehrt er unverrichteter Dinge zurück und sagt zu Hitler, ohne Marken habe man ihm nichts gegeben. Danach geht Hitler hinein, aber die Fleischersfrau sträubt sich zunächst auch bei ihm, etwas ohne Marken zu verkaufen. Hitler knurrt ärgerlich: „Kennen Sie mich denn nicht? Ich bin doch der Befreier Deutschlands!" Da öffnet die Fleischersfrau die Tür zur Wohnung und ruft: „Fritz, komm heraus! Stalin ist da!"[45]

Werfen wir noch einmal einen Blick zurück in das Lager Auschwitz. Der Komplex besteht aus drei Hauptbereichen: einem Vernichtungslager in Auschwitz-Birkenau, dem Lager für Zwangsarbeiter und dem Industriekomplex im nahe gelegenen Monowitz, wo der Chemieriese I.G. Farben eine Anlage zur Herstellung von synthetischem Kautschuk und anderen kriegswichtigen Chemikalien errichtet hatte. Am 7. Juli '44 wird Chaim Weizmann, dem Präsidenten der *Jewish Agency*, eine Audienz bei dem englischen Außenminister Anthony Eden gewährt. So erhält er die Möglichkeit, Eden zu bitten, in irgendeiner Weise den Verbrechen im Lager Auschwitz Einhalt zu gebieten. Wie wird Anthony Edens Reaktion einst in die Geschichtsbücher kommen? Makellos: Eden soll sich an den Luftfahrtminister Archibald Henry Macdonald Sinclair, 1. Viscount Thurso, wenden und ihn fragen, ob es möglich sei, das Lager oder die Bahngleise zu bombardieren. Der Premier Winston Churchill soll sogar sehr daran interessiert sein, dies zu verfolgen, aber dieser Sinclair, wie auch der *Air Chief Marshal* der *Royal Air Force* Richard Edmund Charles Peirse, sind dagegen. Eden soll zur Antwort bekommen, dass es sich doch als schwer erwiesen habe, den Bahnverkehr in Frankreich zu unterbrechen – selbst mit dem vollen Gewicht des *Bomber Command* im Rücken. [46]

So wird es wohl sein. Französische Städte zu Klumpen schießen geht, die Gleise links und die Gleise rechts unbrauchbar machen, hat sich aber als schwierig erwiesen. Wer diese Räuberpistole glaubt, der kauft den Engländern auch ab, dass sie Vernunft annehmen wollen und in Zukunft auf der richtigen Straßenseite Auto fahren werden. Jetzt wird auf jeden Fall herumlamentiert, dass es jenseits der Macht der Bomberverbände läge, eine einzelne Bahnlinie weit weg in Polen zu finden und zu kappen. Der gute Sinclair bezweifelt, dass die Bombardierung dieses Lagers oder das Abwerfen von Waffen den Opfern wirklich helfen würde. Er findet, dass die amerikanischen Luftstreitkräfte besser in der Lage sind, dies zu tun, und verspricht, dieses Thema mit dem Oberbefehlshaber der Luftstreitkräfte in Europa Spaatz zu besprechen. Jener soll so wohlwollend sein, wie es auch von Churchill kolportiert wird, er behauptet aber, dass ohne bessere fotografische Aufklärung des Lagers selbst nichts getan werden könne. Es existiert umfangreiches Aufklärungsmaterial über die nahegelegene Fabrik Monowitz und andere kriegswirtschaftliche Ziele rund um Auschwitz, aber obwohl einige Fotos Bereiche des Lagers zeigen, ist das Vernichtungszentrum nicht Gegenstand einer spezifischen Aufklärungsoperation. Überdies wird im Geschichtsbuch stehen, dass Spaatz leider nicht wusste, dass das Kriegsministerium in Washington im Sommer '44 mehrmals aufgefordert worden ist, eine Bombardierung der Bahnlinien oder der Gaskammern vorzunehmen. Diese Operation sei aber ebenfalls als „undurchführbar" eingestuft worden. Nehmt mich auf den Arm und verschaukelt mich. Der Oberbefehlshaber der Luftstreitkräfte in Europa wird nach dieser Darstellung also nicht darüber in Kenntnis gesetzt, was das Kriegsministerium in den USA beschlossen hat, und die Bahnlinien nach Auschwitz sind unauffindbar, obwohl es Aufklärungsmaterial über den kriegswichtigen Teil des Lagers gibt. Das kann aber nicht schocken, wenn man erfährt, dass Auschwitz-Monowitz ein unternehmenseigenes KZ eines Kartells ist, das von Firmen in den USA aus aufgebaut worden ist und von dem Zinsen auf die Investitionen an die Bank of England abgeführt werden. Das erklärt dann auch die Ablehnung der Wünsche von Chaim Weizmann durch den Londoner Außenminister Anthony Eden.[47]

Schlagzeilen aus dem Irrenhaus

Am 11. Juli kommt von Otto John* aus Madrid die Nachricht, dass nach Auskunft der britischen Botschaft die Kampfhandlungen lediglich durch eine gleichzeitige bedingungslose Kapitulation im Osten wie im Westen beendet werden können. Die neueste Londoner Finesse ist zu durchsichtig, um falsch interpretiert werden zu können. Unter den Bedingungen, wie sie jetzt herrschen, muss so eine umfassende Kapitulation von Hitler persönlich kommen und das ist sehr unwahrscheinlich. Fritz Hesse, der einst für das Deutsche Nachrichtenbüro in London gearbeitet hat, weiß, wie Hitler tickt. Für ihn gibt es keine Verständigung mit dem Osten und keine mit dem Westen. Er besteht darauf, dass er sein Kriegsziel absolut erreicht, und immer, wenn jemand widerspricht, erklärt der gute Mann drohend, dann gehe er mit dem deutschen Volke unter. Seit dem 1. Juli ist von Stauffenberg der Stabschef des Ersatzheeres und erster Stellvertreter von Kommandeur General Fromm und hat so Zutritt zu Operativberatungen bei Hitler. Nun muss er nicht länger andere um Hilfe bitten. Am 11. Juli ist Claus Stauffenberg wieder auf dem Obersalzberg und hat erneut den Sprengstoff bei sich. Aber weil die zwei gefährlichen Machtfaktoren Hermann Göring und Heinrich Himmler nicht kommen, klappt es auch diesmal wieder nicht und er legt den nächsten Versuch auf den 15. Juli fest, da er für diesen Tag zu einem Termin bei Hitler vorgeladen ist. Als Goerdeler das in Berlin erfährt, meint er halb lächelnd und halb traurig: „Die machen es nie." General Friedrich Olbricht hat demzufolge das Reserveheer umsonst in Alarmbereitschaft versetzt.[48]

Präsident Roosevelts Gesandter des *Office of Strategic Services* für Bern in der neutralen Schweiz Allen Welsh Dulles versendet am 12. Juli einen chiffrierten Bericht nach Washington, in dem er bis in die Details hinein dramatische Entwicklungen im Deutschen Reich in den nächsten Tagen voraussagt. Die Informationen dafür hatte ihm Hans Bernd Gisevius geliefert, der wie so viele andere ebenfalls nicht versteht, welche Rolle der Westen in der Welt und speziell in diesem Krieg spielt. Aber unbedarfte Menschen glauben an die Demokratie in England und Amerika, obwohl da ein König ein *Empire* beherrscht und dort reiche Onkels die Strippen in der Welt ziehen. Und sie glauben daran, dass die Diktatoren Europas die Geschicke der Welt bestimmen würden. Mal sehen, welcher Schurke nach diesem Krieg in der Welt noch eine Rolle spielt und ob es nach den wilden Diktatoren keine Kriege mehr gibt. Im Westen hat man sich auf die Formel von der bedingungslosen Kapitulation festgelegt, von der es kein Abrücken mehr gibt.[49] Für den 15. Juli wurde ja Claus Schenk Graf von Stauffenberg in das Führerhauptquartier nach Rastenburg gerufen. Als er am frühen Morgen des Tages mit Generaloberst Friedrich Fromm und Hauptmann Friedrich Karl Klausing nach Rastenburg losfliegt, sind die Planungen für den Staatsstreich noch weiter verbessert worden – er muss eigentlich nur noch stattfinden. Als sie eintreffen, weisen General Erich Fellgiebel und Generalmajor Hellmuth Stieff Stauffenberg darauf hin, dass Heinrich Himmler nicht eingetroffen sei, der aber zugleich als Nachfolger Hitler ausgeschlossen werden muss. Unter Hinweis auf eine entsprechende Forderung General Eduard Wagners vom Hauptquartier in Zossen bestehen sie darauf, dass in dieser Konstellation an dem Tage nichts unternommen werden darf.[50]

So oder so – Hitler muss weg VIII

Für die Leute auf der Straße bleibt alles beim Alten; dem Ärger kann nur mit Witzen begegnet werden: Ein Mann kauft sich jeden Tag die Zeitung am Kiosk. Er sieht jeweils nur kurz auf die erste Seite und wirft sie dann in den Papierkorb. Eines Tages fragt ihn der Zeitungsverkäufer, warum er denn die Zeitung kaufe, wenn er sie doch kaum lese. „Ich suche eine Traueranzeige", sagt ihm der Mann. „Aber Traueranzeigen stehen doch nicht auf der ersten, sondern auf der fünften Seite", meint der Zeitungsverkäufer. „Ach nein", antwortet der Mann. „Die ich suche, die wird bestimmt auf der ersten Seite stehen!" Ernst machen kann nur ein Militär. Am Morgen des 20. Juli 1944 trifft Claus Schenk Graf von Stauffenberg zusammen mit Werner von Haeften und dem aus dem Oberkommando der Wehrmacht in Zossen dazugestoßenen General Stieff auf dem Flugplatz bei Rastenburg in Ostpreußen ein. Dort befindet sich das glänzend geschützte Führerhauptquartier Wolfsschanze. Otto Normalverbraucher mit Akte bei der Gestapo kommt dort nicht rein. Das ist wie bei Leuten, die Verfolgte verbergen und anderen Formen von Widerstand. Wen man auf dem Kieker hat, der bewegt hier nichts mehr. Zuerst begibt er sich in das Kasino im Sperrkreis II. Seine Aktentasche mit den Vortragsunterlagen behält er bei sich, während Haeften die zweite Tasche mit den beiden Sprengladungen übernimmt und zunächst Stieff zum Hauptquartier des Oberkommandos des Heeres begleitet. Sie wollen sich ganz kurz vor der Lagebesprechung im Führerhauptquartier treffen und ihre Taschen dann austauschen. Ungefähr um elf Uhr wird Stauffenberg zum Chef des Heeresstabes General Walther Buhle gerufen und nach kurzer Verständigung gehen sie gemeinsam zu Generalfeldmarschall Wilhelm Keitel in den sogenannten OKW-Bunker des Sperrkreises I hinüber. Stauffenberg erfährt, dass der Lagebericht zur Mittagszeit wegen des angekündigten Besuches von Benito Mussolini um eine halbe Stunde auf 12:30 Uhr vorgezogen worden ist. Er bittet Major Ernst John von Freyend, Keitels Adjutanten, ihm einen Raum zu zeigen, in dem er sich frisch machen sowie das Hemd wechseln könne. Es ist ein heißer Tag in jeder Hinsicht.[51]

Während Keitel und die übrigen Offiziere ins Freie treten, um zur Lagebesprechung zu gehen, stößt Stauffenberg im Gang auf Haeften, und gemeinsam ziehen sie sich in den Aufenthaltsraum des Bunkers zurück – da beginnt Stauffenberg, die vorsorglich mitgebrachten zwei Zündstifte in eine der beiden Sprengladungen einzusetzen und zu schärfen. In dem Moment ruft General Fellgiebel an und verlangt dringend, Stauffenberg zu sprechen. Freyend schickt den Oberfeldwebel Werner Vogel mit dem Auftrag ins Gebäude zurück, den Oberst zur Eile zu drängen. Als Vogel hereinkommt, sieht er, wie die beiden Offiziere dabei sind, einen Gegenstand in einer ihrer Taschen zu verstauen. Während er meldet, dass der General Erich Fellgiebel angerufen hat und darauf hinweist, dass einige Herren draußen noch warten, ruft Freyend: „Stauffenberg, so kommen sie doch!" Vogel bleibt in der geöffneten Tür stehen, sodass Stauffenberg hastig die Tasche verschließt. Haeften macht sich daran, herumliegende Papiere in der anderen Tasche zu verstauen. Nach der Vorverlegung des Beginns der Besprechung ist das schon der zweite Grund, warum Hitler am 20. Juli wieder nichts um die Ohren fliegen könnte.[52]

Zusammen mit General Buhle und Major von Freyend geht Stauffenberg mit der heißen Aktentasche aus dem OKW-Bunker und danach die dreihundert Meter zu der im innersten Sicherheitsbereich, dem sogenannten Führersperrkreis, hinter einem hohen Maschendrahtzaun gelegenen Baracke hinüber. Vor dem Eingang der Baracke überlässt er die Tasche des Todes von Freyend und bittet ihn, sie „möglichst nahe beim Führer zu platzieren, damit er für seinen späteren Vortrag „alles mitbekomme". Das ist natürlich so gut durchdacht wie risikobehaftet. Einerseits kommt kein Verdacht auf, wenn jemand eine Tasche abstellt, der die ganze Zeit schon um den Führer herum war. Würde Stauffenberg als Neuankömmling es selbst tun und es rummst, fällt der Verdacht naheliegenderweise auf ihn. Andererseits hat er jetzt keinen Einfluss darauf, wie günstig der unfreiwillige Mörder die explosive Tasche in der Nähe Hitlers platziert. Im Besprechungsraum hat die Mittagslage schon begonnen. Der General Heusinger ist dabei, über die Situation an der Ostfront zu berichten. Der Schoßhund Hitlers Wilhelm Keitel meldet den Oberst Stauffenberg zum

Vortrag und Hitler reicht ihm mit dem üblichen prüfenden Blick wortlos die Hand. Währenddessen stellt Freyend die Tasche mit dem Knalleffekt rechts neben General Heusinger und dessen Gehilfen Oberst Brandt, die zur Rechten Hitlers stehen. Wenig später verlässt Stauffenberg mit einer entschuldigenden leisen Bemerkung den Raum. Draußen schlägt er den Weg ein, den er soeben gekommen ist und biegt dann vor Keitels Bunker zum Gebäude der Adjutantur der Wehrmacht ab, um zu sehen, wo sein Kamerad Haeften mit dem Wagen bleibt. Im Zimmer des Nachrichtenoffiziers trifft er nicht nur auf Haeften, sondern auch auf Fellgiebel, und während sie zusammen vor das Gebäude gehen, fragt der Führer in dem Lagezimmer bereits nach Stauffenberg. General Buhle macht sich ungehalten auf die Suche. Es ist kurz nach 12:40 Uhr.[53]

In diesem Augenblick zerreißt ein ohrenbetäubender Schlag die Mittagsstille. Eine gelbe und blaue Stichflamme schießt auf. Stauffenberg fährt heftig zusammen. Fellgiebel fragt ihn, was da los wäre, und Stauffenberg schüttelt wie die Unschuld vom Lande nur den Kopf. Der Oberstleutnant Sander eilt hinzu und meint beschwichtigend, es komme ja häufiger vor, dass jemand schieße oder eine der Minen hochgehe. Über jener Baracke, in der die Besprechung stattfindet, steigt eine dunkle Rauchwolke hoch und bleibt über den Trümmern stehen. Glassplitter und Holz und Strohpappe wirbeln umher und dann regnen verkohlte Papierfetzen wie auch Isolierwolle herunter. In die auf einmal eintretende Ruhe hinein werden Stimmen laut, die nach den Ärzten rufen, es gibt nämlich Verletzte und Tote, wie es bei einem zünftigen Attentat sein soll. Doch der Scharlatan, dem die ganze Nummer gewidmet ist, überlebt wie im Bürgerbräukeller 1939 erneut. Als dieser begreift, was sich gerade abgespielt hat, fühlt er sich erst recht darin bestätigt, dass ihn die Vorsehung überleben lassen wollte. Banale Erklärungen tun es bei ihm nicht. Zum Beispiel war diese Tasche mit dem Blubb von Major von Freyend an der äußeren Seite des massiven Tischsockels abgestellt worden. Das Holz hat einiges von der Wucht abgefangen. Als verhängnisvoll erweist sich im Nachhinein auch der Anruf General Erich Fellgiebels im falschen Moment sowie der Auftritt von Oberfeldwebel Werner Vogel. Selbstverständlich wäre es besser gewesen, wenn Stauffenberg beide Bomben hätte scharfmachen können, oder wenigstens die zweite Bombe mitgenommen hätte. Natürlich hätte die Detonation der ersten Bombe die zweite ebenfalls zur Explosion gebracht und dadurch die Wirkung mehr als nur verdoppelt. Aber hättste, wennste, wärste zählen im richtigen Leben bedauerlicherweise nicht.[54]

Inzwischen sind Stauffenberg und Haeften an der Wache von Sperrkreis Numero I angelangt, wo der dienstführende Leutnant die Explosion gehört und von sich aus eine Sperre angeordnet hat. Doch er kennt das Gesicht Stauffenbergs und lässt ihn nach einem kurzen Halt passieren. Erst an der Außenwache zum Flugplatz gibt es Schwierigkeiten. Unterdessen ist Alarm ausgelöst worden und es ist ein allgemeines Durchfahrtverbot verhängt worden. Der wachhabende Feldwebel lässt sich von Stauffenbergs herrischem Auftreten nicht beeindrucken und einen Moment lang steht in Frage, ob Stauffenberg nach Berlin kommt und wie diese Aktion überhaupt weitergeht. Sicher ist Stauffenberg mit dem Kommandanten des Führerhauptquartiers Oberstleutnant Streve zum Mittagessen verabredet, doch er verlangt kurzentschlossen, eine Telefonverbindung zu ihm zu erhalten. Glücklicherweise erreicht er bloß dessen Stellvertreter Rittmeister von Möllendorff, der den Grund des Alarms nicht kennt und deshalb dem Feldwebel die Durchfahrtgenehmigung erteilt. Auf halbem Wege zum Flugplatz wirft Haeften das zweite Sprengstoffpaket aus dem offenen Wagen. Gegen 13 Uhr erreichen sie die wartende Maschine und starten wenige Minuten später nach Berlin.[55] Weil man nicht überall im gleichen Moment sein kann, bleiben wir noch in der Wolfsschanze.

Für diesen Tag ist ein weiteres Treffen Hitlers mit Mussolini anberaumt. Am frühen Nachmittag kommt der Dolmetscher des Auswärtigen Amtes Paul Schmidt im Wagen an der ersten Sperre der Wolfsschanze an, die das Lager von der Außenwelt abschirmt. Punkt drei Uhr soll er dann bei der Ankunft des italienischen *Duce* auf dem kleinen Bahnhof des Hauptquartiers bereitstehen. Der Bahnhof besteht nur aus zwei Gleisen, einem schmalen, niedrigen und ungepflasterten Bahnsteig und einer verandaartigen, offenen Wartehalle. Es wirkt ziemlich surreal, dass das Gipfeltreffen nach der Explosion gegen Mittag stattfinden soll. Nach dem Versuch, den Führer diesmal in einem der Hauptquartiere mit Gewalt aus dem Leben zu nehmen, werden die Sicherheitsmaßnahmen noch einmal verschärft; nicht einmal der Dolmetscher wird vorgelassen. „Auch wenn Ihnen der Kaiser von China einen Ausweis ausgestellt hätte“, entgegnet der Wachposten an dem ersten Sperrkreis, „so könnte ich Sie doch nicht durchlassen.“ Darauf sagt Schmidt: „Aber Sie kennen mich doch, ich bin der Dolmetscher des Auswärtigen Amtes und muss bei der Ankunft eines Besuchers weisungsgemäß um 3 Uhr auf dem Bahnhof Görlitz sein.“ Wegen dieses Namens nennen Schmidts Kollegen jenen Haltepunkt der Reichsbahn Görlitzer Bahnhof nach dem bekannten Pendant in Berlin. Der Posten lässt Dr. Schmidt trotzdem vor dem Tore stehen und dieser fragt nach dem Grund. „Wegen des Ereignisses“, bekommt Schmidt zur Antwort. Er diskutiert mit dem Posten hin und her, bis sich dieser letztlich bereit erklärt, mit seinem Wachoffizier zu telefonieren. Mit großen Fragezeichen in den Augen darf Dr. Schmidt doch noch passieren.[56]

Er erreicht den genannten Haltepunkt, wo ihm der Leibarzt des Führers von dem Attentat berichtet. Professor Morell ist noch völlig fassungslos und erzählt in abgerissenen Sätzen, dass Hitler fast unverletzt davongekommen sei. Der Arzt will eigentlich mehr erzählen, aber da nähert sich schon der Zug mit dem Staatsgast. Nachdem Mussolini ausgestiegen ist, fällt Paul Schmidt auf, dass Hitler ihm bei der Begrüßung die linke Hand gibt und offenbar Mühe hat, den rechten Arm zu heben. Auf dem kurzen Weg vom Bahnhof zu den Bunkern und Baracken des Waldlagers erzählt Hitler seinem früheren Idol, der unterdessen selbst von einer deutschen Spezialeinheit aus der Gefangenschaft befreit werden musste, was vorgefallen ist – mit einer auffallend ruhigen, fast monotonen Stimme. Auf Mussolinis Gesicht zeichnet sich das Entsetzen darüber ab, dass mitten im Hauptquartier ein Attentat auf den Chef verübt werden konnte. Mit weit aufgerissenen Augen folgt er der Schilderung. Schließlich erreichen die drei Männer die Baracke, in der es höllisch gekracht hat. Die Tür zu dem Kartenzimmer ist geborsten und lehnt kaputt an der gegenüberliegenden Barackenwand. Tische und Stühle liegen in wüstem Durcheinander zersplittert am Boden. Deckenbalken sind heruntergekommen und die Fenster mit den Rahmen nach außen geflogen. Vom Kartentisch ist nur noch ein Haufen kaputter Bretter und geknickter Tischbeine übrig. „Hier ist es geschehen“, sagt Hitler ruhig, während dem leichenblassen Mussolini vor Bestürzung fast die Augen aus dem Kopf fallen. „Hier an diesem Tisch habe ich gestanden“, erklärt Hitler seelenruhig, auffallend teilnahmslos, wie weg. „So habe ich mich mit dem rechten Arm auf den Tisch gelehnt, um auf der Karte etwas nachzusehen, als mir plötzlich die Tischplatte entgegenflog und meinen Arm nach oben riss.“[57]

Nach einer kurzen Pause sagt er: „Hier, unmittelbar vor meinen Füßen, ist die Bombe explodiert.“ Mussolini schüttelt bloß ungläubig und entsetzt den Kopf. Dann zeigt ihm Hitler die bei der Explosion anscheinend durch den Luftdruck völlig zerrissene Uniform, die er getragen hat und die noch über einem demolierten Stuhl hängt. Dann dreht er Mussolini seinen Hinterkopf zu, um ihm seine angesengten Haare zu zeigen. Was folgt, ist Stille. Die zwei Männer wechseln eine Zeit lang kein Wort oder sagen wir besser, Hitler hält tatsächlich für eine Weile den Mund. Streng genommen ist es ein historischer Augenblick. Nun setzt sich der Führer des Großdeutschen Reiches auf eine umgestürzte Kiste. Da geht Schmidt los und holt einen noch benutzbaren Stuhl für Mussolini herbei. „Wenn ich mir alles noch einmal vergegenwärtige“, sagt Adolf Hitler mit einer ungewohnt leisen Stimme, „so ergibt sich für mich aus meiner wunderbaren Errettung, während andere im Raum Anwesende schwere Verletzungen davongetragen haben und einer sogar durch den Luftdruck zum Fenster hinausgeschleudert wurde, dass mir eben nichts passieren soll, besonders da es ja nicht das erste Mal ist, dass ich auf wunderbare Weise dem Tode entronnen bin.“ Und setzt fort: „Nach meiner heutigen Errettung aus der Todesgefahr bin ich mehr denn je davon überzeugt, dass es mir bestimmt ist, nun auch unsere gemeinsame große Sache zu einem glücklichen Abschluss zu bringen!“ Mussolini nickt nur lebhaft mit dem Kopf und entgegnet ihm: „Nachdem ich das hier gesehen habe, bin ich absolut Ihrer Meinung. Das war ein Zeichen des Himmels!“[58]

Widmen wir uns nur den Vorgängen der letzten Stunden in Berlin. Man hat wie auch andernorts tagelang gespannt gewartet, ob dieses Attentat beim x-ten Anlauf nun endlich gelungen ist, damit sich die Militärs nicht mehr durch den militärischen Eid gebunden fühlen. Gegen 12 Uhr hatte General Erich Fellgiebel seine Maßnahmen zur nachrichtendienstlichen Sperre des Hauptquartiers bei Rastenburg eingeleitet. Ungefähr um eins bestätigt er sie. Zusätzlich lässt er die Verstärkerämter in Lötzen, Insterburg und Rastenburg abschalten. Die völlige Isolierung des bedeutenden Ortes ist jedoch nicht möglich. Es gelingt ihm selbst ebenfalls, eine telefonische Verbindung zwischen Rastenburg und dem Bendlerblock in der Reichshauptstadt zu bekommen. So erfährt ein Verschwörer einerseits, dass das Attentat stattgefunden hat, und andererseits, dass es wieder ein Schuss in den Ofen war. Damit tritt die Situation ein, die auf keinen Fall eintreten durfte, weil wichtige Beteiligte nicht nach einem Putsch gegen das Staatsoberhaupt wegen der Verletzung des militärischen Eides vorm Kriegsgericht landen wollen: Adolf Hitler ist nicht tot.[59]

Fellgiebel ist in einer Zwickmühle – melden oder verschweigen? Er weiß sich Rat: Er meldet nur dem in das Komplott eingeweihten Stabschef für das Heeresnachrichtenwesen General Fritz Thiele, es sei „etwas Furchtbares geschehen: Der Führer lebt." Es soll aber trotzdem losgehen, wohl, um vollendete Tatsachen zu schaffen. Es wird gegen 14 Uhr sein, da ruft General Eduard Wagner aus Zossen den General Friedrich Olbricht an. Angesichts der rätselhaft klingenden Mitteilung aus Rastenburg werden sich die beiden einig, vorerst nichts zu unternehmen. Es ist ja nicht klar, ob Stauffenberg verhaftet, auf der Flucht ist oder erschossen wurde. Zur Verunsicherung trägt auch bei, dass Olbricht ja das Reserveheer erst am 11. Juli, also vor wenigen Tagen schon einmal in Alarmbereitschaft versetzt hat – was sich dann als Fehlalarm entpuppte. Das darf sich keinesfalls wiederholen, wenn ihn noch ein Militär ernst nehmen soll.[60]

Es ist Viertel nach drei, als General Fritz Thiele wieder zurück ist. Nach einem zweiten Gespräch mit Rastenburg berichtet er von der Explosion im Besprechungssaal, „wobei eine größere Anzahl von Offizieren schwer verwundet“ worden sei, will aber „zwischen den Worten auch herausgehört“ haben, „dass der Führer schwer verwundet oder sogar tot“ sei. Da entschließen sich Olbricht und Mertz, den entscheidenden Schritt zu tun und notfalls im eigenen Namen „Walküre“ auszulösen. Kurz darauf ruft Haeften vom Flugplatz aus an und teilt mit, dass ihre Maschine soeben gelandet sei, das Attentat geglückt und Hitler tot sei. Das war zumindest Stauffenbergs Eindruck gewesen, als sie das Flugzeug in Rastenburg bestiegen haben. Als Hoepner noch warten will, bis Stauffenberg zugegen ist, entgegnet Olbricht ungehalten, dafür sei keine Zeit und holt die Einsatzbefehle aus dem Tresor, um sie Generaloberst Friedrich Fromm zur Unterschrift vorzulegen. Mertz ruft unterdessen die leitenden Offiziere des Heeresamtes zusammen und teilt ihnen mit, dass der Führer einem Attentat erlegen sei, Beck die Führung des Reiches sowie Feldmarschall von Witzleben als Oberbefehlshaber der Wehrmacht nunmehr die Vollziehende Gewalt übernommen habe. Major Harnack wird angewiesen, an alle Wehrkreise, den Standortkommandanten General von Hase und die Heeresschulen in und um Berlin „Walküre II“ auszugeben. Da ist es kurz vor 16 Uhr und es ist ein Wettlauf mit der Zeit, denn in Rastenburg sind schon die Ermittlungen wegen des Attentats ausgelöst worden. Die ersten Vermutungen richten sich gegen die Bauarbeiter, die im Hauptquartier beschäftigt sind. Aber bald schon meldet sich der Wachtmeister Adam mit der Beobachtung, dass Oberst Stauffenberg noch vor der Explosion ohne Aktentasche und ohne Mütze und Koppel die Lagebaracke verlassen habe. Ihm wird aber kein Glauben geschenkt.[61]

Präsident Roosevelts Geheimdienstmann Allen Dulles erfährt gegen 16 Uhr in seinem Büro im schweizerischen Bern, was passiert ist. Die Mitarbeiterin der englischen Militärmission Elisabeth Wieskemann erlebt die Szene so: Das Telefon klingelt. Dulles antwortet sehr kurz, wie wenn man eine erwartete Nachricht empfängt. Er legt den Hörer auf und sagt ganz trocken zu ihr: „Auf Hitler ist ein Attentat in seinem Hauptquartier verübt worden.“ Sie sagt, dass aus dem Gespräch noch nicht hervorgegangen sei, ob der Anschlag geglückt ist.[62]

In Berlin kommt es auf die Entscheidung von Generaloberst Fromm an. Aufgrund des Fehlalarms vor wenigen Tagen war er dienstlich zurechtgewiesen worden vom Oberschleimer Keitel und hat jetzt Bammel, das Wohlwollen Adolf Hitlers endgültig zu verlieren. Er lässt sich mit Keitel verbinden und fragt, was es mit den umlaufenden Gerüchten vom Tode des Führers auf sich habe. Der Schoßhund erklärt ihm, es habe wirklich ein Attentat gegeben, aber Hitler sei nahezu unverletzt, und will seinerseits von Fromm wissen, wo eigentlich sein Chef des Stabes, der Oberst von Stauffenberg sei. Fromm kann nur sagen, dass dieser noch nicht zurück sei, legt auf und entscheidet, vorerst nichts zu veranlassen.[63]

Bevor Olbricht vermelden kann, dass Fromm nicht bereit sei, den Befehl zu unterschreiben, hat Albrecht Ritter Mertz von Quirnheim alles schon weitergetrieben, so dass sich der zögerlich gewordene Friedrich Olbricht regelrecht überfahren fühlt. Der Hauptmann Friedrich Karl Klausing hat den Befehl erhalten, die Sicherung des Bendlerblockes zu übernehmen. Als sich Olbricht beruhigt hat, greift er ordnend und beschleunigend ein. Er setzt sich mit eingeweihten Kommandeuren in Verbindung, ruft den Generalfeldmarschall Hans Günther von Kluge in La Roche-Guyon und den General Eduard Wagner in Zossen an. Hauptmann Klausing erhält den Auftrag, ein Fernschreiben absetzen zu lassen, das mit der cleveren Formulierung beginnt: „Der Führer Adolf Hitler ist tot! Eine gewissenlose Clique frontfremder Parteiführer hat versucht, der schwer ringenden Front in den Rücken zu fallen und die Macht zu eigennützigen Zwecken an sich zu reißen.“ Als alles da ist und Klausing es dem Leiter des Nachrichtenbetriebes Leutnant Röhrig übergeben will, stellt dieser fest, dass auf den Fernschreiben die üblichen Angaben über Geheimhaltungsgrad und die höchste Dringlichkeitsstufe fehlen. Röhrig läuft ihm hinterher, erreicht ihn noch am Ende des Flures und fragt, ob denn der Text nicht die höchste Dringlichkeits- und Geheimhaltungsstufe verlange.[64]

Ohne langes Besinnen, mit einem nervösen „Ja, ja“, trifft Klausing eine falsche Entscheidung. Für die Kategorie Geheime Kommandosachen hat man in der Bendlerstraße bloß vier Schreibkräfte zur Verfügung, die für die Durchgabe der Texte annähernd drei Stunden brauchen. Können Sie sich noch an die Nacht vom 21. zum 22. Juni 1941 erinnern, als man im Moskauer Kreml kurz nach Mitternacht versuchte, den heillos verspäteten Angriffsbefehl auf die Deutsche Wehrmacht zu geben, der eigentlich *noch einige Wochen später* vorgesehen war? Da war die Aktion freilich eher daran gescheitert, dass es zu wenige Telefone gab, um den Befehl in Hunderte Standorte des Militärs an der Westgrenze weiterzugeben. Auf jeden Fall hat dieser Mangel damals auch alles versaut und die Soldaten wurden mehr oder weniger im Schlafanzug gefangen genommen. Wenn sie jetzt in Berlin auf die Geheimhaltung verzichten würden, könnte die Bekanntmachung auf über zwanzig Fernschreibern abgesetzt werden.[65]

So behält posthum Lenin Recht, der seinerzeit frotzelte: „Revolution in Deutschland? Das wird nie etwas. Wenn diese Deutschen einen Bahnhof stürmen wollen, kaufen die sich noch eine Bahnsteigkarte!“ Wem daran die Quellenangabe fehlt, ist so deutsch, wie man nur deutsch sein kann. Wird an dieser Haarspalterei der Aufstand gegen Hitler scheitern?

Vermutlich werden wenigstens die Prioritäten richtig gesetzt und einige wichtige Städte zuerst informiert. Ginge es bei der Befehlsausgabe nach der alphabetischen Ordnung, wären Paris, Prag oder gar Wien erst ganz am Ende an der Reihe. Logischerweise erreicht das Fernschreiben durch den Denkfehler viele Orte zu spät, kommt dafür stattdessen infolge eines Schaltfehlers nun gerade in der Wolfsschanze an; ein Unglück ist selten allein auf der Piste. Dadurch erkennen die 150-Prozentigen, dass dieses Attentat nur das Signal für einen Umsturz im Reich ist.[66] In Prag und in Wien führen die Wehrkreiskommandos ohne weitere Umstände die ausgegebenen Befehle aus, inhaftieren wie vereinbart SS- und Polizeichefs und besetzen öffentliche Einrichtungen. Auch in München handeln die Befehlshaber sofort prompt und zuverlässig – besetzen Befehlszentren, Nachrichtenverbindungen und setzen die SS-Führer fest.[67]

Wie geht das Ganze in Berlin weiter? Kaum ist mit der Durchgabe eines ersten Fernschreibens begonnen worden, erscheint Klausing noch einmal in der Übermittlungszentrale und bringt einen zweiten Text. Dieser enthält eine Anzahl von Ausführungsbestimmungen, die bereits zeigen, worum es bei „Walküre“ in Wirklichkeit geht, indem sie nicht bloß eine militärische Sicherung aller wichtigen Gebäude und Anlagen anordnen, sondern auch die Verhaftung aller NSDAP-Gauleiter, Minister, Polizeipräsidenten, höheren SS- und Polizeiführer bis hinunter zu den Leitern der Propaganda-Ämter, und die Besetzung der Konzentrationslager. Es folgt die Aufforderung, alle Willkür- und Racheakte zu unterbinden, und wie zur Erklärung wird diesem deutlichen Satz noch angefügt: „Die Bevölkerung muss sich des Abstandes zu den willkürlichen Methoden der bisherigen Machthaber bewusst werden.“ Da trennt sich die Spreu vom Weizen. Weil das Fernschreiben den Namen von Fromm trägt, hält der gewissenhafte Olbricht es für notwendig, noch einmal zum Chef des Ersatzheeres hinaufzugehen. Hitler sei wirklich tot, beschwört er ihn, und daher „haben wir das Stichwort für innere Unruhen“ ausgegeben. Doch Fromm fährt auf: „Was heißt wir? Wer hat den Befehl gegeben?“ Er sei noch immer der Befehlshaber. Als Olbricht auf Ritter Mertz von Quirnheim verweist, verlangt Fromm, den Oberst herbeizuholen, und als der alles einräumt, verfügt er: „Mertz, Sie befinden sich in Schutzhaft!“[68]

Auf dem Rückweg, vorbei an einem der Fenster zum Innenhof, sieht der General Olbricht, dass jetzt um 16:30 Uhr der Wagen Stauffenbergs am Gebäude vorbeifährt. Nach einem kurzen, hastigen Bericht zum Verlauf des Anschlags machen sie sich zusammen auf den Weg zu Fromm. Auch Stauffenberg bekräftigt, dass Hitler tot sei. Er habe die Explosion selbst beobachtet und wahrnehmen können, wie Hitler auf einer Bahre davongetragen worden sei. Auf die Bemerkung Fromms, dass „irgendjemand aus der Umgebung des Führers dabei beteiligt gewesen sein“ muss, sagt er bloß kühl: „Ich habe es getan.“ Generaloberst Fromm tut entgeistert. Als er Stauffenberg erregt entgegenhält, Keitel habe ihm versichert, dass der Führer lebe, erwidert der Oberst, der Feldmarschall lüge wie immer. Fromm bleibt bei dem ihm Mitgeteilten und fragt dann, ob Stauffenberg eine Pistole bei sich habe; er wisse doch sicherlich, was jetzt zu tun sei. Stauffenberg verneint und sagt, er werde nichts dergleichen tun. Sinngemäß fügt er dem noch hinzu, das Attentat sei nicht der Zweck, sondern nur der Auftakt zu dem Umsturz, der momentan in Gang gesetzt werde. Unbeeindruckt wendet sich Generaloberst Fromm an Mertz von Quirnheim und befiehlt ihm, eine Pistole herbeizuschaffen. Geistesgegenwärtig antwortet Mertz, dass er in Schutzhaft sei und deshalb außerstande, einem Befehl Folge zu leisten. Zornig erklärt Fromm daraufhin Olbricht und Stauffenberg ebenfalls für verhaftet. Doch als sei dies das Wort, auf das er gewartet habe, kehrt Olbricht die Situation um und hält dem Generaloberst vor, er täusche sich über die Machtverhältnisse, denn nicht er, sondern sie hätten hier Verhaftungen vorzunehmen. Fromm springt auf und will mit den erhobenen Fäusten auf Olbricht losgehen. In dieser Sekunde treten aus dem Kartenzimmer einige Offiziere dazwischen und drängen Generaloberst Fromm mit ihren vorgehaltenen Pistolen zurück. Fromm gibt auf und sagt resigniert: „Unter diesen Umständen betrachte ich mich als außer Kurs gesetzt.“ Ohne weiteren Widerstand macht sich der Generaloberst bereit, in das Zimmer seines Adjutanten Rittmeister Bartram abgeführt zu werden, erbittet sich aber eine Flasche Cognac, die er auch erhält.[69]

Bis das Wachbataillon von Berlin seinen Befehl erhält, ist die Nachricht vom Attentat bereits bis zu Propagandaminister Joseph Goebbels durchgesickert. Ihm gelingt es rascher als den Attentätern, den Kommandeur des Wachbataillons zu sich zu holen, ihn durch ein persönliches Telefongespräch mit Hitler vom Misslingen zu überzeugen und ihn dann, zwar „Walküre“-gemäß, aber mit gegenteiligem Auftrag, zur Bendlerstraße in Marsch zu setzen.[70] Im Bendlerblock kommt es zu einer grotesken Posse der Extraklasse. Kurz nach 21 Uhr besetzt das von Olbricht erfreut angekündigte Wachbataillon unter dem besagten Kommandeur – Otto Ernst Remer – die Zentrale jenes Amtes Ausland/Abwehr im Oberkommando der Wehrmacht. Aber es gibt keine Verhaftungen oder sonstige Auseinandersetzungen. Remer begnügt sich damit, die Putschisten sozusagen in seinen „Schutz“ zu nehmen. So bleibt es eine ganze Zeit lang bei dem Missverständnis, dass der Staatsstreich wie geplant abläuft. Sie besetzen den Komplex in der Bendlerstraße und alle anderen erfüllen ihnen zugewiesene Aufgaben an den anderen neuralgischen Punkten in der Stadt. Das hat zwei Gründe: Remer hat nur den Auftrag, den Umsturz zu verhindern, und keiner der anwesenden Putschisten fragt ihn nach anderen Orten in Berlin, weder Olbricht noch Mertz oder Stauffenberg sprechen mit ihm oder einem seiner Offiziere über das Nächstliegende: Was wird aus der Aktion beim Propagandaministerium? Ist das Gestapo-Gebäude umstellt? Würde einer danach fragen, wäre ihnen schnell klar, dass man in seiner eigenen Schutzhaft sitzt, sozusagen selbst hierher befohlen. Ja, natürlich wäre ihre Rechnung aufgegangen: Militärs folgen nur Befehlen und haben keine eigene politische Meinung. Wenn sie verstünden, was Remer hier erfüllt, würden sie noch genauer wissen, wie weit sie aus den Denkstrukturen des alten unpolitischen Militärs ausgebrochen sind. Sie würden vielleicht mit ihrer Autorität, mit ihrer Überzeugungskraft, die Truppe doch noch auf ihre Seite ziehen oder sich den freien Abzug nach Zossen aushandeln können. Dann würden Sie sich ja zumindest Pistolen nehmen und sich umbringen können, um nicht selbst der Gestapo in die blutigen Hände zu geraten.[71]

Geschlagene anderthalb Stunden zieht sich diese folgenreiche Farce hin. Sie spinnen sich in ihre Illusionen von der Verlässlichkeit eines militärischen Befehlsapparates ein. Ihre Bewachung ist da, die Panzer rollen an, niemand behelligt sie. Die Telefone klingeln nach wie vor. Warum sollen sie Argwohn hegen? Erst um 22:30 Uhr ertönen scharfe Kommandos im Bendlerblock. Das Wachbataillon wird zurückgezogen – was geschieht? Niemand kann sich dies so schnell erklären. Aber einige der „neutralen" Putschisten, jener Offiziere, die am frühen Nachmittag mitgemacht hatten, dann stutzig wurden und seit Stunden nach dem Absprung suchen, begreifen, was vor sich geht. Die SS rückt heran. Der Oberstleutnant von der Heyde, einer von diesen Halben, erkennt, nur eines kann Leute wie ihn retten. Schnell rottet sich eine Gruppe zusammen. „Verrat" rufen sie und stürzen sich in Stauffenbergs Zimmer. Einer aus jener Rotte schießt den Oberst an. Doch er kann ihn nicht umbringen. Eine dicke Blutspur hinter sich herziehend, läuft er hinauf zu Beck. Heyde reißt die Tür zum Raume auf, in dem Olbricht ist: „Herr General, es passiert Ihnen nichts.

Wir fordern nur Rechenschaft vor Fromm und Ihre Pistole." Olbricht ist überrascht und versucht zu beschwichtigen: „Heyde, seien Sie doch vernünftig", händigt ihm aber seine Waffe aus. Sprachlos stehen Stauffenbergs Freunde im Vorzimmer. Einen der Namen sollten wir uns merken, Konsistorialrat Eugen Gerstenmaier, der nach vier Wochen Abwesenheit wieder in Berlin ist, im Radio vom Attentat gehört hat und rasch zu den Freunden in der Bendlerstraße geeilt ist. Gerstenmaier* hat das Zeug, zu einem ganz großen Sternchen zu werden. Während Olbricht in Fromms Zimmer abgeführt wird, fällt ein Schuss. Graf Yorck hat ihn abgefeuert. Schon naht die SS, solchen Eingriffen in ihre „Zuständigkeit" ein Ende zu bereiten.[72]

Oben kommt Stauffenberg gerade rechtzeitig an, um den Schuss mitzuerleben. Schon wird die Szene zum Tribunal. Der befreite Fromm begibt sich erregt in sein Dienstzimmer: „So, meine Herren, jetzt mache ich mit Ihnen das, was Sie heute Nachmittag mit mir machen wollten." Was hat er vor? Die Putschisten mit Alkohol und Sandwiches ins Nebenzimmer sperren, bis sich der Sturm gelegt hat? Fromm weiß, so billig machen es nur Männer, die sich ihrer Sache zu sicher fühlen, die noch mitten in der kritischsten Situation mit ihrem Schicksal spielen. Doch für ihn geht es hier um Kopf und Kragen. Fromm schwingt drohend die Pistole. Barsch fährt er die Verschwörer an: „Legen Sie die Waffe ab!" General Beck erklärt: „Ich habe hier hinten eine Pistole liegen – die möchte ich aber für meine Privatzwecke behalten." Fromm reagiert prompt: „Bitte sehr, tun Sie das, aber dann sofort!" Beck nimmt die Pistole und lädt. Fromm ist vorausschauend genug, um zu warnen, er möge die Mündung aber nicht auf ihn halten. Beck beginnt noch: „Ich denke in diesem Augenblick an die Zeit von früher..." Doch die wird nie wieder kommen, auch nicht für Fromm, der ihn unterbricht: „Die wollen wir jetzt nicht erörtern, jedenfalls bitte ich Sie jetzt zu handeln!" Beck spricht noch einige Worte, setzt dann an und schießt. Irgendwann ist er schließlich tot. Fromm gestattet den Verschwörern noch etwas aufzuschreiben. Dann kommt er und fragt theatralisch: „Meine Herren, sind Sie fertig? Bitte beeilen Sie sich, damit es für die andern nicht zu schwer wird. Also, im Namen des Führers hat ein Standgericht, von mir berufen, stattgefunden. Das Standgericht hat vier Herren zum Tod verurteilt, nämlich den Oberst im Generalstab von Mertz, den General der Infanterie Olbricht, diesen Oberst, dessen Namen ich nicht mehr kenne, und diesen Oberleutnant." Gemeint sind Haeften und natürlich Stauffenberg. Fromm befiehlt einem Oberleutnant in der Nähe: „Sie nehmen ein paar Leute und werden dieses Urteil sofort vollstrecken." Die vier werden abgeführt.[73]

Im Hof krachen vier Salven.

Olbricht, Mertz von Quirnheim sowie von Haeften gehen schweigend in den Tod. Nur Claus von Stauffenberg schreit lauter als die Kommandos: „Es lebe das ewige Deutschland!"

Der 20. Juli in der besetzten französischen Hauptstadt

Gegen 14 Uhr erhält der in die Verschwörung eingeweihte Oberquartiermeister Oberst Eberhard Finckh die Nachricht vom Attentat aus Zossen aus dem Oberkommando der Wehrmacht und etwa drei Stunden später ruft Claus von Stauffenberg selbst in Paris an, um den Cousin Cäsar von Hofacker zu informieren, dass Hitler tot sei und die Aktion im Gange ist. General Otto von Stülpnagel, der ebenso schon in die Putschpläne vom Herbst 1943 eingeweiht war, ruft daraufhin die Offiziere zusammen, erteilt die vorbereiteten Befehle und gibt dem Stab des Stadtkommandanten die Pläne, auf denen die Wohnsitze der obersten Führer von SS und Polizei in Paris, Helmut Knochen und Carl-Albrecht Oberg, und Unterkünfte ihrer Einheiten aufgelistet sind. Um Unruhe zu vermeiden, sollen die Verhaftungen eine Stunde vor Mitternacht beginnen. Als die Vorbereitungen anlaufen, meldet sich Generalfeldmarschall Hans Günther v. Kluge und bittet Stülpnagel in sein Hauptquartier nach La Roche-Guyon in der Nähe von Paris. Als er hört, dass das Attentat gelungen sei, kehrt er zu seinen alten, einmal halbherzig geförderten und ein andermal verleugneten Umsturzerwägungen zurück. Auf die Mitteilungen aus Berlin hin schöpft er zunächst Hoffnung, als aber anderslautende Nachrichten sein zartes Ohr erreichen, kommt wieder der Skrupel mit dem Eid, den er 1934 auf die Person Hitlers geleistet hat. Um Klarheit zu bekommen, lässt er sich mit dem Generalmajor Hellmuth Stieff verbinden, der ihm bestätigt, dass Hitler auch diesmal überlebt hat.[74]

Als Stülpnagel dann zusammen mit Hofacker auf seinem Traumschloss eintrifft, zeigt sich Kluge von ihren Appellen unbeeindruckt, wie leidenschaftlich sie auch vorgetragen werden. Auf einmal streitet er sogar ab, irgendetwas von jedweden Verschwörungsplänen zu wissen. Schließlich fasst er zusammen: „Ja, meine Herren, eben ein missglücktes Attentat!“ Kennen Sie auch solche Charaktere in Ihrer Umgebung? Ach, Sie selbst? An solchen Typen kann man schon verzweifeln. Auch der Einwand, dass ein womöglich gescheiterter Anschlag ihnen allen sogar größere Verantwortung aufbürde und der Umsturz trotzdem zum Erfolg führen könne, sofern sie Hitler den Gehorsam kündigten und den Krieg im Westen einseitig beendeten, kann Kluge nicht umstimmen. Gerade so, als sei nicht eben gerade über Fragen von äußerster Bedeutung gesprochen worden, lädt er seine Besucher zu einem Essen bei Kerzenlicht ein und redet unaufhörlich von seinen Fronterlebnissen, während alle anderen in dieser Runde verstummt vor sich hinstarren.[75]

Einige Zeit vergeht, bis Stülpnagel schließlich Kluge hinausbittet auf die Terrasse. Dort informiert er ihn über die geplanten Verhaftungen. Kluge ist entsetzt und ruft seinen Generalstabschef General Günther Blumentritt hinzu und befiehlt, sofort alles rückgängig zu machen. Zugleich enthebt er Stülpnagel seines Postens und kehrt dann, als sei nichts passiert, wieder zu dem gespenstischen Essen im Kerzenschein zurück. Ein Teilnehmer meint, es sei „wie in einem Totenhaus". Als Stülpnagel und Hofacker zuletzt noch einmal auf ihn eindringen, meint er hilflos: „Ja, wenn das Schwein tot wäre!" und gibt General Stülpnagel beim Abschied den freundschaftlichen Rat: „Verschwinden Sie in Zivil irgendwohin!" Trotzdem rücken gegen 23 Uhr vom *Bois de Boulogne* her die Stoßtrupps los, um die alles in allem 1200 SS- und SD-Leute in ihren Quartieren in der Nähe des *Arc de Triomphe* festzunehmen. Im Hof der *École Militaire* ist unterdessen eine Einheit des Stadtkommandanten Hans von Boineburg dabei, Sandsäcke für die bevorstehenden Exekutionen aufzuschichten. Die Juristen des Stabes haben schon längst die Anklagen formuliert, die Heinrich Himmlers Männern vor allem die Deportation von Juden, die Sprengung der Pariser Synagogen und die Aneignung „reichsfeindlichen Vermögens" vorwerfen, die jedem Rechtsgrundsatz zuwiderläuft. Dann, kurz vor Mitternacht, kehrt Carl-Heinrich von Stülpnagel in sein Hauptquartier im Hotel *Majestic* zurück. Entgegen dem Befehl Kluges ordnet er noch nicht die Freilassung der Verhafteten an. Er geht in das nebenan gelegene Hotel *Raphael* hinüber. Dort ist das Kasino des Stabes untergebracht. Die Räume sind überfüllt und von überall her kommen Lärm und Gläserklingen. Offiziere und Beamte, Eingeweihte und Ahnungslose feiern gemeinsam die gelungene Verhaftungsaktion und das absehbare Ende des Krieges.[76]

Die ausgelassene Gesellschaft feiert das Leben, als man auf einmal eine Stimme aus dem Radio hört, die ankündigt, jetzt werde der Führer zum deutschen Volk sprechen. Stille legt sich über die Szenerie. Da betritt der General Stülpnagel das Kasino und als Hitler zu reden beginnt, bleibt er wie angewurzelt stehen. Die Party ist beendet. Das trifft auch auf die beteiligten Großstädte in Deutschland zu. Der Führer redet von einer ganz kleinen Clique ehrgeiziger Offiziere und das glaubt er wohl sogar selbst. Es wirkt, als wollte er sich davon selbst überzeugen und sich beruhigen. Doch in den Ermittlungen zeigt sich, dass hinter dem Attentat eine sehr breite, weit über das Militär hinausreichende Bewegung steht. Sie setzt sich aus allen politischen Lagern von links bis rechts zusammen und sie reicht bis hinein in vermeintlich parteitreue Kreise. Lassen wir beiseite, wie die Szene in dem Kasino in Paris zu Ende geht, zumal auch diesmal der Umsturz nicht gelingt, der von einem Teil der deutschen Eliten seit 1938 immer wieder in Angriff genommen wird. Es ist fast schon müßig, über jenen Teil zu sprechen, der das nicht tut, denn wir dürfen bestimmt damit rechnen, dass sich die Verschwörer der vergangenen Monate und Jahre nach der absehbaren militärischen Niederlage des Gröfaz aus dem österreichischen Unterholz nicht noch einmal kaltstellen lassen.[77]

Wie sich Nationalsozialisten Ordnung vorstellen

Der Chef der Gestapo Heinrich Müller leitet im persönlichen Auftrag des Führers eine Sonderkommission mit 400 Spezialisten zur Untersuchung des Attentats. Was sich dann im Deutschen Reich abspielt, stellt andere Aktionen gegen politische Gegner in den letzten elf Jahren bei weitem in den Schatten. Es geht ja jetzt nicht um die rassistisch motivierten Mordaktionen. Sonst heißt es am Ende vielleicht, es würde eine andere Untat irgendwie relativiert. In diesen Tagen beginnt eine Operation „Gewitter" laut Listen, auf denen vor mehr als einem Jahrzehnt die Politiker aus der Weimarer Republik erfasst wurden, die als schädlich für „die Bewegung" eingestuft wurden. Doch „Gewitter" wird ein Fehlschlag, weil die Aktion an der „Heimatfront" mehr Unruhe als Zustimmung auslöst. Nutznießer wird zum Beispiel Hans Böckler*, der seit 1928 für die SPD im Berliner Reichstag saß, bis die Hitler-Regierung der SPD den Garaus machte. In den Jahren des Dritten Reiches wurde Böckler zweimal inhaftiert, doch ein drittes Mal gelingt das nach dem Attentat nicht, da ihn ausgerechnet ein Nazi-Bauernfunktionär vor seiner Inhaftierung bewahrt. Ein Mann jedoch wird ein Volltreffer für die Nazi-Behörden. Der Kopf des zivilen Widerstandes Carl Friedrich Goerdeler geht bei einem Bombenalarm in einen Luftschutzbunker und eine Luftwaffenhelferin sieht und verpfeift ihn. Es dauert auch nicht lange und Goerdeler wird nach seinem Wissen ausgequetscht. Es werden ungefähr 7000 Verhaftungen vorgenommen, außer bei denen, die sich noch rechtzeitig das Leben genommen haben. Festgenommen werden schon 700 Offiziere der Deutschen Wehrmacht. 206 Menschen werden nur allein im Zuständigkeitsbereich der Gestapo Bremen verhaftet. Viele von ihnen waren früher einmal Stadtverordnete und Kreistagsabgeordnete.[78]

Bei den nachfolgenden Verhören vergeht den Opfern Hören und Sehen. Das können *Sie* überhören und verdrängen; das werden aber diejenigen nicht tun, die sich zur Rettung der letzten Einwohner Deutschlands verschworen haben. Die grausame Misshandlung von Menschen bis in den Tod wird die Verschwörer der letzten Jahre gegen die Nazis unauflöslich zusammenschweißen. Lassen Sie sich bloß nicht weismachen, man hätte einfach den Attentäter im Bendlerblock erschossen und basta. Für Hitler ist es sowieso schon unerträglich, dass aus ihm nicht unter der Folter die Hintermänner seines unerhörten Versuches abgequetscht wurden. Dem Generaloberst Friedrich Fromm, der nur nicht selbst auch mit in die Geschichte hineingezogen werden wollte wegen der Mitwisserschaft um die Aktion, wird das auch nicht gut bekommen.[79]

Der Chef der Sicherheitspolizei und des SD Ernst Kaltenbrunner schätzt die Lage nach Durchsicht vieler Vernehmungsprotokolle so ein: „Der 20. Juli wächst uns über den Kopf. Wir werden der Sache nicht mehr Herr." Die Behörden werden jedoch auch unterstützt und müssen nicht alleine nach Übeltätern suchen. Keiner wird sich vorstellen können, woher man Schützenhilfe erhält. Ende Juni hatte Hauptmann Hermann Kaiser von Carl Goerdeler erfahren, dass von höchster englischer Stelle aus Erkundigungen über die Verschwörer eingezogen worden waren. Stauffenberg hat für sie unter anderem eine Liste der Männer zusammengestellt, die in Zukunft Verhandlungspartner für die Alliierten sein sollen. Unfassbar grausam reagiert die Londoner BBC, als es in London laut wird, dass auf Adolf Hitler das Attentat verübt worden war: In aller Seelenruhe werden die Namen der Deutschen verlesen, die Kontakt mit den Engländern gesucht hatten, um den Krieg entweder gleich zu verhindern oder zu beenden, ehe der Kontinent restlos zerstört ist. Natürlich gab es viele solcher Versuche, denn vor dem Krieg gab es selbstverständlich bereits vielerlei persönliche Beziehungen – *Rhodes*-Stipendiaten in Oxford, auch Briten, die im Deutschen Reich studiert haben, Geschäftsleute, Kirchenführer, hochgestellte Freunde. Nachdem diese Liste verlesen worden ist, werden diese Männer und Frauen im Deutschen Reich sofort verhaftet. Darüber hinaus wird es dem brüllenden Chef des sogenannten Volksgerichtshofs Roland Freisler ermöglicht, ein britisches Flugblatt als ein zusätzliches Beweismittel den solcherart bloßgestellten Angeklagten triumphierend entgegenzuhalten und sie dem Todesurteil zu überantworten.[80]

Es bleibt auch nicht bei dieser gruseligen BBC-Sendung. Die ganze Linie der vollkommen unabhängigen, weil frei im Raum schwebenden Presse auf der Insel im Atlantik wird so ausgerichtet. Der blanke Schrecken hat sich in führenden Kreisen in Großbritannien breitgemacht, als die Nachricht von einem Attentat auf den größten Schurken in dieser Welt an die Ohren der Einheimischen gedrungen war. Der Gedanke der Beseitigung Hitlers und seines Regimes durch die Deutschen ist für sie unerträglich. In der Presse wird prompt Partei ergriffen gegen den deutschen Widerstand. Der Manchester Guardian gibt sich keine Mühe seine Freude über das schiefgegangene Attentat zu unterdrücken: „Um der Zukunft willen mag es gut sein, dass die Verschwörung stattfand – und besser vielleicht noch, dass sie fehlschlug." Und was ist so gut daran, dass der böse Geist weiter Krieg führen kann? Die *guideline* des Informationsministeriums lautet klipp und klar: „Hitlers Strategie stellt einen der größten Vorteile der Alliierten dar. Wir haben alles Interesse daran, ihn und seine Institution uns bis Kriegsende zu erhalten." Nicht zufällig sind hohe britische Würdenträger dem deutschen Widerstand seit Jahren mit eisiger Ablehnung begegnet. Ein typischer Vertreter war Sir John Wheeler-Bennett – noch vor dem Krieg pflegte er vermeintlich freundschaftliche Kontakte zur innerdeutschen *Opposition*, leugnet sie dann und sagt zum Attentat nur noch: „Die Gestapo und die SS haben uns einen anerkennenswerten Dienst erwiesen, indem sie eine Anzahl von Leuten beseitigen, die nach dem Krieg als 'gute' Deutsche posiert hätten... Es ist deshalb zu unserem Nutzen, dass die Säuberung weitergeht."[81]

Außenminister Anthony Eden beantwortet die Frage von Bischof George Bell von Chichester, ob man den bedrängten deutschen Widerständlern vielleicht Fluchthilfe gewähren sollte, in der Art: „Ich kann nicht sehen, dass für uns nur irgendeine Verpflichtung besteht, denen zu helfen, die in den jüngsten Anschlag verwickelt waren." Fraglos ist es unangenehm für die Propagandisten in England, dass die wichtigen Köpfe des Widerstands gegen den Krieg ausgerechnet der Wehrmacht und dem Adel von Preußen angehören. Gerade dieses Land haben sie seit dem Beginn des Jahrhunderts immer mehr zu einem Militärstaat und zur Gefahr für das friedlichste Imperium in der ganzen Welt hochstilisiert, gerade so, als ob England ein Fünftel der Erdoberfläche mit Sahnetörtchen erobert hätte. Wie oft haben die Heuchler in London und Washington erklärt, dass die *Opposition* aus dem Schatten hervorzutreten hätte und Hitler beseitigen müsste. Als zum ersten Mal nach 1939 ein Attentat seinen Weg bis in die Nachrichten schafft, wirft die restlos unabhängige New York Times den Widerständlern vor, sie hätten sich ein ganzes Jahr lang mit Plänen beschäftigt, „das Oberhaupt des Staates und den Oberkommandierenden seiner Armee gefangenzusetzen und zu töten", was man „normalerweise von dem Offizierskorps eines Kulturstaates" nicht erwarten sollte. Möge diesen Verbrechern ihre Zunge im Munde verdorren. Hoffentlich haben die Deutschen genug Verstand, um die Anzeichen der Verlogenheit des Imperialismus zu sehen und sich nicht ihre eigene Geschichte von solch einer hinterhältigen Brut ins Negative umdrehen zu lassen.[82]

Die Kunde von derartigen Äußerungen kommt auch im Deutschen Reich an. Hören wir einmal, was der Hauptmann Richard von Weizsäcker* zu derartigen Sachen zu sagen hat: „Die Reaktion der Weltpresse war nicht viel anders. Die größte amerikanische Zeitung schrieb, dass das Attentat eher an die Atmosphäre der finsteren Verbrecherwelt erinnere als an die in einem Offizierskorps eines Kulturstaates. Es hieß weiter, man könne nicht bedauern, dass die Bombe Hitler verschont habe." Es beeindruckt geradezu, dass er sich noch nicht einmal wagt, den Namen der Zeitung auch laut und deutlich auszusprechen.[83] Manch einer wird sich schon im Jahr 1934 gewundert haben, als Englands Außenminister Anthony Eden zum Plausch mit dem Führer nach Berlin kam, und mehr noch, als der Premierminister Chamberlain 1938 dreimal persönlich aufgerauscht ist. Aber was die Führer Englands nach dem 20. Juli aufführen, das schlägt dem Fass doch den Boden aus. Churchill stellt sich am 2. August vor das Londoner Unterhaus und erklärt, es handle sich bei den Vorgängen des 20. Juli lediglich um Ausrottungskämpfe unter den Würdenträgern des Dritten Reiches. Können Sie sich annäherungsweise vorstellen, was jetzt in den Köpfen derjenigen vor sich geht, die hier ihre körperliche Unversehrtheit aufs Spiel setzen, um Hitler und den Krieg in die ewigen Jagdgründe zu schicken, und dann solche Unflätigkeiten aus dem Westen an den Kopf bekommen? Eugen Gerstenmaier* im Kreisauer Kreis ist spät zu dieser traurigen Einsicht gelangt: „Was wir im deutschen Widerstand während des Krieges nicht wirklich begreifen wollten, haben wir nachträglich vollends gelernt: dass der Krieg schließlich nicht gegen Hitler, sondern gegen Deutschland geführt wurde. Das Scheitern aller unserer Verständigungsversuche aus dem Widerstand ... war deshalb kein Zufall. Es war ein Verhängnis, dem wir vor und nach dem Attentat machtlos gegenüberstanden.“[84]

Die beiden Köpfe des deutschen Geheimdienstes und zugleich die hochrangigsten Vertreter des Widerstands gegen das braune Regime und den Krieg Wilhelm Canaris und Hans Oster werden in den Tagen direkt nach dem 20. Juli verhaftet und unter extra harten Bedingungen gehalten. Sie sitzen in Kellerräumen des Gestapo-Hauptquartiers der Prinz-Albrecht-Straße der Reichshauptstadt, müssen ständig Handschellen tragen und erhalten nur ein Drittel der normalen Essensration. Canaris läuft trotzdem in diesen Tagen zu absoluter Höchstform auf. Er schöpft das ganze Reservoir des Bluffens aus, das er in seinem Leben als Kopf der Agenten angehäuft hat. Er gibt nichts zu, lenkt die Vernehmungsbeamten immer wieder auf falsche Fährten und überhäuft sie mit widersprüchlichen Angaben. Was wirklich passiert ist, erscheint in einem für die Vernehmer präparierten Zerrspiegel. Die Nervenstärke der beiden Männer ist unerschütterlich, bis den staatlichen Behörden beim Durchsuchen in einem Versteck eine Aktensammlung in die Hände fällt, die keine Zweifel lässt. Oster hatte ja seinerzeit Beweise für Verbrechen der SS gesammelt und Unterlagen aus der Zeit der Septemberverschwörung von 1938. Sicherlich hatte man damals viel mit Decknamen und ähnlichen Mitteln gearbeitet, doch was nützt das, wenn man angeschrien, angeblendet und gequält wird? Hans Oster verliert seine Fassung und bricht zusammen. Er steigert sich in ein selbstzerstörerisches Bekennertum. Aber wer von uns will wirklich wissen, wie man sich unter der Folter verhält? Canaris hält trotz allem an seiner Linie fest, pariert alle Beschuldigungen und liefert plausible Rechtfertigungen für sein Handeln.[85]

Lassen wir uns von Oberleutnant Helmut Schmidt* einen Eindruck von einem der darauf folgenden Schauprozesse vor dem „Volksgerichtshof" zu Leipzig vermitteln: „Es war der Prozess gegen Leuschner, Goerdeler, von Hassell und Wirmer. Besonders habe ich Hassel und Wirmer erlebt, die einen vorzüglichen Eindruck auf mich gemacht hatten; sie standen mannhaft und bewahrten ihre Würde." Über den Möchte-gern-Juristen, der seit 1942 den Präsidenten des Hauses gibt, sagt Schmidt: „Die ganze Verhandlung war aber nur eine Selbstdarstellung Roland Freislers, der dabei Goebbels'sche Intelligenz und demagogische Zungenfertigkeit mit dem Jargon des Pöbels vereinigt; sie war so bedrückend, dass ich nicht vermochte, auch den zweiten Tag wieder hinzugehen."[86]

Der deutsche Nationalökonom und Soziologe Alfred Weber wertet nach dem Ablauf von Tausend Jahren aus: „Tausende, wörtlich Tausende von Zivilisten waren in das Attentat verwickelt." Der Neuzeithistoriker Professor Hans Rothfels, der nach der Emigration zurückkehrt, stellt auch heraus, dass die Zahl von 7000 Verhafteten lediglich einen Bruchteil der Beteiligten an dem Staatsstreich darstellt. Allein für den Südwesten des Deutschen Reiches gibt es nach den Worten des kirchlichen Boten in das Ausland Dr. Hans Schönfeld zehn- bis fünfzehntausend Regimegegner, die für die Machtübernahme bereitstehen, Bürgermeister, Landräte und was man zum Verwalten noch so benötigt. Nachdem Gabriel A. Almond sich in zwei Jahren durch Gestapo-Akten durchgearbeitet hat, kommt er nachträglich zum Schluss: *„The actual resistance was larger and more varied than indicated."* Das heißt so viel wie: Der wirkliche Widerstand war breiter und vielfältiger als angegeben. Hoffentlich kann er sich dann gegen die offizielle Propaganda der *unabhängigen Medien* durchsetzen. Hingerichtet werden im Laufe der *Säuberungen* 4980 Menschen.[87]

Es gehen somit längst nicht alle Beteiligte ins Netz und über den Jordan. Unter den Verhafteten sind beispielsweise sehr viele Führungspersonen des Allgemeinen Heeresamts und des Amtes Ausland/Abwehr im OKW. Zu ihnen zählen Oberst Wilhelm Kuebart* und Fregattenkapitän Franz Maria Liedig*. Es wäre mehr als makaber, wenn später jemand auf den

Gedanken verfiele, diese Männer der deutschen Öffentlichkeit vielleicht als alte Nazis anzubieten. Aber wer weiß – der Zweck heiligt die Mittel. Jetzt sind wir jedoch erst im Jahr 1944 und die Herrschenden versuchen fieberhaft, die Beteiligten an dem Umsturzversuch ausfindig zu machen. Die Spur Alexis von Roenne (Fremde Heere West) führt sie auch zu der Abteilung Fremde Heere Ost. Doch bei deren Chef Reinhard Gehlen, der momentan im Lazarett liegt, ist nichts mehr zu holen. Als Gehlens Stellvertreter Gerhard Wessel* unterrichtet wurde, dass der Umsturzversuch missglückt ist, hat er mit einem Nachschlüssel den Schreibtisch Gehlens geöffnet und die belastenden Unterlagen vernichtet. Gehlen bewahrte in eben der Schreibtischschublade in seinem Hauptquartier einen Aktionsplan für die Operation Walküre, die Ermordung Adolf Hitlers, auf. Und Gehlen hat einen ganzen Anhang im Gefolge: Viele Freunde und Untergebene des Leiters der Abteilung FHO des Oberkommandos der Wehrmacht, General Reinhard Gehlen*, sind an der Verschwörung beteiligt.[88]

In der Bevölkerung stößt diese Verhaftungswelle auf Unverständnis und löst Unruhe aus. Unter denen, die sich über das Ausmaß und die strikte Durchführung beschweren, sind sogar höhere NS-Funktionäre. Aus dem Grund werden durchaus viele Verhaftete nach zwei bis vier Wochen entlassen. Schauen wir für einen Moment in den Gau Weser-Ems. Von den 166 gemeldeten Verhafteten sind inzwischen 146 wieder auf freiem Fuß, wenn auch um eine üble Erfahrung reicher. Jetzt wissen sie, was mit Gestapo und mit Dachau genau gemeint war. Viele frühere Reichstagsabgeordnete überleben die Haft jedoch nicht.[89] Nach diesem Attentat wird es keine freie Rede Hitlers in der Öffentlichkeit mehr geben, was der Volksmund mit der Formulierung quittiert, Adolf Hitler lebe nur noch dreißig Meter unter der Erde, sagt Richard von Weizsäcker*.[90] Es ist bedauerlich ohne Ende, dass des Attentat weder das Sterben in den Lagern der Nazis beenden konnte noch den Tod der anderen Hälfte deutscher Kriegsopfer und von Millionen Menschen anderswo in Europa verhindern wird, aber das können wir ja jetzt noch gar nicht wissen.

Einen Monat nach dem Attentat wird Konrad Adenauer* wie schon 1934 verhaftet und in ein Lager auf dem Messegelände Köln-Deutz gesperrt. Dort hat er Erlebnisse, die ihn noch lange beschäftigen, Gespräche, die womöglich seine Vorstellung vom theoretischen Entwicklungspotenzial der kommunistischen Gesellschaft rosarot bleicht. Er lernt dort Russen kennen, „die ihn in seiner Hochachtung vor den großen Errungenschaften Russlands bestärkt“ haben. Er gelangt zu der Überzeugung, dass sie in Sowjetrussland auf dem Bildungssektor großartige Fortschritte erzielt haben. Da er selbst wohl kein einziges Wort Russisch versteht, trifft er in dem Lager in Köln-Deutz offensichtlich auf Russen, die in der Schule die deutsche Sprache gelernt haben, eine Erfahrung, die nach den Berichten des Sicherheitsdienstes der SD aus den letzten Jahren schon eine Menge andere Deutsche gemacht haben. Das Bemühen der Russen, der Bildung größere Verbreitung zu verschaffen, betrachtet er als einen entscheidenden Unterschied zu den Nazis, die Bildung und Wissen unterdrückten. Es bleibt zu befürchten, dass Adenauer Stalins Regime deswegen als das bessere bewertet, weil er es nicht vor Ort erlebt. Da zeigen andere mehr Realismus und bringen das hier unter die Leute: In Wien wird ein Propagandaplakat aufgehängt, auf dem in großen Lettern steht: „Nationalsozialismus oder Bolschewismus?“ Ein Wiener, der Zweifel an den Unterschieden zwischen beiden Gesellschaftsformen hat, schreibt darunter mit Rotstift: „Kartoffeln oder Erdäpfel?“ Wer einmal beides *live und in Farbe* hatte, fragt nur Teufel oder Beelzebub? Doch zurück zu Adenauer. Als er in das Konzentrationslager Buchenwald verlegt werden soll, sorgt sein kommunistischer Mithäftling Eugen Zander dafür, dass er in einer Krankenstation unterkommt. Von dort kann er zwar flüchten, doch die Gestapo nimmt seine Frau fest und setzt ihr so lange zu, bis sie das Versteck ihres Mannes verrät. Im Westerwald verhaftet ihn die Gestapo am 26. September und bringt ihn in das Zuchthaus Brauweiler bei Köln. Auf den Tag genau zwei Monate später lässt man ihn wieder frei.[91]

Es ist nicht vollkommen uninteressant, wie sich dieser und jener in den Jahren unter Hitler verhält. Als der wegen des versuchten Staatsstreichs vom Juli sehr belastete Otto Lenz* im Gefängnis sitzt, erklärt sich Hans

Maria Globke* auf seine Kassiberbitte hin bereit, ihm einen gestempelten Bogen des Reichssicherheitshauptamtes in die Zelle zu schmuggeln, auf dem Lenz dann mithilfe eines SS-Führers seine Entlassung verfügen will. Dieser Hans Globke hat im Dritten Reich mehr als einmal Kopf und Kragen riskiert, wie ihm unter anderem von den katholischen Bischöfen bescheinigt wird. Sie werden sich daran erinnern, dass er 1936 schon die Kommentare zu den Rassengesetzen so verfasst hat, dass möglichst viele Menschen aus dem Geltungsbereich der Gesetze herausgehalten werden können. Der Berliner Bischof Graf Preysing bezeugt, dass Hans Globke den Bischöfen von Plänen der Naziführung berichtet hat, Ehen zwischen Christen und Juden zwangsweise scheiden zu lassen. Die Bischöfe haben rechtzeitig interveniert und das Unheil abgewendet.[92] Bei Globke müsste man ja auch ins Grübeln kommen, wenn in die Welt gesetzt würde, dass mit ihm ein alter Nazi aufgespürt worden wäre.

Angefangen mit Konrad Adenauer* und Reinhard Gehlen* oder Helmut Schmidt* oder Hans Maria Globke* oder Gerhard Wessel* oder Franz J. Strauß* sollten wir nicht vergessen, wie sie zum Reich der Nazis stehen. Da es eine Stunde null nur in der Propaganda geben kann, werden diese Persönlichkeiten, die den Säuberungen nach dem versuchten Anschlag auf Adolf Hitler nicht zum Opfer fallen, noch leben, wenn es den Führer nicht mehr auf der politischen Bühne gibt. Ich wette mit Ihnen, dass sie sich dann in Links und Rechts und liberale Mitte im politischen Theater aufteilen und die Geschicke unseres Volkes lenken werden. Im Ausland dürfen sie auch nicht glauben, dass sie Deutschland endgültig los sind.

Die Warschauer proben den Aufstand

Die Menschen in Polen sind seit dem Ausbruch des Krieges in keiner beneidenswerten Lage. Ihre Regierung, die in den 1930er Jahren von Zeit zu Zeit gerne mit der französischen Armee das Deutsche Reich angreifen wollte und streckenweise gemeinsam mit der Deutschen Wehrmacht die Tschechoslowakei und die Sowjetunion, hatte sich Ende September 1939 klammheimlich aus dem Staube gemacht und ihre eigene Haut gerettet.

Seitdem sind die Polen tief gespalten in jene, die gerne von den Sowjets befreit würden, und diejenigen, die wie vor dem Krieg auf die Errettung durch Briten und Amerikaner hoffen. Letztere hielten schon nichts vom Russland des Zaren, das ihr Land mit Preußen und Österreich unter sich aufgeteilt hatte, und sie halten noch viel weniger vom bolschewistischen Nachfolgestaat. Ihr Hass hatte mit den Massenmorden des sowjetischen Militärs an polnischen Militärs und Intellektuellen im Frühjahr '40 neue Nahrung gefunden. Von einer Entschuldigung aus Moskau können sie ja gerne träumen; dort wird noch nicht einmal zugegeben, dass die Morde von den eigenen und nicht von deutschen Militärs verübt wurden. Man darf ja auch nicht im Ernst glauben, dass jemand im besetzten Polen im Traum daran denkt, sich für Folter, Mord und Totschlag im Rahmen der plötzlichen Ausdehnung Polens nach 1918 zu entschuldigen. In einigen Köpfen war Polen auch größer als das Land der polnischen Sprache. Nur soll daran keiner erinnern, seitdem die Polen die Opfer sind. Im Jahr '44 wird es eng für jene, die gehofft hatten, dass die Deutschen kapitulieren, bevor die Rote Armee in Polen einmarschiert. *Der* Traum ist schon mal geplatzt. Seit Januar '44 versuchte sich nun die Polnische Heimatarmee *Armia Krajowa* an Absprachen mit englischen und US-amerikanischen Militärs, die zur rechtzeitigen Befreiung ihres Landes führen sollte. Auf einer Sitzung des Londoner Kabinetts erklärte man es für zweckmäßig, den Aufstand der *Armia Krajowa* „unmittelbar nach der Invasion" der alliierten Streitkräfte in Europa auszulösen. Doch werden das die Polen ganz allein bewerkstelligen können, David gegen Goliath?[93]

Der Chef der polnischen Exilregierung Stanisław Mikołajczyk besucht ab dem 4. Juni für zwei Wochen die USA und spricht dort über seinen Aufstand. In diese Zeit fällt dann auch tatsächlich der Beginn der Invasion. Als diese nur zwei Tage später losgeht, wird überhaupt nichts ausgelöst. Am 21. Juli schickt General Tadeusz Bór-Komorowski, der den Aufstand befehligen soll, die Meldung Nr. 406/1/XX/799 nach London. Er drückt darin aus, dass das Attentat auf Hitler hoffentlich zum militärischen Zusammenbruch des Deutschen Reichs führt und dass die *Armia Krajowa* berechtigt sein soll, den Zeitpunkt für den Aufstand in Warschau alleine zu bestimmen.[94] Da kann man nur hoffen, dass sie das Ganze dann auch ohne Unterstützung von außen zu einem Erfolg führen können.

Unter Polens Soldaten scheiden sich die Geister. Für General Kazimierz Sosnkowski ist ein Aufstand, den man nicht vorab mit der Roten Armee Stalins abgesprochen hat, „politisch falsch und in militärischer Hinsicht ein Akt der Verzweiflung“. General Tadeusz Bór-Komorowski allerdings ist gegen jeden Kontakt zu den Sowjets und für eine Beschleunigung des Aufstands sowie die Konzentration der Kräfte in der Stadt Warschau. In dieser Art soll der politische Sinn und Zweck der Aktion hervorgehoben werden. Für Bór-Komorowski bedeutet der Aufstand die Eröffnung „des politischen Kampfes gegen Russland, den wir gewinnen müssen“. Dabei wird er unterstützt von Jan Jankowski, Stanisław Mikołajczyks Vertreter in Warschau, der nicht dazu bereit ist, den Beginn des Aufstands an das Kriegsgeschehen im Osten zu binden. Hoffentlich machen sie dann nicht noch die Rote Armee verantwortlich, wenn die nicht zur rechten Zeit am rechten Ort verfügbar ist. Sie fordern von den USA und Großbritannien eine massive Luftunterstützung unmittelbar *vor* Beginn des Aufstandes durch 1300 Flugeinsätze. Auf dem Wunschzettel steht überdies die Verlegung einer Brigade von polnischen Fallschirmspringern aus Italien in das umkämpfte Polen und so weiter. London lehnt die polnischen Forderungen in jedem Punkt als undurchführbar ab. Der Befehlshaber der 15. US-Luftflotte General Ira Clarence Eaker weist diese polnischen Vorstellungen ebenfalls zurück und empfiehlt, „sich an Marschall Stalin zu wenden“. Bór-Komorowski wird von der Exilregierung aber nur darüber informiert, dass entsprechende Forderungen an die Westmächte gestellt wurden. Der brave Mann tappt somit im Dunkeln darüber, ob sich etwas tun könnte. Der zu langsame Vormarsch der Roten Armee spielt letztlich doch eine Rolle bei der Ausrufung des Aufstandes. Sie stößt in Richtung Warschau zur Weichsel vor. Wie sieht die Planung dort aus? Das sowjetische Kommando möchte den Fluss nördlich und südlich von Warschau überqueren, um auf dem linken Ufer Brückenköpfe zu schaffen. Vom 27. bis 29. Juli erörtert die Moskauer Führung den Zeitplan für ihr weiteres Vorgehen. Die Hauptkräfte der 1. Belorussischen Front scheinen nicht in der Lage zu sein, die Weichsel zu überqueren, da sie im Juni und Juli bei verlustreichen Kämpfen bis zu 600 Kilometer zurückgelegt haben. Viele Einheiten müssen zurückgezogen und neu formiert werden. Andere Einheiten brauchen dringend eine Ruhepause. Bis zum 31. Juli haben das 3. und 8. Panzerkorps 284 Panzer und Selbstfahrlafetten verloren. Obendrein gehen die Vorräte an Munition und Treibstoff zur Neige. Es wäre aus sowjetischer Perspektive „eine Wahnsinnstat", unter den genannten Umständen gegen die tiefgestaffelte Verteidigung der Wehrmacht anzustürmen, die gegenüber der Front Rokossowskis annähernd eine Million Offiziere und Soldaten zusammengezogen hatte. Ein bisschen knapp vor dem anvisierten Aufstand geht der Leiter der Exilregierung Mikołajczyk von Ende Juli bis Anfang August nach Moskau und erklärt in der sowjetischen Hauptstadt am 31. Juli in einer Besprechung mit Außenminister Molotov, dass die polnische Exilregierung den Plan eines Aufstandes in Warschau erwäge und die Sowjetregierung um eine Bombardierung der Flugplätze rings um Warschau zu bitten gedenkt. Als der Aufstand am 1. August losgeht, schickt London am 4. August 14 Transportflugzeuge ins besetzte Polen und zwischen dem 8. und 18. August dann nochmal neun Maschinen. Das macht 23 Stück statt 1300. Dass es in Warschau jedoch schon rund geht, erfährt das Moskauer Außenministerium dann offiziell erst am 3. August über die britische Militärmission. Nun hatten aber die polnischen Militärs um die Luftunterstützung noch *vor* dem Beginn des Aufstandes gebeten; war es nun die perfekte Idee, ohne von Bombardements gehört zu haben, ganz einfach auf eigene Faust loszuschlagen? Da bleiben Fragen. In den Gesprächen Mikołajczyks in Moskau geht es auch um die Zukunft. Für Stalin ist es keine Frage, dass das deutsche Problem mit einem militärischen Sieg, und sei er auch perfekt, nicht erledigt sein wird. Das Misstrauen gegenüber den kapitalistischen Mächten und sein Respekt vor der industriellen Potenz lassen ihn mit erneuter Bedrohung durch die Deutschen rechnen. „Die Deutschen werden wieder hochkommen“, prophezeit er im August dem polnischen Premierminister. Er hat auch eine eigenwillige Interpretation für jenen Krieg nach der Kriegserklärung Frankreichs an Preußen von 1870 und für den Ersten Weltkrieg für den Premier: „Sie sind ein starkes Volk. Nach Bismarcks Triumph im Jahr 1871 haben sie vierzig Jahre gebraucht, um eine neue Aggression zu unternehmen. Als diese fehlgeschlagen war, genügte eine Erholungspause von 20 oder 25 Jahren, bis sie es einmal mehr versuchen konnten – diesmal fast erfolgreich. Und wer weiß jetzt, ob sie nach 20 oder 25 Jahren nicht wieder zum Kampf bereit sein werden? Ja, Deutschland ist ein starkes Land, obwohl Hitler dabei ist, es zu schwächen. Wir sind davon überzeugt, dass sich die Gefahr aus Deutschland wiederholen wird. Aus diesem Grund sind die Gespräche, die gegenwärtig in Washington über die kollektive Sicherheit geführt werden, so dringend. Ich selbst bin für jede mögliche und jede unmögliche Unterdrückungsmaßnahme gegenüber Deutschland.“[95]

Am 4. August erhält Stalin Churchills Aufforderung, den aufständischen Polen Hilfe zu leisten. Stalin ist empört über den Husarenritt der Polen, weist aber trotz allem Georgi Shukow und Konstantin Rokossowski an, Überlegungen anzustellen, wie man Warschau schnell einnehmen kann. Die Marschälle übergeben zwei Tage danach ihre Vorschläge. Sie sehen vor, den Fluss nördlich von Warschau zu überqueren, den Brückenkopf südlich der Stadt zu erweitern und den Gegner einzukesseln. Dieser Plan wird vom Oberkommando gebilligt und am 25. August soll es losgehen. So weit eine sowjetische Darstellung der Lage.[96]

Anders stellt sich das Bild aus der Sicht des amerikanischen Diplomaten George F. Kennan. dar. Er weiß, dass die sowjetischen Truppen an dem Fluss Weichsel angekommen sind und jetzt müssten sie zuschlagen. Er führt zudem ins Feld, dass Stalin und dessen Außenminister sogar dem US-Botschafter Harriman die Benutzung eines Nachschubflugplatzes in der Ukraine verweigern, den die Amerikaner während des Krieges dort selbst eingerichtet hatten. Kennan sieht, dass so die Versorgung der belagerten Polen mit Waffen und Verpflegung aus der Luft unmöglich gemacht wird. Moment mal – Ach so? Ist das womöglich der Grund dafür, weshalb der Befehlshaber der 15. US-Luftflotte die polnischen Wünsche ablehnen musste? Hat er empfohlen, sich an Marschall Stalin zu wenden mit dem Hilfeersuchen, damit dieser die Erlaubnis erteilt, den Flugplatz zu nutzen, den die Alliierten aus *America* selbst in der Ukraine errichtet haben? Umgekehrt fordert Moskau, dass der Flugplatz jetzt, da die Rote Armee die Amerikaner ja nicht mehr zur Befreiung des eigenen Landes braucht, geschlossen werden solle. Rückfrage: Flogen die Amerikaner in den vergangenen Monaten nicht immer aus Triest an der Adria Ziele in Mittel- sowie in Südosteuropa an? Das ist das Schöne an der Arbeit der Historiker. Sie können in die Stoffsammlungen alles das hineinnehmen, was ihre Deutung unterstützt, und können im günstigsten Fall auch alles mit Quellen belegen. Alles das, was ihr Bild durcheinanderbringt, lassen sie zielführend einfach unter den Tisch fallen. So müssen sie ja auch die Quellen nicht angeben und schlagen zwei Fliegen mit einer Klappe. Sehr praktisch. Das letzte offene Rätsel bleiben die 23 Flugzeuge, die doch zu den Aufständischen gelangten, unabhängig davon, dass viel mehr dieser Bomber angefragt worden sind. Auf welchem Weg wurde ihnen die Hilfe ermöglicht? Der Diplomat Kennan vertritt jedenfalls die Meinung, dass das der Augenblick ist, in dem die Amerikaner mit den Sowjets zu einer grundsätzlichen politischen Auseinandersetzung kommen sollten. Man müsste ihnen anheimgeben, ihre Politik völlig umzustellen und sich auf wirkliche Zusammenarbeit mit wirklich unabhängigen osteuropäischen Staaten einzurichten oder aber für den Rest des Kriegs auf die Hilfe und das Wohlwollen der beiden westlichen Alliierten zu verzichten.[97] Nichts könnte Moskau jedoch mit Blick auf die Jahre von 1919 bis 1939 ferner liegen als völlig unabhängige Staaten an seiner Westgrenze. Nirgendwo findet sich ein Wort der Entschuldigung für Polens Krieg von 1920 – ’21 oder seine antisowjetischen Absprachen mit Berlin und Bukarest.

Warum unterstützt man die Kommunisten im Ausland?

Mit der Hilfe für die Machtergreifung der Bolschewisten im Russischen Reich angefangen hat London schon in Italien, Deutschland, Österreich und in Spanien sein Scherflein dazu beigetragen, einst aufstrebende Gesellschaften mit Regimen zu versorgen, die wenig zukunftsträchtig sind. Während sie in England auf ihre jahrhundertelang bewährte Monarchie setzen, mussten woanders die Zaren, Kaiser und Sultane unbedingt weg und am Ende des Tages beherrschen dort Despoten vom Schlage Stalins, Mussolinis, Hitlers und Francos die Szene. Je mehr sie sich da mit ihren eigenen Herrschern beschäftigen, desto besser ist es für die Entwicklung in England. Aktuell kümmert sich der Premierminister Churchill um die Zukunft Jugoslawiens. Seine *Special Operations Executive (SOE)* unterstützt den Kommunistenführer Josip Broz Tito im Kriege und hilft ihm, eine starke Partei aufzubauen, deren oberste Loyalität Jugoslawien gilt und die es jenem Land nach dem Krieg ermöglicht, der sowjetischen KP unter Stalin die Stirn zu bieten.[98] Die Politik der *Balance of Power* kann man nicht nur mit Kaisern, Zaren und dem Sultan praktizieren, und hier gibt es die doppelte Packung: Erst werden Leute aus Unterschichten an die Macht befördert und die werden noch gegeneinander ausgespielt.

Churchill entsendet den konservativen Unterhausabgeordneten Fitzroy Maclean nach Jugoslawien, um checken zu lassen, ob der Kriegsminister der jugoslawischen Exilregierung in London Dragoljub Draža Mihailović besser geeignet sei zur Führung Jugoslawiens nach dem Krieg oder eher der Kopf der Kommunistischen Partei Josip Broz Tito, der dort aktiven militärischen Widerstand leistet. Maclean erklärt danach, dass Tito der effektivere Mann sei und sicherlich gewinnen werde, aber er müsse den Premierminister warnen, dass Jugoslawien unter Josip Broz Tito sicher kommunistisch werden würde. Sie ahnen es nicht, was Churchill diesen guten Mann daraufhin fragt: „Haben Sie vielleicht vor, dort zu leben?" – Der Abgeordnete verneint dies und Churchill setzt fort: „Ich auch nicht, und deshalb sollen die Jugoslawen doch unter sich ausmachen, was für ein System sie haben werden." Wo machen sie das denn unter sich aus, wenn die Unterstützung für seltsame Männer in diesem Land ebenfalls wieder aus dem Ausland kommt? In Jugoslawien wissen sie, warum da die Kommunisten verboten sind. Aber ein Politiker muss eben bei jeder Gelegenheit eine passende Antwort bei der Hand haben, der sein gerade anwesender Gesprächspartner erst einmal nichts entgegensetzen kann. Im August trifft Winston Churchill in Caserta bei Neapel Josip Broz Tito persönlich. Welchen Narren hat der Engländer immer an den Radikalen in der Welt erfressen? Schon im Mai '44, als deutsche Luftlandetruppen direkt beim Hauptquartier der Partisanen in den bosnischen Bergen abgesetzt worden waren, war Tito nur äußerst knapp einer Verhaftung entgangen und mit einem britischen Flugzeug nach Italien geflohen. Ist der Premierminister den Kommunisten im *British Empire* gegenüber ebenfalls so hilfsbereit? Wer's glaubt, wird selig.[99]

Bedient von Deutschland

Im südöstlichsten Zipfel von Schlesien verbrachte Herbert Hupka* seine Kindheit. Im Krieg wurde er wie beinahe alle anderen, die nicht als reine Juden geführt und umgebracht werden, zur Deutschen Wehrmacht eingezogen, wo man dann für Deutschland sterben darf. Das darf er jedoch letzten Endes auch nicht. Was war denn da schon wieder passiert? 1943 verurteilte ihn ein Kriegsgericht zu einer Haftstrafe, weil er bei einer Beförderung zum Leutnant der Reserve überraschenderweise verschwieg, dass er aufgrund der Herkunft seiner Mutter als Halbjude gilt. Leutnant wird man im Deutschesten Reich seit es Deutsche Reiche gibt, aber nur, wenn man nicht ansatzweise ein Jude ist. Danach hat er zwölf Monate in dem Wehrmachtsgefängnis Torgau-Brückenkopf gebrummt. Seine liebe Mutter wurde im Januar 1944 in das Ghetto Theresienstadt verschleppt. Jetzt im August 1944 wird er als wehrunwürdig aus der Wehrmacht entlassen, als ob das Reich nicht jeden einzelnen Mann bräuchte.[100] Können Sie sich vorstellen, dass sich ein Mensch mit diesem Werdegang einmal für den Erhalt Schlesiens beim Deutschen Reich aufplustern wird?

Wann kommen die atomaren Vergeltungswaffen?

Das Einzige, was den Engländern in diesem Stadium des Krieges unter Umständen noch richtig wehtun kann, sind atomare Waffen welcher Art auch immer. Deshalb zerstörte ein britisches Bomberkommando schon im Frühjahr in einem Nachtangriff auf Frankfurt am Main die Degussa-Werke und deren Uran-Produktionsanlagen. Im August werden ebenso die Leunawerke getroffen, und die I.G. Farben zeigt dann kein weiteres Interesse an der Produktion von schwerem Wasser mehr. Damit kommt im Sommer 1944 die deutsche Uran- und Schwerwasserproduktion zum Erliegen. Insgesamt verfügen die deutschen Physiker danach bloß noch über höchstens 2,5 Tonnen schweren Wassers, und es ist unklar, ob die Menge noch für den Betrieb eines Uranmeilers ausreichen würde.[101]

Die Leute in Städten und Dörfern leben von einem Bombenangriff zum nächsten und die Hoffnung auf das Ende der Zerstörung von Wohngebäuden und Kulturobjekten durch ein Abdanken Hitlers, seine Einsicht und Kapitulation, eine Einsicht im Ausland oder den Einsatz der sagenumwobenen Vergeltungswaffen schwindet dahin. In den Sprüchen hört man, wie Adolf Hitler sich den Ersatz für seine Wunderwaffen vorstellt, die durchaus nicht fertig werden wollen: „Maikäfer flieg, dein Vater ist im Krieg, jetzt zieh'n sie auch den Opa ein, das soll dann die Vergeltung sein – Maikäfer flieg." Doch nicht nur immer ältere Männer werden zur Wehrmacht beordert, sondern auch immer jüngere: „Alle Kinderwagen werden jetzt beschlagnahmt." Auf die Frage, warum, heißt es: „Der Jahrgang 1943 wird an die Front gefahren."[102] Ähnliche Redensarten gibt es ja auch schon längere Zeit.

Während Carl Goerdeler bei der Gestapo Hören und Sehen vergeht, sind sehr viele Männer und Frauen schon dabei, seine Vision für die Zukunft vorzubereiten. Einer von ihnen ist Manfred von Ardenne*. Was sagt der hochbegabte Baron zu seinem eigenen Beitrag? Im Sommer '44 kommt der Firmenchef Dr. Hermann von Siemens zum letzten Mal zu Besuch in das Forschungslaboratorium für Elektronenphysik Berlin-Lichterfelde –

einen der Orte, an dem für die Wunderwaffen geforscht wird. Bei dieser Gelegenheit nehmen sie kein Blatt vor den Mund: Der Krieg ist verloren. Sie besprechen Möglichkeiten, wie sie ihre Mitarbeiter in dem zu erwartenden Chaos bei Kriegsende am besten schützen können. Obwohl ihm eine Bescheinigung ausgestellt worden ist, die es ihm erlaubt, mit seiner Familie und den meisten Anlagen und Dokumenten Berlin zu verlassen und einen Ort westlich der Elbe aufzusuchen, entscheidet er sich, ohne sich über seine Motivation zu äußern, „zum Bleiben – und damit für die sowjetische Seite." Stattdessen erklärt er später: „Das so fest zusammengewachsene wissenschaftlich-technische Kollektiv mit seiner vielfältigen Tradition zerflatterte nicht im Sturmwirbel der Ereignisse."[103] Also nach überzeugten Parteigängern des Führers klingt das nicht und auch nicht nach einer Endzeitstimmung. Warten wir ab, ob auch solch ein *Kollektiv* für die Entwicklung der Wunderwaffen nach *America* losdüst.

Ein Wunder jagt das andere

Die jüdische Weltverschwörung kann nicht sehr effektiv sein, wenn der stellvertretende Kriegsminister der USA John McCloy die Bitten um die Bombardierung der Bahngleise nach Auschwitz am 14. August ablehnt, wie es das Kriegsministerium schon vorher mehrmals getan hatte. Zwei Wochen später informiert das *Foreign Office* Sinclair, die Deportationen ungarischer Juden nach Auschwitz-Birkenau sei wohl gestoppt worden. Jetzt bestehe keine Notwendigkeit für die Operation zur Bombardierung der Gleise oder des Lagers mehr. Am 1. September 1944 erhält der Oberbefehlshaber der Luftstreitkräfte in Europa Spaatz die Anweisung, diese Idee endgültig zu vergessen. Viele akademische Auseinandersetzungen werden über die unangenehme Frage geführt werden, ob die Operation gegen die Vernichtungsanlagen oder Eisenbahnlinien durchführbar war. Es wird geklärt werden, dass sie bombardiert werden konnten, wenn sie ein vorrangiges Ziel für die Alliierten gewesen wären. Dass es sich dabei um Pseudodebatten handeln wird, sieht man daran, dass zu der Zeit, als die Alliierten die Bitten der *Jewish Agency* um eine Bombardierung der

Zufahrtswege abgelehnt haben, ihre legendäre *U.S. Fifteenth Air Force*, die bekanntlich beim Warschauer Aufstand nicht helfen konnte, weil der Russe die Nutzung des Flugplatzes in der Ukraine nicht erlaubt hat, eine Reihe von Angriffen auf den I.G. Farben-Komplex in Auschwitz geflogen hat. Ist schon klar: Jetzt wollte man den Krieg langsam gewinnen, damit ihn nicht der Russe gewann. Gleich der erste Angriff am 20. August '44 hat Auschwitz-Monowitz voll getroffen.[104]

Bleibt nur die Frage offen, warum jetzt eigentlich die gerade angelaufene Deportation von ungarischen Juden gestoppt worden ist. Seit wann sind denn überzeugte Ideologen für halbe Sachen bekannt? Charge d'Affaires an der deutschen Botschaft ist Gerhart Feine*. Er ist in die Vorbereitung der Aktion involviert und informiert zunächst die Schweizer Botschaft in Budapest über die drohende Deportation der Juden. Anschließend sorgt er mit den Schweizern für die Wahrung der diplomatischen Immunität von Häusern, die angemietet werden, sodass Juden darin Schutz finden können. Bei Gerhart Feines Aktion erinnert man sich automatisch daran zurück, wie die Botschaft in Dänemark '43 für das Überleben der Juden sorgte. Mit dem Schweizer Botschaftsangehörigen Carl Lutz sowie dem schwedischen Diplomaten Raoul Wallenberg gelingt das Wunder. Feine gewinnt Carl Lutz für die Ausstellung von einigen tausend Schutzpässen für die bedrohten Menschen. In der Schweiz werden sie sich auch schön bedanken; wir erinnern uns ja noch, dass Berlin damals auf Drängen der Schweiz ein großes rotes J in die Reisepässe der Juden drucken musste, damit sich diese Menschen nicht in dem Alpenparadies ansiedelten, und an die Internierungslager für Flüchtlinge, die das trotzdem versuchten. Übrigens gelingt es den Vorgesetzten im AA nicht, die Tätigkeit Gerhart Feines als Informant aufzudecken. Mit ihm steht also noch ein Diplomat aus Hitlers Zeit für ein besseres Deutschland zur Verfügung.[105]

Noch im Herbst 1944 beklagt der Gauleiter Bohle bei Heinrich Himmler, dass unter 690 hohen Beamten des auswärtigen Dienstes *mehr als 600* noch nicht „den richtigen Glauben" haben.[106] Glaubt er denn im vollsten Ernst, dass jemand im Angesicht der desaströsen Folgen des Nationalsozialismus noch überzeugt werden könnte? In diesen Zusammenhang gehört auch das Wirken von Kurt Georg Kiesinger*. Am Arbeitsplatz im Reichsaußenministerium kann er in der Rundfunkpolitischen Abteilung antijüdische Aktionen hemmen und teilweise sogar verhindern. Es geht jahrelang gut, bis ihm um ein Haar auf die Füße gefallen wäre, was viele Leute zu allen Zeiten besser beherrschen als selbstständig nachdenken. Sie können andere gut verpfeifen. Am 7. November – dem 27. Jahrestag der Großen Sozialistischen Oktoberrevolution, *oops*, das war das falsche Land, am 7. November 1944 fertigen die zwei Herren Ernst Otto Dörries und Hans Dietrich Ahrens, ihres Zeichens alle beide Referatsleiter in der Rundfunkpolitischen Abteilung, eine Mängelliste über den Kollegen an. In dem Papier, welches sowohl dem Reichssicherheitshauptamt als auch dem Persönlichen Stab des Reichsführers SS zugesandt wird, greifen sie ihn empört an. Kiesinger* wird der „Sabotage der antijüdischen Aktion" beschuldigt. Er sei ein Vertreter einer „liberalistischen Gesinnung ... die entweder bewusst oder unbewusst den Radikalismus der nationalsozialistischen Weltanschauung ablehnt und als Wunschziel (oder festes Programm?) einen Ausgleich um jeden Preis mit der anglo-amerikanischen Welt anstrebt." Mit der nachfolgenden Abk. meinen sie das Propagandaministerium – „In der Rundfunkpolitischen Abteilung des Auswärtigen Amtes ... ist es der frühere Verbindungsmann der Abteilung zum Pro-mi und jetzige stellvertretende Abteilungsleiter Kiesinger, der nachweislich die antijüdische Aktion hemmt."[107] Ab-kü. sind bei manchen Kandidaten immer sehr beliebt. Jetzt bleibt nur noch zu hoffen, dass Gottes Mühlen langsam mahlen und der Krieg zu Ende geht, bevor sie Kiesinger vor den Kadi bringen wegen Wehrkraftzersetzung. Sonst ist er tot, ehe das große Polittheater der Antifaschisten beginnt. Ich warte förmlich darauf, wann die Volksaufklärer kommen und herausfinden, dass er unter Hitler nicht arbeitslos war, und beinahe noch sehnsüchtiger, ob die solcherart aufgeklärten Kinder nicht losziehen und den gealterten Helden verkloppen.

Wenn wir einmal wieder bei den Helden dieser aufwühlenden Zeit angekommen sind, werfen wir auch gleich einen Blick in die Stadt der Liebe an der Seine. Am 23. August erhält die Heeresgruppe B vom Führer zum zweiten Mal den Befehl, alle Brücken über die Seine und andere wichtige Objekte in Paris zu sprengen. Auf Schnickschnack wie Wohnhäuser und Kunstdenkmäler soll selbstredend keine Rücksicht genommen werden. Ungeachtet der Gefahr, abgehört zu werden, sprechen General Dietrich von Choltitz und Generalmajor Hans Speidel am Telefon ab, den Befehl nicht weiterzugeben. Das mag ungewöhnlich sein für Soldaten, wenn sie ihre Befehle nicht ausführen, aber das Retten von Brücken ist ja beinahe nachrangig im Vergleich zur Beteiligung an einem Staatsstreich.[108]

Das so gefürchtete Klingeln vor dem Aufstehen kommt für Hans Speidel am Morgen des 7. September. Waschen ist nicht, Rasieren auch nicht, er darf nichts einpacken und mit seiner Familie kein Wort mehr wechseln. In überhasteter Fahrt geht es im Auto nach Stuttgart und von da aus in einem Sonderabteil des D-Zuges nach Berlin. Dort geht es stracks in die Wehrmachtarrestanstalt in der Lehrterstraße und dann in den Gestapo-Keller in der Prinz-Albrecht-Straße. Dort sieht er sie alle wieder: Reichsminister Dr. Hjalmar Schacht und den preußischen Finanzminister Dr. Johannes Popitz, Oberbürgermeister Dr. Carl Friedrich Goerdeler, den einstigen Botschafter in Moskau Friedrich-Werner von der Schulenburg, unseren ehemaligen Generalstabschef, Generaloberst Franz Halder, der Hitler schon 1938 hatte verhaften lassen wollen, Generaloberst Fromm, der am 20. Juli, um seine Mitwisserschaft zu verschleiern, Stauffenberg und seine Freunde hat erschießen lassen, Abwehrchef Admiral Wilhelm Canaris, die Generäle Schaal, Thomas, Oster, Fabian von Schlabrendorff und den jungen Herzog Ernst August von Braunschweig. Manche davon sind an ihren Händen, einige auch an den Füßen gefesselt, wie Admiral Canaris. Ein Teil der Wachtposten weidet sich an der Erniedrigung der einst führenden Häftlinge, die ihrer Willkür preisgegeben sind. Szenen aus der Geschichte des *Temple* der französischen Revolution steigen vor Hans Speidel auf, die ihm früher wie Vorgänge in einer vergangenen unmenschlichen Zeit vorkamen. Eine Ausnahme machen da alte Kriminalbeamte und einzelne Zwangsrekrutierte, die sich den Gefangenen gegenüber korrekt, taktvoll, ja hilfsbereit benehmen.[109]

Droht jetzt die endgültige Überfremdung Deutschlands?

Ende September '44 gibt es im Deutschen Reich ungefähr siebeneinhalb Millionen ausländischer Arbeiterinnen und Arbeiter, die zum Zweck der Zwangsarbeit hier sind. Dazu kommen zwei Millionen Kriegsgefangene. Damit liegt der Anteil von Ausländern in Deutschland extrem hoch, zumal man davon ausgehen muss, dass schon mehrere Millionen Deutsche im Verlauf des Krieges so oder so oder anders gestorben sind. Schon im Jahr 1939 gingen Berichte vom Sicherheitsdienst ein, die besagten, dass damals schon zahlreiche Deutsche auf den Geschmack kamen und Spaß hatten beim Geschlechtsverkehr mit den Neuankömmlingen. Der erste oder zumindest der ranghöchste Nationalsozialist Adolf Hitler kann sich keine Sorgen um die Überfremdung des deutschen Volkes machen. Dass es mehreren lebenswichtigen Bereichen an Beschäftigten mangelt, wenn man beträchtliche Gebiete von Europa selbst verwalten will, war ebenso wenige Wochen nach dem Beginn des Krieges aufgefallen. Doch irgendwann drohten ganze Bereiche einfach so zusammenzubrechen. Während bisher immer Erwachsene zur Arbeit im Deutschen Reich *herangezogen* wurden, verfiel Alfred Rosenbergs Ministerium im Juni '44 auf die Idee, ungefähr 40-50.000 Kinder im Alter von 10 bis 14 Jahren im Ausland zu erfassen und ins Reich zu bringen. Als Decknamen für diese Aktion hat man „Heuaktion" gewählt. Eines Tages erreicht den Generalgouverneur für Polen Hans Frank aber ein Brief von einem der vor Ort eingesetzten deutschen Beamten, der zwischen dem ganzen eingetretenen Chaos, den Bomben und dem *Napoléon-Gedenkmarsch der Wehrmacht* „heim ins Reich" die Verschleppung von Kindern kritisiert. Dessen Beobachtungen hören sich übel an: „Wilde rücksichtslose Menschenjagd, wie sie überall in Stadt und Land, auf Straßen, Plätzen, Bahnhöfen, ja sogar in Kirchen sowie nachts in Wohnungen durchgeführt wird, hat das Sicherheitsgefühl der Einwohner erschüttert. Jedermann ist der Gefahr ausgesetzt, irgendwo und irgendwann von den Polizeiorganen plötzlich und unerwartet gefasst und in ein Sammellager geschleppt zu werden. Niemand von seinen Angehörigen weiß, was mit ihm geschehen ist."[110] Das klingt nicht so, als ob es diesem Mann gleichgültig wäre, was er da *live* erlebt.

Die Flucht in den schwarzen Humor

Wie heißt es doch so schön – Das Leben lässt sich nur im Suff ertragen. Analog helfen in üblen Situationen witzige Denksprüche. Einer wirft die Frage auf, wie der Krieg noch enden kann. Von einem uralten Rabbiner, der nach Theresienstadt verschleppt wurde, geht die Rede, er könne die Zukunft voraussagen. Hitler lässt ihn kommen und verspricht ihm das Leben, wenn er weissage, wer in diesem Krieg siegen wird. Der Rabbiner erklärt, darüber müsse das Münzorakel befragt werden. Hitler fragt, wie das denn vor sich gehe. Der Rabbiner antwortet ihm bereitwillig: „Wenn die Münze mit dem Kopf nach oben fällt, siegt Russland." Hitler heischt begierig: „Und wenn sie mit der Schrift nach oben fällt?" – „Dann siegt England." Ganz verzweifelt fragt Hitler: „Und andere Möglichkeiten gibt es nicht?" – „O doch", sagt der Rabbiner, „die Münze kann auf der Kante stehen bleiben. Dann siegt Frankreich. Oder Gott kann ein Wunder tun, sie bleibt in der Luft hängen und fällt überhaupt nicht. Das würde dann bedeuten, dass die Tschechoslowakei siegt."[111] Auf das Gleiche läuft auch dieser Spruch hinaus: „Eh ick mir hängen lasse, gloob ick an' Sieg!"[112]

Oder auch so: Kurz nach der Besetzung Griechenlands fragen die Naziführer das Orakel von Delphi. Auf die Frage von Goebbels: „Haben wir das deutsche Volk richtig geführt?" antwortet Pythia: „Noch nie ist ein Volk so angeführt worden!" Hermann Göring will wissen: „Wird unsere Regierung fest stehen und allen Stürmen trotzen?" Pythia sagt diplomatisch: „Noch nie hat eine Regierung so festgesessen." Letztlich will Adolf Hitler wissen: „Werden wir siegen?" Pythia schweigt sehr lange und antwortet dann nur kurz: „Das deutsche Volk muss dran glauben."[113]

Ein Dauerbrenner sind die furchtbaren Bombenangriffe. Wenn es denn gerade zutrifft, heißt es im Radio: „Über dem Reichsgebiet befindet sich kein feindlicher Kampfverband." Daraus machen Witzbolde: „Der Krieg ist dann zu Ende, wenn sie im Rundfunk sagen: Unter den Feindfliegern befindet sich kein Reichsgebiet."[114] Oder nicht mehr.

Das Letzte, das die Berliner verlieren, ist ihr Humor. So erzählt man sich die nachfolgende Begebenheit, die sich angeblich wirklich so zugetragen haben soll, also: Die S-Bahn ist überfüllt. Eine Frau sagt ärgerlich: „Sie drücken mir ja die Brust ein!“ Da sagt eine Stimme aus der Menge: „Das wird alles nach dem Krieg größer und schöner aufgebaut!“[115]

Geradezu rührend ist dieser Spruch: Max und Paul sitzen in der Kneipe und trinken das dünne Kriegsbier. Da sie sich verbotene Witze erzählen, merken sie gar nicht, dass es schon spät geworden ist und nun nach den bisherigen Erfahrungen jeden Augenblick Fliegeralarm kommen kann. Sie beschließen also, in der Kneipe zu bleiben, und trinken noch einen. Aber als eine Stunde und noch eine vergeht, ohne dass die Alarmsirene ertönt, sagt Max: „Mensch, Paule, denen wird doch wohl nichts passiert sein!?“[116]

Bleiben wir noch ein wenig bei den Witzen, die die traurige Realität der Zeit einschließen wie ein Insekt im Bernstein. In Berlin sagen die Leute zum Beispiel: „Goebbels muss operiert werden.“ Auf die Frage, warum, heißt es: „Bei dem Versuch, die Stimmung der Berliner zu heben, hat er sich einen Bruch zugezogen.“[117]

Ein Kritikpunkt bleibt auch, dass es nicht allen Leuten im Krieg gleichmäßig schlecht geht. Bei einem Bombenangriff kommt der Hausmeister von Göring hinkend in den Luftschutzkeller und sagt: „Herr Reichsmarschall, ich bin eben über die Mehltonne gestolpert. Wenn ich mich nicht an den Schinken festgehalten hätte, wäre ich ins Butterfass gefallen.“[118]

Zwei Freunde treffen sich. Fragt der Eine: „Was hast du Neues gehört?“ „Leider nichts. Die Störsender waren diese Nacht zu laut.“[119] Zwei habe ich noch hier: „Wann gibt es wieder Schlagsahne?“ Antwort: „Wenn alle Hitler-Bilder entrahmt sind.“[120] Der zweite findet im Rampenlicht statt: Weihnachten 1944 sagt der Komiker Weiß-Ferdl auf seiner Münchener Bühne: „Wer jetzt noch lebt, liebe Leut’, ist selbst schuld daran! Bomben sind genug gefallen!“[121]

1 Hirche (1964), S. 184
2 Overy (2013), S. 361ff., 377 und 183
3 Sutton (2008), S. 64 und 67
4 Overy (2013), S. 381f. und 400f.
5 Ebd., S. 387f.
6 Hirche (1964), S. 182
7 Ebd., S. 150 und 157
8 Wikipedia (2021), Ewald-Heinrich von Kleist-Schmenzin [online]. Verfügbar unter http://de.wikipedia.org/wiki/Ewald-Heinrich_von_Kleist-Schmenzin [15.07.2021]
9 Hirche (1964), S. 149f.
10 Gisevius (1947), Band I, S. 170
Knightley (1990), S. 146
11 Wikipedia (2021), Uranprojekt [online]. Verfügbar unter http://de.wikipedia.org/wiki/Uranprojekt [15.07.2021]
12 Hirche (1964), S. 180
13 Speidel (1977), S. 164f. und 169
14 Ebd., S. 171f.
15 Ebd., S. 171
16 Ebd., S. 172
17 Rothfels (1960), S. 161
Falin (1995), S. 400
Hoffmann (1970), S. 278f.
Georg (2007), S. 27
18 Preparata (2011), S. 347
19 Knightley (1990), S. 148
Critchfield (2005), S. 16
Falin (1995), S. 427
20 Georg (2007), S. 34
21 Speidel (1977), S. 153 und 174
22 Wikipedia (2021), Fritz Kolbe [online]. Verfügbar unter https://de.wikipedia.org/wiki/Fritz_Kolbe [19.07.2021]
Wikipedia (2021), Allen Welsh Dulles [online]. Verfügbar unter https://de.wikipedia.org/wiki/Allen_Welsh_Dulles [19.07.2021]
23 Hofer (1957), S. 345
Hirche (1964), S. 164
24 Georg (2007), S. 45f. und 78
Gotenhafen wurde nach dem Zweiten Weltkrieg in Gdynia umbenannt.
25 Georg (2007), S. 46ff.
26 Falin (1995), S. 424f.
Georg (2007), S. 52
James Speyer Kronthal war 1948 der CIA-Resident in Bern und führte den Codenamen Wellborn II. Er führte Interviews mit dem SS-Obergruppenführer Heinrich Müller durch, der einst der Gestapo vorgestanden hatte. Als er ihn über die Ereignisse des 20. Juli befragte, fielen folgende Worte: „Nur als eine Nebenbemerkung: Ein Großteil des armseligen deutschen militärischen Verhaltens in Frankreich nach der Invasion geschah durch absichtliche Versuche seitens der Verschwörer und ihrer Freunde, um gegenüber den Westmächten zu kapitulieren oder um die Amerikaner und Engländer durch die Front passieren zu lassen, damit diese Deutschland noch vor den Russen erreichen sollten. Militäreinheiten wurden vom Kampf zurückgehalten und alle möglichen Arten von Kontakten mit der alliierten Seite angebahnt.“ Friedrich Georg (2007), S. 18

27 Georg (2007), S. 52f. und 58
28 Ebd., S. 59f.
29 Falin (1995), S. 424
30 Georg (2007), S. 21
Falin (1995), S. 425f.
Speidel (1977), S. 176
31 Georg (2007), S. 76f.
32 Falin (1995), S. 425
33 Ebd., S. 427
Speidel (1977), S. 153
34 Falin (1995), S. 425ff.
35 Ebd., S. 428
Vgl. Weizsäcker (1983), S. 34
36 Rothfels (1960), S. 135
Fest (1994), S. 246
Steinbach, Peter (1995), Zum Treffen von Leber, Reichwein und Saefkow im Sommer 1944 [online]. Verfügbar unter https://www.stiftung-20-juli-1944.de/reden/zum-treffen-von-leber-reichwein-und-saefkow-im-sommer-1944-prof-dr-peter-steinbach-19071995 [18.07.2021]
Was Adolf von Thadden angeht, handelt es sich tatsächlich um den Mann, der später die NPD von der Partei gegen den Mauerbau zur rechtsradikalen Nummer degradiert und in die politische Bedeutungslosigkeit geführt hat. Es darf auch niemanden wundern, dass er später für den Auslandsgeheimdienst der Briten gearbeitet hat.
37 Steinbach & Tuchel (Hrsg., 1994), S. 13, 163 und 232
38 Strauß (1989), S. 54 f.
39 Steinbach & Tuchel (Hrsg., 1994), S. 306
Rothfels (1960), S. 32 und 198
Weizsäcker (1983), S. 27
40 Steinbach & Tuchel (Hrsg., 1994), S. 323
41 Straeten (1997), S. 65
42 Hirche (1964), S. 171
43 Ebd., S. 172
44 Ebd., S. 171
45 Ebd., S. 172
46 Overy (2013), S. 402f.
LeBor (2014), S. 92, 109 bis 120
47 Ebd.
48 Fest (1994), S. 246
Hesse (1953), S. 332
Falin (1995), S. 430
49 Rothfels (1960), S. 156
50 Fest (1994), S. 250
51 Hirche (1964), S. 149
Fest (1994), S. 258
52 Ebd., S. 258f.
53 Ebd., S. 259ff.
54 Ebd., S. 259ff.
55 Ebd., S. 262
56 Schmidt (1949), S. 581
57 Ebd., S. 581ff.
58 Ebd., S. 583

59 Fest (1994), S. 262f.
60 Ebd., S. 265f.
61 Ebd., S. 264 und 266
62 Falin (1995), S. 431
63 Fest (1994), 266f.
64 Fest (1994), S. 267
65 Ebd., S. 267
66 Ebd., S. 269
67 Weizsäcker (1983), S. 22
Fest (1994), S. 269
68 Ebd., S. 267f.
69 Ebd., S. 268f.
70 Weizsäcker (1983), S. 22f.
71 Gisevius (1947), Band 2, S. 355
Diese Darstellung fußt auf Schilderungen, die Hans Bernd Gisevius, der kurz vor der geschilderten Szene das Gebäude verlassen hat, später vom Fortgang erhielt. Das steht auf Seite 355. Die beiden Bände „Bis zum bittern Ende" von Hans Bernd Gisevius sind ohnehin eine Lektüreempfehlung für alle, die einmal eine tagebuchartige Darstellung eines Zeitgenossen lesen will, der an spannenden Ereignissen in jenen Jahren persönlich ganz nah dran oder selbst anwesend war.
72 Gisevius (1947), Band 2, S. 355f.
73 Ebd., S. 356f.
74 Fest (1994), S. 282 und 284 unter dem Bild
75 Ebd., S. 283
76 Weizsäcker (1983), S. 22f.
Fest (1994), S. 283f.
77 Ebd., S. 284 und 295
78 Rothfels (1960), S. 15 und 178
Steinbach & Tuchel (Hrsg., 1994), S. 382
Lemo, Lebendiges Museum Online (2021), Hans Böckler [online]. Verfügbar unter https://www.hdg.de/lemo/biografie/hans-boeckler.html [14.08.2021]
Ost, Friedrich P. (2020), Der 20. Juli 1944 und der anglikanische Widerstand: Für oder gegen das NS-Regime? [online]. Verfügbar unter https://unser-mitteleuropa.com/der-20-juli-1944-und-der-anglikanische-widerstand-fuer-oder-gegen-das-ns-regime/ [18.07.2021]
79 Weizsäcker (1983), S. 22f.
80 Ebd., S. 24
Hofer, Walter, Der 20. Juli – ein deutsches Datum. Leserzuschrift des emeritierten Geschichtsprofessors Walther Hofer aus Bern [online]. Verfügbar unter: https://www.welt.de/print-welt/article328852/Der-20-Juli-ein-deutsches-Datum.html [17.06.2021]
Ost, Friedrich P. (2020), Der 20. Juli 1944 und der anglikanische Widerstand: Für oder gegen das NS-Regime? [online]. Verfügbar unter https://unser-mitteleuropa.com/der-20-juli-1944-und-der-anglikanische-widerstand-fuer-oder-gegen-das-ns-regime/ [18.07.2021]
81 Ebenso aus dem Text von Friedrich P. Ost.
82 Ebd.
Fest (1994), S. 168
83 Weizsäcker (1983), S. 24
84 Rothfels (1960), S. 159
Eugen Gerstenmaier, Bundestagspräsident ab 1954, während des Krieges Mitglied der Bekennenden Kirche im Widerstand. In: Frankfurter Allgemeine

Zeitung am 21. März 1975.
85 Moorhouse (2007), S. 150f.
86 Schmidt (1995), S. 272
87 Rothfels (1960), S. 15, 107, 148, 178 und 198
Steinbach & Tuchel (Hrsg., 1994), S. 324
88 Schmidt-Eenboom (2004), S. 62 f.
89 Steinbach & Tuchel (Hrsg., 1994), S. 383
90 Weizsäcker (1983), S. 24
91 Wunderlich, Dieter (2006), Konrad Adenauer [online]. Verfügbar unter http://www.dieterwunderlich.de/Konrad_Adenauer.htm [09.08.2021]
Mensing (1991), S. 441 und 452
Hirche (1964), S. 157
92 Ramge (2003), S. 54ff.
Strauß (1989), S. 154
93 Falin (1995), S. 442 bis 447
94 Ebd.
95 Ebd.
Loth (1994), S. 14
96 Falin (1995), S. 442 bis 447
97 Kennan (1968), S. 216 und 235
98 Knightley (1990), S. 119f.
99 Ebd., S. 121f.
Wichmann, Manfred (2014), Josip Broz Tito. Artikel bei Lemo, Lebendiges Museum Online [online]. Verfügbar unter https://www.dhm.de/lemo/biografie/biografie-josip-broz-tito.html
100 People Pill (2021), Herbert Hupka [online]. Verfügbar unter https://peoplepill.com/people/herbert-hupka/ [17.07.2021]
Wikiwand (2021), Herbert Hupka [online]. Verfügbar unter https://www.wikiwand.com/de/Herbert_Hupka [18.08.2021]
101 Wikipedia (2021), Uranprojekt [online]. Verfügbar unter http://de.wikipedia.org/wiki/Uranprojekt [21.08.2021]
102 Hirche (1964), S. 180 und 183
103 Ardenne (1987), S. 176 und 180
104 Overy (2013), S. 403
105 Wikipedia (2021), Gerhart Feine [online]. Verfügbar unter https://de.wikipedia.org/wiki/Gerhart_Feine [14.08.2021]
106 Rothfels (1960), S. 61
107 Klöckler (2005), S. 216 f.
108 Speidel (1977), S. 201
109 Ebd., S. 213ff.
110 Shirer (1960), S. 864ff.
111 Hirche (1964), S. 182
112 Ebd., S. 183
113 Ebd., S. 158
114 Ebd., S. 181
115 Ebd., S. 190
116 Ebd., S. 188
117 Ebd., S. 154
118 Ebd., S. 151
119 Ebd., S. 157
120 Ebd., S. 150
121 Ebd., S. 167

Das sechste Kriegsjahr beginnt

Da waren wir eben noch bei Witzen über diese üble Zeit und schon wird es wieder bierernst. Es sieht nun wirklich nicht so aus, als könnte immer noch eine Wunderwaffe den militärischen Sieg der Alliierten abwenden. Da möchte man meinen, dass sich die Nationalsozialisten langsam beim größeren Teil des deutschen Volkes lieb Kind zu machen trachten, doch sie ziehen ihre Masche bis zum bitteren Ende durch. Am 2. Februar 1945 soll jetzt der Jesuitenpater Alfred Delp in Berlin-Plötzensee hingerichtet werden. Er ist schon seit 1942 mit dem Kreisauer Kreis verbunden. Das ist für die Nazis Grund genug. Als der mutige Delinquent, dessen Leben durch einen Henker künstlich verkürzt werden soll, zum Galgen geführt wird, sagt er lächelnd und weise zum katholischen Gefängnisgeistlichen: „In wenigen Minuten werde ich mehr wissen als Sie.“[1] Richtig, der Geistliche glaubt, dass es Gott gibt; für Alfred Delp klärt sich das ewige Rätsel in absehbarer Zeit auf.

Es ist der 3. Februar und wir sind im Volksgerichtshof. Lassen wir doch Fabian von Schlabrendorff* berichten, was sich in dem Gebäude zuträgt. Als am späten Vormittag seine Aufmüpfigkeit vor dem Volksgerichtshof aufgerufen wird, immerhin war er am 20. Juli bei der Verschwörung im innersten Zirkel und schon 1933 wurde das *Mitteilungsblatt der konservativen Hauptvereinigung* von Ewald von Kleist-Schmenzin nach dem Abdruck eines zu kritischen Artikels dieses Fabian von Schlabrendorff* einfach verboten, ertönen die Alarmsirenen. Um festzustellen, ob es sich um einen Großangriff handelt, wird telefoniert. Die Antwort be*un*ruhigt; sie lautet: Bomberströme im Anflug auf Berlin. Eiligst sucht das Gericht die Kellergewölbe im Gebäude des Volksgerichtshofes auf. Auch er wird nach der vorsorglichen Fesselung in den Keller gebracht. Ein höllisches Bombardement beginnt. Es ist wohl der schwerste Angriff, den amerikanische Bomber je auf Berlin geflogen haben. Man hat das Gefühl, als ob die Welt untergehe. Mitten in dem tosenden Wirbel erschallt ein ohrenbetäubendes Krachen, das alle Insassen dieses Kellers erbeben lässt. Der Volksgerichtshof selbst ist getroffen worden und steht in Flammen. Das

Gebäude wankt in den Fugen und bricht auseinander. Daraufhin stürzt ein Teil der Decke herunter und trifft mit voller Wucht den Präsidenten des Volksgerichtshofes Karl Roland Freisler auf den Kopf, während das entgegengesetzte Ende einem Wachtmeister eine Brustquetschung zufügt. Ein Arzt wird irgendwoher herbeigerufen. Das Ergebnis der kurzen Untersuchung lautet: Doppelseitiger Schädelbruch, tot. Schlabrendorffs Pflichtverteidiger erzählt ihm später, dass Freisler dessen Strafprozessakten noch in der Hand gehalten habe.[2] Das muss ein irres Gefühl sein – Ich war dabei, als es jenen Mann erschlug, der so viele kluge und mutige Menschen mit seinem Urteil in den Tod geschickt hat und der auch mich in den Tod schicken wollte, und ich habe diesen Mann überlebt.

Da wir gerade bei Bomben waren, hier ein Witz: Nach einem Luftangriff beobachtete Piesecke, wie Krause eine Hitlerbüste aus seinem zerstörten Haus rettet. Verwundert fragte er ihn, ob er denn nichts Wertvolleres zu bergen wüsste. Da lachte der andere und meinte: „Diese Büste wird der Grundstein sein für meine künftige Existenz!" – „Na, da wäre ich ja neugierig", wunderte sich Piesecke, worauf ihm Krause erklärte: „Mit dieser Büste werde ich von einem Rummelplatz zum anderen ziehen – und für zehn Pfennig darf jeder dem Hitler in das Gesicht spucken. Was meinste denn, was ich für Zulauf haben werde!"

Und hier kommt noch ein Witz aus Köln: Schäl trifft Tünnes, der einen Reisekoffer bei sich hat, und hört von ihm, dass er nach Berchtesgaden fahren will, um Hitler totzuschießen. Tünnes lässt sich ungeachtet der Bitten Schäls nicht davon abhalten und fährt los. Aber nach zwei Tagen ist er schon wieder zurück. „Nanu, Angst gehabt?" fragt ihn Schäl; aber Tünnes winkt ab und sagt: „Nein, aber ich will doch nicht anstehen!"[3]

Die Großen Drei treffen sich in Jalta

In den Tagen vom 4. bis zum 11. Februar des Jahres 1945 treffen sich die drei Großen aus der Anti-Hitler-Koalition im Seebad Jalta auf der Krim, Stalin, der britische Premier Churchill und der US-Präsident Roosevelt. Als die Westmächte das deutsche Problem noch lösen wollten, indem sie das Reich in mehrere, voneinander unabhängige Einzelstaaten aufteilen, hat Stalin die Bereitschaft signalisiert, eine solche Lösung mitzutragen. Für ihn war eine Zerstückelung aber noch keine Ideallösung. Wichtiger als eine Prinzipienreiterei ist ihm, dass überhaupt eine gemeinsame Verständigung der Anti-Hitler-Koalition über die künftige Behandlung von Deutschland zustande kommt. Nach den im Krieg angerichteten Zerstörungen braucht die Sowjetunion vor allem eine wirtschaftliche Kooperation mit Europa und Amerika. Wenn daraus nichts wird, bleibt im bloß das arme Osteuropa. Premierminister Churchill hatte Staatschef Stalin im Vorfeld eines Besuchs von Außenminister Eden im Dezember 1941 in Moskau sagen lassen, dass er die „völlige Entwaffnung Deutschlands für wenigstens eine ganze Generation und die Zerstückelung Deutschlands in einzelne Teile, vor allem die Abtrennung Preußens von den restlichen Teilen Deutschlands“ für notwendig hielte. Die Initiative für den ersten Teilungsplan ging somit von Churchill aus. Preußen war übrigens jenes *baby*, das England im Siebenjährigen Krieg noch *supported* hat, um ein Gegengewicht zur viel mächtigeren Habsburger-Monarchie zu schaffen. Da steckte das Prinzip „teile und herrsche“ noch in den Kinderschuhen. Stalin reagierte 1941 mit dem Vorschlag der Separierung des Rheinlands und einer Abtretung Ostpreußens und weiterer Gebiete an Polen; außerdem regte er 1941 an, eventuell die Bildung eines selbstständigen Staates Bayern vorzusehen. Vorstöße zur Präzisierung dieser Teilungspläne hat er aber nie unternommen. In Teheran stimmte er Roosevelts extremem Teilungsplan zwar auf der Stelle zu; er warnte aber im gleichen Atemzug auch vor dem unvermeidlichen Streben der Deutschen nach der Wiedervereinigung. Als die Briten nach den Teheran-Gesprächen im Januar ’44 ein *Dismemberment Committee* einsetzen wollten, ein Gremium für die Zerstückelung ihres Konkurrenten Deutschland, verhinderte Moskaus

Vertreter in der *European Advisory Commission* Fjodor Gusew jegliche Präzisierung mit dem Argument, dass seine Delegation nicht genügend Material oder Experten zur Prüfung der Materie habe. In Jalta sucht der Genosse Stalin jetzt die Verbündeten doch auf den Grundsatz der Aufteilung zu verpflichten, fügt jedoch hinzu, dass detaillierte Festlegungen im Augenblick nicht erforderlich seien.[4]

Manche Regierungsmitglieder in Moskau befürchten eine Wiederholung des raschen wirtschaftlichen Wiederaufstiegs Deutschlands, wie er nach dem Ersten Weltkrieg bereits zu beobachten war. Welche Ahnung haben sie denn im guten alten Moskau von der Unterstützung aus dem Westen für jene Firmen, die im Bereich der Chemie- und Schwerindustrie fleißig waren? Rüstungsrelevante Bereiche haben die Angelsachsen eben nicht nur im Reich Stalins unterstützt. So entstand in Moskau die Vorstellung von der Möglichkeit einer „wirtschaftlichen Entwaffnung Deutschlands", das heißt einer Demontage der deutschen Wirtschaft bis zu einem Grad, der Deutschland für Jahre, wenn nicht für immer außerstande setzt, die Rückkehr als machtvoller Staat und als ein potentieller Feindstaat zu bewerkstelligen. Dementsprechend legt also der stellvertretende Moskauer Außenminister Iwan Michailowitsch Maiski einen Reparationsplan vor, der eine Verminderung der Schwerindustrie des Deutschen Reiches um 80 Prozent vorsieht. Auf der anderen Seite ist die Summe von bloß zehn Milliarden Dollar, die Stalin auf der Konferenz von Jalta Anfang Februar 1945 als Reparationen für die Sowjetunion reklamiert, gemessen an den erlittenen Verlusten tatsächlich äußerst bescheiden und vorsichtig, auch wenn die Sowjetunion auf Reparationen aus Deutschland doch in Wirklicheit stärker angewiesen ist als jede andere Siegermacht. Den Sowjets reicht es, wenn von Deutschland nicht noch einmal Ärger ausgeht. Man hat wenig Zutrauen in die Stabilität der Allianz der Siegermächte. Sollte diese zerbrechen, bleibt bloß noch die rasche Ausbeutung des besiegten Kriegsgegners. Der Abtransport der Industrieanlagen muss erfolgen, solange die Präsenz der Roten Armee es erlaubt. „Raubt soviel ihr könnt!", gibt Stalin an seine Truppen als Direktive aus.[5] Das klingt freilich nicht, als wollte man den Deutschen das Sowjetsystem schmackhaft machen.

Der in die Sowjetunion emigrierte deutsche Kommunist Wilhelm Pieck, der zu den Initiatoren des Nationalkomitees Freies Deutschland gehört, hält nach einem Gespräch mit Wladimir Semjonowitsch Semjonow, dem Moskaus Nachkriegsplanung für das Deutsche Reich anvertraut wurde, in den Notizen unter dem Stichpunkt „Dauer der Besatzung" als amerikanische Vorstellung vom 10. Februar 1945 „10-100 Jahre" fest. Letzten Endes wird im Kommuniqué der Konferenz am 11. Februar festgehalten: „Es ist nicht unsere Absicht, das deutsche Volk zu vernichten. Nur dann, wenn Nazismus und Militarismus ausgerottet sind, besteht für das deutsche Volk die Hoffnung auf eine würdige Existenz und auf einen Platz in der Gemeinschaft der Nationen." Bezüglich einer Teilung oder zentralen Verwaltung des Deutschen Reiches wird dieses fixiert: „Dem vereinbarten Plan entsprechend werden die Streitkräfte der drei Mächte separate Zonen in Deutschland besetzen. Eine koordinierte Verwaltung und Kontrolle ist nach diesem Plan durch eine Zentrale Kontrollkommission vorgesehen, die sich aus den Oberbefehlshabern der drei Mächte mit Sitz in Berlin zusammensetzt. Es wurde beschlossen, dass Frankreich, sofern es dies wünscht, von den drei Mächten eingeladen werden soll, eine Besatzungszone zu übernehmen und sich als viertes Mitglied an der Kontrollkommission zu beteiligen."[6]

Noch mehr Bomben auf das Elbflorenz Dresden

Fernab der Reichshauptstadt wohnen in dem beschaulichen Dorf Oberpoyritz in der Nähe der wunderschönen sächsischen Metropole Dresden die beiden Mittdreißiger Kurt und Herta Fuchs. Er ist Schlosser und sie ist Wäscherin. Im Februar '45 stehen plötzlich drei geflüchtete jüdische Zwangsarbeiter vor ihrer Tür. Als sie die drei Männer in ihrer Häftlingskleidung sehen, erbleichen sie natürlich vor Schreck, aber sie stellen den Männern keine Fragen, sondern gewähren ihnen in ihrem Haus Unterschlupf.[7] In Deutschland gibt es nach wie vor ganz verschieden tickende Menschen. Ist Oberpoyritz weit genug entfernt von Dresden, sodass die Männer jetzt nicht beim nächsten Terrorangriff der englischen Bomber vom Leben zum Tode befördert werden? Es ist spricht Bände, dass man den Begriff Terrorangriffe zuerst in England verwendet hat, bevor so ein Amateur wie Goebbels ihn verwendete. Die Bombenangriffe, die an der Nordseeküste begannen und in größer werdenden Radien die Städte des Deutschen Reiches der Reihe nach ausradieren, gibt es bereits seit dem Herbst 1944 auch in Dresden. Damit wird das die letzte deutsche Großstadt, die von Bomben zerstört wird. Die Orte, an denen sich Hitler aufhält, bleiben noch immer verschont. Außer der *Royal Air Force* ist auch eine Flotte der *United States Army Air Forces (USAAF)* beteiligt. Ganz heftig wird es für die Menschen in Dresden vom 13. bis zum 15. Februar. Wie viele Menschen sind es nun wirklich, die in Dresden bei lebendigem Leibe verbrennen oder von der nächstbesten Hauswand breitgequetscht werden – unabhängig davon, wie sie zum herrschenden Regime Hitlers stehen? Zur eigentlichen Bevölkerung der Stadt kommen Abertausende Flüchtlinge und Dresden ist eine international anerkannte Lazarettstadt. Allein das macht das Geschehen zum Kriegsverbrechen. Dazu kommen jene Frauen, Kinder und Männer, deren Knochen in der Feuerhölle der Phosphorbomben zu Staub zerfallen. London wird Phosphorbomben als Kampfmittel bestreiten. Das kann nicht erstaunen, denn sie sind für den Kriegseinsatz geächtet. Doch Augenzeugen macht sicher keiner ein X für ein U vor. Führende britische Behörden geben später sogar zu, dass die Briten eher als die Nazis dafür verantwortlich sind, dass mit Bombenangriffen auf Zivilisten und nichtmilitärische Ziele begonnen wurde. Diese Entscheidung war *bereits 1936* vom britischen Luftfahrtministerium getroffen worden. Bei Rückfragen in dieser Hinsicht wenden Sie sich bitte vertrauensvoll an Luftmarschall Sir Arthur Harris (geb. 1892), der diese Attacke auf das unersetzliche Weltkulturerbe Dresden leitet, James M. Spaight vom Londoner Luftfahrtministerium (geb. 1877) sowie an den Militärhistoriker Sir Basil Henry Liddell Hart (geb. 1895).[8] Die Angriffe vom Februar '45 verstärken die Kritik an der Art der Luftkriegsführung seit 1942 erheblich, speziell an der *Area Bombing Directive* aus London. Es kann auch gar nicht überzeugen, wenn hier europäisches Weltkulturerbe mit großem Aufwand ruiniert wird, anstatt endlich die Eisenbahnlinien und Straßen zu zerstören, auf denen die Wehrmacht nach wie vor ihren Nachschub für den Krieg gegen die Rote Armee Stalins bekommt, und deshalb wird ja selbst jetzt kaum eine Fabrik unbrauchbar gemacht. Durch diesen Umstand überlebt auch der Vater des kleinen Terence Hill die Hölle. Jetzt heißt Terence noch Mario Girotti. Sein Vater, Girolamo Girotti, stammt aus der italienischen Region Umbrien und arbeitet hier als Chemiker bei der Schering AG. Die Familie wohnt im Haus der Frau Mama, Hildegard Thieme, in Lommatzsch in der Nähe von Dresden. Als die Stadt brennt, bewacht der Vater das Werk. Terence wird einst sagen: „Wie immer – die Fabriken sind nicht kaputt, aber die Stadt ist kaputt." Wie wird die Diskussion ausgehen, ob die Flächenbombardements jetzt militärisch notwendig und zweckmäßig oder ob sie als Kriegsverbrechen zu werten sind – und was wird das dann noch nützen? Vielleicht hilft es bei der Beurteilung der Vorgänge, wenn man erfährt, dass selbst '45, als Dresden noch im Schutt versinkt, viele Industrieanlagen in Deutschland nicht gezielt bombardiert werden. Sie sind als Beute vorgesehen und sie werden dann auch abgebaut und mitgenommen.[9] Damit stehen sie aber auch schon seit sechs Jahren Hitlers Kriegsführung zur Verfügung.

Die irren Forderungen nach utopischen Grenzen

Noch bevor die Waffen am Ende des Weltkrieges schweigen, haben sich Menschen im In- und Ausland Gedanken gemacht, wie es mit Deutschland weitergehen soll. Am 7. März '45 gehen die westlichen Alliierten bei Remagen über den Rhein. Noch während die Kämpfe andauern, suchen die Alliierten nach Deutschen, die in der Lage sind, die Organisation des täglichen Lebens ihres Volkes in ihre eigenen Hände zu nehmen. Gut, es sind in erster Linie die Amerikaner, die nach den Demokraten unter den Deutschen fahnden. Deshalb greifen sie vor allem auf Personen zurück, die sich auch in den demokratischen Strukturen der Jahre vor '33 einen guten Namen gemacht hatten. Fündig werden sie Mitte März bei Konrad Adenauer, dem Ex-Oberbürgermeister von Köln. Offiziere aus den USA führen Gespräche mit ihm. In einem der Gespräche äußert er schon den Wunsch, einen neuen Staat „aus Österreich, den Resten Preußens, Westdeutschland (Westfalen und Rheinland) und Süddeutschland“ zu bilden. Zu diesem Zeitpunkt, noch vor der Kapitulation unserer Wehrmacht, ist noch nicht klar, wie sich die Alliierten in der Frage der territorialen Ausdehnung Deutschlands äußern werden. Absehbar ist aber, dass das 1866 von Bismarck abgestoßene und '38 von Hitler angeschlossene Österreich nicht für den Verbleib im deutschen Staatsverbund vorgesehen ist.[10]

Andere Amerikaner hören aus ganz unerfindlichen Gründen aus Kreisen des Widerstandes „seltsame, bisweilen abstruse Auffassungen über ihre Verhandlungsposition gegenüber den Alliierten und unrealistische, fast naive Vorstellungen – etwa die Forderung nach Wiederherstellung des Reiches in den Grenzen von 1914.“[11] Das klingt viel mehr nach der neuen Forderung Goerdelers nach Phantasiegrenzen aus dem Jahr '43 als nach einer Einschätzung der realen Möglichkeiten durch die Menschen in den Provinzen Schlesien, Pommern und Ostpreußen, die in diesen Monaten Hals über Kopf ihre Heimat verlassen müssen. Sicher ahnen viele dieser Menschen auf ihren Fuhrwerken im Schnee 1945 eher als Leute in anderen Gegenden Deutschlands, dass es eine Rückkehr in ihre Heimat nach dem Ostfeldzug nicht mehr geben würde. Der Eindruck wird mit Sicherheit bloß verstärkt durch ihre ungnädige Aufnahme in den westlicheren Landesteilen. Wer sich beschwerte, dass nicht alle Leute *illegal* Juden in ihren Häusern untergebracht haben, bekommt Futter zum Nachdenken, wenn man hört, dass sie noch nicht einmal bereit sind, *legal* Deutsche in ihren Häusern aufzunehmen. Das sagt auch einiges aus über die Erfolge der so gerne beschworenen „nationalsozialistischen Volksgemeinschaft" aus. *My home is my castle,* wie man auf der Insel sagt.

Absage an Sozialismus in Deutschland

Stalin setzt nun vollkommen auf die Zusammenarbeit mit den Alliierten; die Deutschen werden in erster Linie als Objekte der Umerziehung gesehen, denen erst nach einer längeren Phase einer Umgestaltung wieder politische Verantwortung überlassen werden kann. Deutschen Kommunisten in Moskau wird im März 1945 mitgeteilt, dass auf den absehbaren Sieg voraussichtlich eine lange Periode der Besetzung folgen werde. Es könne sogar Jahre dauern, bis wieder deutsche politische Parteien zugelassen würden. Die Aufgabe der antifaschistisch-demokratischen Kräfte sei es daher, in den örtlichen deutschen Verwaltungen, die irgendwann auf Weisung der Alliierten ihre Tätigkeit ausüben könnten, aktiv mitzuarbeiten. Eine kommunistische Partei ist danach zunächst nicht vorgesehen; die Kommunisten in Deutschland sollten daran mitwirken, „sobald deutsche Organisationen zugelassen würden, [...] eine breite antifaschistisch-demokratische Massenorganisation unter dem Namen *Block der kämpferischen Demokratie* zu schaffen". Zur Begründung für diese eingeschränkte Form deutscher Beteiligung wird darauf verwiesen, dass Deutschland keine nennenswerte Widerstandsbewegung hervorgebracht habe und die Einheit der Anti-Hitler-Koalition deshalb Unterpfand des Sieges sei. Wolfgang Leonhard hört im Schulungskurs für die deutschen Emigranten, die nach Hause zurückgeflogen werden sollen, wenn es die Kriegslage bald erlaubt, dass „die Nazis zweifellos versuchen, die Einheit der drei Großmächte zu unterminieren und zwischen ihnen Misstrauen zu säen". Es ist interessant, dass dieser Gedanke so ausgesprochen wird.

Das heißt einerseits, dass sie schon ahnen, dass so ein Versuch der Aufspaltung der Anti-Hitler-Koalition von den Deutschen selbst in Angriff genommen werden könnte, andererseits sind sie so stark ideologisch befangen, dass dieser Versuch nur von den „verfluchten Faschisten“ unternommen werden kann. Von einer Separatentwicklung der sowjetischen Zone ist in Moskau auf jeden Fall mit keinem Wort die Rede; stattdessen wird wenig später für die Westzonen festgehalten, dass die KPD da ihren Namen in Sozialistische Einheitspartei abändern und eine Bodenreform mit Volksbegehren vorangebracht werden solle.[12]

Stalin bleibt seinerseits der Linie aus der zweiten Hälfte der 30er Jahre treu: Sozialismus oder später Kommunismus gibt es nur in einem Land, in seinem Land, und das ist die Sowjetunion. Da haben Emigranten aus dem Dritten Reich wie Wilhelm Pieck oder Walter Ulbricht aber Kreide gefressen, dass sie in Moskau ihre Träume vom Sozialismus für sich behalten haben. Wenn sie nicht wie Trotzki mit einem Loch im Kopf enden wollen, halten sie sich wohl besser an die Moskauer Vorgabe und spielen Demokratie. Wie viele Kommunisten aus jenem *trotzkistisch-sinowjewschen Block* hatte Stalin wegmetzeln lassen, die den Sozialismus für ihre Länder trotzdem erzwingen wollten? Dass der rauhbeinige Vorkämpfer gegen Trotzkis oder besser gesagt Lenins Weltrevolution Jossif W. Stalin die Kommunistische Partei in Deutschland am liebsten nicht wieder zulassen will, deckt sich mit den Richtlinien für übereifrige Kommunisten anderswo. Auch den tschechoslowakischen Kommunistenführern wurde vor der Rückkehr aus Moskau in die Heimat Ende ’44 eingeschärft: „Die Frage der Sowjetisierung ist nicht zu stellen.“ So hat sich das der frühere Generalsekretär der Komintern Georgi Dimitroff am 6. Dezember ’44 in seine Aufzeichnungen geschrieben. Die Komintern musste ja auch schon 1943 wieder aufgelöst werden. Geradezu flapsig war Stalins Begründung dafür, warum die Frage einer Sowjetisierung nicht zu stellen ist: „Das ist nicht eine so leichte Sache wie manche denken.“ Davon können viele im Reich des Guten ein traurig Lied singen. Der Generalsekretär der bulgarischen kommunistischen Partei Traitschko Kostoff erklärt im März ’45 vor dem Zentralkomitee seiner Partei, dass ein „Versuch der Errichtung der Sowjetmacht“ beim Einmarsch der Roten Armee in seinem Heimatland im Herbst 1944 „für uns und für die Sowjetunion große Schwierigkeiten geschaffen hätte“ und dass er „vom Kommando der Roten Armee nicht gebilligt worden wäre.“[13] Warten wir einmal ab, welche Satzfetzen bezahlte Historiker vielleicht in den Archiven finden wollen werden und ob sie damit nicht bis nach dem Ende des Kalten Krieges warten. Dieses Fragment hier bleibt bestimmt noch lange im staubigen Archiv. Letzten Endes erfinden die Historiker ja keine Quellen. Sie suchen sich bloß die Bruchstücke zusammen, die ihre *wissenschaftlichen oder ideologischen Thesen* stützen.

Im Entwurf für die Kapitulationsurkunde gibt sich Stalin sehr rasch mit einer Formulierung zufrieden, die Zweifel an Aufteilungsabsichten der Alliierten zulässt. Als die britische Delegation im *Dismemberment Committee*, das in Jalta gebildet wurde, den Richtlinienentwurf vorlegte, der die Aufteilung nur noch als eine Möglichkeit unter anderen bezeichnete, die ergriffen werden könnte, „falls nötig“, stimmt Moskaus Vertreter in der *European Advisory Commission* Fjodor Gusew dieser Formulierung nach Rücksprache mit Moskau am 28. März '45 zu. Er begründet dieses wie folgt: „Die sowjetische Regierung versteht den Beschluss der Krim-Konferenz in der Frage der Aufteilung Deutschlands nicht als eine unbedingte Verpflichtung, sondern nur als eine Möglichkeit, um auf Deutschland Druck auszuüben, falls sich andere Mittel nicht als wirksam genug erweisen, dieses Land unschädlich zu machen.“[14]

Der lange Schatten des Staatsstreichs vom 20. Juli

Wenn es sich im Sommer 1944 nur um ein Attentat gehandelt hätte, bestünde für die strammen Nationalsozialisten jetzt überhaupt kein Handlungsbedarf mehr, da der Übeltäter umgehend erschossen worden war. Da es jedoch um einen Umsturzversuch ging, wird weiter ermittelt – als stünden die sowjetischen Truppen nicht schon wenige Kilometer vor der Reichshauptstadt. Als im Februar alliierte Flieger erneut die Stadt Berlin bombardieren, werden die Gefangenen aus der Berliner Prinz-Albrecht-Straße in andere Haftanstalten im schrumpfenden Reichsgebiet verteilt. Die ranghöchsten Vertreter des Widerstands, Hans Oster und Wilhelm Canaris werden in das KZ Flossenbürg in der Oberpfalz verbracht. Dort wird die „verschärfte Vernehmung" fortgesetzt. Bei Canaris kommen die Experten noch immer nicht weiter – bis ihnen seine persönlichen Tagebücher in ihre Hände fallen. Für den Nachmittag des 8. April 1945 wird ein Standgericht einberufen. Canaris und Oster müssen gemeinsam erscheinen. Man will sie wohl bewusst miteinander konfrontieren. Canaris weigert sich seit Monaten aufzugeben. Er bestreitet jeden einzelnen Anklagepunkt und behauptet, er habe die Verschwörer lediglich gewähren lassen, um sie einfach besser überwachen zu können. Was auch immer Hans Oster reiten mag – er widerspricht seinem früheren Vorgesetzten und hält dagegen, dass Wilhelm Canaris in alles, was die Verschwörer je unternommen haben, involviert war. Es gibt noch einen heftigen Wortwechsel, dann fragt der Richter seinen Angeklagten Canaris schlicht, ob Oster ihn zu Unrecht belaste. Canaris schweigt einen Moment und antwortet dann: „Nein." Es bedarf jedoch nicht mehr dieses Geständnisses. Das Urteil war schon Tage zuvor „von oben" festgelegt worden. Es war die Todesstrafe für beide. Die letzte Botschaft, die Wilhelm Canaris dem Zellennachbarn, einem dänischen Geheimdienstoffizier, auf der Grundlage eines modifizierten Morsesystems zukommen lässt, sind die Worte: „Nase gebrochen. Meine Zeit ist um. War kein Landesverräter. Habe als Deutscher meine Pflicht getan."[15]

Ende und Anfang

Im Frühjahr rückt allmählich ein Ende des *zweiten* Weltkriegs in einem Jahrhundert in greifbare Nähe. Die Agentenkollegen rund um Reinhard Gehlen haben fünfzig wasserdichte Kisten mit Geheimdienstmaterial gefüllt und transportieren sie nun nach Süddeutschland.[16] Gehlen wird am 9. April nach seiner Feindlagebeurteilung, die der General der Infanterie Krebs vorträgt, von seinem Posten enthoben. Hitler bezeichnet sie erregt als „völlig idiotisch" und defaitistisch. Es ist aber auch nicht leicht, sich an die neue Lage zu gewöhnen. Standen Hitlers Bataillone nicht kürzlich noch an den Gestaden des Atlantik, der Wolga und am Mittelmeer? Nun kann sich Gehlen mit Schwung in seine neue Aufgabe stürzen. Er selbst befindet, so aussichtslos und widersinnig es im Frühjahr 1945 auch erscheint, müsse der Versuch gemacht werden, wenn möglich ohne große Unterbrechung den Kern für einen neuen deutschen Nachrichtendienst zu schaffen. Mein Vorschlag wäre, ihn einfach *Bundesnachrichtendienst* zu nennen. Die Personallage erlaube das, wenn man sofort nach Kriegsende anknüpfen könne und einen Personalstamm aus den bisher verfügbaren Nachrichtenleuten und bewährten Mitarbeitern zusammenstelle. Es fällt auf, dass er das nicht davon abhängig macht, welche Staatsform oder was für eine Regierung Deutschland nach dem Krieg haben könnte. Mut macht Gehlen, dass ihm im Februar 1945 eine Lagebeurteilung des britischen Premierministers Winston Churchill in die Hände geriet, die versuchte, das verbliebene militärische Potential der Roten Armee abzuschätzen, vermutlich schon in Vorbereitung der *Operation Unthinkable*, die kurz nach dem Sieg der Sowjets über die Wehrmacht starten soll. In der Analyse wird deutlich, dass sie allen Respekt vor der Verteidigungsfähigkeit der Sowjetunion haben – auch oder gerade nach den Kämpfen der letzten Jahre. Das Papier lässt Gehlen annehmen, dass die Briten die vorherrschende positive Sicht der Amerikaner auf Stalins *Empire* durchaus nicht teilen. Das bedeutet für ihn, dass seine Männer jetzt vor allem einen Umschwung der amerikanischen Lagebeurteilung herbeizuführen haben. Auch dort muss sich die Sicht durchsetzen, dass die Sowjets eine Bedrohung für den Westen darstellen und dass „ohne die Deutschen die

Verteidigung Europas unmöglich“ sei. Gelingt das, ist auch ein Interesse an der Nutzung des nachrichtendienstlichen Potentials zu erwarten, das seine Abteilung Fremde Heere Ost nun einmal zu bieten hat.[17]

Diese sowjetfreundliche Stimmung in führenden Kreisen in *America* hat natürlich Namen. Da sind Owen Lattimore, den der Präsident Roosevelt für den besten Experten der sowjetisch-chinesischen Beziehungen hält; Roosevelt sieht große Entwicklungschancen für die amerikanische Westküste, wenn China sich nach der absehbaren Niederlage des japanischen Kaiserreichs wirtschaftlich entwickelt; ebenso der Vizepräsident Henry A. Wallace, der Verantwortliche für die Auslandswirtschaftsverwaltung der USA und Hauptverbindungsoffizier der Washingtoner Abteilung Belieferung der Sowjetunion John Hazard oder zum Beispiel der Chef des Amtes für fernöstliche Angelegenheiten John Carter Vincent. Daneben wären noch viele weitere Politiker und Journalisten zu erwähnen.[18] Dies bedeutet in der Rückschau auf die Jahre seit dem Amtsantritt Roosevelt, dass sich Amerikaner und Briten bloß einig waren bei der Ausschaltung des exportstarken Konkurrenten Deutschland. Mit dem rohstoffreichen Sibirien und dem restlichen Russland will Amerika Geschäfte machen.

Kommt Hitler vor ein internationales Gericht?

Um es hier gleich vorwegzunehmen: Nein, der Führer kommt vor keine Art von Tribunal in dieser Welt. Wobei es Träume dieser Art ja schon im Jahre 1938 in Deutschland gegeben hatte. Sie erinnern sich sicher, dass die Chefetage in London das damals vereitelt hatte. Einer wasserdichten juristischen Aufarbeitung des Werdeganges Adolf Hitlers stand Winston Churchill noch 1943 reserviert gegenüber und zog Strafprozesse bloß für nachgeordnete Täter und klassische Kriegsverbrechen in Betracht. Wem will er denn gestatten, einem Politiker zu lauschen, der nach dem Antritt als Reichskanzler so viele unendlich peinliche Gespräche mit führenden Politikern aus London und vielen Geschäftsleuten aus *good old England* geführt hat? Seit dem Sommer 1943 liegen nun schon verschiedene Vorschläge auf dem Tisch, von denen der Plan des Premiers seiner Majestät George VI. wegen seiner besonderen Radikalität hervorsticht. Premierminister Churchill ist der Meinung, man solle die NS-Führung gar nicht in den Genuss eines förmlichen Rechtsverfahrens kommen lassen; man solle sie einfach zu *outlaws*, also zu Vogelfreien erklären, wie dies schon im mittelalterlichen Britannien im Umgang mit gewöhnlichen Banditen der Fall gewesen war. Keine Ahnung, wie sich das unter Umständen mit der Rechtsprechung im zwanzigsten Jahrhundert verträgt. Andererseits macht die Königliche Luftwaffe auch keinen Versuch, die Neue Reichskanzlei in Berlin oder den Berghof in den Alpen zu bombardieren, Orte, an denen man mit etwas geheimdienstlicher Recherche den Führer der Nationalsozialisten tödlich treffen kann. Bei kulturhistorisch wertvollen Gebäuden hat man diese Hemmungen auf jeden Fall nicht. Nach jenem Plan hätte jeder Armeeangehörige vom Range eines Generalmajors aufwärts das Recht, Führungspersönlichkeiten des Dritten Reichs nach der Identitätsfeststellung auf der Stelle zu erschießen. Churchill hat da einen relativ übersichtlichen Kreis von 50 bis 100 deutschen, italienischen und japanischen Hauptkriegsverbrechern im Auge. Der wilde Plan stieß auf rechtliche Bedenken und die Erstellung einer entsprechenden Liste war praktisch undurchführbar, wie es hieß. Doch der Mann mit der Zigarre hat einen langen Atem. Jetzt ist er dabei, schon einen zweiten Weltkrieg für George VI. zu gewinnen. Immer wieder propagiert er seine Idee den Alliierten gegenüber. Ein kleiner Erfolg war ihm beschieden, als die drei Hauptalliierten im Oktober 1943 am Ende der Moskauer Konferenz der Außenminister eine Erklärung verabschiedeten, in der sie sich einigten, alle Kriegsverbrecher ausfindig zu machen und jenen Ländern zur Aburteilung zu übergeben, in denen sie ihre Verbrechen begangen haben. Es ist ausgerechnet Jossif Wissarjonowitsch Dschugaschwili alias Stalin im grauen Moskau, der den Londoner Plan der kalten Hinrichtung während eines Staatsbesuchs von Churchill und Eden im Oktober 1944 erdet und stattdessen ein großes internationales Gericht gegen die NS-Führung in Berlin in die Diskussion einführt. Als es langsam mit der Zeit etwas eng wird, ordnet Churchill an, auch einmal das Führersperrgebiet Obersalzberg zu bombardieren. Weiß er, wo Hitler jetzt ist? Will er Lotto spielen, um den Führer noch rechtzeitig zu erledigen, oder soll der Ort nicht zum Wallfahrtsort werden? Auf jeden Fall greifen viermotorige Bomber vom *RAF Bomber Command am 25. April 1945* doch noch den Berghof an.[19]

Selbstbefreiung in der Diktatur?

Schauen wir uns aus aktuellem Anlass wieder einmal in Oberbayern um. Auch in Penzberg sind es die Leute längst müde, immer noch die Reden vom kommenden Endsieg zu hören. Es ist ohnehin schon alles schlimm genug. Der Nationalsozialismus hatte in den ersten sechs Jahren bei der Arbeiterschaft in der Stadt nicht gefruchtet und als in den letzten sechs Jahren der Krieg über Europa hinwegtobte, lief die Nummer gleich gar nicht mehr. Das hatte schwach angefangen und stark nachgelassen. Sie können sich vielleicht auch noch an den Aufstand der Penzberger vor elf Jahren erinnern. Bis 1934 haben sie ihr Städtchen gegen die Herrschaft der Nazis verteidigt. Die „Freiheitsaktion Bayern" verbreitet am frühen Morgen des 28. April '45 über den Rundfunk das Ende des Krieges. Voreilig heißt es, sie habe die Macht übernommen und rufe die Bevölkerung auf, die Produktionsanlagen vor Ort vor der Zerstörung zu bewahren. Es gilt ja der Nero-Befehl vom 19. März 1945, nach dem die Deutschen die Reste des Reichs ohne ausländische Hilfe zu zerstören haben. Da riskiert der sozialdemokratische Bürgermeister der Zeit vor '33 Hans Rummer, der die Geschicke dieser Stadt nach 1919 schon einmal gelenkt hatte, an diesem Morgen in Begleitung von Sozialdemokraten und Kommunisten auch in Penzberg die Macht im Rathaus wieder zu übernehmen und das Bergwerk vor der geplanten Zerstörung zu schützen. Eine Abteilung der Wehrmacht beendet diesen Aufstand und am selben Nachmittag werden sechs Männer erschossen. Gegen Abend zieht ein Werwolfkommando in die Stadt, das der Gauleiter Giesler aus München zu einem Vergeltungsakt für den Aufstand der Freiheitsaktion Bayern geschickt hat. Während der Nacht ziehen Werwolfgruppen durch die Stadt um „Verschwörer" zu verhaften und durch Hängen umzubringen. Flucht, Verfolgung, Schüsse, Motorlärm zum Übertönen der Schreie hören viele Penzberger zu Hause hinter geschlossenen Läden – es herrscht strikte Ausgangssperre. Jeder ist isoliert. Es ist eine Terroraktion, die die Leute einschüchtern soll. Ihr fallen 10 Männer und Frauen zum Opfer; viele können noch rechtzeitig flüchten. Beim Kirchgang am nächsten Morgen, es ist ein Sonntag, entdeckt man die aufgeknüpften Leute in den Bäumen.[20]

Die Militärs um Gehlen setzen sich in Marsch

Um das nötige Schlüsselpersonal für die spätere Arbeit sicherzustellen, bildet man drei Gruppen, die sich an drei vorbereiteten Punkten in den Alpen so lange aufhalten sollen, bis das große Durcheinander, das beim Kriegsende zu erwarten ist, in einigermaßen überschaubare Verhältnisse übergegangen ist. Dabei rechnet Gehlen mit etwa drei Wochen. Danach sollen sich die Gruppen bei der nächsten amerikanischen Ortskommandantur melden und sich in Gefangenschaft begeben. Da zu erwarten ist, dass die Amerikaner versuchen werden, dieses Ic-Personal mit längerer Erfahrung in eigener Regie selbst einzusetzen, werden die Gruppen angewiesen, sich auf keinen Fall zur Mitarbeit bereitzuerklären, bevor man den schriftlichen Befehl von Gehlen persönlich erhalten hat. Da wird er sicherlich so ein Erkennungszeichen mit ihnen vereinbaren. Gehlen sagt dazu im Rückblick: „Am 28. April 1945 begann das große Abenteuer. Ich brach auf, um den östlichsten unserer Sammelpunkte, Fritz am Sand in der Nähe von Reit im Winkel, zu erreichen." Und Vorsicht ist die Mutter der Porzellankiste, wie Sie ja wissen: „Ich selbst entschloss mich, da zu viele Persönlichkeiten wussten, dass ich in Fritz am Sand bleiben wollte, sicherheitshalber zum westlichsten unserer Stützpunkte, der Elendsalm, überzuwechseln."[21]

Der Führer des Großdeutschen Reiches hat fertig

Wer den Führer am 30. April '45 sieht, erlebt eine gespenstische Szene. Die jahrelange Selbsttäuschung, sein Jonglieren mit technischen Daten selbst noch nach schwersten Niederlagen und nach dem Rückzug ganzer Armeen endet erst, als er plötzlich bemerkt, dass er einer Armee Befehle gibt, die überhaupt nicht mehr existiert. Zwei Stunden lang schaut unser Staats- und Parteichef in völligem Schweigen vor einer Karte im Bunker der Reichskanzlei verstört ins Leere. Danach gibt er auf. Er überlässt die von ihm Geführten ihrem Schicksal und bringt sich um. Wer daraus den Film seines Lebens machen will, braucht ein spannendes Drehbuch.[22]

Eine Ära geht zu Ende und ihr großer Exponent nimmt sich das Leben. Es ist eine Zeit, in der unzählige Menschen den Wunsch hatten, ihn umzubringen, was leicht nachvollziehbar ist. Viele hindert ja auch bloß ihre christliche Kinderstube an solchen bitteren Gedanken. Wer zählt all die Attentate, die auf ihn verübt wurden? Gab es 36 oder waren es 46 solche Versuche?[23] Das muss dem Führer in den Keller erst einmal einer nachmachen. In dieser Größenordnung dürfte sich noch kein Herrscher beim Volk unbeliebt gemacht haben, und es war nicht so einfach, Gelegenheit zu einem Attentat zu bekommen. Sicher hat er oft sein kurzes Bad in der Menge genommen, aber er kam normalerweise überraschend – und wer trägt schon täglich ein Schießeisen mit sich herum? Mit seinem Freitod hat sich dieses Problem im Handumdrehen von selbst erledigt und auch im Ausland stößt seine Aktion auf positive Resonanz.

Über London hängt jetzt endlich nicht mehr das Damoklesschwert eines aussagebereiten Angeklagten Hitler, der die ehrenwerten Saubermänner im Westen entlarven kann, lange bevor irgendwelche Archive nach dem Tod der Enkel einmal geöffnet werden. Bis Ende April hat das Londoner Kriegskabinett jenes von Stalin und Truman favorisierte internationale Tribunal gegen die NS-Staatsführung auf das Schärfste abgelehnt. Jetzt kommt die Wende: Als der amerikanische Richter Samuel Rosenmann bloß wenige Tage später zu der Gründungsversammlung der Vereinten Nationen fährt, um den Außenministern von London und Moskau, Eden und Molotov, den US-amerikanischen Entwurf für eine alliierte Vereinbarung über die Errichtung eines internationalen Gerichtshofes zur Aburteilung der deutschen Haupttäter vorzustellen, lenkt Londons Delegation plötzlich und unerwartet ein und stimmt in allen Punkten zu. Entsprechende Instruktionen waren dem Außenminister nur Stunden zuvor aus London zugekabelt worden. Es ist Anthony Eden nicht zu peinlich, den plötzlichen Sinneswandel mit dem Tod von Hitler und Goebbels zu erklären. Ja, Goebbels hätte sich vor Gericht auch nicht die Butter vom Brot nehmen lassen. *Er* hatte die Artikel aus dem Westen noch auf dem Tisch, die 1933 den Anlass für den eintägigen Boykott von jüdischen Geschäften boten. Und er konnte ihnen unter die Nase reiben, dass 1938 in

Évian-les-Bains von über 30 Ländern nur die Dominikanische Republik bereit war, Juden aus Deutschland aufzunehmen – die Vereinigten USA und das Vereinigte Königreich auf jeden Fall nicht.[24] Auf der Insel durfte ein Emigrant Hitlers Innenpolitik bis 1939 nicht mal kritisieren.

Nach dem Staatsstreichversuch ist anstelle des militärischen Grußes der Hitler-Gruß auch für die Wehrmacht befohlen worden. Diese Vorschrift, die vorher lediglich für die Waffen-SS gültig war, sollte die Wehrmacht demütigen. Wie erinnert sich beispielsweise der Gefreite Hans-Dietrich Genscher* an jenen Tagesbefehl des Oberbefehlshabers der frischen 12. Armee, die Berlin retten soll, Walther Wenck, aus Anlass des Todes von Adolf Hitler? „Soldaten der 12. Armee! Der Führer ist tot. Von heute an wird die Ehrenbezeigung wieder durch Anlegen der rechten Hand an die Kopfbedeckung erwiesen. Wenck, General der Panzertruppen." Speziell fällt Genscher der Unterschied in Tonart und Inhalt der knappen Worte auf gegen jenen schwülstigen Tagesbefehl des Großadmirals Dönitz, den Hitler zu seinem Nachfolger als Staatsoberhaupt bestimmt hatte. Viele Jahre danach äußert er zu Wenck bei einem Essen, das Thomas Dehler gibt: „Sie haben mit zwei Sätzen mehr gesagt als zahllose Leitartikler in ihrem ganzen Leben." Im Stab des Generals befindet sich übrigens der Offizier Knut Freiherr von Kühlmann-Stumm. Auch für Genscher* und Kühlmann-Stumm* könnte gelten: Man sieht sich im Leben zweimal.[25]

Wäre der Anschlag auf Hitler im Juli 1944 gelungen, könnte die andere Hälfte der deutschen Opfer des Krieges immer noch leben. Folgerichtig kursieren in der Bevölkerung inzwischen Witze über eine zu erwartende Absetzbewegung der Nazis: Die NSDAP hat eine neue Werbeaktion begonnen. Wer drei neue Mitglieder wirbt, darf sein Parteiabzeichen unter dem Rockaufschlag tragen. Wer fünf neue Mitglieder wirbt, wird aus der Mitgliederliste gestrichen. Wer aber zehn neue Mitglieder heranholt, erhält eine Bescheinigung, dass er der Partei nie angehört hat.[26]

Der Generalstabschef der Jahre 1938 bis 1942 Franz Halder, der bereits Monate vor dem Krieg und im Krieg gegen ihn putschen will und davor immer wieder zurückschreckt, erinnert sich mit Grausen an Hitlers Vorstellungen vom deutschen Volke: „Das Land, das ihn nicht zum Siege zu tragen vermochte, sich seiner Größe nicht würdig erwiesen hatte, sollte zugrunde gehen. Das sind keine Verzweiflungsgedanken, kein ohnmächtiger Groll im Augenblick des Versinkens." Wann hat Halder das zuerst mitbekommen? „Das sind Gedanken, die er schon früher in voller Ruhe und Klarheit ausgesprochen hat, schon zu Beginn des Krieges und während des russischen Feldzuges. Ein Deutschland, das nicht siegen konnte, sollte ausgelöscht werden nicht durch die Gewalt der Sieger, sondern durch seinen, des Feldherrn und Diktators Willen! Diese Gedanken wird nur verstehen, wer Hitler persönlich erlebt hat." Und was war sein Bild vom Patriotismus? „Für ihn gab es, als er an der Spitze der Macht stand, kein Deutschland, und wenn er es auch noch so oft im Munde führte; für ihn gab es keine deutsche Truppe, für deren Wohl und Wehe er sich verantwortlich fühlte; für ihn gab es – zu Beginn unbewusst, in den letzten Jahren auch völlig bewusst – nur eine Größe, die sein Leben beherrschte und der seine dämonische Kraft alles geopfert hat: sein eigenes Ich, das er als buchstäbliche Verkörperung an die Stelle des Volkes gestellt hatte, dem er einst zu dienen gelobt hatte."[27]

Für Jossif Stalin im Kreml ist das Thema Deutschland als Gefahrenherd mit dem wenn auch zu spät vorgezogenen Ableben Hitlers kein bisschen vom Tisch. Im Gespräch mit der jugoslawischen Regierungsdelegation, die ihn im April 1945 zur Unterzeichnung des jugoslawisch-sowjetischen Beistandspakts besuchte, bemaß er die Frist für den deutschen Wiederaufstieg sogar noch knapper als vor einem Dreivierteljahr im Gedankenaustausch mit Polens Premierminister S. Mikołajczyk. Den Jugoslawen erklärt der Kreml-Chef: „Sie werden sich wieder erholen, und zwar sehr rasch. Sie sind eine hoch entwickelte Industrienation mit einer äußerst qualifizierten und zahlreichen Arbeiterklasse und einer technischen Intelligentsia. Gebt ihnen zwölf oder fünfzehn Jahre Zeit, und sie werden wieder auf den Beinen stehen."[28]

Auch Amerika soll ordentliche Waffen bekommen

Anfang April wurden die Raketenpioniere rund um Wernher von Braun und den General Walter Dornberger auf Befehl des SS-Chefs von Peenemünde Hans Kammler nach Süddeutschland verlegt. Sie beziehen eine Kaserne in Oberammergau. Später teilt sich diese Gruppe auf, Wernher und sein Bruder Magnus gehen nach Weilheim in Oberbayern. Kurz bevor französische Soldaten in Sonthofen eintreffen, lässt Dornberger den Meister nach Oberjoch bringen, wo die Peenemünder Führungsgruppe im Sporthotel Ingeburg unterkommt. Dort verbringen sie bei schönstem Wetter und guter Verpflegung die letzten Kriegstage. Als Oberbayern in Beschlag genommen wird von amerikanischen Soldaten, kontaktiert der Englisch sprechende Bruder Magnus von Braun die US-Amerikaner, mit deren strategischem Interesse am deutschen Raketen-*know-how* sie fest rechnen können. Die Amerikaner suchen mit *Operation Overcast* selbst bereits nach deutschen Wissenschaftlern, um deren Wissen abschöpfen zu können.[29]

Vom Plan zum Übertritt des „Kollektivs" um den Forscher Manfred von Ardenne zu den Sowjets haben wir ja schon gesprochen. Noch nebulöser erläutert Wernher von Braun, wie er überraschend zu einem Freund und Helfer der Amis mutiert. Unter den gegebenen Umständen wird keiner ernsthaft erwarten, dass sich Wernher von Braun jemals anschickt, befriedigend zu erklären, weshalb er sich für die Fortsetzung seiner Arbeit in den USA entschieden hat. Das wird Manfred von Ardenne auch nicht tun; es wäre ja auch dumm. Was Braun als Verhaftung deklariert, deute ich als Begleitschutz der SS nach Bayern. Dort wartet er, genau wie auch Gehlen, in den Alpen das Ende des Krieges ab, und da passiert das Unerhörte: „Kammler war spurlos verschwunden, und die Kontrolle durch die SS lockerte sich in den letzten Kriegstagen. So konnte der Entschluss fallen, die Kontaktaufnahme mit den Amerikanern zu wagen." So schön können deutsche Märchen sein. Wo ist denn die SS sonst noch nett mit ihren Gefangenen umgegangen? Am 2. Mai 1945 stellt sich Wernher von Braun zusammen mit seinem Wunderwaffen-*Team* den amerikanischen

Streitkräften in Reutte in Tirol. Die Amerikaner lassen im thüringischen Bleicherode einhundert A4-Raketen mitgehen und schaffen mit diesem Brandbeschleuniger die Grundlage des US-amerikanischen Raketenprogramms und den Kalten Krieg. Dabei bleiben sie im guten Glauben, dass sie alleine in den Besitz des ultimativen Drohmittels gelangt sind. Wann werden sie begreifen, dass die andere Hälfte der deutschen Experten zu den Sowjets übergetreten sind und was das bedeutet?[30]

Tage der Befreiung

Je mehr Gebiete in Deutschland von den alliierten Truppen besetzt sind und je kleiner die verbliebene Fläche des Tausendjährigen Reiches wird, desto putziger werden die Witze darüber: Wann ist der Krieg endlich zu Ende? – Die Antwort bezieht sich auf das letzte Aufgebot, das die bösen Geister mit mehr oder weniger leeren Händen verscheuchen soll: Der ist zu Ende, wenn der Berliner Volkssturm mit der S-Bahn zur Front fährt! Und wie ist *der*? Volkssturmmänner über 60 Jahre können vom Dienst befreit werden, wenn sie beweisen, dass ihre Väter an der Front stehen. Oder dieser: Der Volkssturm tritt an. Der Hauptmann ist verhindert und lässt mitteilen, dass er eine Stunde später kommt. Als er dann erscheint, ist aber nur ein Drittel der Kompanie da. Das zweite Drittel holt sich seine Invalidenrente. Das dritte Drittel muss zur Konfirmandenstunde. Es ist einfach blöd, mit Greisen und Kindern in den Krieg ziehen zu wollen. Früher oder später musste das Elend ja vorbei sein. Letzten Endes wird die Kapitulation vor den westlichen Alliierten am 7. Mai 1945 in Reims und am 8. Mai vor der Roten Armee in Berlin unterzeichnet. Nachdem Franklin D. Roosevelt am 12. April verstorben ist, wurde Harry Truman Präsident. Bezüglich der Zusammenarbeit mit Moskau sagt er dann am 8. Mai: „We can build such a peace only by hard, toilsome, painstaking work—by understanding and working with our allies in peace as we have in war." Auf gut Deutsch erklärt Truman euphorisch: „Wir können einen solchen Frieden nur durch harte, mühsame und sorgfältige Arbeit aufbauen – indem wir unsere Verbündeten im Frieden genauso verstehen und mit ihnen zusammenarbeiten, wie wir es im Krieg getan haben.“[31]

Stalin sitzt seinerseits in der Patsche. Seine Armeen stehen siegreich im Deutschen Reich herum – doch er ist weiterhin auf seinem Trip, dass er sich Sozialismus nur in einem Land, nämlich in seinem Lande wünscht. Werden Pappenheimer wie Pieck oder Ulbricht machen, was sie sollen? Zurückkehren zur anstrengenden Demokratie der Weimarer Republik? Wahrscheinlich schießt er sich ins Knie, wenn er sie nach Berlin zurückgehen lässt. Kann er sie abschalten, wenn sie komisch werden?

Manche Regierungsmitglieder im Kreml fürchten die Wiederholung des schnellen wirtschaftlichen Wiederaufstieges Deutschlands wie nach dem Weltkrieg vorher. Dementsprechend war die Idee einer wirtschaftlichen Entwaffnung Deutschlands entwickelt worden, das heißt der Demontage der deutschen Wirtschaft bis zu einem Grad, der Deutschland für Jahre, wenn nicht für immer außerstande setzen würde, seine Rückkehr als ein machtvoller Staat und potentieller Feind zu inszenieren. Im Februar in Jalta hatte der stellvertretende sowjetische Außenminister Maiski einen Reparationsplan vorgelegt, der eine Verminderung der Schwerindustrie Deutschlands um 80 Prozent vorsieht, und das Spezialkomitee des Rats der Volksbeauftragten unter Vizepremier Malenkow requiriert vom Mai 1945 an mit bald 70.000 Mitarbeitern im sowjetischen Besatzungsgebiet Industriegüter und Anlagen aller Art – in großer Eile und ziemlich planlos. Das belegt, dass man in Moskau tatsächlich eine wirtschaftliche Entwaffnung Deutschlands für vordringlich hält und wenig Zutrauen in die Stabilität der Allianz der Siegermächte hat. Sollte sie zerbrechen, bleibt jetzt nur noch die schnelle Ausbeutung des besiegten Kriegsgegners. Der Abtransport der entsprechenden Industrieanlagen muss zügig erfolgen, nämlich solange die Anwesenheit der Roten Armee dies noch erlaubt.[32]

Wenn die Truppe der Verschwörer gegen Hitler nach einer Begründung fahndet, weshalb das Deutsche Reich auf einmal auf Kontinentalplatten auseinanderdriftet, wird ihnen nichts weiter übrigbleiben, als Genossen

Stalin als Hauptverantwortlichen zu brandmarken. Doch für ihn hat das überhaupt keinen Witz. Was will er denn mit dem Gebiet zwischen Harz und der Oder? Wirklich nützlich wäre für ihn nur das Ruhrgebiet und da stehen fremde Armeen. Wenn er seine Armee in Deutschland lässt, wird das Land ein Unruheherd bleiben und die Sowjetunion bekommt keinen Zugang zu den Märkten Westeuropas und Amerikas. Andererseits wird in seiner Zone womöglich doch der Kommunismus ausgerufen und die ganze Quälerei mit dem „trotzkistisch-sinowjewschen Block“ der 1930er Jahre war für die Katz' gewesen. Aus diesem kühlen Grund bietet er im Mai 1945 den Deutschen die nationale Einheit an. Dabei nimmt er jetzt auch keine Rücksicht mehr auf abweichende Meinungen aus dem Kreis der Westmächte. In seiner Siegesansprache erklärt der große Stalin am 9. Mai 1945, die Sowjetunion feiere ihren Sieg, „auch wenn sie sich nicht anschickt, Deutschland zu zerstückeln oder zu vernichten“. Die Ansage auf dem Roten Platz erdet zugleich die angelsächsischen Vorstellungen von einer bedingungslosen Kapitulation. Wenn die Westmächte das jetzt noch anstreben, treiben sie ganz Deutschland in die Arme Moskaus, und das ist das Letzte, was in ihrem Interesse liegt. Halford John Mackinder hatte 1904 in die englische Außenpolitik den Leitgedanken eingebracht, dass die Weltherrschaft bloß zu erreichen ist, wenn es gelingt, Russland und Deutschland feinsäuberlich voneinander zu trennen.[33]

Wenn man unter Millionen einen Menschen auswählt, der seine eigenen Gedanken über diese Zeit darlegen darf, kann das nur ungerecht sein, da es andere gibt, die das alles ganz anders erleben. Von einer Frau, die von einer russischen Kampfmaschine vergewaltigt wurde, wird niemand ein gutes Wort über die Russen erwarten, und von einem Kriegsgefangenen, den die Amerikaner aushungern lassen wie zum Beispiel den 16-jährigen Wolfgang Leube in Thüringen und andere auf den Rheinwiesen, braucht kein Mensch extrafreundliche Erinnerungen zu erhoffen. Aber nehmen wir Egon Krenz, der '37 geboren war: „Auch ich erbte zu meiner Zeit ein Stück Geschichte. Kein gutes. Es war die Zeit des bald heraufziehenden faschistischen Raubkrieges. Als ich verstehen lernte, war der Krieg aus. Die Leute schlugen sich auf die eine oder andere Seite der Nachkriegsparteien. Man konnte 1945 die Russen hassen, wenn man nicht gründlich genug das Hakenkreuz aus dem Schädel bekam. Ich hatte Glück. Ein Russe rettete mir das Leben, gab mir Fallschirmseide für Hemden und Kastenbrot für den größten Hunger. Auf denkwürdige Weise ersetzte er mir den im Krieg vermissten Vater, wohl deshalb, weil auch er tausend Kilometer entfernt einen Sohn hatte." Es lohnt sich, seinen Gedanken zu folgen, weil das manches erklären kann: „Keine Indoktrination, sondern Kindheitserinnerungen trieben mich den Russen in die Arme und weckten irgendwann die Neugier auf die Sowjetunion. Sie standen am Anfang eines tiefen freundschaftlichen Gefühls, das sich bei mir auch mit wachsenden Funktionen nie verbürokratisiert hat."[34]

Lassen wir auch Helmut Schmidt, der 1918 geboren war, einmal zu Wort kommen: „1941 in Russland hatte ich gelernt, mich innerlich auf Gott zu verlassen. Dabei blieb es auch während der weiteren Kriegsjahre, vor allem wenn die Angst kam. Aber wir hatten mit einem Übermaß an Angst zu leben: Angst vor russischer Gefangenschaft, Angst vor Verschüttung im Keller, Angst vor Aufdeckung der Abstammung, denn mein Großvater väterlicherseits war Jude, Angst vor einem Kriegsgerichtsverfahren, Angst vor der Gestapo und dem Volksgerichtshof, die ich als einheitliche Organisation erlebt hatte." Er fügte hinzu: „Auch die Angst vor dem Tod hat eine große Rolle gespielt; man hoffte nur, er ginge schnell vor sich. – Das alles war jetzt im Mai 1945, Gott sei Dank, zu Ende!"[35]

Der amerikanische Diplomat George F. Kennan erlebt den 10. Mai 1945 im guten alten Moskau. Diese Stadt ist von einer Feiertagsstimmung gepackt, deren überschäumende Begeisterung die sonst gewohnten Gebote der Disziplin hinwegschwemmt. Natürlich zeigen sie die amerikanische Flagge von ihrem kombinierten Kanzlei- und Wohngebäude im Zentrum der Stadt. Von dem Hotel National, das Wand an Wand mit ihrem Haus steht, wehen die Fahnen der Verbündeten, deren Vertreter in der sowjetischen Hauptstadt keine eigene Bleibe gefunden haben. Nun müssen sie ihre amtlichen Geschäfte immer noch vom Hotelzimmer aus besorgen – wie es auch die Amerikaner selbst 1934 einige Monate lang tun mussten.

Am Vormittag marschieren Gruppen junger Leute, vielleicht Studenten, singend und fahnenschwenkend die Straßen entlang, sehen die Flaggen der Alliierten am Hotel National und brechen in herzliche Hochrufe aus. Als sie dann hinter dem Hotel das Sternenbanner entdecken, sieht man in den Gesichtern und Gesten der meisten von ihnen Überraschung und Entzücken; sie stoppen den Vorbeimarsch, stellen sich vor dem Gebäude der Botschaft auf und demonstrieren in einem wahren Taumel der Begeisterung ihre freundschaftlichen Gefühle. Der Platz vor dem Gebäude ist geräumig – er fasst gut und gerne zweihundertausend Menschen – und bald haben sich Tausende weitere Moskauer hinzugesellt, die in die Hurras einstimmen und winken und keine Lust haben, weiterzuziehen. Die Amerikaner bewegt und freut dies Zeichen der Volksstimmung, nur wissen sie nicht so recht, wie sie darauf reagieren sollen. Zeigt sich einer von ihnen unten auf der Straße, wird er auf der Stelle gepackt, begeistert in die Luft geworfen und von Hand zu Hand über den Köpfen der Menge weitergereicht, bis er sich dann irgendwo am äußeren Rand des wonnetrunkenen Durcheinanders verliert. Kaum einer von ihnen ist unbedingt erpicht auf ein Erlebnis dieser Art, deshalb versammeln sie sich auf den Balkonen und winken, was die Arme hergeben. Zur Erwiderung schickt Kennan einen Botschaftsmitarbeiter über das Dach zum Hotel National; er besorgt eine sowjetische Fahne, die sie neben die eigene hängen. Das veranlasst die Menge erneut zu Jubelrufen. Aber auch das scheint nicht genug. Als Geschäftsträger – der Botschafter ist außer Landes – fühlt er sich verpflichtet, Worte der Dankbarkeit zu sprechen. Die Balkone sind zu hoch, als dass man ihn verstehen würde, wenn er von da aus spräche; so steigt er hinunter ins Hochparterre und klettert auf den Sockel einer der großen Säulen, die die Fassade dieses Gebäudes schmücken. Einige andere kommen noch mit, darunter ein Sergeant der US-Militärmission in Uniform, der wohl eigentlich Pastor ist. Ihr Erscheinen löst eine neue Woge der Begeisterung aus. Die Polizei, die die Leute bis eben noch von den Mauern des Gebäudes ferngehalten hatte, sowie ein Partei-Agitator, der offensichtlich ausgeschickt worden war, um sich zu einem Sprecher der Leute zu machen und sie zum Weitergehen zu bewegen, werden gutmütig beiseite gedrängt, und die Menge schiebt sich über das kleine Geländer am Bürgersteig in den Vorgarten und umdrängt den Sockel. Der Geschäftsträger der Botschaft brüllt auf Russisch: „Wir gratulieren zum Tag des Sieges. Ruhm und Ehre unsern sowjetischen Verbündeten!" – was ihm das Äußerste dessen scheint, was er sagen kann. Die Leute auf dem Platz toben vor Freude und heben einen sowjetischen Soldaten so hoch, dass er den Sockel erreichen kann. Er zieht sich hinauf, küsst und umarmt den verdutzten Sergeanten und reißt ihn erbarmungslos in die ausgestreckten Arme der Menge. Dort schaukelt er hilflos in einem Meer von Händen und entschwindet bald ihren Blicken. Erst am nächsten Tag kommt der gute Mann zurück. Kennan selbst glückt die Flucht zurück in das Haus. Bis spät in den Abend verharrt die Menge winkend und hochrufend vor dem Haus. Der amerikanische Diplomat weiß nicht so recht, was er vom Ausgang des Krieges halten soll. Dass ihn diese neue Lage in Europa in besondere Hochstimmung versetzt, kann er nicht behaupten. Genau wie alle andern ist er einfach nur froh darüber, dass das Blutvergießen und die Zerstörungen aufhören. Er hatte nie bezweifelt, dass man den deutschen Nazismus restlos vernichten müsse. Doch die Umstände, unter denen der Krieg zu Ende geht, sind wenig tröstlich. Er selbst kann sich eine Drei-Mächte-Zusammenarbeit bei der Regierung Deutschlands nicht vorstellen. Während *America* den Genossen Stalin als *„Uncle Joe"* feiert, hat er die trübselige Stimmung aus den Jahren der Schauprozesse noch in Erinnerung. Er kann nur den Kopf darüber schütteln, dass man in *America* die „Pläne nach wie vor auf solchen Träumen" aufbaut, denn realistische Pläne hat man nicht, und auch mit den Briten haben sie sich noch „nicht hinlänglich über eine konstruktive Neuordnung in Deutschland verständigt". Dies würde ihm als das einzige Mittel erscheinen, um den politischen Druck aufzufangen, den er von den Kommunisten jeder Herkunft erwartet. Bei ihm kommt alles in einen Topf: „Mittlerweile erreichte uns eine deprimierende Vielzahl von Berichten über die wilden Rohheiten und Scheußlichkeiten, die ein Teil der sowjetischen Truppen – wohl nicht so sehr die Kampftruppen selbst, sondern mehr die nachrückenden Verbände – beim Einzug in Deutschland und in die von den Deutschen befreiten Gebiete verübten. Manchmal waren es anständige Angehörige der sowjetischen Streitkräfte selbst, die davon erzählten und sich von dem Benehmen ihrer Kameraden angewidert zeigten. War das, fragte ich mich, die Sorte Sieg, die wir erträumt hatten?“ Kennan denkt darüber nach, ob nicht der hohe Preis einen großen Teil des Sieges auch wieder fragwürdig mache.[36]

Für die amerikanische Schwerindustrie geht eine wunderschöne Zeit zu Ende. Noch nie haben US-Konzerne in so kurzer Zeit so viel verdient wie im Zweiten Weltkrieg – und sie haben die Ausgangslage für ihre globale Expansion geschaffen. Ihre Vertreter, diesmal in Uniform, werden jetzt auch das wesentliche Personal in der US-Militärverwaltung im besetzten West-Deutschland und im Marshallplan stellen. Auch Vertreter der *Wall Street* ziehen nun *verkleidet* als Soldaten in den Alliierten Kontrollrat in Deutschland ein. Louis Douglas zum Beispiel wird unter Lucius D. Clay Leiter der Finanzabteilung; in den USA war Douglas Direktor des unter der Kontrolle der Bank J. P. Morgan stehenden Unternehmens General Motors und Präsident der Mutual Life Insurance. Welche Rolle wird der gute Mann spielen, wenn Opel und somit die deutsche Tochterfirma der General Motors, Hitlers größter Produzent von LKWs war? Zum Leiter der Wirtschaftsabteilung des Kontrollrates wird William Draper. Der ist ein Partner der Firma Dillon, Read & Co., die sich zwischen den Kriegen mit dem Aufbau der Rüstungsindustrie in Deutschland unsterblich peinlich gemacht hatte. Auch Edward S. Zdunke wird in den Kontrollrat berufen. Vor diesem Krieg war er Leiter der General Motors in Antwerpen, die zur Überwachung der *Engineering Section* des Kontrollrats ernannt wird. Die Personalauswahl trifft der Richtige: Es ist Colonel Graeme K. Howard, der einstige Repräsentant der General Motors in Deutschland. Niemanden wird jetzt noch in Erstaunen versetzen können, dass er, als der Krieg noch lief, wie er laufen sollte, ein Buch verfasste, das totalitäre Praktiken gelobt und Hitlers Rundumschlag im guten alten Europa gerechtfertigt hat.[37] Hoffentlich schreiben sie einst in die Geschichtsbücher nicht nur die militärischen Ränge und die Namen dieser Herren.

Bloß Unbedarfte können sich über die Ungereimtheiten wundern. Kurz nachdem die amerikanischen Truppen in der total zerstörten Stadt Köln den Rhein erreichen, fährt James Stewart Martin am Westufer entlang – und sieht die unbeschädigten Fabriken der IG Farben in Leverkusen auf der anderen Seite des Flusses. Der Fahrer des Jeeps, der nichts über den Auftrag dieses James Stewart Martin in Deutschland weiß, fängt an, ihm „einen Vortrag über die IG Farben zu halten und den Kontrast zwischen der zerbombten Stadt Köln und dem Dreiergespann der unbeschädigten Fabriken in ihren Außenbezirken herauszustellen: die Fordschen Werke sowie die United-Rayon-Werke am Westufer und die IG-Farben-Fabrik am Ostufer.“[38] Wenn Sie später Bilder aus den Konzentrationslagern der Nazis sehen, wissen Sie, dass Ihnen stets jene Bilder eingespielt werden, die man zur Ausbildung Ihrer Sicht auf die Welt auswählt. Dafür werden Historiker freilich auch herrschaftlich bezahlt – von Ihren Steuern.

Generalmajor Gehlen trifft auf die Amerikaner

Am Morgen des 22. Mai '45 wird es ernst. Eine Gruppe von Mitarbeitern Reinhard Gehlens aus der Abteilung Fremde Heere Ost macht sich jetzt mit Rucksäcken auf den Weg zum Bürgermeisteramt, in dem der gerade gekürte amerikanische Ortskommandant in Schliersee-Fischhausen sein Domizil aufgeschlagen hat. Lassen wir doch einfach einmal diesen Kopf der deutschen Spione frei von der Leber weg reden: „Auf der einen Seite empfand ich eine Art Galgenhumor, dass ich – immerhin Generalmajor in einer wesentlichen Stellung während des Krieges – mich nunmehr einem jungen amerikanischen Oberleutnant ausliefern musste. Andererseits gab es kein Zurück. Der Ortskommandant war verständlicherweise sehr aufgeregt, als sich bei ihm ein General und vier Generalstabsoffiziere meldeten." Er schmunzelt: „Welchen »Fang« er gemacht hatte, konnten wir ihm nicht auseinandersetzen, da er kein Deutsch und wir damals kein Englisch sprachen. Er rief sofort bei seiner vorgesetzten Dienststelle an und erhielt die Weisung, uns einzeln nacheinander zu der Division nach Wörgl zu bringen. Ich wurde als erster in einen Jeep der MP [Military Police] verfrachtet und bei dem G-2, dem Feindlagenbearbeiter der Division, in Wörgl abgeliefert." Und? „Dieser G-2 erfasste sofort, welche Bedeutung unsere Selbstgestellung hatte und zeigte sich an einer Befragung sehr interessiert. Ich wurde von ihm in Gegenwart einer Sekretärin vernommen, die über diese Aussagen Protokoll führte. Die wichtigsten Fragen erstreckten sich zunächst allerdings weniger auf meinen früheren Fachbereich als vielmehr auf die Verhältnisse in Deutschland in der Zeit des Nationalsozialismus."[39] Das kann nicht übermäßig überraschen, verdeutlicht aber, worum es den Amerikanern nach dem Sieg geht – und dass sie nach der Niederlage der deutschen Truppen nicht auf Spielchen der dritten Art ausgerechnet vonseiten der Verlierer eingestellt sind.

Bisher ist Gehlen nur amerikanischen Offizieren begegnet, die die Lage unter dem Eindruck der offiziellen amerikanischen Propaganda sehen. Fast alle, mit denen er bislang gesprochen hatte, waren der Auffassung, dass die Sowjetunion sich vom Kommunismus weg zum liberalen Staat entwickele. Nach seinen ersten Gesprächen mit den Marsmännern stellt er fest: „Über die tatsächlichen expansiven Ziele der Sowjets bestanden bei meinen bisherigen Gesprächspartnern keinerlei Vorstellungen." Ist es eine Illusion, dass es auf *der* Basis möglich wäre, eine Liberalisierung in der Sowjetunion auszuhandeln, sich aber zumindest in der deutschen Frage zu einigen und eine zeitnahe Rückführung der deutschen Kriegsgefangenen zu erreichen? Das bleibt jedoch ein Traum. Reinhard Gehlen wird erst einmal nach *America* überführt, wo sie ihn weiter intensiv befragen. Und er ist hervorragend darauf vorbereitet.[40]

Wie ist denn Gehlens Abenteuer weitergegangen? „Schon am Tage nach meinem Eintreffen wurde ich am Vormittag in den Garten heruntergeführt, wo mich ein Captain mit Namen Hallstedt begrüßte und sich mit mir in die Sonne auf eine Bank setzte. Captain Hallstedt war ein adrett aussehender, sympathisch wirkender Offizier. Er mochte etwa 35 Jahre alt sein und entsprach in seiner Haltung und seinem Auftreten unseren deutschen Vorstellungen über den Offizier schlechthin. Er war, wie ich später erfuhr, von deutscher Abstammung, Amerikaner in der zweiten Generation." Gehlens Sprache spricht einfach nur Bände: „In Hallstedt traf ich den ersten amerikanischen Offizier, der russlandkundig war, der die kommende politische Entwicklung illusionslos einschätzte und sich darüber eigene Gedanken machte. Diese Begegnung sollte die entscheidende sein für die weitere Entwicklung meiner Pläne." Hier hat er somit sein erstes Opfer gefunden. Wer die Welt sieht, wie ich es wünsche, hat Ahnung von dieser Welt und ist ohne Illusionen. Und ein Pluspunkt: wie ein deutscher Offizier. Hier lässt Freud grüßen: Diese Begegnung sollte die entscheidende sein für die weitere Entwicklung *meiner Pläne*.[41]

Hören wir dem Meister des gewaltigen Bluffs weiter zu: „Wir führten ein langes Gespräch über die politische und militärische Lage, er erkundigte sich eingehend nach meiner früheren Tätigkeit. Nachdem er gegangen war, hatte ich nunmehr eine Nacht Zeit, um mir darüber klar zu werden, ob ich die Karten auf den Tisch legen sollte. Ich tat dies nicht sofort in vollem Umfange, sondern wir tasteten uns in mehreren Gesprächen zunächst weiter aneinander heran. Hierbei ergab sich nebenbei die Möglichkeit, allmählich meine Gedanken über die Zukunft sowie über meine Absichten und Zielvorstellungen einfließen zu lassen. Die Reaktion des Captains war positiv. Ich nehme an, dass Hallstedt seinen Vorgesetzten, dem G-2 des Oberkommandos, General Sibert, sowie dem Chef des Stabes, General Bedell Smith, über unseren Dialog laufend vortrug und dabei angewiesen wurde, die Unterhaltungen im positiven Sinne fortzusetzen, denn Hallstedt wurde von Gespräch zu Gespräch aufgeschlossener. Wir kamen schließlich überein, eine kleine Gruppe meiner früheren Mitarbeiter, unter ihnen Wessel, in Stärke von acht Offizieren zusammenzuziehen. Sie sollten den Amerikanern zeigen, über welche besonderen Möglichkeiten und Kenntnisse wir verfügten."[42]

Wie kann der Geheimdienstmann absichern, dass bloß die Richtigen geholt werden? „Ich gab Hallstedt eine Reihe von Briefen und die Namen der hierfür ausgewählten Offiziere, so dass er sie aus den Kriegsgefangenenlisten ermitteln konnte, um sie nach Wiesbaden zu holen. Es dauerte viele Tage, bis die Gruppe zusammen war." Aber man muss auch warten können. „Hallstedt erzählte mir nach seiner Rückkehr mit einem amüsierten Lächeln, dass er alle Herren zunächst angesprochen hätte, ohne meinen Brief vorzuweisen; sie wären allesamt völlig unzugänglich gewesen, bis er den Brief, der wie eine Art »Sesam öffne dich« gewirkt habe, hervorzog. Er gab freimütig zu, wie sehr ihn diese Haltung beeindruckt habe."[43] Wenn alles perfekt läuft wie in Hollywood, dann ist der Film gut gemacht und man bleibt eingelullt vor der Mattscheibe sitzen.

Es ist schön, dass sich der Amerikaner so königlich amüsiert hat. Auf die Art hat Gehlen aber abgesichert, dass sein Plan aufgeht. Er nimmt sich die Zeit, in Ruhe zu sondieren, ob er mit den Amis Fußball spielen kann, und als er alles vorbereitet hat, lässt er die anderen Spielfiguren auf den Tisch holen. Mir fällt auf, dass er die Deutschen ganz pauschal als ungeeignete Verschwörer bezeichnet. Kann sein, dass er sich etwas dabei gedacht hat. Seinen neuen Verbündeten bietet Gehlen „gute Deutsche", die ideologisch auf einer Linie mit dem siegreichen Westen seien. Ist schon klar: Nach zwölf Jahren nationalsozialistischer Volksgemeinschaft kann sich der Amerikaner das problemlos vorstellen. Die Demokratien waren eines der Hassbilder des nationalsozialistischen Regimes.[44]

Seine Freude steht Gehlen im Gesicht: „Ein erster Schritt war getan. Ein kleiner Kreis meiner engsten Mitarbeiter war um mich versammelt. Damit waren wir in die Lage versetzt, uns über die verschiedensten Fragen auszusprechen und uns gegenseitig abzustimmen. Die nächste Zeit verging mit Gesprächen über die verschiedensten Themen aus Vergangenheit und Zukunft. Meine Unterhaltungen mit Hallstedt kreisten immer wieder um das gleiche Thema: Das Zerbrechen des alliierten Bündnisses kann nur eine Frage der Zeit sein." Es ist schön zu sehen, wie zielstrebig der gute Mann vorgeht. „Damit wird der bisher nur unterschwellig spürbare Ost-West-Gegensatz aufbrechen und zu Gefahren für die Sicherheit Europas wie auch der Vereinigten Staaten führen. Wie können wir angesichts dieser Zukunftserwartungen möglichst bald zur Zusammenarbeit gelangen? – Wir beide waren überzeugt, dass es hierzu kommen müsse, waren uns aber auch der Schwierigkeiten bewusst, die sich zwangsläufig ergeben mussten." Schön, wie er das sagt. „Zunächst einmal stand noch keineswegs fest, dass mein Vorschlag, das deutsche nachrichtendienstliche Potential für die USA nutzbar zu machen, außerhalb des amerikanischen G-2-Dienstes positiv aufgenommen werden würde."[45]

Gehlen hat den Trumpf in seiner Hand: „Der G-2-Dienst freilich wusste, wie gering die eigenen Kenntnisse über »Uncle Joe« und sein Imperium im Augenblick waren. Dem G-2-Dienst musste daher, wie die bisherigen Gespräche gezeigt hatten, das Angebot auf Zusammenarbeit nicht nur einleuchten, sondern sogar verlockend erscheinen. Seine Annahme würde ihm viele organisatorische Arbeit ersparen. Sie gewährleistete außerdem den Zugang zu Erkenntnissen, deren Beschaffung aus eigener Kraft erst nach Jahren möglich gewesen wäre. Aber im allgemeinen Bewusstsein war die Sowjetunion der Verbündete und Siegespartner, an dessen Freundschaft und demokratische Entwicklung viele noch glaubten." Es kann also friedlich weitergehen: „Waren nicht die Amerikaner auch deshalb in den Krieg gezogen, um den »preußisch-deutschen Militarismus« auszurotten? Konnte man der eigenen Öffentlichkeit, ja selbst der Masse der eigenen Offiziere zumuten, angesichts der Naziverbrechen, die das Fraternisierungsverbot ausgelöst hatten, nun mit ehemaligen deutschen Offizieren und früheren Angehörigen des deutschen Nachrichtendienstes zusammenzuarbeiten?“[46]

Die Neulinge auf dem Parkett der großen Politik haben es den *people in America* am Ende des Tages zugemutet. Im Deutschen Reiche werden in der Zwischenzeit die Spione eingesammelt, die Generalmajor Gehlen als Mitarbeiter empfohlen hat. Sicher ging Gehlen schon von einer gewissen Naivität der Amerikaner aus, aber er konnte nicht voraussehen, dass der G-2 des *United States Forces European Theatre USFET* General Edwin Luther Sibert keine schon bestehende Abteilung des militärischen Nachrichtendienstes der US-Streitkräfte beauftragt, den zusammengefassten deutschen Stab zu strukturieren und zu führen, sondern Oberstleutnant John Deane zum Projektoffizier macht. Er kommt aus der G 2-Abteilung von USFET, ist Fallschirmjäger, besitzt keine Erfahrung auf dem Gebiet des Nachrichtendienstes und spricht kein Deutsch. Als ob die Deutschen nicht bis vor kurzem mit scharfer Munition auf Amerikaner geschossen hätten, bedarf ihrer Meinung nach der Stab um Gerhard Wessel keiner Überwachung durch einen Stab in Oberursel. Man sollte meinen, diese Einschätzung stamme von einem Deutschen, aber nein, sie stammt von James H. Critchfield. Mister Critchfield ist eigentlich durchaus wichtig. Doch er hat während des Weltkrieges als amerikanischer Heeresoffizier gedient und weiß von Nachrichtendiensten bislang bloß, dass es sie gibt. Er wird beauftragt, diese Gehlen-Truppe zu beaufsichtigen, damit sie in Zukunft keinen Schaden mehr anrichten kann.[47]

Wenn man James H. Critchfield zuhört, muss man vermuten, über den Tisch gezogen zu werden, sei die Hauptaufgabe der Amerikaner. Ihm ist es auch unerklärlich, warum sein Kollege Sibert so entschlossen ist, den Kommandeur der 970. Abteilung des *Counter Intelligence Corps* einfach nicht über das Projekt mit den deutschen Agenten in Kenntnis zu setzen.

Aber das amerikanische Spionageabwehrkorps *CIC* ist der Nachrichtendienst, der eben zur Überwachung der Tätigkeit feindlicher Dienste eingerichtet worden ist. Bis vor wenigen Wochen waren die Deutschen die Gegner der Anti-Hitler-Koalition und ihre Beobachtung wäre ureigenste Aufgabe des *CIC*. Dies und dazu der zusätzliche Ausschluss des *Office of Strategic Services* (OSS) von der Beteiligung erweisen sich nach James Critchfields Einschätzung als schwerwiegende Fehler.[48] Nun haben wir alle drei Grundideen für die Jahre oder vielleicht sogar Jahrzehnte nach dem Krieg beieinander: Die Grenzen, den Kalten Krieg und die Wunderwaffen zur Ausrüstung der werdenden Feindstaaten, die den Frieden in Europa durch ihre unendliche Zerstörungskraft für die Ewigkeit sichern.

ZeitmaschineZeitmaschineZeitmaschineZeitmaschine
ZeitmaschineZeitmaschineZeitmaschineZeitmaschine
ZeitmaschineZeitmaschineZeitmaschineZeitmaschine

Bis zum Ende der 1940er Jahre war der Durchbruch dann geschafft und Amerikaner und Sowjets standen in einem Verhältnis wie ein Kaninchen mit einer Schlange. Mit der Zeit wurde diese Nummer zum Selbstläufer. Ein Wort gab das andere und die nervösen Reaktionen schaukelten sich gegenseitig hoch. Nötig war nun eine begrenzte Anzahl (west)deutscher Politiker, Chefredakteure, Publizisten, Historiker, Geheimdienstler und nicht zuletzt Leute aus der Wirtschaft, die im Windschatten des herbeigezauberten Ost-West-Konfliktes Deutschland zu zerlegen hatten. Doch irgendwann geht auch der kälteste Krieg zu Ende und in einer Schnapslaune tauschten sich Russen und Amis einmal darüber aus, was sie nach dem Krieg tatsächlich an Potential vorrätig hatten. In einer Zusammenstellung von Interviews mit amerikanischen Zeitzeugen, erschienen 1991 unter dem Titel *Die Rattenlinie. Fluchtwege der Nazis*, kann man dann nachlesen, wie die Amerikaner geleimt worden waren. Bereits der Titel zeigt, dass sie Gehlen noch immer nicht durchschauen. Victor Marchetti, der in *Rattenlinie* Chefaufklärer der CIA über die Sowjetunion genannt wird, erinnerte sich in einem der Interviews an „Informationen über die chemische und biologische Bewaffnung der Russen" und beklagte, dass sie „von einer gefährlichen Ungenauigkeit“ gewesen seien. Er bemerkte, einige Jahrzehnte zu spät, die Mitarbeiter des Generalmajors Reinhard Gehlen „stützten sich auf unzusammenhängende Indizien, die sie durch eigene Interpretationen miteinander in Verbindung brachten. Auf diese Weise kamen sie zu dem Schluss, dass die Sowjets weit höhere Kapazitäten auf diesem Gebiet hätten, als es tatsächlich der Fall war.“ Es wurde den Deutschen auch unerhört leicht gemacht, die Amerikaner über das Ohr zu hauen. Die Truppe um Hermann Baun arbeitete nach Bekunden des Oberaufsehers Critchfield „nahezu unbeaufsichtigt“. Dann wird dies niemanden erstaunen: „Der Stab der Operationsabteilung wirkte auf uns nicht ganz klar strukturiert und hatte offensichtlich weit weniger Übersicht über seine Arbeit als der Stab der Auswertung.“ Die Hauptsache ist natürlich, dass die Amerikaner in dem vermeintlichen deutschen Durcheinander den Überblick behielten. Critchfield versuchte sich an einer Erklärung für all die fragwürdigen Ergebnisse. Über den Kopf der Agenten Generalmajor Gehlen heißt es: „Er stellte allerdings fest, dass Hermann Baun eine beträchtliche Unabhängigkeit erlangt hatte, indem er darauf bestand, dass er und Gehlen zwar getrennte, aber gleichrangige Organisationen im Rahmen eines größeren nachrichtendienstlichen Vorhabens leiteten.“ In dem vielleicht die linke Hand nicht so recht wusste, was die andere Hand machte, oder wie dachte er sich das?[49]

Victor Marchetti erinnert sich durchaus, dass „diese Informationen sehr schlecht waren“, äußerte allerdings nicht die leiseste Vermutung, dass er den Deutschen auf den Leim gegangen war. Nachdem die Informationen in entscheidende Köpfe eingesickert waren, waren sie in den USA somit der Meinung, Stalin verfüge über Massenvernichtungswaffen. Haben sie wenige Monate später aus diesem Grunde zwei Atombomben auf Japan abgeworfen? Wollten sie verhindern, dass Stalin auf den Gedanken verfällt, biologische oder auch chemische Massenvernichtungswaffen gegen Städte in Westeuropa einzusetzen? Sie wissen ja: Beim Russen weiß man nie. Sie dürfen aber nicht annehmen, dass bei dem Amerikaner auch nur ein böses Wort über die Deutschen steht. Ganz im Gegenteil. Nach dem Krieg waren die Kriegsgefangenenlager seiner festen Überzeugung nach von den Sowjets unterwandert worden. Die Bedeutung der militärtechnischen Informationen von General Gehlen dürfte in deren Exklusivität gelegen haben. Marchetti bestätigte, dass die Amerikaner in der zweiten Hälfte der 1940er Jahre noch „nichts Nennenswertes hinter dem Eisernen Vorhang“ hatten. Das wird inhaltlich sowohl von dem CIA-Beamten James H. Critchfield als auch vom Journalisten Tim Weiner bestätigt.[50] Letzterer hinterließ nach sechzig Jahren *CIA – Die ganze Geschichte.*

Und danach haben sich die Russen abgeschottet und keinen mehr sehen lassen, was sie wirklich vorrätig hatten. Dies war so verständlich, wie es bedauerlich war. Es wäre doch wirklich sehr interessant zu erfahren, ob Washington 1945 zumindest in Moskau nachgefragt hatte, ob man sich vor Ort ein Bild von den Stätten machen dürfe, die ihnen durch Gehlens Spitzenleute beschrieben worden waren, und ob es in Moskau vielleicht abgelehnt wurde. Jedenfalls bekam Reinhard Gehlen nach den Worten von Murat Williams, der als US-Botschafter in Ungarn in den fünfziger Jahren vorgestellt wird, Gelegenheit genug, das amerikanische Bild von den militärischen Möglichkeiten der Sowjetunion zu ändern. In diesem Interview sagt er: „Unsere Gefühle gegenüber dem Kalten Krieg wurden intensiviert. Das hätte man vermeiden müssen. Dieser Kalte Krieg wäre nicht notwendig gewesen.“[51]

Der Kalte Krieg war für die große weite Welt so überflüssig wie ein Kropf und er widersprach dem Wunsch nach demokratisch strukturierten Gesellschaften weltweit und nicht nur im schönen Bayern. Harry Rositzke, der im Buch als Geburtshelfer der amerikanischen militärischen Aufklärung gegen die Sowjetunion bezeichnet wird, erklärt bedauerlicherweise viel zu spät: „Heute, nach vierzig Jahren, wo das sowjetische Reich zum Teil auseinanderbricht, hat diese unsere Politik des »Containments« zur Folge, dass die zwei stärksten Wirtschaftsmächte in der Welt, die japanische und die westdeutsche, in direkter Konkurrenz zur amerikanischen Wirtschaft stehen. Heute, wo allmählich jeder akzeptiert, dass ökonomischer Wohlstand der wichtigste Maßstab des politischen Erfolgs ist!“[52]

Selbst der Umstand, dass Tausende Blitz-, Schock- und Eilmeldungen in den Monaten nach dem Weltkrieg namentlich aus Berlin, Wien und aus den Kriegsgefangenenlagern in Deutschland kamen, weckte bei Weiner nicht den Verdacht, es könnte sich um eine Verschwörung unter diesen Agenten gehandelt haben. Stattdessen vermutete er bei der Flut falscher Informationen die Gier nach Produkten wie Zigaretten. Sehr verständnisvoll. Nach den Worten von Weiner traf jene Informationsschwemme auf Amerikaner, die nicht in der Lage waren, Dichtung von Wahrheit zu unterscheiden. Schade auch. Gut, es ist vorstellbar, dass das Buch bloß geschrieben wurde, um bei keinem den Gedanken ins Kraut schießen zu lassen, dass die Deutschen die Amerikaner auf den Arm nahmen. Es ist allerdings richtig, dass sich Ex-Kanzler Helmut Schmidt über die *friends in America* fürstlich amüsiert hat. Ein Kapitel in seinem Buch über den Russen, den Amerikaner und den Chinesen *Menschen und Mächte* stellt er jenen zweiten Teil unter das Motto: Die USA – von der Schwierigkeit, eine Weltmacht zu sein. Das schrieb er in den 1980er Jahren, also bevor die Amerikaner zusammen mit den Sowjets den Kalten Krieg beendeten und Deutschland endlich wie Weltmächte wieder vereinigt haben.

Es braucht Gott sei Dank doch kein Geheimnis zu bleiben, wie es jenem Chef des Bundesnachrichtendienstes Reinhard Gehlen gelang, von den guten Menschen in der alten Bundesrepublik wie beispielsweise Marion Gräfin Dönhoff ins Herz geschlossen zu werden. Auch sie zählte zu den publizistischen Wegbereitern einer Ostpolitik, die mit der „DDR" einen neuen deutschen Staat anerkennen wollte. Die plausible Antwort auf die Frage, warum die Gräfin ihn in jeder Beziehung zu loben wusste, liegt in ihrer beider Verhältnis zum militärischen Widerstand im Dritten Reich, der für beide bestimmend für ihr weiteres Leben war. Es gab sie nämlich nicht, die oft beschworene „Stunde Null" im Jahre 1945. Gräfin Dönhoff hatte während der Herrschaft Adolf Hitlers unter Lebensgefahr Kurierdienste zwischen hochrangigen Persönlichkeiten des Widerstandes und Kontaktpersonen im Ausland geleistet und später einen entscheidenden Anteil an der therapeutischen Öffentlichkeitsarbeit der Nachkriegselite innegehabt. Wann werden wir dies lesen können? „Gehlen hat zwar im vertrauten Kreis häufig eine gewisse Nähe zum Widerstand des 20. Juli 1944 betont, besonders, wenn es ihm als Appell an gemeinsame Grundanschauungen nützlich erschien, die Rolle Wessels jedoch nie öffentlich gemacht." Das war auch gut so, denn Gerhard Wessel war 1968 Gehlens Nachfolger geworden und führte das Blinde-Kuh-Spiel mit seinen recht unschönen Wirkungen auf die desinformierte Jugend weiter. Es ist nicht zu glauben: „Auch im frühen Nachkriegsdeutschland führte Gehlen dieses Doppelspiel zwischen stiller Sympathie für die Gegner Hitlers in der Wehrmacht und taktischer Distanz zu ihrem gescheiterten Anschlag auf Hitler weiter." Marion Gräfin Dönhoff bescheinigt Reinhard Gehlen ein „präzises Gehirn, einem Elektronenrechner gleich", der ja „bereits 1944 den Kalten Krieg kommen sah". Sie spielt die Ahnungslose in Bezug auf General Gehlen und ist irre erstaunt, „dass ein Mann, dessen Metier es mit sich brachte, dass er seit Jahrzehnten den Osten als den potentiellen Gegner betrachten musste, sich so freigehalten hat von antikommunistischen Komplexen".[53] Und da war er längst nicht der Einzige. Denken Sie nur an die Milliarden-Kredite, die der Antikommunist Strauß auf einmal lockergemacht hat. Damit konnte das kranke Huhn noch Jahre leben.

Mehrmals um die Ecke denken muss natürlich ein Akteur, der erst jenen Rollentausch der deutschen Agenten im Frühjahr 1945 mitgemacht hat, dann in der Bundesrepublik wegen Spionage eingesperrt wird, nach den Jahren der Haft in die *Freiheit* der DDR ausgetauscht wird und dort die *story* seines Lebens in einer Autobiografie aufschreiben soll. Wer wissen will, wie das Verhältnis des angeblichen Ostagenten Heinz Felfe zu den Kameraden der braunen Fraktion beschaffen war, kann gleich Reinhard Gehlens Autobiographie lesen. Felfe mochte die blinden Fanatiker auch keinen Deut mehr als sein Auftraggeber. Das dürfte Felfe in zwei Jahrzehnten mit Gehlen aufgefallen sein. Trotzdem rückt er ihn in der Autobiografie in die braune Schmuddelecke und bestätigt das braune Image des Strategen und seiner Männer in Pullach. Daneben räumt Heinz Felfe andererseits schon ein, dass im BND nicht nur üble Gesellen beschäftigt waren: „Unter den alten, langjährigen Mitarbeitern des RSHA [Reichssicherheitshauptamt], die sich einen Platz in der Organisation suchten, waren subjektiv ehrliche, anständige Menschen, sogenannte Idealisten, die nicht die Naziideologie vertreten, sondern mit gutem Gewissen ihre dienstlichen Pflichten erfüllt und sich in jeder Hinsicht korrekt verhalten hatten."[54] Heinz Felfe war völlig fassungslos und konnte sich all das überhaupt nicht erklären: „Wie war es eigentlich gekommen, dass unmittelbar nach der bedingungslosen Kapitulation, nach dem Untergang des Dritten Reichs und der Auflösung der Wehrmacht, Rudimente dieses Kriegsapparates weiterexistieren und mit amerikanischer Hilfe ihre Arbeit fortsetzen konnten, als wäre nichts geschehen? Wie war es möglich, dass die Amerikaner dem endlich niedergerungenen Feind erlaubten, gegen den bisherigen Verbündeten dieselbe Arbeit fortzusetzen, die in der 12. Abteilung des Generalstabs des Heeres, der Abteilung Fremde Heere Ost (FHO), bis zum Kriegsende betrieben worden war?" Es geht ihm nicht in den Kopf. „Und was waren das für Leute, die ihr Leben als Generalstabsoffiziere fortsetzen durften, die keine Umerziehung durchzumachen brauchten, wie es wenigstens die Briten mit den Kriegsgefangenen in Wilton Park gemacht hatten, die nach ihrer Auffassung geeignet sein konnten, am Aufbau eines neuen deutschen Staatswesens mitzuarbeiten?"[55] Felfe hatte Fragen über Fragen, bei denen er seine Tränen nur mit Mühe zurückhalten konnte. Fragen, auf die der Amerikaner Tim Weiner auch Jahrzehnte nach dem Ende des Kalten Krieges noch immer keine Antworten fand. Er suchte freilich auch in Korea, in China, in der Sowjetunion und zu Hause in den USA nach guten Antworten. Bei den Deutschen geht er jedoch in *CIA – Die ganze Geschichte* nicht ins Detail. In Deutschland war alles völlig klar. Wo die Infos hergekommen waren, war jedoch der neuralgische Punkt nach diesem Krieg. Dort hätten seine Analysen beginnen und enden müssen.

Immer wieder ein Genuss ist die Lektüre des bunten Blättchens zur Verwirrung des zu neugierigen Publikums Der Spiegel. Unter der nun wirklich tollen Überschrift: „Ohnmächtige Sieger – Wie die Alliierten daran scheiterten, Deutschland zu reformieren" schrieb dieses Blatt: „Die Ziele waren edel, und die Sieger schienen allmächtig. Mit einer riesigen Koalitionsarmee waren die Alliierten ins »Dritte Reich« einmarschiert, um

Hitler zu stürzen, Deutschland von Grund auf zu reformieren. Nie wieder sollte dieses Land die Welt mit Krieg überziehen. Damit das ambitionierte Programm auch umgesetzt wurde, übernahmen Briten, Amerikaner, Franzosen und Sowjets am 5. Juni 1945 »die oberste Regierungsgewalt einschließlich aller Befugnisse der Regierung, Verwaltungen oder Behörden der Länder, Städte und Gemeinden«. Die deutsche Niederlage sei der schlimmste Kollaps eines Imperiums »seit dem Zusammenbruch des Römischen Reiches«, stellte der spätere Hochkommissar John McCloy kurz nach Kriegsende fest. Doch ausgerechnet jenes Volk, dessen Begeisterung für Befehl und Gehorsam Europa in Angst und Schrecken versetzt hatte, erwies sich nun in den Westzonen als überaus trickreich, wenn es darum ging, Anordnungen der Alliierten zu unterlaufen." Also, das hat doch was: „Was hatte man sich nicht alles gewünscht in London und Washington: eine bürgernahe Verwaltung, in der die Juristenzunft nicht mehr die höheren Stellen monopolisierte, mehr Chancengleichheit in Schulen und Universitäten, eine Bodenreform. Vergebens." Ach so – eine Bodenreform. Dann war das gar kein kommunistischer Spleen?[56]

Zu spät, um die Amis noch von der Verfolgungsangst abzubringen, kam die Entwarnung des Spiegel. Man staunt, was Redakteure dieses Blattes alles über diese Welt wissen: „Doch die Spekulationen der Nachrichtendienstler über die Sowjets waren Bilder, wie sie ein Zerrspiegel zurückwirft. Stalin hatte weder einen umfassenden Plan zur Beherrschung der Welt noch die Mittel, einen solchen durchzusetzen." Als wäre es für sie neu, sagen sie im Jahr 2006: „Der Mann, der nach seinem Tod schließlich die Macht in der Sowjetunion übernahm, nämlich Nikita Chruschtschow, erinnerte sich später, beim Gedanken an eine weltweite Auseinandersetzung mit Amerika habe Stalin »gezittert« und »gebibbert«."[57] – Auf dieser herbeigelogenen Grundlage gab es bis 1990 den Kalten Krieg. Kommen wir jedoch zurück ins Jahr 1945. Wir sind ja keine Hellseher.

ZeitmaschineZeitmaschineZeitmaschineZeitmaschine
ZeitmaschineZeitmaschineZeitmaschineZeitmaschine
ZeitmaschineZeitmaschineZeitmaschineZeitmaschine

Erdet Churchill nach Deutschland auch Russland?

In *America* sind sie *happy*, das Deutsche Reich ausgeschaltet zu haben. Für die Londoner Außenpolitik ist die Kapitulation Deutschlands nichts als ein Etappensieg. Seitdem die englischen Truppen jene der Deutschen nicht mehr zu fürchten brauchen, arbeiten sie an der Themse emsig am Plan für die Eroberung des unendlich rohstoffreichen Russlands. Ausgerechnet am 22. Mai, dem Tag, an dem Gehlen den Amerikaner über den Russen aufklärt, übergibt der Chief of Staff, Lt. Gen. Sir Hastings Lionel Ismay die Ausarbeitung für die *Operation Unthinkable* oder auf Deutsch die *Operation Undenkbar* an den Premier Winston Churchill. Vielleicht erinnern Sie sich ja noch daran, wie London schon während des Ersten Weltkrieges von 1914 bis '18 darum bemüht war, das aufstrebende Reich der Zaren im revolutionären Chaos versinken zu lassen. Als Termin für den Angriff wird der 1. Juli 1945 festgelegt. Am 8. Juni wird er ergänzt – aber am 1. Juli rollt die Kriegsmaschine nicht zurück in die Sowjetunion. Andererseits wird der Plan nicht gleich fallen gelassen; am 11. Juli wird er noch einmal ergänzt. Geplant ist der Einsatz von britischen und US-Truppen. Die Einbeziehung der Amerikaner dürfte dem Plan schließlich auch den Garaus machen, denn die führenden amerikanischen Militärs werden in diesen Monaten gerade von den Kollegen Gehlens in Sachen vorhandene militärische Möglichkeiten der Sowjets gebrieft. Wegen der hohen zahlenmäßigen Überlegenheit der Roten Armee beabsichtigt man die Wiederbewaffnung von etwa 100.000 Soldaten der deutschen Wehrmacht. In Schleswig-Holstein und in Süddänemark lösen die Briten die Wehrmachteinheiten gar nicht erst auf, sondern lassen sie kampfbereit. Schon am Ende des Monats Mai weist das Hauptquartier des Oberkommandos der Roten Armee Marschall Georgi Konstantinowitsch Shukow darauf hin, dass die Briten einen Angriff unter Einsatz von Einheiten der Wehrmacht planen. Da ist der Überraschungseffekt auch schon verpufft. Aber das trägt sein Teil dazu bei, dass die Alliierten über kurz oder lang nicht mehr alliiert sein werden.[58]

Nur um es zu illustrieren, dass es auch unter den Amerikanern durchaus Menschen mit unterschiedlichen Anschauungen gibt, soll George Smith Patton jr. hier erwähnt werden. Er wird im Mai 1945 Militärgouverneur von Bayern und wohnt im Haus des Reichspresseleiters Max Amann in St. Quirin in Gmund am Tegernsee. Patton liebt seinen Beruf und ist der Ansicht, dass Krieg zum menschlichen Leben dazugehöre. Er ist äußerst erfolgreich und umstritten. Man könnte ihn als Zyniker bezeichnen. Die SS nennt er zum Beispiel eine verdammt gut aussehende Bande von sehr disziplinierten Hurensöhnen. Mit solchen Äußerungen stößt er nicht unbedingt auf ein positives Echo. Er sucht das Bündnis mit den Deutschen, um die Sowjetunion zu vernichten. Damit denkt er in eine Richtung wie der englische Premierminister Winston Churchill mit dessen *Operation Unthinkable*. Doch es ist noch nicht aller Tage Abend und bald ist dieser Militärschlag gegen die Sowjetunion vom Tisch. Als George Patton dann immer noch die NSDAP als eine „normale Partei" bezeichnet und sie mit den US-amerikanischen Parteien vergleicht, löst ihn General Dwight D. Eisenhower vom Kommando der 3. US-Armee ab und versetzt Patton zu der 15. Armee in Bad Nauheim.[59]

Die Parteienlandschaft wird neu gestaltet

In besagtem Mai 1945 bekommt der Premier von König George VI. nicht nur die Unterlagen für seine *Operation Unthinkable* und die Superhirne rund um Gehlen starten nicht nur ihre *Mission Impossible*, im Mai 1945 passiert noch mehr in der Welt. Trotz der Wirren dieser bewegten Tage und trotz der existenziellen Nöte der Leute machen sich einige wackere Streiter nach dem Ende des Krieges stracks an den Aufbau einer neuen Parteienlandschaft. Dass die nicht wieder demokratisch sein darf wie in der Weimarer Republik, darüber waren sich die meisten Widerstandsgruppen ja schon nach der Erklärung „Seit 5:45 wird zurückgeschossen" einig geworden. Vielleicht können Sie sich noch an den Band *Katz-und-Maus-Spiele* über die Jahre nach dem Kriegsbeginn erinnern. Dort wird das ab Seite 26 ausgeführt. Richard von Weizsäcker* hat, wie Sie wissen, später ergänzt, dass viele unter den Menschen im Widerstand der Überzeugung sind, selbst ein geglücktes Attentat wird angesichts des unbußfertigen Volkes nix nützen. Damit stellen sich die schlauen Köpfe in der deutschen *Résistance* frontal gegen die demokratischen Träumereien in den USA. Allerdings heißt es in dieser Hinsicht: Von London lernen, das bedeutet siegen lernen. Wenn sie in England oder der Sowjetunion von so einem Quatsch träumen würden, hätten sie keinen König und keinen Diktator. Die Tricks beginnen schon bei der Parteizugehörigkeit. Wer in Moskau hoch hinaus will, muss in der Partei sein, und wer in London im inneren Zirkel am Ball bleiben soll, wechselt die Partei je nach aktueller Lage wie andere die Unterwäsche. Das können sie in Deutschland gerne abkupfern. Nachahmenswert ist daneben ebenfalls, dass die Engländer clever genug sind, brutale Methoden fernab vom Mutterland zu nutzen, und die eigene Bevölkerung mit Tee um fünf von Politik fernzuhalten.

Wer ein öffentliches Amt bekleiden will, muss seine Erlaubnis dafür von den Alliierten einholen, die anschließend ihre Erkundigungen einziehen, welche Rolle die jeweiligen Personen in den zwölf Jahren zuvor gespielt haben. Im Westen wird in dieser Hinsicht gerne auf den Rat der Kirchen gehört, was ihnen einigen Einfluss auf die Auswahl der Personen in den wichtigen Ämtern sichert. Ein gutes Beispiel dafür liefert der Präses der Evangelischen Kirche in Deutschland Gustav Heinemann. Er war in den Jahren des Dritten Reiches im Bruderrat der Bekennenden Kirche aktiv gewesen, deshalb wird er jetzt Präses der Synode, man könnte sagen ein Parlamentspräsident der Evangelischen Kirche (EKD).[60]

In diesen Monaten entstehen auch verschiedene Parteien, die später in der FDP aufgehen werden. Für Pfingsten 1945, also für den 20./21. Mai lädt ein älterer Herr, Dr. Victor Niemeyer, ihm von früher her bekannte Liberale in seine Wohnung im Wolfsbachweg 22 in Bredeney ein, um die Gründung einer liberalen Partei zu besprechen. In der ersten Runde hat man zum Beispiel schon Wolfgang Rubin. Er wird uns unter Umständen sogar sehr lange durch die Jahrzehnte begleiten. Gut ist, dass der Präses der Evangelischen Kirche Heinemann dabei ist. Die FDP wird dann am 7. April 1946 mit einigen Bürgerinnen und Bürgern offiziell gegründet.[61] Hinter verschlossenen Türen wird zu Pfingsten '45 jedenfalls schon klar gemacht, wie das Spiel laufen wird, damit es unabhängig von den Wahlergebnissen jedes Mal wie am Schnürchen läuft. Einmal treten nach der Wahl die Leute vom rechten Flügel auf die politische Bühne und geht die Wahl anders aus, treten nach der Wahl die Leute vom linken Flügel vor.

Die Christlich-Demokratische Union (CDU) wird geradezu zeitgleich in Hannover, Stuttgart, Würzburg, München, Köln sowie der Reichshauptstadt Berlin gegründet. Allein, dass es zu fast gleichzeitigen, spontanen, voneinander unabhängigen Gründungen der Christlich-Demokratischen sowie der Christlich-Sozialen Union an verschiedenen Orten kommt, ist eigentlich Beweis genug dafür, dass CDU und CSU im Prinzip durchaus ein richtig cooler Haufen sind. Als ob es noch gesagt werden müsste, war die Idee für eine große christliche und diesmal interkonfessionelle Partei noch vor dem Ende des Krieges in den ausschlaggebenden Widerstandszirkeln entstanden. Andreas Hermes wird 1945 erster Vorsitzender. Und sonst wäre das, wie das Leben eben so spielt, einfach ein anderer Gegner des Nationalsozialismus unter Herrn *Gröfaz* Adolf Hitler geworden. Es ist ganz bestimmt kein Zufall, dass von den Überlebenden des Kreisauer

Kreises sehr viele den Weg zur Christlich Demokratischen Union finden. Von den zweiundfünfzig Unterzeichnern des Berliner Gründungsaufrufs sind fast alle, an ihrer Spitze Andreas Hermes, Verfolgte des nationalen oder besser gesagt nationalsozialistischen Regimes gewesen. So ist auch die Berliner Gründungsurkunde der CDU, neben dem Kölner Dokument eines der beiden Gründungsdokumente der Partei, stark vom Gedankengut aus dem Kreisauer Kreis mitgeprägt worden. Und beileibe nicht nur christlich-demokratischer Überzeugungen. Auch Carlo Mierendorff, ein schon vor 1933 aktives Mitglied der SPD, der in Hitlers Krieg bei einem Fliegerangriff ums Leben kam, gehörte zum Kreisauer Kreis. Gewiss war er nicht der einzige Vertreter der Sozialdemokraten. Dafür passt sozialdemokratische Politik nach dem Krieg zu gut zur Politik der CDU. Es ist gut, dass der Präses der Evangelischen Kirche Heinemann dabei ist und hier sogar beitritt. Die Kraft des Bekenntnisses und Engagements bringt im Chaos von 1945 zwangsläufig auch politische Aufgaben, hohe Ämter mit sich. Es müsste eine Verschwörungstheorie sein, dass er in Zukunft bei Bedarf auch in die SPD eintritt und von da aus politisch mitmischt.[62] So ein Evangelischer Parlamentspräsident kann auch Bundespräsident, wenn die Leute einmal den falschen Kanzler wählen.

Im Gründungsaufruf der CDU steht unter anderem: „Wir geloben, alles bis zum Letzten auszutilgen, was dieses ungeheure Blutopfer und dieses namenlose Elend verschuldet hat.“[63] Damit ist schon einmal relativ klar, dass diese Partei nicht geeignet ist für richtige Altnazis. „Nach 1918 rettete die politische Führung Organe des staatlichen, kulturellen und wirtschaftlichen Lebens aus dem militärischen Zusammenbruch. Unzerstörte Städte und Dörfer, Fabriken, Werkstätten, Felder und Wälder blieben als Grundlage für einen allmählichen Aufstieg des Volkes erhalten.“ Wie sieht es diesmal aus? „Heute aber stehen wir vor einer furchtbaren Erbschaft, vor einem Trümmerhaufen sittlicher und materieller Werte. Dieses Mal trieb ein gewissenloser Diktator mit seinem Anhang einen frivol entfesselten Krieg bis zum letzten Ausbluten unseres Volkes. Hitler ließ das Land in Schutt und Verödung zurück.“ Und weiter: „Mit verlogenen nationalen Phrasen und hohlen Friedensbeteuerungen hat er das eigene

Volk und andere Völker getäuscht und den Idealismus unserer Jugend schändlich missbraucht. So musste diese Jugend, die im guten Glauben für ihr Vaterland kämpfte, das Opfer einer wahnwitzigen Führung werden. Groß ist die Schuld weiter Kreise unseres Volkes, die sich nur allzu bereitwillig zu Handlangern und Steigbügelhaltern für Hitler erniedrigten. Jede Schuld verlangt Sühne. Mit den Schuldbeladenen leidet auch die große Zahl der Deutschen, die ihren Schild reinhielten. Sie vermochten sich gegen Gewalt und Terror nicht durchzusetzen.“ Wer wurden die Opfer? „Kämpfer echter demokratischer Gesinnung, evangelische und katholische Christen, zahllose jüdische Mitbürger, Männer und Frauen aus allen Schichten des Volkes litten und starben unter diesem Terror. Im Geiste ihres Vermächtnisses, geeint durch die gleiche Liebe zu unserem Volke, erkennen wir unsere Pflicht, mit diesem Volke den Weg der Sühne, den Weg der Wiedergeburt zu gehen.“ Und was nun? „Wir rufen euch auf, alles Trennende zurücktreten zu lassen. Folgt unserem Ruf zu einer großen Partei, die mit den anderen Parteien der neuen Demokratie gemeinsam am Aufbau Deutschlands arbeiten will.“[64]

Was jetzt noch fehlt, sind die beiden großen Arbeiterparteien der Zeiten vor der Einparteien- oder besser gesagt vor der Einmannherrschaft. Die deutsche Geschichte besteht ja Gott sei Dank aus mehr als zwölf Jahren. Die erste Lehre, die die allermeisten Demokraten aus den letzten Jahren gezogen haben, war die, dass es die unendliche Vielzahl an Parteien und ihr Kampf jeder gegen jeden war, die die Talfahrt des Reiches ins Chaos ermöglicht haben. Das geht schon aus dem Gründungsaufruf der guten CDU hervor. Diese Lehre haben im gleichen Maße, wenn nicht gar noch stärker die Sozialdemokraten und die Kommunisten gezogen. Hören wir dazu einen Mann, der nun in die KPD eintreten möchte. Bald wird er 30. Im Krieg war er als Soldat in Frankreich und Belgien eingesetzt. Später als Offizier lernte er dann auch die Landschaften der Sowjetunion besser kennen. Nach seinem Lehramtsstudium bis ’39 wurde er zwischendurch beurlaubt, um das erste und das zweite Staatsexamen zu absolvieren. Im Endeffekt bestand er sein Referendarexamen wie bereits das Abitur mit den besten Noten, die in Bayern seit zwei Jahrzehnten vergeben worden waren. Lassen wir uns von einem Zeitzeugen aus dem Süden einmal von der Stimmung im Volke berichten, wenn er das auch erst viele Jahre danach verrät. Hören wir dazu also Franz Josef Strauß: „Die Einschätzung, dass SPD und KPD immer und überall wie Feuer und Wasser zueinander standen, wurde zwar später weitgehend Allgemeingut, traf aber die politische Wirklichkeit von damals nur zum Teil." Von daher wäre eine „Sozialistische Einheitspartei" aus Sozialdemokraten und Kommunisten im Westen nicht mit Sicherheit auszuschließen gewesen. Hören wir ihn weiter: „Der Rang Kurt Schumachers als eines strammen Nationalisten und Antikommunisten konnte uns nicht darüber hinwegtäuschen, dass es in der SPD damals viele Fäden zur KPD gab, und zwar durchaus kräftige Fäden. Die Sozialdemokraten als Protagonisten des Kampfes gegen den Kommunismus – das war nur ein Teil des Bildes. Zum Gesamtbild gehörte eine breite Strömung innerhalb der SPD, wonach man mit den Kommunisten zusammenarbeiten und mit ihnen die künftige Struktur Deutschlands bestimmen müsse." In seinen Lebenserinnerungen weiht er seine Leser ein: „Man darf auch nicht übersehen, dass es noch allerlei Kungeleien und Kumpaneien mit der KPD gab, obwohl Schumacher dies absolut nicht wollte."[65]

Welches Problem hat Kurt Schumacher? Die SPD hat einen Großteil der Wähler im Osten dieses Landes, vor allem in meiner Heimat Thüringen, in Sachsen und in Berlin. Orte wie Eisenach, Gotha und Erfurt sind eng mit der Geschichte der SPD verbunden. In Eisenach wurde die SPD zum Beispiel 1869 im Großherzogtum Sachsen-Weimar-Eisenach gegründet. Wenn der SPD-Chef eine Chance haben will, um in Deutschland Kanzler zu werden, braucht er das Wahlvolk in Mittel-Deutschland. Er gibt auch vor, die Verkleinerung dieses Landes um die Provinzen östlich der Oder nicht zu wollen. Aber genau das ist der Punkt – ohne die Verkleinerung gibt es eben keine Vereinigung der vier Besatzungszonen. Auch bei ihm finden wir ganz „seltsame, bisweilen abstruse Auffassungen" bezüglich der „Verhandlungsposition gegenüber den Alliierten und unrealistische, fast naive Vorstellungen – etwa die Forderung nach Wiederherstellung des Reiches in den Grenzen von 1914."[66]

Um den Mitgliedern der Partei von einem Kurt Schumacher einzureden, dass sie nichts, aber auch gar nichts mit den Kommunisten im Osten zu tun haben wollen, muss er zuerst einmal verhindern, dass sich die einen mit den anderen im Westen vereinigen. Seit dem Frühjahr 1945 baut Dr. Kurt Schumacher in Hannover eine Ortsgruppe der SPD auf. Sie ist jetzt „noch illegal, weil vorerst ohne Lizenz der Alliierten".[67] Im Westen übernimmt „die gemäßigte Linke in Gestalt der Sozialdemokratie unter Kurt Schumacher und Erich Ollenhauer den nationalen Part". Hören sich die Worte in Ihren Ohren überzeugend an, oder wenigstens so, als wäre der Autor davon überzeugt, dass hier alles mit rechten Dingen zugeht? Was die rechten Dinge angeht, sind wir bei Kurt Schumacher an der richtigen Adresse. Seine SPD versucht, „sich als Partei des Primats der deutschen Einheit zu profilieren" und übernimmt die Aufgabe, ehemalige NSDAP-Mitglieder anzuziehen.[68] Das gelingt Schumacher, weil er ein begnadeter Schauspieler ist, vielleicht sogar noch besser als Franz Josef Strauß. Wer wird ihm sonst abkaufen, dass er nach elf Jahren in vier Konzentrationslagern Reden zum Erhalt der Provinzen von Schlesien bis hinüber nach Ostpreußen schwingt?

Kurt Schumacher schiebt also „seine" Partei schrittweise nach rechts bis an den Punkt, an dem „seinen" Mitgliedern im Westen, die wie er selbst aus einem KL gekommen waren, verboten wird, zugleich auch im VVN, dem Verein der Verfolgten des Naziregimes, Mitglied zu sein. Dies lässt sich ganz bestimmt eher mit taktischen Absprachen unter Eingeweihten erklären als mit Schumachers politischen Lehren aus dem vergangenen Dutzend Jahren. Ein wenig nachvollziehbar muss Geschichtsschreibung schon bleiben. Da steht die Frage im Raum: Haben also die Alliierten bei ihren deutschen Partnern zweimal auf das falsche Pferd gesetzt? Sie vertrauen den Leuten um Gehlen, weil man sie ja für unschädlich gemachte Antikommunisten hält, und für den Aufbau einer Demokratie vertrauen sie den Leuten aus dem Widerstand, weil sie aus dem Widerstand gegen die Diktatur kamen. Um ehrlich zu sein: Je mehr ich drüber nachdenke, desto mehr glaube ich, dass die Ausländer auf diesen Bluff zwangsläufig hereinfallen. Wer wird so eine Hinterhältigkeit vermuten? Das Schaf hat sich 1945 in den Wolfspelz früherer Regierungen gekleidet und versetzt Alt-Europa in der bekannten Tracht weiterhin in Angst und Schrecken.

Die Lehre von der nötigen Einheit der Arbeiterparteien beschränkt sich logischerweise nicht auf diese oder jene Region im Deutschen Reich. In der sowjetischen Besatzungszone wollen die Parteien auch verschmelzen. So kommt man den Vorstellungen von Jossif Stalin in Moskau natürlich entgegen, denn er will die KPD gar nicht erst erlauben, und wenn sie in seiner Zone überhaupt irgendwie einmal politisch aktiv sein darf, dann am besten verwässert durch die größere Schar der Sozialdemokraten im Lande. So lautete auch Stalins letzte Ansage, bevor die Gruppe Ulbricht zeitgleich mit dem Selbstmord Adolf Hitlers ins Deutsche Reich zurückgeflogen wurde. Die Enttäuschung über die Linie der Chefetage der SPD Anfang der dreißiger Jahre äußern Sozialdemokraten in einigen Städten so, dass sie auf die Neugründung der Partei ganz verzichten wollen. Hier muss es vielleicht nicht gesondert betont werden, dass es auch im Osten des Landes SPD-Mitglieder gibt, die aus alten oder neuen Motiven trotz alledem zum Zusammengehen mit den Kommunisten nicht bereit sind. Da fällt mir zuerst Max Leube in Reichmannsdorf ein. Er hat es noch im Ohr, wie die Kommunisten in seinem Dorf in den 1920er Jahren sagten, wenn sie die Fabrikanten nur aufhängen, haben sie den Kommunismus. Doch ein völliges und grundsätzliches Fehlen einer Bereitschaft zur Zusammenarbeit mit den Kommunisten, wie beispielsweise in Leipzig, ist bei den Sozialdemokraten kurz nach der Diktatur die Ausnahme.[69] Ehemalige Mitglieder und Funktionäre der SPD schließen sich vor und dann unmittelbar nach der Zulassung der Parteien im Mai/Juni 1945 der KPD an oder beteiligen sich – wie zum Beispiel in Köthen – an der Gründung von lokalen Einheitsparteien. Oft gehören Mitglieder von SAP, ISK oder der KPD (O) zu den Initiatoren von solchen Gründungen. Auch sie sind enttäuscht von der Haltung der Führungen von KPD und SPD vor 1933 und suchen eine andere politische Heimat. Vielfach firmiert einfach eine Ortsgruppe der KPD als Einheitspartei, so beispielsweise in Riesa. Man findet Hinweise auf organisierte Übertritte von Sozialdemokraten zu der KPD zum Zwecke der Bildung einer Einheitspartei in allen Ländern der sowjetischen Zone, doch es ist quantitativ schwer festzustellen, wie viele Sozialdemokraten die Bereitschaft zur sofortigen organisatorischen Vereinigung haben. Diese Vereinigerei führt übrigens für die Sowjets nicht immer in die richtige Richtung. Sie soll die KPD ideologisch *verwässern* und nicht noch stärken. So ist es schon grotesk, was Wolfgang Leonhard in einem brandenburgischen Bezirk erlebt. Dort befiehlt der sowjetische Kommandant jenen Sozialdemokraten, die in die KPD eingetreten sind, den Austritt und die Gründung einer SPD-Organisation.[70]

Jossif Stalin hat seine Hoffnungen seit dem Ausbleiben eines Umsturzes in Deutschland ganz auf die Allianz der Siegermächte konzentriert. Nur wenn sie über den Sieg hinaus erhalten bleibt, kann das Gespenst einer deutsch-amerikanischen Allianz gebannt werden, kann die deutsche Gesellschaft so gestaltet werden, dass von Deutschland keine Gefahr mehr droht, und es besteht die Aussicht auf Reparationslieferungen aus dem schwerindustriellen Zentrum an der Ruhr. Aus Mittel-Deutschland kann man höchstens das zweite Gleis bei der Reichsbahn mitnehmen. Na gut, im Erzgebirge könnte man Uran abbauen. Stalins Forderungen, die spezifischen Verhältnisse in Deutschland mit seinem Junkertum und seinen großen Rüstungskonzernen zu ändern, wie sie bereits auf der Konferenz von Teheran erstmals vorgetragen wurden, waren bei den Verbündeten in England und Amerika aus eigenen Interessen heraus auf eine positive Resonanz gestoßen, und in den USA werden Pläne für die Umgestaltung Deutschlands in diesem Sinne entwickelt.[71] Irgendwelche Machtspiele in dem gemeinsam besetzten Land können nur diejenigen befürchten, die den falschen Informationen über die militärischen Möglichkeiten aufgesessen sind, die ihnen der smarte Reinhard Gehlen angedreht hat.

Den Kommunisten im Moskauer Exil war aufgetragen worden, gemeinsam mit den übrigen antifaschistisch-demokratischen Kräften die Tätigkeit der Besatzungsmächte im Kampf für die Vernichtung des Nazismus und Militarismus, für die Umerziehung des deutschen Volkes sowie für die Durchführung demokratischer Reformen zu unterstützen. Gegen zu erwartende Versuche, einen Keil zwischen Angelsachsen und Sowjets zu treiben, müsse „rücksichtslos vorgegangen werden". Das ist ja eindeutig. Die Alternative findet sich auch in dem Protokoll: „Perspektive – es wird zwei Deutschlands geben – trotz aller Einheit der Verbündeten." Da das Fragment allen übrigen Texten der Gespräche zu widersprechen scheint, müsste vielleicht nochmal jemand im Archiv wühlen und die Sätze davor und danach heraussuchen, um es einordnen zu können. Stalin, Molotov und Shdanow klären die führenden Kommunisten aus Berlin am 4. Juni in Spitzengesprächen noch einmal über ihre deutschlandpolitische Konzeption auf und diese wissen, wo der Hammer hängt. Pieck notiert unter der Rubrik *Charakter des antifaschistischen Kampfes*: „Vollendung der bürgerlich-demokratischen Revolution / bürgerlich-demokratische Regierung / Macht der Rittergutsbesitzer brechen / Reste des Feudalismus beseitigen." Nach den Erfahrungen von 1937/38 werden die Freunde in der KPD-Führung einen Teufel tun und ihren Wunsch nach kommunistischen Umwälzungen außerhalb des Sowjetreiches erneut auf den Tisch packen. Neben Wilhelm Pieck werden die Anordnungen des Gurus auch von den Leitern der Kadergruppen abgenickt, die Stalins Rote Armee bei der Übernahme der Verwaltung unterstützen, also von Walter Ulbricht, Anton Ackermann wie auch von Gustav Sobottka. Stalin verspricht den Deutschen eine baldige Mitbestimmung und bringt die Westmächte so in Zugzwang. Stalin präsentiert sich den Deutschen als Anwalt der Einheit. Wilhelm Pieck schreibt sich in diesem Zusammenhang auf, dass in England sowie in Amerika der Plan der Zerstückelung Deutschlands bestanden habe, dass Stalin jedoch dagegen aufgetreten sei. Dann erfahren sie, dass nach einer Anweisung vom 26. Mai Parteien und Gewerkschaft, die es ursprünglich über Jahre nicht geben sollte, nunmehr erlaubt sind. Pieck fügt als kleine Gedächtnisstütze hinzu: „also SPD, Zentrum; nicht von uns fördern". Daraus folgt auch, das Zentralkomitee der KPD müsse offen auftreten mit einem Kurs auf Schaffung einer einheitlichen Partei der Werktätigen. Diese Partei soll bei der Abwehr der bemerkbaren Ost-West-Spaltungstendenzen eine Schlüsselrolle einnehmen. Man solle die Einheit Deutschlands sichern und in jedem Fall müsse eine einheitliche Partei im Zentrum der Bemühungen stehen. Mittelfristig ist danach eine bürgerlich-demokratische Regierung zu bilden.[72]

Der führende Sozialdemokrat Erich Gniffke bestätigt, dass zum Beispiel Anton Ackermann sich das Ziel einer „politischen Einheit Deutschlands auf der Grundlage der parlamentarischen Demokratie“ zu eigen macht. Das gilt ebenfalls für Paul Merker, Wilhelm Zaisser und Franz Dahlem. Auch Wilhelm Pieck geht auf eine gewisse Distanz zu kommunistischen Grundwahrheiten. Wem es von ihnen aus welchen Motiven heraus auch immer ernst ist mit der Demokratie und ähnlichem Teufelszeug, ist von außen nur schwer einschätzen. Walter Ulbricht gab seinerseits, wenn es richtig wiedergegeben wurde, im Mai 1945 bei einer Einsatzbesprechung seiner *Initiativgruppe* die Devise aus: „Es muss demokratisch aussehen, aber wir müssen alles in der Hand haben.“ Wenn man diese Worte nicht aus ihrem Zusammenhang reißt, kann das nur bedeuten, dass er seinen Freund und Genossen *Väterchen Frost* im Kreml austricksen will. Ganz bestimmt will er nicht mit einem Loch im Kopf enden wie Trotzki. Es ist nur eine Frage der Zeit, wann Stalin sich mit Mao überwerfen wird, dem der Kommunismus in China wichtiger ist als der eitle Egoismus Stalins. Dieser hatte mehr als klar gesagt, dass er keine Weltrevolution wünscht, und bei ihm ist ein Wort so viel wie tausend.[73]

Die Zulassung „antifaschistisch-demokratischer Parteien“ wird von den Sowjets am 10. Juni 1945 bekanntgegeben und in den darauf folgenden Tagen konstituieren sich die KPD, die SPD, die CDU und einige Wochen später wird am 5. Juli auch die LDPD zugelassen. Stalins Vorstellungen von der „Aufrichtung eines antifaschistischen, demokratischen Regimes, einer parlamentarisch-demokratischen Republik“ schlägt sich im KPD-Aufruf an das deutsche Volk vom 11. Juni nieder, das in Moskau vorbereitet worden ist. Es ist von Anton Ackermann redigiert und mit Georgi Dimitroff abgesprochen. Darin wird klar, dass die Autoren die konkrete Lage des besetzten Deutschlands vor Augen haben und deshalb ein Programm anbieten, von dem sie erwarten, dass es auch von den westlichen Besatzungsmächten mitgetragen werden kann. Von einem Übergang zu Sozialismus oder so ist natürlich auch in den internen Anweisungen und Diskussionen keine Rede. Sehen wir doch einmal rein in den Aufruf der KPD vom 11. Juni 1945: „Wohin wir blicken, Ruinen, Schutt und Asche.

Unsere Städte sind zerstört, weite ehemals fruchtbare Gebiete verwüstet und verlassen. Die Wirtschaft ist desorganisiert und völlig gelähmt. Millionen und Abermillionen Menschenopfer hat der Krieg verschlungen, den das Hitlerregime verschuldete. Millionen wurden in tiefste Not und größtes Elend gestoßen. Eine Katastrophe unvorstellbaren Ausmaßes ist über Deutschland hereingebrochen, und aus den Ruinen schaut das Gespenst der Obdachlosigkeit, Seuchen, Arbeitslosigkeit, des Hungers." In diesem langen Text wird unter anderem auch die Frage gestellt, wer nun daran schuld war: „Die Schuld und Verantwortung tragen die gewissenlosen Abenteurer und Verbrecher, die die Schuld am Kriege tragen. Es sind die Hitler und Göring, Himmler und Goebbels, die aktiven Anhänger und Helfer der Nazipartei. Es sind die Träger des reaktionären Militarismus, die Keitel, Jodl und Konsorten. Es sind die imperialistischen Auftraggeber der Nazipartei, die Herren der Großbanken und Konzerne, die Krupp und Röchling, Poensgen und Siemens." Es bleibt jedoch nicht bei den Großen: „Nicht nur Hitler ist schuld an den Verbrechen, die an der Menschheit begangen wurden! Ihr Teil Schuld tragen auch die zehn Millionen Deutsche, die 1932 bei freien Wahlen für Hitler stimmten, obwohl wir Kommunisten warnten: Wer Hitler wählt, wählt den Krieg!" Da heißt es übrigens auch: „An den Händen der Hitlerdeutschen klebt das Blut von vielen, vielen Millionen gemordeter Kinder, Frauen und Greise. In den Todeslagern wurde die Menschenvernichtung Tag für Tag fabrikmäßig in Gaskammern und Verbrennungsöfen betrieben."[74] Das ist bloß wichtig für Leute, die behaupten wollen, das sei erst viele Jahre danach so gesagt worden.

Man glaubt es kaum, wenn man da liest: „Wir deutschen Kommunisten erklären, dass auch wir uns schuldig fühlen, indem wir es trotz der Blutopfer unserer besten Kämpfer infolge einer Reihe unserer Fehler nicht vermocht haben, die antifaschistische Einheit der Arbeiter, Bauern und Intelligenz entgegen allen Widersachern zu schmieden, im werktätigen Volk die Kräfte für den Sturz Hitlers zu sammeln, in den erfolgreichen Kampf führen und jene Lage zu vermeiden, in der das deutsche Volk geschichtlich versagte."[75] Es ist schwer zu fassen, dass man das in Moskau zugelassen haben soll. Vielleicht war es ja Väterchen Frost, der jedwede Zusammenarbeit vor 1933 mit den „Sozialfaschisten" untersagt hatte. In dem Text steht auch: „An der gegenwärtigen historischen Wende rufen wir Kommunisten alle Werktätigen, alle demokratischen und fortschrittlichen Kräfte des Volkes zu diesem großen Kampf für die demokratische Erneuerung Deutschlands, für die Wiedergeburt unseres Landes auf!" In diesem Aufruf findet sich ebenso die bemerkenswerte Feststellung: „Wir sind der Auffassung, dass der Weg, Deutschland das Sowjetsystem aufzuzwingen, falsch wäre, denn dieser Weg entspricht nicht den gegenwärtigen Entwicklungsbedingungen in Deutschland."[76]

Es werden zehn Punkte als „die ersten und dringendsten Aufgaben zum Wiederaufbau Deutschlands, zur Neugeburt unseres Volkes" aufgezählt. Die in dem Text genannten Aufgaben könnten allerdings „nur durch die feste Einheit aller antifaschistischen, demokratischen und fortschrittlichen Volkskräfte verwirklicht werden". Über den dritten Punkt können sich die politisch aktiven Leute freuen: „Herstellung der demokratischen Rechte und Freiheiten des Volkes, Wiederherstellung der Legalität freier Gewerkschaften der Arbeiter, Angestellten und Beamten sowie der antifaschistischen demokratischen Parteien, Umbau des Gerichtswesens gemäß den neuen demokratischen Lebensformen des Volkes." Nachdem in jenem Aufruf der KPD vom Aufbau eines „Blocks der antifaschistischen, demokratischen Parteien" die Rede ist und danach die Kommunistische und die Sozialdemokratische Partei neben anderen denkbaren Parteien separat genannt werden, gründet man offizielle Ortsvereine der SPD. In Potsdam zum Beispiel trifft der Kreis um Georg Spiegel Vorbereitungen zur Wiedergründung der SPD und bietet den Kommunisten die Bildung einer Einheitspartei an.[77]

„Man muss dem Volk die Wahrheit sagen", erklärt Walter Ulbricht dem Parteivolk in Berlin einen Tag nach der Veröffentlichung des Aufrufs am 12. Juni. „Sie besteht darin, dass das antifaschistische Deutschland noch ein kapitalistisches Land ist." Auf eine Vereinigung mit den Sozialdemokraten haben manche Kommunisten überhaupt keine Lust und es dürfte andererseits auch gar nicht erstaunen, dass die KPD bis zum Herbst '45 keinen Wert auf eine schnelle Vereinigung der beiden Parteien legt, weil sie befürchten muss, dass die ureigenen ideologischen Standpunkte von den hinzukommenden Sozialdemokraten aufgeweicht werden könnten. Problematisch daran ist lediglich, dass sie sich so mit den Vorstellungen des geliebten – oder eben auch verhassten Genossen Stalin anlegen. Den Pakt mit Hitler haben nicht alle verziehen. Die KPD hat ja auch weniger Mitglieder, allein schon nach der Nazi-Herrschaft über unser Land. Die einen waren nach der Machtübergabe in die NSDAP eingetreten und die anderen verbrachten Wochen, Monate und Jahre ihres Lebens im Lager. Die Offerten der Sozialdemokraten gehen daher ins Leere. Ulbricht lässt sie bei der ersten Begegnung mit dem KPD-Zentralkomitee wissen, dass ihre sozialistischen Programmpunkte, die die SPD im Aufruf aus Anlass der Neugründung am 15. Juni aufgeführt hat, nicht aktuell seien: „Nicht der Sozialismus steht auf der Tagesordnung, sondern die Demokratie."[78] Damit rudert er gegenüber seiner Äußerung vom Mai arg zurück.

Sozialdemokraten und Kommunisten verständigen sich am 19. Juni '45 auf die Bildung gemeinsamer „Arbeitsausschüsse". Es geht darum, von der Reichshauptstadt aus für das gesamte Besatzungsgebiet Weichen in Richtung antifaschistisch-demokratischer Umgestaltung zu stellen. Den Politikern, die jetzt als Parteigründer auftreten, wird versichert, dass sie für den demokratischen Neuanfang gebraucht werden. Mitgliedern des SPD-Zentralausschusses erklärt der Marschall Shukow: „Meine Herren, ich bin hier mit dem Auftrag nach Berlin und in das Okkupationsgebiet geschickt worden und habe den Auftrag aus Moskau, hier ein demokratisches Staatsleben zu entwickeln. Ich weiß genau, dass ich mich dabei nicht in erster Linie auf die Kommunistische Partei stützen kann, sondern dass ich auf Sie angewiesen bin, denn ich weiß, dass Sie die Massen hinter sich haben."[79]

Der Leipziger KPD-Führer Fritz Selbmann schreibt in eine Rededisposition im Juli 1945, dass Deutschland heute in Besatzungszonen gespalten sei, die Politik der KPD jedoch niemals nur für einen dieser Besatzungssektoren gültig sein dürfte. Weiter begründet er die Zurückstellung aller Sowjetisierungspläne zugunsten des strategischen Ziels Demokratie damit, dass man auf den Trümmern Deutschlands keinen Sozialismus aufbauen könne und dass das deutsche Volk ideologisch noch nicht reif sei für eine Sowjetisierung. Da wird sich mancher Genosse fragen, wofür er denn dann im KZ gesessen hat. So haben die Moskau-Heimkehrer große Schwierigkeiten, den Altgenossen eine strategische Generallinie begreiflich zu machen, die entgegen den Erwartungen die „völlig ungehinderte Entfaltung des freien Handels und der privaten Unternehmerinitiative auf der Grundlage des Privateigentums" umfasst und die Frage nach der Zukunft des sozialistischen Programmes offenlässt. Der Widerstand gegen eine Linie, die nicht zu den Hoffnungen passt, die die Kommunisten in der Regel an den Zusammenbruch des Nationalsozialismus und den Einmarsch der Roten Armee geknüpft haben, kann erst durch materielle Hilfe der Sowjetischen Militäradministration in Deutschland, oder kurz gesagt der SMAD, für das Zentralkomitee und die Aufnahme zahlreicher neuer Parteimitglieder gebrochen werden.[80]

Die Moskauer Führung kann rasch wichtige Anfangserfolge verzeichnen. Mit mehr oder weniger deutlichen Hinweisen, dass die Zusammenarbeit der antifaschistischen Parteien Voraussetzung zur Erteilung einer Lizenz sei, erreicht man, dass alle Parteien der Bildung eines „Blocks der antifaschistischen-demokratischen Parteien" zustimmen, wie er in dem Aufruf der KPD vom 11. Juni vorgeschlagen worden war. Die Sozialdemokraten waren von Anfang an für den Gedanken einer organisierten Zusammenarbeit zu haben; sie bestehen allerdings darauf, dass Beschlüsse nur „auf dem Wege der Vereinbarung" zustande kommen. Um die Bedenken der bürgerlichen Parteien CDU und LDPD zu zerstreuen, dass sie durch die Hintertüre das Sowjetsystem aufgedrückt kriegen – und durch gegen sie gerichtete Koalitionsbildungen untergebuttert werden können, wird am 14. Juli eine „Einheitsfront" konstituiert. So eröffnet sich auch der KPD eine Aussicht, an der künftigen Regierungsverantwortung teilzuhaben.[81]

Stalin steht sich selbst im Weg

So schön das alles auch klingt, so stehen sich die Menschen sowjetischer Prägung auch wieder selbst im Weg. Stalin ist logischerweise der Letzte, der sich darüber beschweren darf. Es ist ziemlich weltfremd, von Leuten die Einrichtung demokratischer Verhältnisse zu verlangen, die so etwas zu ihren Lebzeiten noch nicht erlebt haben. Demokratie oder auch bloß das parlamentarische Parteiensystem unter dem Zaren hat noch keiner der Offiziere und Soldaten seinerzeit erlebt, zumindest nicht die im Alter bis etwa fünfzig Jahre. Folgerichtig stehen die Verantwortlichen der Besatzungsmacht etwas hilflos in ihren Büros. Ein positives Beispiel bietet Wladimir Semjonow. Er ist sich, wie eine Anzahl von Vertraulichkeiten gegenüber den führenden Sozialdemokraten und vielfältige Avancen gegenüber bürgerlichen Politikern deutlich machen, der Bedingungen für ein Gelingen des gesamtdeutschen Konzepts weit stärker bewusst als der ziemlich unbewegliche, ja dogmenverhaftete Sergej Tulpanow, der Chef der Verwaltung Information und Leiter des Parteiaktivs der SMAD, also der Sowjetischen Militäradministration in Deutschland. Aber selbst diejenigen, die sich aus praktischer Vernunft, antifaschistischer Solidarität oder nationalem Empfinden grundsätzlich um eine Verwirklichung von demokratischen Prinzipien bemühen, erkennen oft nicht, was dies wirklich erfordert, und wenn, dann mangelt es ihnen an Gelegenheiten, ihre Bedenken zur Sprache zu bringen oder gar für Abhilfe zu sorgen. Stalin selbst ist mit den vielfältigen Steuerungsproblemen des Imperiums hoffnungslos überlastet, häufig schlecht informiert und ohne Gespür für die Erfordernisse, die sich aus dem Demokratisierungsprogramm ergeben.[82]

Die sowjetischen Akteure kennen auch das Land nicht, wo sie jetzt tätig werden sollen. Unter den 50.000 Mitarbeitern der SMAD gibt es so gut wie keinen Deutschland-Spezialisten; auch von den Führungskräften im Stab ist kaum einer auf die Aufgaben vorbereitet worden. Die notorische Reserviertheit der sowjetischen Repräsentanten in der *European Advisory Commission* und anderen alliierten Gremien verrät nicht nur eine gewisse Unsicherheit, sondern auch einen – mitunter eingestandenen –

Mangel an Planungskompetenz. Schulungen, welche die SMAD für ihre Führungskräfte in Berlin organisiert, können allerdings den Mangel an Kenntnissen und Erfahrung nur ungenügend wettmachen.[83]

Schon im Sommer 1945 machen sich Tendenzen bemerkbar, die auf eine exklusive Kontrolle der sowjetischen Zone durch kommunistische Funktionäre hinauslaufen. Die Auflösung der Antifaschistischen Ausschüsse ist ein erster Schritt in diese Richtung. Zudem werden Appelle des SPD-Zentralausschusses zur Wiederherstellung der „organisatorischen Einheit der deutschen Arbeiterklasse" vom Mai und Juni durch die Führer der KPD abgelehnt. Diese KPD war vor etwa zwei Jahrzehnten aus Enttäuschung über die Zustimmung der SPD zu den Kriegskrediten im Jahr 1914 überhaupt erst aus der SPD hervorgegangen. Jetzt will die SPD die verlorenen Kinder wieder einsammeln. Statt nun den antifaschistischen Impulsen ungehindert freien Lauf zu lassen, suchen die Moskau-Heimkehrer aus der KPD mit Hilfe der SMAD die Reste der alten KPD unter ihre Kontrolle zu bringen und die durch die zahlreichen Neuzugänge beträchtlich ausgeweitete Partei ideologisch sowie auch organisatorisch zu formieren. Parallel dazu verschafft die SMAD der KPD häufig Schlüsselstellungen, auf jeden Fall überproportionalen Einfluss in den neu zu besetzenden Verwaltungen. Im Verhältnis zu anderen Parteien unterstützt sie die KPD vielfältig mit materiellen und organisatorischen Privilegien. So entsteht in der sowjetischen Zone eine Lage, die dem pluralistischen Ansatz entgegenwirkt – und mit jedem Tag, der kein positives Signal aus dem Westen bringt, welken die gesamtdeutschen Aussichten dahin.[84]

Häufig können die sowjetischen Kommandanten ihr Misstrauen gegenüber Sozialdemokraten und bürgerlichen Politikern nicht verbergen. So kommen Kommunisten in den Genuss von Privilegien: Man bevorzugt sie in der Zuteilung von Papier und Druckmaschinen, bei der Zuweisung von Gebäuden, bei der Benzinvergabe und der Lebensmittelversorgung. Beim Besetzen von Verwaltungsstellen geraten bewährte Antifaschisten sozialdemokratischer oder bürgerlicher Herkunft nicht selten gegenüber KPD-Angehörigen ins Hintertreffen. Unter den Nutznießern sind fraglos auch solche, die gerade erst mit einem Schuss Opportunismus ihr Herz für die kommunistische Sache entdeckt haben. Wie viele von ihnen sind mehr oder weniger aus den gleichen materiellen Gründen erst vor zwölf Jahren in die NSDAP gegangen, bevor Hitler den Beitritt von neuen Mitgliedern unterbunden hat, um die *Verwässerung* seiner Truppenteile zu verhindern? Und für wie viele ist das jetzt die erste Wende im Leben, sodass sie zum ersten Mal alles für ihr eigenes Wohl tun?[85]

Obendrein breitet sich unter der Herrschaft der SMAD eine ganz fundamentale Rechtsunsicherheit aus. Plünderungen, Vergewaltigungen sowie weitere Übergriffe auf die Zivilbevölkerung durch Angehörige der Roten Armee können trotz entsprechender Interventionen der KPD- wie auch der SPD-Führung bei Georgi K. Shukow in Berlin nur allmählich eingedämmt werden. Willkürliche Verhaftungen, die rechtsstaatlichen Prinzipien Hohn sprechen und für zehntausende Unschuldige Schinderei und oftmals auch Tod in der Welt der Lager bedeuten, bleiben noch lange an der Tagesordnung. Solche Horrorgeschichten muss man sich auch nicht ausdenken. Da fragt man einfach einen unverdächtigen Kronzeugen wie den knapp 33-jährigen KPD-Genossen Erich Honecker. Auf eine Frage, woher seiner Meinung nach „diese Menschenverachtung" in der Sowjetunion gekommen sei, überlegt er: „Ich weiß es nicht – vielleicht aus ihrer Mentalität. Bei uns wollten sie das auch tun, aber wir haben das verhindert. Auch mich wollten sie einspannen für ihren Nachrichtendienst. Das habe ich abgelehnt. Das muss mit der Mentalität dieses Landes zusammenhängen. Woher kommt denn auf einmal die SS in Moskau? Erklären Sie mir das. Wo kommen die Pogromsachen dort plötzlich wieder her? Die Juden sind doch Menschen wie alle anderen." Das ist eigentlich nur noch zu überbieten, indem man Jossif W. Stalin zitiert, der 1941 zur Einschüchterung des abgesetzten und inhaftierten Volkskommissars für die Rüstungsindustrie Boris Wannikow seinen Geheimdienstchef Berija kurz und bündig als „unser Himmler" vorstellte.[86] Es ist nur eine Frage der Zeit, wann es in Mittel-Deutschland einen Volksaufstand gibt.

Berlin avanciert zur Hauptstadt der Spionage

Begierig saugen die siegestrunkenen Amerikaner die Informationen auf, die Gehlen ihnen anbietet. Im Sommer 1945 erblüht in den Trümmern von Deutschland eine seltsame Romanze – amerikanische und deutsche Geheimdienstler umwerben einander. Nehmen wir einmal Captain John R. Boker jr., in dessen Familienstammbaum auch deutsche Vorfahren zu finden sind. Er ist der Auffassung, jetzt sei genau der ideale Augenblick, um Informationen über die Sowjetunion zu gewinnen. Für die Amis gibt es keinen Zweifel: Der Feind meines Feindes ist mein Freund. Doch die Sowjets sind Alliierte. Sind sie es nicht mehr? Stört es nicht, dass Gehlen so brav freiwillig für die Amis arbeitet? „Von Anfang an", wird er später sagen, „haben mich folgende Überzeugungen geleitet: Die entscheidende Kraftprobe zwischen Ost und West ist unvermeidlich. Jeder Deutsche ist verpflichtet, sein Teil dazu beizutragen, so dass Deutschland die Aufgabe hat, die ihm zufallenden Missionen für die gemeinsame Verteidigung der christlichen Zivilisation des Westens zu erfüllen."[87] Das kaufen ihm die Amis buchstäblich mit Dollarscheinen ab. Man verkauft sich als der Elitetrupp Hitlers und beruft sich gleichzeitig auf christliche Werte. Da darf man selbstverständlich überhaupt keine Ahnung vom Dritten Reich haben, um an diesem Punkt nicht ins Grübeln zu kommen.

Die mehr oder minder richtigen Informationen, die solche Fachleute wie General Gehlen den *friends* in *America* geben, haben jedenfalls den gewollten Effekt. Den Amis wird mit der Sowjetunion ein neues rotes Tuch vorgehalten, auf das sie sich jetzt konzentrieren sollen. Man muss demokratisierwütige Amerikaner einfach bloß beschäftigen. Die Amerikaner leiten daraus haarscharf ab, nun bestünde die Notwendigkeit eines Feldzuges gegen den Kommunismus. Allen Dulles, der im Kriege überschlau für den Präsidenten Roosevelt den Geheimdienst in der Schweiz geleitet hatte und die Männer und Frauen aus dem deutschen Widerstand ignorierte, findet die Anwerbung Gehlens prachtvoll: „Im Spionagegeschäft gibt es selten Heilige. Er ist auf unserer Seite, und nur das zählt." Selbst für die geringfügigsten Informationen, die Gehlen über die Sowjets besitzt, zahlen die Amis. Ihre Neugierde wiegt schwerer als die Frage, was Gehlen und seine Leute während des Krieges getan hatten. Jede Horrormeldung über deutsche Verbrecher aus den letzten Jahren bestärkt die plötzlichen Freunde aus *America* darin, dass sie alles über Herrn Gehlen wissen, und verzeihen in ihrer unendlichen Großmut, „was er und seine Leute während des Krieges getan hatten". Sie wissen freilich nicht, was er und seine Männer tatsächlich während des Krieges getan hatten und was sie ihnen verzeihen sollten; es gibt nämlich mehrere Deutsche, und die haben in dieser Diktatur auch nicht alle das Gleiche getan. Vorurteile sind schädlich. Mit ihrem Bestreben, das deutsche Volk als reinrassiges Volk von Kriminellen aufzutischen, stehen sich die Angelsachsen selbst im Wege. Einem amerikanischen Korrespondenten, der 1945 die Wirklichkeit aufzuspüren beginnt, wird zum Beispiel untersagt, irgend etwas „über eine spezifische Opposition" gegen Hitler herauszugeben, und das Verbot kommt „von höchsten Stellen in Washington". Ein Jahr danach wird einem anderen amerikanischen Korrespondenten, der interessiert durch das besiegte und besetzte Deutsche Reich reist, das Buch *Offiziere gegen Hitler* des mutigen Fabian von Schlabrendorff entzogen, das eine wichtige Quelle der Erkenntnis darstellen könnte, wenn man es freundlicherweise auch einmal lesen dürfte, um es in die Meinungsbildung einfließen zu lassen.[88]

Was die Alliierten 1945 tatsächlich wollen, wird deutlich am Beispiel der Stadt Berlin. Sie wollen das Land von der Hauptstadt aus verwalten. Die Sowjets wollen klären, wo Deutschland im Osten endet, damit die Westverschiebung Polens einen endgültigen Charakter erhält, und die Angelsachsen möchten gern ein zweites *Versailles* unterschrieben bekommen, sodass der Exportmeister auf dem Kontinent diesmal nicht wieder aufsteht. Die Stadt Berlin, mitten im sowjetischen Teil Deutschlands, zeigt, dass zum 1. Juli niemand mehr an der Aufteilung Interesse haben kann, als Stalin die von seiner Armee besetzte Hauptstadt für die Truppen der westlichen Alliierten öffnet; und Letztere haben nach der Übereinkunft der Großen Drei ihre Truppen, die bis zur Thüringer Saale und bis zum Flusslauf der Elbe standen, zum 1. Juli nach Westen zurückgezogen.

Die letzte Kuschelrunde der Alliierten

Im Potsdamer Schloss Cecilienhof, dem Wohnsitz des letzten deutschen Kronprinzenpaares Wilhelm und Cecilie von Preußen, kommen die drei Hauptalliierten des Zweiten Weltkrieges, Herr Premierminister Winston Churchill, der frische US-Präsident Harry Truman plus Väterchen Frost Jossif Wissarjonowitsch Stalin am 17. Juli 1945 an einen Tisch, als hätte es nie den Gedanken an die *Operation Unthinkable* gegeben. Es ist nur zu schade, dass ihm die Herren aus dem Westen aber auch nicht an den Kopf brettern, dass ihnen zugetragen wurde, er wolle die Welt erobern. Noch nicht einmal Osteuropa kann Stalin eingemeinden wollen, wenn er es sich nicht mit den technologisch führenden Mächten verscherzen will. Schafskäse von grünen Wiesen statt *high tech* aus dem Westen, na klar. An diesem Tische könnte man das Missverständnis ausräumen, das geeignet ist, um die amerikanischen Pläne zur ökonomischen Kooperation mit Sibirien und dem westlichen Russland zu hintertreiben.

Die Sowjets sind in ihrer Zone schon seit fast zwei Monaten dabei, einen demokratischen Mehrparteienstaat aufzubauen. Wenn die Westmächte nicht noch mehr an Prestige verlieren wollen, müssen sie sich bewegen, denn so war ein Schritt in Richtung auf eine antifaschistische Parteienstruktur in allen vier Besatzungszonen getan. Dies deutet sich am Tisch in Potsdam am 17. Juli zumindest an. Die Amerikaner haben einen Entwurf von Direktiven für die künftige Behandlung Deutschlands in petto, der eine strenge Entnazifizierung sowie den schrittweisen Wiederaufbau des politischen Lebens vorsieht. Jetzt soll es in ihrer Zone sogar demokratische Parteien geben dürfen. Außerdem träumen sie von einer „Vernichtung der bestehenden übermäßigen Konzentration der Wirtschaftskraft, dargestellt insbesondere durch Kartelle, Syndikate, Trusts und andere Monopolvereinigungen". Da können sie bei der IG Farben Aktiengesellschaft gleich anfangen und dort wissen sie Bescheid. Die haben die Guten Mitte der 1920er Jahre selbst zurechtgefriemelt, damit das Reich Krieg führen kann gegen Europa. Der Moskauer Außenminister Molotov braucht nur noch ergänzend die „Organisation einer deutschen Zentralverwaltung“ vorzuschlagen, und schon gibt es ein gemeinsames deutschlandpolitisches Programm, das den Moskauer Vorstellungen prinzipiell entspricht.[89]

Unter dem Eindruck der ersten Gespräche mit den westlichen Alliierten beginnt die Sowjetische Militäradministration in Berlin damit, deutsche Zentralverwaltungen anzuvisieren. Am 20. Juli '45 wird der Vorsitzende des Zentralausschusses der SPD Otto Grotewohl aus Braunschweig aufgefordert, sozialdemokratische Kandidaten zum Leiten von Zentralverwaltungen in Deutschland zu benennen. Bis 1933 war er der Bezirksvorsitzende des SPD-Landesverbandes Braunschweig und ein Mitglied des Reichstags wie auch Präsident der Braunschweiger Landesversicherungsanstalt. 1937 siedelte er nach Berlin über und wurde prompt 1938 wegen illegaler Umtriebe verhaftet und blieb in Untersuchungshaft. Erst wurde das Verfahren eingestellt, dann 1939 neu aufgerollt und er war wieder in den Kahn eingefahren. 1940 wurde das Verfahren erneut eingestellt und er durfte wieder auf die Straße. Es kam noch dies, das und jenes, so hat er mit der sozialdemokratischen Widerstandsgruppe *Heibacko* versucht, etwas zu unternehmen, und nach dem Attentat vom Juli '44 war er dann sicherheitshalber von sich aus abgetaucht. Folgerichtig wurde er bereits am 10. Juni '45 auf der konstituierenden Sitzung des Zentralausschusses der SPD zum Vorsitzenden gewählt. Während der Potsdamer Konferenz ergeht am 27. Juli ein offizieller Befehl der SMAD, deutsche Zentralverwaltungen zu errichten. Das ist, wie Arkadij Sobolev, politischer Berater von Marschall Shukow, dem britischen Kollegen Christopher Steel Anfang September erläutert, eine Maßnahme zur effektiven Kontrolle und Koordination der Länder- und Provinzverwaltungen durch die Sowjetische Militäradministration und zugleich bereits ein Schritt in Richtung gesamtdeutscher Verwaltungen.[90]

Auf der Potsdamer Konferenz befinden die Herren der Lage am 30. und am 31. Juli über die Frage der Zentralverwaltung für das besetzte Reich. Die letztendlichen Formulierungen im Potsdamer Kommuniqué lassen die Perspektive einer zukünftigen gesamtdeutschen Regierung weniger deutlich erkennen als der sowjetische Entwurf. Die westlichen Verbündeten sind bloß bereit, sich auf die Bildung „einiger wichtiger zentraler deutscher Verwaltungsabteilungen" festlegen zu lassen, allerdings nicht ebenso auf die Koordinierung der Tätigkeit von Provinzialverwaltungen und die zentrale Wahrnehmung von Funktionen, die mit der Lösung von Fragen gesamtdeutschen Charakters im Zusammenhang stehen.[91]

Mitten in der schönsten Konferenz seines Lebens springt der Menschenrechtsaktivist Winston Churchill auf einmal auf und verlässt Potsdam in der Nähe der großflächig zerbombten Stadt Berlin, wobei die Residenzstadt Potsdam selbst nicht schlecht abgekriegt hat. Er befindet nämlich, dass Deutschland nicht zu viele Ostgebiete verlieren dürfe; insbesondere Schlesien tut ihm so leid: „Wenn drei oder vier Millionen Polen von östlich der Curzon-Linie umgesiedelt werden, so hätte man drei oder vier Millionen Deutsche im Westen umsiedeln können, damit sie den Polen Platz machen. Die Umsiedlung von jetzt schon acht Millionen Menschen ist eine Sache, die ich nicht unterstützen kann." Mir kommen ebenso die Tränen. Sagt das im Ernst derselbe Churchill, der in Teheran erklärt hat, dass Polen aus einer Westverschiebung nichts als Nutzen ziehen könne? Was seien die Pripjetsümpfe gegen die Industriegebiete Deutschlands in Schlesien? Wenn er jetzt von seinem stellvertretenden Premier Clement Attlee abgelöst wird und Schlesien sehr wohl auch abgetrennt, dann versucht hoffentlich keiner in die Welt zu setzen, Attlees Unerfahrenheit im Umgang mit dem Raubtier Stalin habe zur Folge, dass sich der sibirische Tiger in allen Punkten durchsetzt, da Attlee ungewollt die Positionen des US-Präsidenten Harry S. Truman untergraben habe. Die militärisch gar nicht zu rechtfertigende Ausrottung der deutschen Zivilbevölkerung hat ebenfalls aufgrund der *Area Bombing Directive* stattgefunden und nicht ungewollt oder aus Unerfahrenheit. Coventry kann zur Erklärung gerade *nicht* herangezogen werden, weil London den Luftkrieg eröffnet hatte.[92] Entschuldigen Sie bitte, dass ich nachtragend bin. Ich weiß es natürlich, dass Leute mit einem guten Gedächtnis die geborenen Feinde bezahlter Historiker sind. Aber warum sollte der narzisstisch gestörte Hitler nicht auf einer Stufe mit kalt kalkulierenden Imperialisten stehen?

Die drei westlichen Mächte wollen den Deutschen die Anerkennung der neuen Ostgrenze in einem Friedensvertrag überlassen. Damit haben die Russen den Schwarzen Peter in der Hand. Mögen sie doch in Polen, der Tschechoslowakei und Deutschland herumstehen und abwarten, bis die Friedenskonferenz kommt. Wünsche viel Geduld! Auf jene Konstellation hat Carl Friedrich Goerdeler hingearbeitet. Die Deutschen stellen völlig unrealistische Forderungen von den Sudeten bis Tirol und von Schlesien bis Ostpreußen und die ehemaligen Alliierten sind sich spinnefeind, sodass es keine gesamtdeutsche Regierung gibt, die einen Vertrag unterschreiben muss. Nun sind die Zeiten vorbei, in denen Japans Londoner Militärattaché warnte: „Vergessen Sie nie, dass die Briten die schlausten Menschen auf Erden sind, die es in der Verhandlungskunst ebenso wie bei der Manipulation der Presse und der öffentlichen Meinung zur absoluten Meisterschaft gebracht haben.“[93] Franz Josef Strauß auf jeden Fall erläutert in seinen unbedingt lesenswerten Memoiren: „Wenn wir einen Friedensvertrag schließen, dann verlangt man von uns Reparationen. Da wir aber nicht bereit und nicht in der Lage sind, Reparationen zu zahlen, wollen wir auch keinen Friedensvertrag. Die höhere und die niedere Mathematik der Politik trafen hier zusammen – das Offenhalten der deutschen Frage und das Vermeiden gigantischer Reparationszahlungen.“[94]

Werden die ausländischen Diplomaten und Verhandlungsführer dieses Buch studieren und die Deutschen besser verstehen oder werden sie sich diese Zeit schenken, weil Politiker doch *immer* lügen wie gedruckt? Wie lange wird es heißen, man müsste „die deutsche Frage offenhalten“? Am 2. August geht die Potsdamer Konferenz zu Ende. Bald ist der Spruch im Umlauf: Ein Ausländer fragt einen Deutschen: „Wie lange wird es wohl dauern, bis Deutschland wieder auf den Beinen ist?“ – „Zweiundfünfzig Jahre“, erwidert der Deutsche. – „Wieso gerade zweiundfünfzig Jahre?“, fragt der Ausländer erstaunt. – „Nun“, antwortet der Deutsche, „fünfzig Jahre werden die Besatzungsmächte hier sein, na, und zwei Jahre oder so werden wir schon brauchen, bis wir wieder auf den Beinen sind.“[95]

Auch in der Sowjetunion wollen sie gerne wieder auf die Beine kommen, auch wenn das für die 20 bis 27 Millionen Opfer leider nicht mehr wahr werden wird. Deshalb hatte die sowjetische Delegation die Reparationen in Potsdam thematisiert, wurde aber mit dem Argument abgebügelt, sie möge doch ihre Reparationsbedürfnisse zunächst durch Entnahmen aus der eigenen Besatzungszone befriedigen. Perspektivisch wurden Stalins Begleitern 25 Prozent der „für die deutsche Friedenswirtschaft nicht erforderlichen" Industriegüter der Westzonen in Aussicht gestellt (15 Prozent gegen entsprechende Nahrungsmittel- und Rohstofflieferungen, 10 Prozent ohne Gegenleistung), ohne das Niveau der künftigen Friedensproduktion zu fixieren. Auch die Zurückstellung der Forderung nach Errichtung der Vier-Mächte-Verwaltung des Ruhrgebiets, die die Nutzung der Erträge der Ruhrindustrie für sowjetische Reparationszwecke möglich machen sollte, wurde als eine schwere Niederlage empfunden. Was nicht ist, kann ja noch werden. Da Außenminister James Byrnes seinem Moskauer Amtskollegen Molotov wiederholt versichert, dass eine Zweiteilung der Reparationen nichts an der amerikanischen Absicht ändere, die vier Zonen als wirtschaftliche Einheit zu behandeln, ist man weiterhin voller Hoffnung. Stalin lobt Byrnes am Schluss der Konferenz für die Bemühungen um produktive Ergebnisse, und die Parteizeitung Prawda spricht dann am 3. August von einem erfolgreichen Abschluss, der „die Verbindungen zwischen den Verbündeten gefestigt" habe. Nach Grigori Klimov, einem SMAD-Offizier in der Berliner Stadtkommandantur, betrachtet man die Potsdamer Ergebnisse in Moskau als den „größten Sieg der Sowjetdiplomatie".[96]

Hiroshima und Nagasaki müssen noch verglühen

Der US-Präsident Truman weiß, dass er bereits über zwei Atombomben verfügen kann. Gut, für Deutschland ist es jetzt schon zu spät, aber man könnte der Welt ihre Wirkung noch in Japan vor Augen führen. Im Lauf der letzten Wochen flossen Informationen aus verschiedenen Quellen in die Entscheidungsfindung ein. Erstens wird Japans Führung spätestens dann kapitulieren, wenn die Sowjetunion ihr ebenfalls den Krieg erklärt. Amerikanische Militärs betrachten die Entscheidung als Bestätigung der Richtigkeit ihrer Schlussfolgerung über die Notwendigkeit, ihre eigenen Anstrengungen mit denen von Moskau zu vereinigen. Zweitens erfuhr er jetzt in Potsdam von Stalin, dass dieser vorhat, in den Kampf mit Japan in der Nacht vom 8. zum 9. August einzugreifen. Das bedeutet, dass das Land der aufgehenden Sonne am 9. August seine Kampfhandlungen einstellen wird. Wenn Truman dann noch den Befehl zur Auslöschung der beiden Millionenstädte gibt, geht er selbst als größter Kriegsverbrecher aller Zeiten in die Weltgeschichte ein. Warum aber lädt er sich nicht ein paar Japaner auf das Testgelände in den USA ein und führt die Wirkung der Wunderwaffen vor? Dabei spielt es keine Rolle, ob er sie aus Japan herbeiholt oder auf Japaner in den USA zurückgreift. Aber nein, er lässt am 6. August '45 noch schnell eine Atombombe auf Hiroshima abwerfen und am 9. August verglüht auch Nagasaki. Jetzt kann er in den Büchern verbreiten lassen, seine Aktion hätte die Kapitulation des Kaiserreichs in Asien bewirkt.[97]

Schützenhilfe bei der Teilung Deutschlands

Mit einem Paukenschlag beenden die Franzosen die Hoffnung auf oder die Angst vor Deutschland als Zentralstaat. Sie legen ihr Veto gegen die Errichtung von Zentralverwaltungen ein, wie sie in Potsdam beschlossen worden waren. Die französische Regierung lehnt diesen Beschluss gleich am 7. August 1945 in einem Schreiben an die Verbündeten mit der Begründung ab, er präjudiziere die Grenzen wie auch den staatlichen Aufbau des künftigen Deutschlands. Genau diese Festlegung soll momentan noch verhindert werden, denn Frankreich wünscht sich die Abtrennung des Ruhrgebiets und des Rheinlandes vom deutschen Staatsverband. In Paris träumen sie ebenso von einem höheren Maß an Dezentralisierung und direkter Kontrolle durch die Besatzungsmächte, als mit dem bereits vorhandenen Konzept deutscher Zentralverwaltungen vereinbar ist. So verzögern die Pariser Vertreter im Alliierten Kontrollrat die Planung für die Errichtung von Zentralverwaltungen.[98] Es ist ganz bestimmt nicht so sehr weit hergeholt, diese Haltung als Revanche für die fünf Jahre lange Teilung von Frankreich anzusehen, die gerade zu Ende gegangen ist.

Die Sterne sammeln sich auch in Bayern

In Bayern bereitet am 14. August eine Gruppe um Fritz Schäffer, der bis zum Frühjahr sein Leben im KZ Dachau zugebracht hat, und Franz Josef Strauß, der zu den Tausenden Verschwörern des Staatsstreichs von 1944 gehörte, die Gründung der Christlich-Sozialen Union oder kurz CSU vor. Sie wird dann im Oktober mit einigen Bürgerinnen und Bürgern richtig offiziell gegründet. Dass dieser Franz Josef Strauß nach dem Kriege zum Landrat für den Landkreis Schongau berufen worden ist, hat auch damit etwas zu tun, dass er den Amerikanern durch das korrekte Englisch aufgefallen war. Er hatte in den dreißiger Jahren demzufolge nicht nur *alte* Sprachen studiert. Zum ersten Vorsitzenden der Partei wird der Rechtsanwalt Dr. Josef Müller. Er wird schon seit seiner Schulzeit auf dem erzbischöflichen Knabenseminar zu Bamberg ob der kleinbäuerlichen Herkunft *Ochsensepp* genannt. Der Mann ist eine ungewöhnlich schillernde Persönlichkeit. Im Zweiten Weltkrieg war Müller der Verbindungsmann zwischen der militärischen Abwehr und dem Vatikan gewesen. Andererseits pflegte er auch gute Beziehungen zu alliierten Geheimdiensten und zu hohen SS-Führern. Gegen Kriegsende war er von der Gestapo wegen der Kontakte zu den Verschwörern vom 20. Juli 1944 verhaftet worden. Doch dank seiner glänzenden Verbindungen nach allen Seiten ist er mit dem Leben davongekommen.[99]

Die lautlose Auswertung in der Katholischen Kirche

Wer das Wirken der Katholischen Kirche in dem letzten zwölf Jahren in Augenschein genommen hat und es damit vergleicht, was man wirklich erreichen oder verhindern konnte, so ist es alles in allem nicht gewaltig. Im Endeffekt waren Krieg und Massenmorde nicht abgewendet worden. Jetzt geht es also um die Auswertung dessen, was geschehen ist, mit den Schäfchen in den einzelnen Gemeinden der Kirche. Vom 21. bis zum 23. August 1945 treffen sich die Katholischen Bischöfe Deutschlands wieder in Fulda. Am Ende schreiben sie: „Furchtbares ist schon vor dem Kriege in Deutschland und während des Krieges in den besetzten Ländern geschehen. Wir beklagen es zutiefst." In dem Text heißt es unter anderem: „Schwere Verantwortung trifft jene, die auf Grund ihrer Stellung wissen konnten, was bei uns vorging." Völlig zu Recht sollte immer differenziert werden: „Es ist eine Forderung der Gerechtigkeit, dass immer und überall die Schuld von Fall zu Fall geprüft wird, damit nicht Unschuldige mit den Schuldigen leiden müssen." Auf welcher Grundlage kann man denn aufbauen? Da die Kirche als Institution des öffentlichen Lebens in ihrer Struktur und ihrem Selbstverständnis nahezu intakt geblieben war, sind die Bischöfe aufgerufen, den neuen Staat mit aufzubauen. Dabei geht es um die Umsetzung der Prinzipien der katholischen Soziallehre in praktische Politik und um ein Staat-Kirche-Verhältnis, das die Rechte und das Selbstbestimmungsrecht der Kirche wahrt – und zwar auf der Basis der Trennung von Kirche und Staat, jedoch im durchaus partnerschaftlichen

Zusammenwirken. Immer häufiger melden sich die deutschen am Grabe des Heiligen Bonifatius in Fulda versammelten Bischöfe kritisch in gemeinsamen Hirtenbriefen zu Wort, und das auf Deutsch, sodass man es zur therapeutischen Behandlung der Deutschen verwenden kann.[100]

Josef Kardinal Frings zählt zu den katholischen Würdenträgern, welche Deutschland nach der Wende von 1945 die Entwicklung vorgeben. Vielleicht erinnern Sie sich ja noch an seine Weihe zum Erzbischof von Köln am 21. Juni 1942, die der apostolische Nuntius in Deutschland, nämlich Erzbischof Cesare Orsenigo, im Kölner Dom vornahm. Das war vor drei Jahren. Der Presse hatte Hitlers Regime verboten, über die Weihe eines neuen Erzbischofs zu berichten; so behalfen sich die Kölner Katholiken, indem sie private Kleinanzeigen aufgaben. Die Verfolgung der Juden hat Frings öffentlich als „himmelschreiendes Unrecht“ bezeichnet, doch der Würdenträger war zu populär, als dass man es sich gewagt hätte, ihn mit Repressalien zu überziehen. Genau er wird im Jahre ’45 der Vorsitzende der Katholischen deutschen Bischofskonferenz.

Die Stimmung in Mittel-Deutschland kippt

Die ursprüngliche Begeisterung vieler Sozialdemokraten für die Wiederherstellung der Einheit der Arbeiterklasse, die zu den ersten Einigungsofferten von sozialdemokratischer Seite geführt hatte, macht bald einer wachsenden Ernüchterung und Verbitterung Platz. Es ist schön für die SPD, dass sie trotz der Benachteiligungen deutlich stärker anwächst als die KPD; die SPD kann ihre Positionen trotz allem konsolidieren. Doch als der SPD-Zentralausschuss die Führung bei der politischen Umgestaltung in Deutschland für ihre eigene Partei beansprucht, versteht man in der KPD-Führung keinen Spaß. Am 26. August befindet Otto Grotewohl im Kreis Leipziger Parteifunktionäre, die SPD müsse sich möglichst umgehend reichsweit konstituieren, auf die baldige Abhaltung von Wahlen im gesamten Reichsgebiete drängen und dafür Sorge tragen, „dass diese Wahlen unter scharfer Trennung der Parteien durchgeführt werden". So ist die Einheitsfront der antifaschistischen Parteien in ihrer Verbindlichkeit reduziert und das eigentliche Projekt der Vereinigung der Arbeiterparteien, mit dem die Kommunisten in eine Regierung kommen wollen, de facto auf die lange Bank geschoben.[101]

Das Scherbengericht in der Evangelischen Kirche

Ende August treffen sich im hessischen Treysa nun auch auf der evangelischen Seite die Vertreter des Einigungswerkes, des Reichsbruderrates und der 1945 größtenteils umgebildeten Kirchenleitungen der Landeskirchen. Klingt auch so ganz harmlos. Aber die alten Männer aus der Bekennenden Kirche haben jene Bischöfe an die frische Luft gesetzt, die in den vergangenen zwölf Jahren die Gruppe der Deutschen Christen aufgemacht hatten. Seine Eröffnungsrede hält der Bischof Theophil Wurm. Er hatte wie auch die katholischen Bischöfe Michael von Faulhaber und Konrad Graf von Preysing Kontakt zu dem Kreisauer Kreis um Helmuth James Graf von Moltke unterhalten. Auch diese Männer geben unserem Land nach dem Kriege eine neue Richtung vor, heimlich, still und leise, wie es nur in einem Geheimbund oder einer Kirche möglich ist. An ihre Archive kommt zum Beispiel kein Abgeordneter eines Parlaments heran oder ein anderer Neugieriger. Beim Treffen von Treysa tritt unter anderem als Sprecher des Reichsbruderrats Pastor Martin Niemöller auf, der wenige Monate zuvor erst aus dem Konzentrationslager Dachau befreit worden war. Lassen wir ein paar der Worte auf uns wirken: „Gewiss, wir stehen vor großen drückenden Nöten überall, wir stehen vor dem Chaos und vielfach schon mitten drin. Und wir haben zu fragen, was uns dahin gebracht hat. Die Not geht nicht zurück auf die Tatsache, dass wir den Krieg verloren haben; wer von uns möchte denn wünschen, wir hätten ihn gewonnen; wo würden wir erst stehen, wenn Hitler gesiegt hätte! Es ist ja gar nicht auszudenken, was das erst für eine Katastrophe und für ein Chaos geworden wäre. Unsere heutige Situation ist aber auch nicht in erster Linie die Schuld unseres Volkes und der Nazis; wie hätten sie den Weg gehen sollen, den sie nicht kannten; sie haben doch einfach geglaubt, auf dem rechten Weg zu sein! Nein, die eigentliche Schuld liegt auf der Kirche; denn sie allein wusste, dass der eingeschlagene Weg ins Verderben führte, und sie hat unser Volk nicht gewarnt, sie hat das geschehene Unrecht nicht aufgedeckt oder erst, wenn es zu spät war." Der Mittvierziger sagt es klar: „Wir aber, die Kirche, haben an unsere Brust zu schlagen und zu bekennen: meine Schuld, meine Schuld, meine übergroße Schuld!" Deutlich ermahnt er: „Wir haben jetzt nicht die Nazis anzuklagen, die finden schon ihre Kläger und Richter; wir haben allein uns selber anzuklagen und daraus die Folgen zu ziehen."[102]

Beim Umbilden der Kirchenleitungen werden also „deutsch-christliche" Personen durch solche aus den Bruderräten der Bekenntnissynoden ersetzt. Das kann freilich eine heikle Prozedur sein. So ist Walter Koch bis 1946 Konsistorialpräsident der Evangelischen Kirche im Rheinland und sein „Nachfolger" Joachim Beckmann tritt das Amt bereits im Jahr 1945 an. Wären das Katholiken, könnte man geradezu von einem Gegenpapst sprechen. Im Osten wird übrigens genauso vorgegangen. Die Leitung in der Kirche von Berlin-Brandenburg zum Beispiel übernehmen ebenfalls Pfarrer aus der antifaschistisch orientierten Bekennenden Kirche.[103]

Wer sitzt am längeren Hebel?

Einheit der Arbeiterklasse hin oder her – mit jeder Woche, die ins Land geht, werden mehr Versuche von Kommunisten bekannt, die Führung in der Arbeiterbewegung zu übernehmen. Dabei scheint es sich unbedingt um Kommunisten zu handeln, die die Jahre der Diktatur in Deutschland erlebt und erlitten haben, nicht jedoch jene Gruppe Ulbricht, die in der Sowjetunion gelernt hatten, dass es eine ganz schlechte Idee ist, andere Ziele zu äußern als Väterchen Frost im roten Kreml. Von der Ernüchterung und Verbitterung aufseiten der Mitglieder der SPD haben wir hier schon gesprochen. Ob der breiteren Massenbasis meldet Otto Grotewohl am 14. September 1945 einen Führungsanspruch der Sozialdemokraten in Mittel-Deutschland öffentlich an. Vor viertausend SPD-Funktionären bezeichnet er seine SPD als „zuerst dazu berufen, diesen neuen Staat zu errichten". Er sagt, die Schaffung der reichsweiten sozialdemokratischen Partei sei jetzt eine Tagesaufgabe. Die Vereinigung der beiden Arbeiterparteien verschiebt er in eine unbestimmte Zukunft, in der die noch vorhandenen Gräben überwunden sein werden.[104] Da müssen allerdings die Chefs beider Parteien ihre Führungsansprüche überdenken. Wie soll das sonst eine Einheitspartei werden, wie es ursprünglich gemeint war?

Der auf einmal akut werdende Führungsanspruch der Sozialdemokraten versetzt die Kommunisten in Alarm. Statt die Chancen für eine Verwirklichung ihres gesamtdeutschen Konzeptes zu sehen, die der Ansatz von Grotewohl bietet, wird jetzt der Führungsanspruch der „rechten Führer" der Sozialdemokratie moniert. Wilhelm Pieck, der an der SPD-Kundgebung vom 14. September als Gast teilnimmt, ruft spontan dazu auf, „eine einheitliche Partei zu schaffen, um die begonnenen Aufgaben zu Ende zu führen". Es kommt zum Tumult im Saal, der Wilhelm Pieck am Weitersprechen hindert. Schließlich verlässt er die Versammlung „zornbebend" und „mit gerötetem Kopf". Fünf Tage später spricht er erneut öffentlich von der Notwendigkeit einer möglichst baldigen Vereinigung der beiden Arbeiterparteien unter Heranziehung zuverlässiger Kräfte statt der alten Führer. Das Zentralkomitee der KPD entscheidet, eine Veröffentlichung der Rede Otto Grotewohls zu verhindern, und die Broschüre mit dieser Rede erscheint dann tatsächlich nur in Leipzig; bei der Veröffentlichung im SPD-Zentralorgan haben die Passagen über die Vertreibung aus den Ostgebieten, die Behandlung der Kriegsgefangenen und die zukünftigen Ostgrenzen zu verschwinden.[105]

Das Verwirrspiel um die Nazis im Westen beginnt

Fritz Schäffer, der die unendlich langen Tausend Jahre Drittes Reich im schönen Bayern im Konzentrationslager Dachau inhaftiert war, wird von der US-amerikanischen Militärregierung am 28. September 1945 abgesetzt „wegen zu großer Nachsicht und Laschheit" bei der Säuberung des Beamtenapparates von stark belasteten Nazis. Wenige Wochen nach der Amtsenthebung gehört Dr. Fritz Schäffer zur Gründungsprominenz der Christlich-Sozialen Union in Bayern.[106] Was antwortet Helmut Schmidt eigentlich auf die Frage: „Sie standen dem Nationalsozialismus während des Dritten Reiches kritisch gegenüber. Wie beurteilen Sie die Entnazifizierung?" Darauf entgegnet Schmidt hanseatisch knapp: „Sie hat mich nicht sonderlich interessiert."[107] Im Falle Adenauers ist es dann wohl auf die Kölsche Fröhlichkeit zurückzuführen, dass der Ehemann einer durch Gestapo-Männer gequälten Frau fordert, mit der Nazi-Riecherei müsste nun aber endlich mal Schluss sein. Franz Josef Strauß sehe ich förmlich grinsen, wenn er unter seinen Gleichgesinnten brummt: „Man muss sich der nationalen Kräfte bedienen, auch wenn sie noch so reaktionär sind – mit Hilfstruppen darf man nicht zimperlich sein!"[108] Jene Nummer lässt sich auch in den Kirchen beobachten. Bischof Theophil Wurm beispielsweise wendet sich auch gegen die klare Entnazifizierung von Kirche und Gesellschaft. Wie war das? „Wir haben jetzt nicht die Nazis anzuklagen, die finden schon ihre Kläger und Richter; wir haben allein uns selber anzuklagen und daraus die Folgen zu ziehen." Na, bei *den* Herren sind die Nazis selbstredend in den besten Händen. Je wilder sie herumkrakeelen dürfen, desto überzeugter werden sie im Ausland sein, dass die Leute in Deutschland nicht lernfähig sind. Darauf kann man aufbauen.

Die nationale SPD wendet sich von der Ost-Zone ab

Eine SPD-Konferenz findet vom 5. bis zum 7. Oktober in Wennigsen bei Hannover statt. Zu dieser Parteikonferenz hatte der *national* orientierte Kurt Schumacher am 30. August die *west*deutschen SPD-Ortsverbände eingeladen. Eine Schrecksekunde bleibt Kurt Schumacher freilich nicht erspart. Ein Kurier war auch in die drei westlichen Sektoren von Berlin geschickt worden. Dabei passierte angeblich ein Übermittlungsfehler, so dass in der Hauptstadt der Eindruck entstanden war, es handele sich um eine Reichskonferenz. So erklärt sich, dass überhaupt Vertreter aus der sowjetischen Zone dieses Landes teilgenommen haben. Aber hatte nicht eher jemand den Braten gerochen und alle eingeladen? In einer Auseinandersetzung zwischen Otto Grotewohl und Kurt Schumacher wird festgelegt, dass Schumacher der Beauftragte für die westlichen Besatzungszonen und Grotewohl der Zuständige für die östliche Zone werden solle. Erinnern wir uns: Dieser Otto Grotewohl kommt aus Braunschweig und Kurt Schumacher kommt aus Culm, weit östlich davon in Westpreußen. Mich würde interessieren, über welchen Hebel Schumacher die Einheit Deutschlands dann erhalten will. Daraus kann man sicherlich schließen, dass Kurt Schumacher nach seiner Absage an Vereinigungsabsichten der Genossen im Westen und nach der Ausschaltung der östlichen SPD-Verbände in Wennigsen auch in *seiner* SPD-West Voraussetzungen für eine konträre Entwicklung in West- und in Ostdeutschland schafft.[109] Rätselhaft bleibt außerdem, wie die SPD plötzlich den Kampf um die Wiederherstellung des Deutschen Reiches glaubhaft verkaufen will. Standen die Linken nicht immer für sozialen und wirtschaftlichen Fortschritt für die Arbeiterklasse und ist das Nationale nicht immer das Leib- und Magengericht der Rechten gewesen? Wahrscheinlich lacht sich die Presse bald kaputt über die Partei der Reichsbürger. Wie lange wird die SPD dieses Theaterstück aufführen?

Asche auf unser Haupt

Die Evangelische Kirche bringt am 19. Oktober ihre Stuttgarter Schulderklärung unters Volk. Darin kann der geneigte Teil des Publikums gern lesen und darüber nachdenken: „Mit großem Schmerz sagen wir: Durch uns ist unendliches Leid über viele Völker und Länder gebracht worden. Was wir unseren Gemeinden oft bezeugt haben, das sprechen wir jetzt im Namen der ganzen Kirche aus: Wohl haben wir lange Jahre hindurch im Namen Jesu Christi gegen den Geist gekämpft, der im nationalsozialistischen Gewaltregiment seinen furchtbaren Ausdruck gefunden hat – aber wir klagen uns an, dass wir nicht mutiger bekannt, nicht treuer gebetet, nicht fröhlicher geglaubt und nicht brennender geliebt haben.“[110] Weiter heißt es dort: „Nun soll in unseren Kirchen ein neuer Anfang gemacht werden. Gegründet auf die Heilige Schrift, mit ganzem Ernst ausgerichtet auf den alleinigen Herrn der Kirche, gehen sie daran, sich von glaubensfremden Einflüssen zu reinigen und sich selber zu ordnen. Wir hoffen zu dem Gott der Gnade und Barmherzigkeit, dass Er unsere Kirchen als Sein Werkzeug brauchen und ihnen Vollmacht geben wird, Sein Wort zu verkündigen und Seinem Willen Gehorsam zu schaffen bei uns selbst und bei unserem ganzen Volk. Dass wir uns bei diesem neuen Anfang mit den anderen Kirchen der ökumenischen Gemeinschaft herzlich verbunden wissen dürfen, erfüllt uns mit tiefer Freude.“ Die Zusammenarbeit wird schnell Früchte tragen. „Wir hoffen zu Gott, dass durch den gemeinsamen Dienst der Kirchen, dem Geist der Macht und der Vergeltung, der heute von neuem mächtig werden will, in aller Welt gesteuert werde und der Geist des Friedens und der Liebe zur Herrschaft komme, in dem allein die gequälte Menschheit Genesung finden kann. So bitten wir in einer Stunde, in der die ganze Welt einen neuen Anfang braucht: Veni creator spiritus!“ Albrecht Schönherr, der der Bekennenden Kirche angehörte und der im Jahr ’46 in der sowjetischen Zone Superintendent wird, schreibt über die Stuttgarter Schulderklärung: „Ich erinnere mich noch sehr deutlich, wie schwer es mir als Lagerpfarrer geworden ist, es den hohen Offizieren, die eine Zeit lang meine »Gemeinde« waren, klarzumachen.“[111]

Zwangsvereinigung kontra Zwangsabschottung

Eine Wende zu einer raschen Vereinigung ist unter den führenden KPD-Genossen weiterhin umstritten. Anton Ackermann meint beispielsweise, dass es Ende September, Anfang Oktober eine ganz wichtige Sitzung des Politbüros gab, bei der „erwogen" wurde, dem Zentralausschuss der SPD über die Aktionseinheit hinaus einen Zusammenschluss vorzuschlagen. Das war ursprünglich von Stalin bereits im Frühjahr gefordert worden. So stünde die Existenz der KPD auch der Einheit nicht länger im Wege. Am 22. Oktober lässt die sowjetische Kommandantur in der Hauptstadt die KPD-Führer wissen, dass „sofort Vorschläge" für eine Besetzung der Berliner Reichsverwaltungen Industrie, Finanzen, Verbindung, Außenhandel und Transport zu entwickeln seien. Dies deutet darauf hin, dass sie mit einer baldigen Überwindung des französischen Vetos gegen eine Errichtung von Zentralverwaltungen rechnet.[112] Im Volke erhofft manch ein politisch interessierter Mensch jedoch ebenso, dass die Anwesenheit der Roten Armee alte Träume in der Arbeiterklasse wahr werden lassen.

Viele Arbeiter fordern jetzt die Inbesitznahme der Betriebe, in denen sie arbeiten. Immerhin stehen nun die Truppen Stalins in Deutschland, also des Chefs des ersten kommunistischen Staates. Das stellt eine ernsthafte Herausforderung nicht nur für die Sowjetische Militäradministration in Deutschland dar, sondern auch für die großen Führer der Kommunistischen Partei. Auf Weisung aus der Weltzentrale des Schönen in Moskau müssen sie mit dem Argument arbeiten, dass die Zeit für den Übergang zum Sozialismus noch nicht gekommen sei. Aber dann erlässt die SMAD am 30. Oktober 1945 einen Beschlagnahmebefehl gegen Nazi-Aktivisten und Kriegsgewinnler, der weit gefasst ist. Hitzköpfe nutzen die Situation schamlos aus und betreiben unter diesem Deckmantel verschiedentlich auch die Enteignung wenig oder gar nicht NS-belasteter Unternehmer.[113]

Mit dieser Ungeduld erweist man sich freilich einen Bärendienst. In der Bevölkerung verspielen die Übereifrigen eine ganze Menge Sympathien. Die Führung der KPD ändert unter dem Eindruck der Wahlen in Ungarn vom 11. November und Österreich am 25. November 1945, bei denen die Kommunisten sehr schwach abschneiden, die Linie und geht nun auf die Anfragen aus der SPD ein. Im Kern zögert sich das alles bloß deshalb so lange hin, weil die führenden Köpfe der beiden Parteien ihre Prinzipien in der Einheitspartei durchsetzen wollen. Verstanden haben somit beide Teile gar nichts. Die Mitglieder beider Parteien waren mit der jeweiligen Parteilinie vor 1933 unzufrieden und wollten gerade eine neue Partei mit neuen Antworten auf gesellschaftliche Fragen. Doch neue Konzepte sind weder von den Führern der Sozialdemokratischen Partei zu bekommen noch von jenen der Kommunistischen Partei. Wer wird Bewegung in die verhärteten Positionen bringen?[114]

Die systematische Einheitskampagne der KPD beginnt somit erst nach dem 11. November, als der Zentralausschuss der SPD eine gemeinsame Kundgebung von KPD und SPD zum Jahrestag der Novemberrevolution in Deutschland von 1918/19 ablehnt und Otto Grotewohl auf einer SPD-Kundgebung gegen eine nur „zonenmäßige Vereinigung" auftritt. Walter Ulbricht aus der KPD äußert sich bis Anfang November *nicht* zugunsten einer Vereinigung der Arbeiterparteien und erklärt den Mitgliedern der Partei noch Anfang des Monates Dezember 1945, dass „die Einheit der Arbeiterklassen nur möglich ist, wenn die KP den sozialdemokratischen Genossen die marxistisch-leninistische Theorie vermittelt und sie davon überzeugt". Offensichtlich sorgt er sich besonders um die Kohärenz der KPD und bremst den Zug zu einer Vereinigung daher erst einmal ab. Die Machtspielchen zwischen den Führungen von SPD und KPD sind damit alles andere als vom Tisch.[115]

Kommt jetzt der KGB vorbei und setzt Ulbrichts revolutionärem Treiben ein Ende? Der Genosse Stalin hat sich nun einmal auf seinen exclusiven Kommunismus bloß für die Sowjetunion festgebissen. Die sowjetischen Verantwortlichen setzen auf jeden Fall ihre Prioritäten anders. Schließlich geht es ihnen eben gerade nicht um die Schaffung einer lupenreinen marxistisch-leninistischen Partei; es geht um ein Instrument zur Durchsetzung von Stalins gesamtdeutschem Demokratisierungsprogramm.[116]

Im demolierten Berlin treffen sich am 4./5. Dezember die Mitglieder des SPD-Zentralausschusses mit verantwortlichen Funktionären der Parteiorganisationen aus den Ländern der sowjetischen Besatzungszone. Bis zur Wahl ordentlicher Leitungsorgane durch einen Parteitag, soll dieses Gremium über alle wichtigen Geschichten entscheiden, die die Gesamtpartei betreffen. Es soll ein neuer Versuch gestartet werden, um zu den leitenden Sozialdemokraten in den westlichen Besatzungszonen Kontakt aufzunehmen und sie zur Mitarbeit im Zentralausschuss zu bewegen.[117]

Beim Versuch, die Sozialdemokraten doch noch zur Vereinigung zu bewegen, machen die Kommunisten bemerkenswerte ideologische Zugeständnisse: Statt weiter auf ihrer leninistischen Grundlage zu beharren, wie Ulbricht es verlangte, werden Schriften von August Bebel, Wilhelm Liebknecht, Karl Kautsky und Rudolf Hilferding für die Schulung herangezogen; an die Stelle des Prinzips vom „demokratischen Zentralismus" tritt mit dem Beschluss der „Sechziger-Konferenz" beider Parteien vom 20. und 21. Dezember das Prinzip des „demokratischen Bestimmungsrechts der Mitglieder". Je 30 Vertreter von SPD und KPD beraten da in Berlin über Fragen der Einheit der Arbeiterklasse. Die Konferenz nimmt eine Entschließung an, in der der Ausbau einer Aktionseinheit der zwei Parteien gefordert wird; sie verringert den kommunistischen Führungsanspruch und es kommt zur Zusicherung einer paritätischen Besetzung der Führungsgremien auf allen Ebenen durch Kommunisten und Sozialdemokraten. Zu einer bindenden Verpflichtung auf den demokratischen Weg, die geeignet wäre, zögernde Sozialdemokraten für das Einigungsprojekt zu gewinnen, sind die kommunistischen Unterhändler am Ende dann doch nicht bereit.[118]

Den sowjetischen Verantwortlichen wie auch deutschen Kommunisten, soweit sie sich Genossen Stalin beugen wollen, geht es um die Schaffung einer neuen Partei, deren Aufgabe die „Vollendung der demokratischen Erneuerung Deutschlands" ist. So steht das im KPD-Resolutionsentwurf für die „Sechziger-Konferenz". Die Verwirklichung des Sozialismus wird deutlich später angesetzt und der Weg dahin ist unbestimmt. Das deckt sich mit dem Ziel der demokratischen Umgestaltung in Deutschland.[119] Als die Kommunisten jedoch bei den Sozialdemokraten auf Widerstand gegen ihr Vereinigungsbegehren stoßen, greifen sie trotz alledem auf die Machtmittel zurück, die in der sowjetischen Zone zur Verfügung stehen. Deutsche Kommunisten und sowjetische Kommandanten versuchen im Sinne des Wortes vom „Verrat der sozialdemokratischen Führer" untere und mittlere SPD-Gliederungen gegen den Vertagungskurs des Zentralausschusses zu mobilisieren. Sozialdemokratische Politik wird auch mit Eingriffen in das Parteileben, Bestechung, psychischem und physischem Druck auf Vereinigungsgegner beeinflusst. So entwickelt sich vom Ende des Jahres an ein Teufelskreis: Je offensichtlicher Kommunisten gegen demokratische Prinzipien verstoßen, desto mehr wachsen in den Reihen der Sozialdemokraten die Bedenken; je größer der Widerstand gegen die Vereinigung wird, desto stärker wird auch der Druck.[120] Was haben also die drei Hanseln in den Führungen beider Parteien aus ihrem Versagen vor dem Beginn der Diktatur gelernt? Hier können sich die Leute auf der Straße auf die nächste Diktatur freuen. Da gehen die großen Akteure in den Westzonen aber hundertmal klüger vor. Sie sammeln die Leute auf der Straße in zwei Blöcken und stimmen dann ab, wie in den jeweiligen Situationen durch die Regierung und durch die Opposition argumentiert werden kann, damit das Reich in der Mitte Europas in Einzelteile zerlegt wird und nicht nochmal von den Briten zur Zielscheibe gemacht wird.

Dr. Kurt Schumacher und seine Mitstreiter marschieren in seinem Reich im Westen Deutschlands über die gesellschaftspolitischen Vorstellungen von vereinigungswilligen Sozialdemokraten völlig ignorant hinweg. Aber weshalb positioniert sich Kurt Schumacher so und nicht anders? Seiner Argumentation zufolge sei „Asien" jetzt bis zur Elbe vorgerückt. Deshalb muss sich der westliche Teil Deutschlands fest mit dem Westen Europas verbinden. Wie kommt es nur, dass sich das so anhört wie die Worte von Konrad Adenauer oder beispielsweise Reinhard Gehlen? Kommen denn diese Akteure nicht aus unterschiedlichen politischen Millieus? Konrad Adenauer wiederholte jedenfalls im Sommer und Herbst '45 mehrfach: „Der von Russland besetzte Teil ist für eine nicht zu schätzende Zeit für

Deutschland verloren." Adenauer kommt auch auf jene antipreußischen Äußerungen aus den frühen 1920er Jahren zurück und erteilt Berlin als Hauptstadt eine Absage. Doch die Westmächte wollen ein dezentralisiertes Deutschland von Berlin aus verwalten. Will sich Adenauer gegen die Besatzer auflehnen? Wie Schumacher sagt Adenauer kein klärendes Wort über die Grenzen. Der junge Politiker Franz Josef Strauß bestätigt leider erst in seinen *Erinnerungen* ab Seite 116, dass es nach dem Krieg in der CDU-Führung klar ist, dass es den einheitlichen deutschen Staat geben könnte, „natürlich ohne die Gebiete östlich von Oder und Neiße". Das sagt zwar keiner der auf eine Lösung wartenden Bevölkerung, dafür wird sie umgekehrt auf St. Nimmerlein vertröstet. Irgendwann wird der Russe schon vom Westen geschlagen werden. Parallel dazu ist Reinhard Gehlen dabei, den Amis zu erzählen, dass sie da vorsichtig sein sollen.[121]

Im Westen Deutschlands wird man Witze wie den folgenden wohl schon bald vergessen haben. Mal sehen, ob im Osten nicht nur die Namen ausgetauscht werden müssen: Zehn kleine Meckerlein, die saßen einst beim Wein. Der eine ahmte Goebbels nach, da waren's nur noch neun. Neun kleine Meckerlein, die haben sich was gedacht. Der eine hat es laut gedacht, da waren's nur noch acht. Acht kleine Meckerlein, die hatten was geschrieben. Bei einem ist es 'rausgekommen, da waren's nur noch sieben. Sieben kleine Meckerlein, die fragte man: „Wie schmeckt's?" Der eine sagte: „Schweinefraß!", da waren's nur noch sechs. Sechs kleine Meckerlein, die trafen einen Pimpf (einen Hitlerjungen). Der eine sagte „Lausejung!", da waren es nur noch fünf. Fünf kleine Meckerlein, die saßen am Klavier. Der eine spielte Mendelssohn, da waren es nur noch vier. Vier kleine Meckerlein, die hörten Radio. Der eine stellte Moskau ein, da waren es nur noch zwo. Zwei kleine Meckerlein, die glaubten, es hört sie keiner. Der eine hat 'nen Witz erzählt, da war es nur noch einer. Ein kleines Meckerlein ließ diese Verse sehn. Da sperrt man es in Dachau ein und jetzt . . . sind's wieder zehn. Im Osten werden bei den Witzen wohl einfach die Namen der jeweils gerade Führenden ausgetauscht werden. Glauben sie im Westen allen Ernstes, dass sich das die Leute in Mittel-Deutschland auf die Dauer gefallen lassen?

Hoffnung auf die baldige Zentralverwaltung

Als General Lucius D. Clay, vom französischen Veto gegen doch ziemlich alle Planungsarbeiten im Alliierten Kontrollrat entnervt, den britischen und sowjetischen Kollegen Mitte Oktober dieses Jahres die Bildung gemeinsamer Verwaltungen ohne Frankreich vorgeschlagen hatte, erhielt er zunächst nur hinhaltende Antworten. Als er dann in einer Sitzung des Koordinationskomitees am 23. November auf der Bildung der zentralen Verwaltung für Deutschland auch ohne die Franzosen insistiert, wird es aber vom sowjetischen Vertreter Sokolowski abgelehnt, weil doch solche trizonalen Zusammenschlüsse in Potsdam abgelehnt worden sind. Darin könnte man einen Mangel an taktischem Geschick erkennen; man kann natürlich auch das schlussfolgern, was im Westen nicht so gerne gehört wird: Moskau hält sich in den wichtigen Punkten an die Absprachen.[122]

Die Amerikaner sind in der Breite nicht ganz so schnell von den Horrorgeschichten Reinhard Gehlens überzeugt: „Wenn die Sprache auf meine Vorschläge kam, so war noch um die Jahreswende 1945/46 die Reaktion ausweichend, da man offensichtlich zu diesem Zeitpunkt noch die damit verbundenen politischen Risiken scheute. Uns wurde gesagt, man müsse abwarten, bis sich die öffentliche Meinung gegenüber Deutschland beruhigt und gegenüber den Russen abgekühlt habe.“ Die Öffentlichkeit sehe im Moment die Sowjets und das sowjetische Problem noch nicht so, wie es in Wirklichkeit gesehen werden müsste, andernfalls würden in einem demokratisch geführten Staat wie den USA sowohl außenpolitische wie auch innenpolitische Schwierigkeiten eintreten.[123] Da wird Gehlen noch eine Weile amerikanischen Tee trinken und abwarten müssen.

Für die amerikanische Perspektive Ende 1945 steigen wir noch einmal in die bewährte Zeitmaschine: „Mehrere Professoren hielten Vorlesungen über russische Geschichte. Sechs Monate nach unserem Sieg in Europa galt Russland ja im Großen und Ganzen noch immer als großer Verbündeter unseres Landes, und zumindest ein Professor für Volkswirtschaft hob den Vorzug und die Erfolgsgeschichte der industriellen Entwicklung

Russlands unter Jossif Stalin in den Himmel.“[124] Auch der US-Aufseher über die Militärs um Reinhard Gehlen, James H. Critchfield, berichtet von dieser so sowjetfreundlichen Stimmung. Alle Voraussetzungen für die Zusammenarbeit zwischen den Vereinigten Staaten von Amerika und der Sowjetunion sind also trotz der Einflüsterungen Gehlens und seiner Mannschaft auch Ende 1945 noch vorhanden.

Lassen Sie uns da wieder unterbrechen, damit unser Buch nicht zu dick wird. Erreichen die Militärs und Spione unter Reinhard Gehlen ihr Ziel? Werden sich die Vorstellungen des Kreisauer Kreises realisieren lassen? Können sie die Amerikaner vom antideutschen Kurs abbringen und von ihrer prosowjetischen Schiene? Kann sich der Wind in Amerika drehen? Kommt es vorher doch noch zu einem Friedensvertrag? Können sich die Alliierten auf die Höhe der deutschen Reparationszahlungen sowie neue deutsche Grenzen einigen? Schreiben Sie die Oder-Neiße-Linie fest und erreichen sie die „wirtschaftliche Entwaffnung Deutschlands“, die doch bisher alle erreichen wollen, wenn auch aus unterschiedlichen Motiven? Es kommt doch keiner auf die Idee, seinen Teil von Deutschland wieder flottzumachen, um „vor dem Russen“ geschützt zu werden?

Erleben Sie im nächsten Band das Ende der 1940er Jahre und der Jahre danach. Die Spannung bleibt die Gleiche: Sie kennen bloß den Ausgang der Geschichte, wissen aber nicht, wie hinter den Kulissen die Fäden gezogen wurden. Sehen wir uns das weiter an. Wird es eine Wende geben? Wie lange werden sie im Westen benötigen, um jenen Schwindel aufzudecken? Wird das bis 1950 oder bis 1960, 1970, 1980 oder gar bis 1990 dauern? Wer um die 50 ist, der weiß, dass das nicht viele Sommer sind. Ein paar Jahrzehnte erscheinen nur jungen Leuten als eine Ewigkeit.

In *Entzaubert* aus dem Anderwelt Verlag können Sie bereits nachlesen, wie die 1989 in Washington und Moskau aktuellen Führungen Bonn die Nummer vermasselt und Deutschland wie Weltmächte vereinigt haben. Wie viele Menschen in der Welt haben in der Zwischenzeit wegen dieser Kriegslist *made in West Germany* gelitten oder ihr Leben verloren?

1 Rothfels (1960), S. 15
2 Hoffmann (1970), S. 36
Hofer (1957), S. 356f.
3 Hirche (1964), S. 168 und 191
4 Loth (1994), S. 17f.
5 Ebd., S. 15 und 19f.
6 Ebd., S. 25f.
Lesebuch zur deutschen Geschichte, Dokumente (1989), S. 872
7 Straeten (1997), S. 85 bis 88
Dieser Vorgang wurde geprüft und bestätigt von der Gedenkstätte Yad Vashem.
8 Hughes (1955), S. 189f.
Dort heißt es auf Seite 190: All this is frankly admitted by such authoritative British writers as Air Marshal Sir Arthur Harris, in his Bomber Offensive (1947), by J. M. Spaight, principal secretary of the British Air Ministry, in his Bombing Vindicated (1944), and by Liddell Hart in his The Revolution in Warfare (1946) and in his article: War, Limited in Harper's Magazine (March, 1946).
9 Haisenko (2016), S. 131f.
Polizei. Dein Partner (2021), Gefährlicher Phosphor an deutschen Stränden [online]. Verfügbar unter https://www.polizei-dein-partner.de/themen/umwelt/detailansicht-umwelt/artikel/gefaehrlicher-phosphor-an-deutschen-straenden.html [23.11.2021]
Dort heißt es: „Er sieht Bernstein täuschend ähnlich, ist aber hochgiftig und leicht entflammbar: weißer Phosphor. Immer wieder kommt es vor, dass kleine Stücke an deutsche Strände gespült werden – vor allem an die Küsten von Mecklenburg-Vorpommern und Schleswig-Holstein. Sie stammen von Brandbomben aus dem zweiten Weltkrieg, in denen Phosphor als Brandmittel eingesetzt wurde. Viele dieser Bomben liegen heute auf dem Grund der Ostsee und beginnen mit der Zeit zu rosten. Dabei wird der giftige Stoff freigesetzt."
ZDF (2018), Terence Hill sorgte in all seinen Filmen für blaue Augen. Bei Markus Lance am 22.08.2018 [online]. Verfügbar unter 13:44
Wikipedia (2021), Luftangriffe auf Dresden [online]. Verfügbar unter https://de.wikipedia.org/wiki/Luftangriffe_auf_Dresden [05.09.2021]
10 Mensing (1991), S. 440
11 Kissinger (1995), S. 172f.
12 Loth (1994), S. 21, 27f. und 53
13 Ebd., S. 16f.
Wilfried Loth gibt dafür zwei Quellen an: 1. Ausführungen von Georgi Dimitroff am 06. 12. 1944, zitiert nach Karel Kaplan, Der kurze Marsch. Kommunistische Machtübernahme in der Tschechoslowakei 1945-1948, München/Wien 1981, S. 15
2. Mitgeteilt von Ilčo Dimitrow, Über den Charakter der volksdemokratischen Macht in Bulgarien. In: Wissenschaftliche Zeitschrift der Karl-Marx-Universität Leipzig. Gesellschafts- und sprachwissenschaftliche Reihe 31 (1982), S. 122 bis 137, hier S. 130f.
Lesen Sie ruhig noch einmal meine Herleitung über den Grund für die sogenannten stalinistischen Säuberungen im Buch über 1939 nach. In *God Save the Fuehrer* finden Sie das auf den Seiten 88 bis 91. Früher ist mir leider noch nicht die detailreiche Analyse *Die Idee der Weltrevolution und ihre Transformation in der Kominterngeschichte* von Jakov Drabkin in die Finger gekommen und bis 2014 wurde überall nur der Eindruck erweckt, Stalin sei ein Psychopath gewesen, der ohne Sinn und Verstand ausgerechnet so viele Kommunisten umbringen ließ.
14 Loth (1994), S. 18f.
15 Moorhouse (2007), S. 151f.

16 Krieger (2007), S. 277
Schmidt-Eenboom (2004), S. 63
17 Gehlen (1971), S. 117 und 121ff.
18 Wallace (1947), S. 18
19 Weinke (2006), S. 11f.
20 Steinbach & Tuchel (Hg., 1994), S. 545
21 Gehlen (1971), S. 128ff.
22 Schmidt (1949), S. 575
23 Moorhouse, Roger (2007), Killing Hitler. Die Attentäter, die Pläne und warum sie scheiterten. Wiesbaden: marixverlag
Fest (1994), Staatsstreich. Der lange Weg zum 20. Juli, Berlin: Siedler Verlag
24 Weinke (2006), S. 18
Rauber, Urs (1998), Judenstempel: Die Korrektur einer Halbwahrheit. In der Schweizer Zeitschrift Beobachter Nr. 18/98 [online]. Verfügbar unter http://www.beobachter.ch/leben-gesundheit/krankheiten-von-a-z/artikel/judenstempel-korrektur-einer-halbwahrheit/ [27.02.19]
25 Genscher (1995), S. 47
26 Hirche (1964), S. 160
27 Hofer (1957), S 264
28 Loth (1994), S. 14f.
29 Weyer (1999), S. 74 und 77
Mayer & Mehner (2001), S. 40
Wikipedia (2021), Wernher von Braun [online]. Verfügbar unter https://de.wikipedia.org/wiki/Wernher_von_Braun [02.09.2021]
30 Weyer (1999), S. 74
31 Hirche (1964), S. 181 und 183
UVA. Miller Center (2021), May 8, 1945: Announcing the Surrender of Germany [online]. Verfügbar unter https://millercenter.org/the-presidency/presidential-speeches/may-8-1945-announcing-surrender-germany [08.09.2021]
32 Loth (1994), S. 19f.
33 Ebd., S. 28
34 Krenz (1999), S. 22
35 Schmidt (1995), S. 272
36 Kennan (1968), S. 244ff.
37 Sutton (2008), S. 156 und 158
38 Ebd., S. 155f.
Pauwels, Jacques R. (2013), Big Business avec Hitler. Brüssel: Les Èditions Aden
39 Gehlen (1971), S. 133ff.
40 Ebd., S. 136
41 Ebd., S. 137
42 Ebd., S. 137f.
43 Ebd., S. 138
44 Weiner (2008), S. 13
45 Gehlen (1971), S. 138f.
46 Ebd., S. 139
47 Critchfield (2005), S. 44 und 250
48 Ebd., S. 44 und 250f.
49 Giefer & Giefer (1991), S. 189 und 205
Critchfield (2005), S. 44 f., 48 und 131
50 Giefer & Giefer (1991), S. 189 und 191
51 Ebd., S. 205
52 Ebd., S. 188

53 Schmidt-Eenboom (2004), S. 54, 60f. und 64
54 Felfe (1988), S. 146 f.
55 Ebd., S. 176 f.
56 Friedmann, Jan (2006), Artikel: Ohnmächtige Sieger – Wie die Alliierten daran scheiterten, Deutschland zu reformieren. In: Spiegel special 1/2006, S. 56
57 Weiner (2008), S. 113 f.
58 Haisenko (2016), S. 120f.
Wikipedia (2021), Operation Unthinkable [online]. Verfügbar unter http://de.wikipedia.org/wiki/Operation_Unthinkable [08.09.2021]
59 Wikipedia (2021), George S. Patton [online]. Verfügbar unter http://de.wikipedia.org/wiki/George_S._Patton [18.09.2021]
60 Baring, S. 57 f.
61 FDP (2021), Sieben Jahrzehnte liberaler Parteigeschichte [online]. Verfügbar unter https://www.fdpessen.de/service/geschichte/ [14.09.2021]
62 Diekmann & Reuth (1996), S. 146
Wikipedia (2021), Christlich Demokratische Union Deutschlands [online]. Verfügbar unter http://de.wikipedia.org/wiki/Christlich_Demokratische_Union_Deutschlands#Gr.C3.BCndung [19.09.2021]
63 Gründungsaufruf (1945), Gründungsaufruf der CDU [online]. Verfügbar unter https://www.cdu-niederkassel.de/sites/www.cdu-niederkassel.de/files/downloads/gruendungsaufruf.pdf [18.09.2021]
64 Ebd.
65 Wolf (1997), S. 164
Strauß (1989), S. 141 und 147
Der Ost-Berliner Geheimdienstchef gibt Strauß' Absicht zum Eintritt in die KPD als etwas wieder, was einem seiner Agenten in den Jahren nach dem Krieg erzählt worden sein soll. Ich kann mir sehr gut vorstellen, dass Strauß ob seines heftigen Auftretens ursprünglich in dieser anfangs noch wichtigen Partei den Vorsitzenden geben sollte und dass sie letztlich andere Köpfe dafür ausgewählt haben. Auf jeden Fall haben sich Männer aus der Bonner Staatsführung von 1949 wie Adenauer und Heuss prächtig mit den führenden Köpfen der KPD im Bundestag verstanden. Das kam aber später. Und das Verbot der KPD kam dann noch später. Jetzt sind wir erst einmal im Jahr 1945.
66 Kissinger (1995), S. 172f.
67 Darnstädt, Thomas (2006), Artikel: Verteilte Macht. In: Spiegel special 1/2006, speziell S. 55
68 Winkler (1997), S. 142
69 Malycha (1996), S. XXVII ff. und S. XXX
70 Ebd., S. XXVIII bis XXX
Loth (1994), S. 43f.
71 Ebd., S. 22
72 Ebd., S. 21, 24 und 28
73 Ebd., S. 42
74 Bundesarchiv Berlin (2021), Aufruf der Kommunistischen Partei vom 11. Juni 1945 [online]. Verfügbar unter https://www.1000dokumente.de/index.html?c=dokument_de&dokument=0009_ant&object=facsimile&l=de [21.09.2021]
75 Ebd.
76 Ebd.
77 Malycha (1996), S. XXVIII bis XXX und XXXVI
Loth (1994), S. 24
78 Ebd., S. 24 und 30
79 Ebd., S. 30

80 Loth (1994), S. 30f.
81 Ebd., S. 36
82 Ebd., S. 42
83 Ebd., S. 40f.
84 Ebd., S. 42f.
85 Ebd., S. 43f.
86 Ebd., S. 43
Andert & Herzberg (1990), S. 249
Falin (1995), S. 513
87 Weiner (2008), S. 13
88 Ebd., S. 14
Rothfels (1960), S. 181
89 Loth (1994), S. 36
90 Ebd., S. 37f.
Blume, Dorlis & Zündorf, Irmgard (2021), Otto Grotewohl, in: Lebendiges Museum Online, Stiftung Haus der Geschichte der Bundesrepublik Deutschland [online]. Verfügbar unter https://www.hdg.de/lemo/biografie/otto-grotewohl.html [09.09.2021]
91 Loth (1994), S. 36
92 Churchill (1954), S. 668f.
Urban (2005), S. 109
93 Preparata (2011), S. 315
94 Strauß (1989), S. 257
Diese Überlegung zu den Reparationen für die Kriegsschäden wurde durch den Aufstand des Jahres 1989 ganz plötzlich brandaktuell. In den Erinnerungen des Bonner Außenamtschefs Genscher findet sich dieses Motiv dann so: „Eine Friedenskonferenz konnte ebensowenig in Frage kommen wie ein Friedensvertrag. [...] Die Verhandlungen hätten sich an der Frage der Reparationen festgefahren." Genscher (1995), S. 709. Im Jahr 1990 ist es dem Diplomatenduo Hans-Dietrich Genscher & Helmut Kohl tatsächlich endgültig gelungen, eine reguläre Friedenskonferenz zu verhindern. Aber große Sprüche über das Leid des Krieges klopfen. Auf 727 Milliarden DM bezifferte Kohl die Summe, die die Leute in der DDR in den Entschädigungstopf eingezahlt haben. Die haben übrigens für Investitionen in die Wirtschaft auch nicht zur Verfügung gestanden. Das war doppelt verheerend, weil sie gerade in den Aufbaujahren nach dem Krieg gefehlt haben, und damals sind auch deshalb so viele aus der DDR gegangen, weil es wirtschaftlich nicht so schnell vorwärts ging wie in der Bundesrepublik. Bei mir müssen Sie übrigens gar keine Bange haben, dass ich die Zustände in der größten DDR auf der Welt unter Umständen schönzureden versuche. Ich habe nur live und in Farbe erlebt, dass viele Leute an diesen Zuständen wenig auszusetzen gehabt hätten, wenn es nicht materiell an allen Ecken und Enden gemangelt hätte. Brot und Spiele reichen den meisten Leuten, wie man es hier auch erlebt, in jeder Gesellschaft der Welt aus.
95 Hirche (1964), S. 199
96 Loth (1994), S. 37f.
97 Haisenko (2016), S. 146
98 Loth (1994), S. 40
99 Engelmann (1980), S. 34 und 40 f.

100 Deutsche Bischofskonferenz (2021), Geschichte der Deutschen Bischofskonferenz [online]. Verfügbar unter https://www.dbk.de/fileadmin/redaktion/bildmaterial/ueber_uns/Geschichte-Deutsche-Bischofskonferenz_Langfassung.pdf [23.09.2021]
101 Loth (1994), S. 44
102 Kirchliches Jahrbuch 1945 bis 1948, S. 9 f.
103 Fritsche, Andreas (30.12.2004), Die Pfarrer und die SED. Artikel in: Neues Deutschland, S. 24
104 Loth (1994), S. 44f.
105 Ebd., S. 45
106 Engelmann (1980), S. 13
107 Der Spiegel (2006), Artikel: (Helmut Schmidt) Ich war auf Adenauers Seite. In: Spiegel special 1/2006, S. 20
108 Engelmann (1980), S. 154
109 FAZ (1995), Artikel: Immer seiner Zeit voraus. In: Frankfurter Allgemeine Zeitung, 13.10.1995
110 EKD (1945), Stuttgarter Schulderklärung [online]. Verfügbar unter https://www.ekd.de/Stuttgarter-Schulderklarung-11298.htm [23.09.2021]
111 Ebd.
http://khirte.de/frie6.htm - 2004 war die Internetseite noch auffindbar.
112 Loth (1994), S. 46f. und S. 58
113 Ebd., S. 56
114 Ebd., S. 47
115 Ebd., S. 46f.
116 Ebd., S. 47
117 Wikipedia (2021), Zentralausschuss der SPD [online]. Verfügbar unter https://de.wikipedia.org/wiki/Zentralausschuss_der_SPD [17.09.2021]
118 Loth (1994)
Ebd., S. 49f.
119 Ebd., S. 50
120 Ebd., S. 50f.
121 Winkler (1997), S. 95
122 Ebd., S. 58
123 Gehlen (1971), S. 145
124 Critchfield (2005), S. 31

Literaturauswahl

Appel, Reinhard (Hg., 1995). Es wird nicht mehr zurückgeschossen. Erinnerungen an das Kriegsende 1945. Bergisch Gladbach: Lingen.

Andert, Reinhold & Herzberg, Wolfgang (1990). Der Sturz. Erich Honecker im Kreuzverhör. Berlin und Weimar: Aufbau-Verlag.

Ardenne, Manfred von (1987). Sechzig Jahre für Forschung und Fortschritt. Autobiografie. Berlin: Verlag der Nation.

Berthold, Will (2007). Die 42 Attentate auf Adolf Hitler. Wiesbaden: VMA-Verlag.

Bereschkow, Valentin M. (1975). Jahre im diplomatischen Dienst. Berlin: Dietz Verlag.

Boberach, Heinz (Hg., 1984). Meldungen aus dem Reich. Die geheimen Lageberichte des Sicherheitsdienstes der SS. 1938-1945. Herrsching: Pawlak Verlag.

Briefwechsel (2008). The Secret History of World War II. The Ultra-Secret Wartime Cables and Letters of Roosevelt, Churchill and Stalin. USA: Konecky & Konecky.

Campbell, J. (1763). Consideration of the Nature of the Sugar Trade. London.

Churchill, Winston Leonard Spencer (1954). Der Zweite Weltkrieg. Bern: Alfred Scherz Verlag.

Conze, Eckhart & Frei, Norbert & Hayes, Peter & Zimmermann, Moshe (2012). Das Amt und die Vergangenheit. Pantheon-Ausgabe, München: Karl Blessing Verlag.

Critchfield, James (2005). Auftrag Pullach. Die Organisation Gehlen 1948-1956. Hamburg: Mittler.

Diekmann, Kai & Reuth, Ralf Georg (1996). (Helmut Kohl:) Ich wollte Deutschlands Einheit. Berlin: Propyläen Verlag.

Engelmann, Bernt (1980). Franz Josef Strauß – Das neue Schwarzbuch. 5. veränderte Neuauflage. Köln: Kiepenheuer & Witsch.

Falin, Valentin (1995). Zweite Front. Die Interessenkonflikte der Anti-Hitler-Koalition. München: Droemersche Verlagsanstalt Th. Knaur Nachfolger.

Felfe, Heinz (1988). Im Dienst des Gegners. Autobiografie. 2. Auflage 1989, Berlin: Verlag der Nation.

Fest, Joachim C. (1994). Staatsstreich. Der lange Weg zum 20. Juli. Berlin: Siedler Verlag.

Galland, Adolf (2007). Die Ersten und die Letzten. Jagdflieger im Zweiten Weltkrieg. Würzburg: Flechsig-Buchvertrieb.

Gehlen, Reinhard (1971). Der Dienst. Erinnerungen. 1942-1971. Mainz und Wiesbaden: v. Hase & Koehler Verlag.

Genscher, Hans-Dietrich (1995). Erinnerungen. München: Goldmann Verlag.

Georg, Friedrich (2007). Verrat in der Normandie. Eisenhowers deutsche Helfer. Vierte Auflage (2010), Tübingen: Grabert Verlag.

Giefer, Thomas & Giefer, Rena (1991). Die Rattenlinie. Fluchtwege der Nazis. Eine Dokumentation. Frankfurt am Main: Athenäums Programm by anton hain.

Gisevius, Hans Bernd (1947). Bis zum bittern Ende. In zwei Bänden. Darmstadt: Claassen & Würth.

Gisevius, Hans Bernd (1965). Adolf Hitler. Versuch einer Deutung. Bertelsmann Lesering. Auflage: Lizenzausgabe, Buchgemeinschafts-Ausgabe mit Genehmigung des Rütten + Loening Verlages, München.

Giskes, Hermann J. (1982). London ruft Nordpol. Das erfolgreiche Funkspiel der deutschen militärischen Abwehr. Bergisch-Gladbach: Bastei Lübbe. Das Original erschien 1949 bei De Bezige Bij, Amsterdam.

Grey, Edward (1926). Fünfundzwanzig Jahre Politik. Memoiren 1892-1916. Band 2, München: Bruckmann.

Haisenko, Peter (2016). England, die Deutschen, die Juden und das 20. Jahrhundert. Die perfiden Strategien des British Empire. 4. überarbeitete Auflage, München: Anderwelt Verlag.

Hesse, Fritz (1953). Das Spiel um Deutschland München: Paul List Verlag

Hirche, Kurt (1964). Der braune und der rote Witz. Düsseldorf und Wien: Econ Verlag.

Hoeniger, Robert (1905). Die Kontinentalsperre und ihre Einwirkungen auf Deutschland. Berlin: Simion.

Hofer, Walther (1957). Der Nationalsozialismus. Dokumente 1933-1945. Überarbeitete Neuausgabe 1982, gedruckt 1992. Frankfurt am Main: Fischer Bücherei KG.

Hoffmann, Peter (1970). Widerstand. Staatsstreich. Attentat. Der Kampf der Opposition gegen Hitler. 2. verbesserte und erw. Auflage, Frankfurt am Main, Berlin und Wien: Verlag Ullstein GmbH.

Höhne, Heinz (1976). Canaris. Patriot im Zwielicht. München: C. Bertelsmann Verlag.

Hughes, Emrys (1955). Winston Churchill. British Bulldog. His Career in War and Peace. New York: Exposition Press.

Intern. Militärgericht Nürnberg (1948). Band XXI. Frechen: Komet

Kaufmann, Hanne (1994). Die Nacht am Øresund. Gerlingen: Bleicher Verlag.

Kennan, George Frost (1968). Memoiren eines Diplomaten. Stuttgart: Henry Goverts Verlag.

Kirchliches Jahrbuch 1945-1948 (1950). Gütersloh.

Kissinger, Henry Alfred (1995). Aufsatz: Versöhnung statt Vergeltung. In: Reinhard Appel, Es wird nicht mehr zurückgeschossen. Lingen Verlag.

Klöckler, Jürgen (2005). Auslandspropaganda und Holocaust. Kurt Georg Kiesinger im Auswärtigen Amt 1940-1945. In: Buchstab, Günter & Gassert, Philipp & Lang, Peter Thaddäus (Hg.): Kurt Georg Kiesinger 1904-1988. Von Ebingen ins Kanzleramt. Freiburg im Breisgau: Herder.

Knightley, Phillip (1990). Die Geschichte der Spionage im 20. Jahrhundert, Aufbau und Organisation, Erfolge und Niederlagen der großen Geheimdienste. Berlin: Verlag Volk und Welt.

Krenz, Egon (1999). Herbst '89. Berlin: Verlag Neues Leben.

Krieger, Wolfgang (2007). Geheimdienste in der Weltgeschichte. Von der Antike bis heute. Köln: Anaconda Verlag GmbH.

LeBor, Adam (2014). Tower of Basel. BIZ [Bank für Internationalen Zahlungsausgleich]. Die Bank der Banken und ihre dunkle Geschichte. Zürich: Rotpunktverlag.

Lesebuch zur deutschen Geschichte, Dokumente (1989). Harenberg: Kommunikation, Verlags- und Medienges. mbH, Dortmund, Sonderauflage.
Leube, Reinhard (1988). Die russisch-deutschen Beziehungen im 19. Jahrhundert. Jena an der Saale: Friedrich-Schiller-Universität.
Lidegaard, Bo (2013). Die Ausnahme: Oktober 1943. Wie die dänischen Juden mithilfe ihrer Mitbürger der Vernichtung entkamen. Gebundene Ausgabe. München: Karl Blessing Verlag.
Loth, Wilfried (1994). Stalins ungeliebtes Kind. Warum Moskau die DDR nicht wollte. Berlin: Rowohlt Verlag.
Malycha, Andreas (1996). Auf dem Weg zur SED. Bonn: Verlag J. H. W. Dietz Nachfolger GmbH.
Mayer, Edgar & Mehner, Thomas (2001). Das Geheimnis der deutschen Atombombe. Rottenburg: Jochen Kopp Verlag.
Mensing, Hans Peter (1991). Adenauer im Dritten Reich. Adenauer. Rhöndorfer Ausgabe, Berlin: Wolf Jobst Siedler Verlag.
Moorhouse, Roger (2007). Killing Hitler. Die Attentäter, die Pläne und warum sie scheiterten. Wiesbaden: marixverlag GmbH.
Neitzel, Sönke & Welzer, Harald (2011). Soldaten. Protokolle vom Kämpfen, Töten und Sterben. Schriftenreihe, Band 1139, Bonn: Bundeszentrale für politische Bildung.
Overy, Richard (2013). The bombers and the bombed: Allied war over Europe 1940-1945. New York, NY [u. a.] : Penguin Books.
Pauwels, Jacques R. (2003). The myth of the good war. America in the Second World War. Toronto: Lorimer.
Pauwels, Jacques R. (2013). Big Business avec [mit] Hitler. Brüssel: Les Èditions Aden.
Preparata, Guido Giacomo (2011). Wer Hitler mächtig machte. Wie britisch-amerikanische Finanzeliten dem Dritten Reich den Weg ebneten. 2. Auflage, Basel: Perseus Verlag.
Pundik, Herbert (1995). Die Flucht der dänischen Juden 1943 nach Schweden. Husum: Husum Verlag.
Ramge, Thomas (2003). Die großen Polit-Skandale der Bundesrepublik. Frankfurt am Main: Campus Verlag.

Rothfels, Hans (1960). Die deutsche Opposition gegen Hitler. Ungekürzte, stark revidierte Ausgabe, Frankfurt am Main und Hamburg: Fischer Bücherei.

Sandvoß, Hans-Rainer (1988). Widerstand in Spandau. Heft 3 der Schriftenreihe über den Widerstand in Berlin von 1933 bis 1945. Berlin: Gedenkstätte Deutscher Widerstand.

Schmidt, Helmut (1995). Aufsatz: Wehren wir der Angst, erkennen wir unsere Pflicht. In: Appel, Reinhard (Hg., 1995). Es wird nicht mehr zurückgeschossen. Erinnerungen an das Kriegsende 1945. Bergisch Gladbach: Lingen.

Schmidt, Paul (1949). Statist auf diplomatischer Bühne. 1923-1945. Erlebnisse des Chefdolmetschers im Auswärtigen Amt mit den Staatsmännern Europas. Frankfurt am Main und Bonn: Athenäumverlag.

Schmidt-Eenboom, Erich (2004). Geheimdienst, Politik und Medien. Meinungsmache Undercover. Edition Zeitgeschichte, Band 16. Berlin: Kai Homilius Verlag.

Schreieder, Joseph (1950). Das war das Englandspiel. München: Walter Stutz Verlag.

Shirer, William (1960). Aufstieg und Fall des Dritten Reiches. Köln: Verlag Kiepenheuer & Witsch, Genehmigte Lizenzausgabe für Komet MA-Service und Verlagsgesellschaft mbH, Frechen.

Speidel, Hans (1977). Aus unserer Zeit. Lizenzausgabe des Deutschen Bücherbundes, Frankfurt am Main, Berlin, Wien: Verlag Ullstein GmbH.

Steinbach, Peter & Tuchel, Johannes (Hg., 1994). Widerstand gegen den Nationalsozialismus. Schriftenreihe, Band 323, Bonn: Bundeszentrale für politische Bildung.

Straeten, Herbert (1997). Andere Deutsche unter Hitler. Mainz: v. Hase & Koehler Verlag.

Strauß, Franz Josef (1989). Die Erinnerungen, Berlin: Wolf Jobst Siedler Verlag.

Sutton, Antony Cyril (2008). Wall Street und der Aufstieg Hitlers. Basel: Perseus Verlag.

Szepansky, Gerda (1983). Frauen leisten Widerstand: 1933-1945. 16.-18. Tausend: Mai 1988, Frankfurt am Main: Fischer Taschenbuch Verlag GmbH.

Trepp, Gian (1996). Bankgeschäfte mit dem Feind. Die Bank für Internationalen Zahlungsausgleich im Zweiten Weltkrieg. Von Hitlers Europabank zum Instrument des Marshallplans. 2. Auflage, Zürich: Rotpunktverlag.

Urban, Thomas (2005). Der Verlust: Die Vertreibung der Deutschen und Polen im 20. Jahrhundert. Bonn: Bundeszentrale für politische Bildung.

Walker, Jonathan (2013). Operation Unthinkable: The Third World War. British plans to attack the Soviet Empire, 1945. Stroud, Gloucestershire: The History Press.

Wallace, Henry Agard (1947). Sondermission in Sowjet-Asien und China. Zürich: Steinberg Verlag.

Weiner, Tim (2008). CIA. Die ganze Geschichte. Frankfurt am Main: S. Fischer Verlags GmbH, Titel des amerikanischen Originals aus dem Jahr 2007: Legacy of Ashes. The History of the CIA.

Weinke, Annette (2006). Die Nürnberger Prozesse. 2. durchgesehene Auflage 2015. München: Verlag C.H.Beck.

Weizsäcker, Richard von (1983). Die deutsche Geschichte geht weiter. 3. Auflage, 51. bis 75. Tausend, November 1986, München: Deutscher Taschenbuch Verlag GmbH & Co. KG.

Weyer, Johannes (1999). Wernher von Braun. Reinbek bei Hamburg: Rowohlt Taschenbuch Verlag GmbH.

Winkler, Heinrich August (1997). Abschied von den Sonderwegen. In: Streitfragen der deutschen Geschichte. München.

Wolf, Markus (2003). Spionagechef im geheimen Krieg. 5. Auflage, München: Ullstein Verlag.

Wydra, Thilo (2003). Rosenstraße. Ein Film von Margarethe von Trotta. Die Geschichte. Die Hintergründe. Die Regisseurin. Berlin: Nicolaische Verlagsbuchhandlung GmbH.

Namensregister

Ebenfalls im Anderwelt Verlag erschienen:

Londoner Außenpolitik & Adolf Hitler
Autor: Reinhard Leube

England war mit dem Aufstieg kontinentaleuropäischer Länder zu Wirtschaftsmächten und Konkurrenten am Ende des 19. Jahrhunderts nicht untergegangen. Dabei standen die Sterne für das Empire nicht günstig. Der Anteil der Insel am Welthandel war über Jahrzehnte immer weiter gesunken, sie verfügte perspektivisch nicht selbst über genug Rohstoffe für ihre eigene Wirtschaft, auch nicht über hinreichend viele Einwohner, um den ökonomischen Aufstieg anderer Länder mit Hilfe von Feldzügen zu beenden.

Wie lässt es sich erklären, dass binnen 50 Jahren die erfolgreiche Entwicklung großer Reiche in Kriegen und Diktaturen versandete und England auch ohne materielle Grundlage noch der Global Player ist wie vor hundert Jahren?

ISBN 978-3-940321-19-0 **€25,00 (D)**

Atemberaubend
Autor: Reinhard Leube

Was haben die Menschen in Deutschland wohl gefühlt und erlebt in den Jahren 1933 bis 1937? Waren alle glühende Nationalsozialisten oder begann mit den Nazis eine Diktatur? Hätte es tatsächlich eine braune Mehrheit gegeben, dann wäre das eine Demokratie gewesen und man hätte die Gestapo und Ähnliches nicht gebraucht. Wie hat aber das Ausland auf den neuen Kanzler Adolf Hitler reagiert? Wieso war die Chefetage in London von ihm eigentlich so begeistert?

Das vorliegende chronologisch aufgebaute Werk vermittelt dem Publikum einen Eindruck von dieser Zeit, der eine Gänsehaut erzeugt. Ganz anders als die unzähligen Dokus, die nur blitzlichtartig Ausschnitte zeigen, fühlt man sich plötzlich in die Hitlerzeit in allen Zusammenhängen versetzt und erhält einen ganz neuen Eindruck. Wer wirklich nachempfinden will, mit welchem atemberaubendem Tempo die Entwicklungen damals vorangeschritten sind, welche unterschiedlichen Reaktionen sie hervorgerufen haben und welche giftigen Witze die Runde machten, der kommt an diesem Werk nicht vorbei.

ISBN 978-3-940321-20-6 **€25,00 (D)**

Septemberrevolution
Autor: Reinhard Leube

Kann sein, dass die Berufshistoriker ihr Wissen bloß in verschämten Nebensätzen und in ihren Fußnoten unterbringen. In der Geschichte dritter Teil Septemberrevolution kommt alles auf den Tisch, was inzwischen über das Jahr 1938 bekannt geworden ist, zeitlich geordnet und packend erzählt.

Nach weniger als sechs Jahren konnte der kleine Hitler, der mit dem Geld aus England und Amerika in Berlin an die Macht kam, von der Bühne wieder verschwunden sein und sein Drittes Reich nicht mehr als eine üble Panne in der Geschichte Deutschlands. Monate vor den Pogromen gegen die Juden vom November 1938 und ein Jahr, bevor ein zweiter Weltkrieg begann, konnte Hitler durch einen Aufstand in seinem Dritten Reich weggeputscht sein. In diesem Buch erleben Sie noch einmal live mit, wie genau das verhindert wurde.

ISBN 978-3-940321-23-7 **€25,00 (D)**

God Save the Fuehrer
Autor: Reinhard Leube

England war mit dem Aufstieg kontinentaleuropäischer Länder zu Wirtschaftsmächten und Konkurrenten am Ende des 19. Jahrhunderts nicht untergegangen. Dabei standen die Sterne für das Empire nicht günstig. Der Anteil der Insel am Welthandel war über Jahrzehnte immer weiter gesunken, sie verfügte perspektivisch nicht selbst über genug Rohstoffe für ihre eigene Wirtschaft, auch nicht über hinreichend viele Einwohner, um den ökonomischen Aufstieg anderer Länder mit Hilfe von Feldzügen zu beenden.

Wie lässt es sich erklären, dass binnen 50 Jahren die erfolgreiche Entwicklung großer Reiche in Kriegen und Diktaturen versandete und England auch ohne materielle Grundlage noch der Global Player ist wie vor hundert Jahren?

ISBN: 978-3-940321-25-1 **€25,00 (D)**

Katz-und-Maus-Spiele
Autor: Reinhard Leube

Im Prinzip kennen Sie die Geschichte. Irgendwann gab es einen ersten Weltkrieg und später einen zweiten. Warum ein neues Buch darüber? Und weshalb ist es denn letzten Endes gleich eine Serie geworden?
Es gibt sie, die vielen Wahrheiten, die vielen Quellen, die vielen Details. Gewöhnlich entscheiden sich Historiker dafür, die Fragmente zu liefern, die ihre These „belegen". Doch wo bleibt der Rest? Andere Wahrheiten landen in anderen Büchern und dort war auf einmal alles ganz anders.
Das Appeasement war kein Fehler. Es war die Pflege und Wartung des Selbstzerstörungsmechanismus im Inneren Deutschlands, der den Namen Adolf Hitler trug und glaubte, er verdanke die Erfolge, die er wundersam erzielen durfte, im vollen Ernst der Vorsehung.

ISBN: 978-3-940321-26-8 **€25,00 (D)**

Nicht noch einen Friedensvertrag
Autor: Reinhard Leube

Wer im Jahr 2021 lebt, vermisst vielleicht seinen Friedensvertrag.
Dieses Buch bringt Sie in die hoffnungslose Wirklichkeit der Jahre des Zweiten Weltkrieges, etwa zwei Jahrzehnte nach den Verträgen von Saint-Germain, Trianon, Sèvres und Versailles, die dem Ersten Weltkrieg folgten.
Wer heute lebt, weiß nichts mehr von der britischen Hungerblockade, vom millionenfachen Sterben nach dem Ersten Weltkrieg und von der Inflation in den 1920er Jahren. Kommen Sie einfach mit in die Welt der Jahre 1942 und 1943. Sie werden nie wieder schwarzsehen. Der Autor liefert hier die Atmosphäre, in der unter vielen anderen Deutschen auch jene Politiker, Diplomaten, Militärs und nicht zuletzt auch Journalisten und Publizisten lebten, bei denen Reinhard Leube davon ausgeht, dass sie Deutschland nach dem Zweiten Weltkrieg in seine Einzelteile zerlegt haben.
Der Indizienbeweis folgt im Buch über 1989/1990 Entzaubert. Kohl und Genscher, diese beiden.

ISBN: 978-3-940321-28-2 **€23,50 (D)**

Entzaubert – Kohl und Genscher, diese beiden.
Autor: Reinhard Leube

War Deutschland nicht das erste Opfer des Kalten Krieges geworden? Wurde es nicht im Jahr 1945 von den vier Alliierten besetzt und geteilt? Hatte ein Deutscher nach dem Kriege in der Welt überhaupt noch etwas zu melden?

Sahen Hitler-Gegner die Lösung aller Probleme in der Aufteilung Deutschlands? Ist die Idee aus den 1930er Jahren der Ursprung des postnationalen Denkens? Fangen wir vorn an. Wie kam es denn zum Kalten Krieg? Die einen sagen, Churchill hätte den Ärger in die Welt gebracht. Aber diese Briten wollten die Operation Unthinkable: Nachdem Deutschland eingeäschert war, sollten britische gemeinsam mit den überlebenden deutschen Soldaten gleich noch einmal nach Osten marschieren und die Sowjetunion, oder besser gesagt Russland für das Empire erobern. Eine Teilung Europas war die zweitbeste Wahl, allein schon aus dem Grund, weil bei einer Fortsetzung dieser Entwicklung der freie Markt in Osteuropa wegfiel.

Die anderen sagen, Stalin hätte den ganzen Ärger in die Welt gesetzt. Aber Stalin hat unendlich viele Revolutionäre aus dem Weg räumen lassen, die durchaus in ihren Ländern für die Weltrevolution kämpfen wollten...

ISBN: 978-3-940321-31-2 **€26,00 (D)**

England, die Deutschen, die Juden und das 20. Jahrhundert
Autor: Peter Haisenko

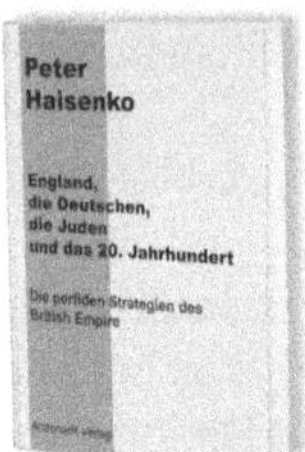

Kriege werden aus zwei Gründen begonnen: Wirtschaft und Religion. In der Neuzeit ist es oftmals nicht zu übersehen, dass der Kampf ums Öl der wahre Grund für Kriege ist. Die Betrachtungen von Peter Haisenko zeigen, dass es bereits vor mehr als 100 Jahren nicht anders war. Die unerträglichen Zustände in Palästina und im Irak haben ihren Ursprung in der skrupellosen Durchsetzung wirtschaftlicher Interessen zu Beginn und im Verlauf des 20. Jahrhunderts.

Politisch orchestrierte Lügen und Intrigen sind keine Erfindung der Neuzeit. Mit diesem Buch gehen Sie auf eine Reise durch das 20. Jahrhundert und die Analyse wirtschaftlich-politischer Verknüpfungen lässt manche „geschichtliche Wahrheit" zweifelhaft erscheinen.

ISBN: 978-3-940321-03-9 **€24,90 (D)**

Ist Deutschland ein souveräner Staat?
Autor: Wolfgang Schimank

Der NSA-Skandal im Jahre 2013 führte den Deutschen vor Augen, dass sowohl ihre individuelle als auch die staatliche Souveränität nicht gewährleistet sind.

Bei dem zu dieser Zeit geführten Bundestagswahlkampf wurde das massenhafte Ausspionieren der Bürger nicht thematisiert. Als am Wahlabend im September 2013 CDU und CSU ihren Sieg feierten, bekam Angela Merkel eine kleine deutsche Fahne gereicht. Diese entsorgte sie mit verzerrtem Gesicht.

In jedem anderen Land wäre damit die Karriere eines Politikers beendet gewesen. Ihr Amtseid, alles zum Wohle des deutschen Volkes zu tun, erwies sich als Farce ...

ISBN: 978-3-940321-18-3 **€ 24.00 (D)**

Ausverkauf vom Traum Neuseeland
Autor: Hans-Jürgen Geese

Vor einigen Jahren reisten kleine Gruppen von neugierigen Weltverbesserern aus vielen Ländern nach Neuseeland, um zu bewundern und zu lernen, wie so eine kleine, ehemalige Kolonie es geschafft hatte, einen der höchsten Lebensstandards auf Erden für seine Bürger zu erreichen.

Neuseeland stand damals für einen Traum, für den Traum einer tatsächlich möglichen gerechten Welt. Heutzutage kommen die Menschen in Millionenstärke jedes Jahr, aber fast ausschließlich als Touristen oder als Einwanderer, als Ertragsquellen, um Devisen zu bringen, die das Land dringend braucht. Denn inzwischen haben die Investoren wieder die Oberhoheit vom Volk zurückerobert, die ihnen einige Jahre lang aus den Händen geglitten ward.

ISBN: 978-3-940321-24-4 **€21,00 (D)**

Tripoli Charlie
Autor: Florian Stumfall

Florian Stumfall war im Bürgerkrieg in Mozambique, in Angola, im Hauptquartier der UNITA in Jamba, er war zu Gast bei Regierungen... Drei Ereignisse hat er in diesem Buch zu einer auf Tatsachen beruhenden Romanhandlung verarbeitet, deren wahrer Kern sich ganz erheblich von dem unterscheidet, was uns die Medien darüber erzählt haben. Stumfall schildert, wie und mit welchem Deal Nelson Mandela in Südafrika von der US-Hochfinanz an die Macht gebracht wurde und wie der Energiekonzern SASOL in Mozambique wegen eines Gasfeldes einen Bürgerkrieg angezettelt hat. Er berichtet vom Krieg in Angola und beschreibt die Rolle, die das weltweite Oppenheimer Diamanten-Monopol gespielt hat, als Jonas Savimbi, der Anführer der antikolonialen UNITA, vom Westen fallen gelassen wurde. Schließlich deckt er auf Basis ihm zugespielter Dokumente die Hintergründe für den 2011 geführten Krieg gegen Gaddafi in Libyen auf.

ISBN: 978-3-940321-22-0 **€ 24.30 (D)**

Die Humane Marktwirtschaft
Autoren: Peter Haisenko / Hubert von Brunn

Wer echte Demokratie will, muss als wichtigste Voraussetzung ein Finanz- und Wirtschaftssystem fordern, das die Macht des Kapitals bricht, der „wundersamen Geldvermehrung" durch Zins und Zinseszins ein Ende setzt und Korruption weitgehend unmöglich macht. *Die Humane Marktwirtschaft* wird das leisten, und nicht nur das. Sie wird den Menschen Freiheit schenken in bisher nicht gekanntem Ausmaß; ein Leben frei von Lohnsteuer und Inflation und damit eine zuverlässig planbare Zukunft.

Um das zu erreichen, bedarf es keiner blutigen Revolution, sondern lediglich der Rückbesinnung auf die Grundsätze des Humanismus – und deren konsequente Umsetzung.

ISBN: 978-3-940321-13-8 **€15,00 (D)**

Der Weg vom Don zur Isar Teil I und II
Autor: Vadim Grom

Was für ein Leben! Hineingeboren in die dunkelste Epoche der Neuzeit, wird der Protagonist dieser authentischen Odyssee konfrontiert mit menschlichen Grenzerfahrungen, wie wir sie uns, die wir in Frieden, Freiheit und Wohlstand aufgewachsen sind, überhaupt nicht vorstellen können: Hunger, Terror, Verfolgung, Vernichtungslager, Flucht, Gefangenschaft. Ständig in Gefahr, kein Ort, der dauerhaft Schutz und Sicherheit bieten konnte, Verlust der Heimat, Entbehrungen und Verzicht. Wie viele Menschen sind in vergleichbaren Situationen gescheitert?!

Nicht so Peter Gorew. Das Vertrauen auf seine Fähigkeiten und Talente, der Mut, sich in ausweglos erscheinenden Situationen nicht aufzugeben und allen Gefahren zum Trotz seinen Weg zu gehen, ein klares Ziel vor Augen und der unerschütterliche Wille, dieses Ziel zu erreichen, waren ihm Quellen der Kraft und der Orientierung. Nur dank dieser schier unmenschlichen mentalen Stärke konnte er die Wirren des Zweiten Weltkrieges schadlos überstehen und sein Ziel erreichen: ein neues, ein besseres Leben in Freiheit.

Der Leser wird förmlich hineingezogen in diesen geradezu unglaublichen Lebensbericht eines ungewöhnlichen Menschen und muss sich immer wieder vergewissern, dass es sich hier nicht um Fiktion handelt, sondern um die brutale Wirklichkeit eines gelebten Lebens.

Die Lektüre dieser beiden Bände hinterlässt eine Fülle unauslöschlicher Bilder und eine tiefe Dankbarkeit für „die Gnade der späten Geburt".

Band 1: ISBN 978-3-940321-12-1 € 13.90 (D)
Band 2: ISBN 978-3-940321-15-2 € 14.20 (D)